U0901444

普通高等教育应用型系列教材·电子信息类

单片机原理与应用

王耀琦　编著

科学出版社

北　京

内 容 简 介

本书系统地介绍了 MCS-51 系列单片机的内部结构、指令系统、C51 语言程序设计方法、与各种常用硬件的接口设计。本书分为 12 章，主要内容包括单片机的基础知识、MCS-51 系列单片机的内部结构、汇编语言指令与程序设计、C51 语言程序设计、中断系统、定时器/计数器、串口通信、系统扩展、人机接口技术、单片机与 A/D 及 D/A 转换器的接口技术、单片机的总线接口技术与开发实例、单片机应用系统的可靠性技术等。每章都附有习题，便于学生巩固所学知识。书中教学难点配有微课，扫描书中二维码即可在线学习。

本书选取的内容具有实用性、典型性和新颖性，书中的实例大多来自作者多年的科研工作和教学实践总结。本书可作为普通高等院校及培训机构单片机类课程理论教学和实践教学的教材，也可作为电子工程师和自动化技术人员的参考用书。

图书在版编目（CIP）数据

单片机原理与应用/王耀琦编著. 一北京：科学出版社，2018.6（2024.9 修订）
ISBN 978-7-03-056000-1

Ⅰ. ①单…　Ⅱ. ①王…　Ⅲ. ①单片微型计算机　Ⅳ. ①TP368.1

中国版本图书馆 CIP 数据核字（2017）第 315070 号

责任编辑：孙露露　常晓敏　赵玉琢 / 责任校对：陶丽荣
责任印制：吕春珉 / 封面设计：曹　来

科学出版社 出版
北京东黄城根北街 16 号
邮政编码：100717
http://www.sciencep.com

三河市中晟雅豪印务有限公司印刷
科学出版社发行　　各地新华书店经销
*

2018 年 6 月第　一　版　　开本：787×1092　1/16
2024 年 9 月第七次印刷　　印张：17 3/4
字数：401 000

定价：45.00 元

（如有印装质量问题，我社负责调换）
销售部电话 010-62136230　编辑部电话 010-62138978-2010

前　言

党的十九大报告指出，要推动互联网、大数据、人工智能和实体经济深度融合。也就是说，互联网等相关技术将通过向各个产业的渗透，推进实体经济持续转型升级，为经济的持续增长打下良好的基础。在“互联网+”的新经济时代，单片机作为廉价且功能强大的微处理器，应用会更加广泛。

MCS-51 单片机是学习单片机技术较好的系统平台，也是应用最为广泛的单片微型计算机。本书将以 MCS-51 单片机为例介绍单片机的工作原理与应用技术。

本书是作者多年单片机教学和科研工作的总结，具有以下 6 个特点。

1. 双语编程。在讲述 MCS-51 单片机的基础内容时，同一实例采用汇编语言和 C51 语言来实现，重在帮助学生理解单片机的内部结构，引导学生采用 C 语言进行单片机系统开发。考虑到通过前面基础内容的学习，学生已经掌握了单片机的内部结构，限于篇幅，后面的高级接口技术部分仅采用 C51 语言来实现。

2. 定位明确，知识结构完整，适合于单片机初学者。本书适合于作为高等院校电子信息类、自动化类、计算机类等专业的“单片机原理与应用”的课程教材，内容安排遵循由简到繁、循序渐进的原则，重点讲述单片机的基础知识，培养学生单片机应用的基本方法和基本能力。

3. 教学资源丰富。为方便教师教学和学生学习，书中教学难点配有微课，扫描书中二维码即可在线学习；另外，本书还配有教学课件、教学大纲、课后习题、单元测验题、模拟自测题、自学指导书，以及创新实验和开放性实验的设计方案、电路图和源代码，需要者可发邮件至 wangyaoqi@mail.lzjtu.edu.cn，或直接与科学出版社联系（360603935@qq.com）。

4. 一书多用。为了节省篇幅，Keil μVision4 和 Proteus 软件的使用介绍将作为教学资源提供，需要者同样可发邮件索取；另外，书中配套的例题和练习题除可方便学生理解和加深所学知识外，也可作为实验内容，因此本书还可作为高等院校学生课程设计、毕业设计及电子设计竞赛的辅导书。

5. 实用性强。书中大部分实例是从实际科研项目中精选出来的，具有很强的实用性。例题、习题紧密结合学生生活实际和生产应用实际，既能体现单片机的基本工作原理，又能体现单片机应用系统的设计方法。

6. 前沿应用。书中引入一些信息技术发展的最新综合性实例，将单片机应用与新技术联系在一起，可以提高学生学习的兴趣。

全书共分为 12 章：第 1 章主要介绍单片机的基础知识；第 2 章介绍 MCS-51 系列单片机的内部结构；第 3 章介绍 MCS-51 汇编语言指令与程序设计；第 4 章介绍 C51 语言程序设计；第 5 章介绍 MCS-51 单片机的中断系统；第 6 章介绍 MCS-51 单片机的定时器/计数器；第 7 章介绍 MCS-51 单片机的串口通信；第 8 章介绍 MCS-51 单片机的系统扩展；第 9～11 章介绍单片机的接口技术，主要包括单片机与键盘和显示器的接口技术、单片机与 A/D、D/A 转换器的接口技术、1-Wire 总线接口技术、现场总线技术、以太网接口技术、SPI 总线接口技术、I^2C 总线接口技术和应用实例；第 12 章介绍单片机应用系统的可靠性技术。附录提供了 C51 的部分库函数和 ASCII 码表。

本书由王耀琦和伍忠东共同编写，王耀琦负责全书的规划、定稿和修改，编写了第 2～10 章，并负责微课的制作，伍忠东编写了第 1、11、12 章和附录。本书的出版得到了兰州交通大学百名青年优秀人才项目资助，感谢兰州交通大学教务处、国家级电工电子实验教学示范中心、国家级计算机实验教学示范中心、创新创业学院和电子与信息工程学院的部分老师对本书的支持和帮助。同时，感谢参考文献中提到的作者，本书借鉴了他们的部分成果。

由于作者水平有限，书中难免有疏漏之处，恳请广大读者批评指正，以便再版时修正。

目　录

第1章 绪　论

教学目的和要求

本章主要介绍单片机的概念、简史、特点、产品发展近况及应用领域。要求熟练掌握单片机的发展简史、特点、产品发展近况及应用领域。

1.1 控制系统组成方案

控制领域常见的控制方案有 PC（personal computer，个人计算机）＋Windows 系统、MCU（multipoint control unit，多点控制单元）系统、MCU＋嵌入式操作系统和 PLC（programmable logic controller，可编程逻辑控制器）系统等。之前一般的看法是专用的、功能不太复杂的场合使用 MCU 系统，而通用性的、功能复杂、要求人机界面友好的场合使用 PC＋Windows 系统。但是，随着单片机系统资源的逐渐丰富，以及嵌入式操作系统的不断发展，更重要的是出于对可靠性的追求，人们更多地倾向于使用单片机系统来取代 PC＋Windows 系统的工控系统结构。而在一些必须使用图形界面、大容量存储等需要大量资源的系统中，采用 MCU＋嵌入式操作系统的结构逐渐成为趋势。PLC 可以看作“封装”好的单片机，相当于一种控制设备，单片机可以构成各种各样的应用系统，而 PLC 是单片机系统的一个特例。

1.2 计算机概述

1. 计算机的诞生

1946 年，全自动电子数字计算机“埃尼阿克”（ENIAC，即 electronic numerical integrator and calculator，电子数字积分计算机）在美国宾夕法尼亚大学莫尔学院研制成功。它是美国奥伯丁武器试验场为了满足计算弹道需要而研制成的，主要发明人是电气工程师普雷斯波·埃克特（Prespen Eckert）和物理学家约翰·莫奇利（John Mauchly）博士。这台计算机于 1946 年 2 月交付使用，共服役 9 年。ENIAC 采用电子管作为基本元件，使用了 17 468 只电子管，10 000 只电容，70 000 只电阻，占地面积约 170m^2，重约 30t，耗电 140～150kW·h，每秒可进行 5000 次加法运算。

2. 计算机的组成

从结构上看，计算机采用冯·诺依曼结构，由 5 部分组成：运算器、控制器、存储器、输入设备和输出设备。目前，大部分计算机将运算器与控制器集成在一起，称为中央处理器（central processing unit，CPU），也有计算机将存储器和 CPU 集成在一起。微处理器、存储器和 I/O 口电路组成微型计算机，各部分通过地址总线（address bus，AB）、数据总线（data bus，DB）和控制总线（control bus，CB）相连，如图 1.1 所示。

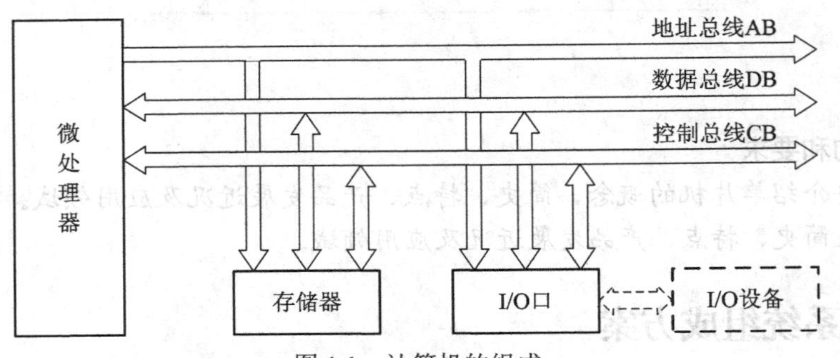

图 1.1 计算机的组成

3. 计算机的发展

ENIAC 的问世具有划时代的意义，它表明了计算机时代的到来。在 ENIAC 问世后的 40 多年中，计算机技术发展异常迅速，按照组成计算机的元器件的技术发展水平划分，计算机的发展已经走过了 4 代。

1）第一代（1946～1957 年）为电子管数字计算机。在这一时期，计算机的逻辑元件采用电子管，主存储器采用汞延迟线、磁鼓、磁心，外存储器采用磁带，软件主要采用机器语言、汇编语言，应用以科学计算为主。其特点是体积大、耗电大、可靠性差、价格昂贵、维修复杂，但它奠定了计算机技术的基础。

2）第二代（1958～1964 年）为晶体管数字计算机。晶体管的发明推动了计算机的发展，采用晶体管作为逻辑元件后，计算机的体积大大缩小、耗电量减少、可靠性提高，性能比第一代计算机有了很大的提高。在这一时期，主存储器采用磁心，外存储器已开始使用更先进的磁盘，软件有了很大发展，出现了各种各样的高级语言及其编译程序，还出现了以批处理为主的操作系统，应用以科学计算和各种事务处理为主，并开始用于工业控制。

3）第三代（1965～1970 年）为集成电路数字计算机。20 世纪 60 年代，计算机的逻辑元件采用小规模集成（small scale integration，SSI）电路和中规模集成（middle scale integration，MSI）电路，计算机的体积更小型化、耗电量更少、可靠性更高。这一时期主存储器仍采用磁心，软件逐渐完善，分时操作系统和会话式语言等多种高级语言都有新的发展。

4）第四代（1971 年至今）为大规模集成电路数字计算机。在这一时期，计算机的逻辑元件和主存储器都采用了大规模集成（large scale integration，LSI）电路。大规模集成电路是指在单片硅片上集成 1000 个以上晶体管的集成电路，其集成度比中、小规模的集成电路提高了至少 1 个数量级。这时计算机发展到了微型化、耗电量极少、可靠性很高的阶段。随着大规模集成电路技术的迅速发展，计算机除了向巨型机方向发展，还朝着超小型机和微型机方向飞越前进。1971 年，世界上第一台微处理器和微型计算机在美国旧金山南部的硅谷应运而生，它开创了微型计算机的新时代。此后各种各样的微处理器和微型计算机如雨后春笋般地被研制出来，潮水般地涌向市场，成为当时首屈一指的畅销品。这种势头直至今天仍然方兴未艾。

计算机的未来充满变数，但其性能的大幅度提高是不容置疑的，而且实现其性能的飞跃有多种途径。当前科研人员正在加紧研制一些新的计算机，这些计算机包括量子计算机、神经网络计算机、化学计算机、生物计算机和光计算机等。

1）量子计算机。量子计算机是一类遵循量子力学规律进行高速数学和逻辑运算、存储及处理量子信息的量子物理设备。若某个设备是由量子元件组装的，其处理和计算的是量子信息，运行的是量子算法，则它就是量子计算机。

2）神经网络计算机。人脑总体运行速度相当于1000万亿次每秒的计算机的运行速度，可以将生物大脑神经网络看作一个大规模并行处理的、紧密耦合的、能自行重组的计算网络。从大脑工作的模型中抽取计算机设计模型，用许多处理机模仿人脑的神经元机构，将信息存储在神经元之间的联络中，并采用大量的并行分布式网络即可构成神经网络计算机。

3）化学计算机、生物计算机。在运行机理上，化学计算机以化学制品中的微观碳分子作为信息载体来实现信息的传输与存储。DNA分子在酶的作用下可以从某基因代码通过生物化学反应转变为另一种基因代码，转变前的基因代码可以作为输入数据，反应后的基因代码可以作为运算结果，利用这一过程可以制成新型的生物计算机。生物计算机最大的优点是生物芯片的蛋白质具有生物活性，能够跟人体的组织结合在一起，特别是可以和人的大脑与神经系统有机连接，使人机接口自然吻合，免除了烦琐的人机对话，这样生物计算机就可以听人指挥，成为人脑的外延或扩充部分，还能够从人体的细胞中吸收营养来补充能量，而不需要任何外界的能源。由于生物计算机的蛋白质分子具有自我组合的能力，从而使生物计算机具有自调节能力、自修复能力和自再生能力，更易于模拟人类大脑的功能。现今科学家已研制出生物计算机的主要部件——生物芯片。

4）光计算机。光计算机是用光子代替半导体芯片中的电子，以光互连来代替导线制成数字计算机。与电的特性相比，光具有电无法比拟的各种优点：光计算机是“光”导计算机，光在光介质中以多种波长不同或波长相同而振动方向不同的光波传输，不存在寄生电阻、电容、电感和电子相互作用问题；光器件无电位差，因此光计算机的信息在传输中畸变或失真小，可在同一条狭窄的通道中传输数量大得难以置信的数据。

4. 计算机的分类

计算机按用途的不同，又可分为专用计算机和通用计算机。专用计算机针对某类问题能显示出最有效、最快速和最经济的特性，但它的通用性较差，不适于其他方面的应用。通用计算机按其规模、速度和功能等的不同，又可分为巨型机、大型机、中型机、小型机、微型机及单片机。

5. 微型计算机的应用形态

从应用形态上划分，微型计算机可以分成3种。

1）多板微型计算机（简称多板机）。将CPU、存储器、I/O口电路和总线接口等装配在一块主机板上就构成了多板机。各种适配板卡插在主机板的扩展槽上并与电源、硬盘驱动器及光盘驱动器等装在同一机箱内，再配上系统软件，就构成了一台完整的微型计算机系统，简称系统机。工业PC属于多板机。

2）单板微型计算机（简称单板机）。将CPU芯片、存储器芯片、I/O口芯片和简单的

I/O 设备等装配在一块印制电路板（printed-circuit board，PCB）上，再配上监控程序，就构成了一台单板机。单板机的 I/O 设备简单，软件资源少，使用不方便，早期主要用于微型计算机原理的教学及简单的测控系统，现在已很少使用。

3）单片微型计算机（简称单片机）。单片机是指在一块芯片上集成了 CPU、随机存储器（random access memory，RAM）、只读存储器（read-only memory，ROM）或电擦除可编程只读存储器（electrically-erasable programmable read-only memory，E^2PROM）、定时器/计数器、中断控制器及串行口、并行 I/O 口等部件，构成的一个完整的微型计算机系统，简称为 MCU 或 SCM（single chip microcomputer，单片微型计算机）。

系统机属于通用计算机，主要应用于数据处理、办公自动化及辅助设计。单片机属于专用计算机，主要应用于智能仪表、智能传感器、智能家电、智能办公设备、汽车电子设备等应用系统。

1.3 单片机的发展简史

单片机诞生于 20 世纪 70 年代，美国 Intel 公司在 1971 年推出了 4 位单片机 Intel 4004，在 1974 年推出了 8 位雏形单片机 Intel 8008，在 1976 年推出了 MCS-48 单片机。此后，单片机的发展及其相关的技术经历了数次的更新换代。其发展速度为每三四年更新一代、集成度增加一倍、功能翻一番。单片机的发展大致可分为下列 5 个阶段。

1. 单片机发展的初级阶段

20 世纪 70 年代初期，微电子技术正处于发展阶段，集成电路属于中规模发展时期，各种新材料新工艺尚未成熟，单片机仍处在初级的发展阶段，元件集成规模还比较小，功能比较简单，一般把 CPU 和 RAM（有的还包括一些简单的 I/O 口）集成到芯片上，还需配上外围的其他处理电路才能构成完整的计算系统。这一时期的产品主要有 Intel 公司的 Intel 4004 和 Intel 8080、Zilog 公司的 Z80 等。Intel 4004 微处理器是世界上第一款商用计算机微处理器，它片内集成了 2250 个晶体管，晶体管之间的距离是 10μm，能够处理 4bit 的数据，每秒运算 6 万次，主频为 0.74MHz，运行的频率为 108kHz。

2. 低性能单片机阶段

1976 年，Intel 公司推出了 MCS-48 单片机。MCS-48 才是真正的 8 位单片机。它以体积小、功能全、价格低而赢得了广泛的应用，为单片机的发展奠定了基础，成为单片机发展史上重要的里程碑。这个系列的单片机内集成有 8 位 CPU、1KB ROM、64B RAM、27 根 I/O 线和 1 个 8 位定时器/计数器，寻址范围不大于 4KB，具备简单的中断功能，无串行口。

3. 高性能单片机阶段

20 世纪 80 年代初，单片机发展到了高性能阶段，如 Intel 公司的 MCS-51 系列、Motorola 公司的 6801 和 6802 系列、Rokwell 公司的 6501 和 6502 系列等，此外 NEC 公司和 HITACHI 公司都相继开发了具有自己特色的专用单片机。这个阶段的单片机普遍带有串行 I/O 口、多级中断系统、16 位定时器/计数器，片内 ROM 和片内 RAM 容量加大，且寻址范围可达

64KB，有的片内还带有 A/D 转换器（analog-to-digital converter，ADC）。

1980 年，Intel 公司推出的 MCS-51 系列单片机内部集成了 8 位 CPU、4KB ROM、128B RAM、4 个 8 位并行口、1 个全双工串行口、2 个 16 位定时器/计数器，寻址范围 64KB，并有控制功能较强的布尔处理器。这一系列的单片机结构体系完善，性能已大大提高，面向控制的特点得到了进一步突出。现在 MCS-51 已成为公认的单片机经典机种。

4. 16 位单片机阶段

1982 年，16 位单片机问世，其代表产品是 Intel 公司的 MCS-96 系列。与 8 位单片机相比，16 位单片机数据总线增加了 1 倍，实时处理能力更强，主频更高，其芯片内集成 16 位 CPU、8KB ROM、232B RAM、5 个 8 位并行口、1 个全双工串行口、2 个 16 位定时器/计数器，寻址范围 64KB，片上还有 8 路 10 位 A/D 转换器、1 路 PWM（pulse width modulation，脉冲宽度调制）输出及高速 I/O 部件等。片内面向测控系统的外围电路增强，使单片机可以方便灵活地用于复杂的自动测控系统及设备。

5. 新一代单片机

20 世纪 90 年代是单片机制造业大发展的时期，这个时期的 Motorola、Intel、Atmel（2016 年被 Microchip 公司收购）、德州仪器（Texas Instruments，TI）、三菱集团、HITACHI、Philips 和 LG 等公司开发了一大批性能优越的单片机，极大地推动了单片机的应用。美国 Microchip 公司发布了一种完全不兼容 MCS-51 的新一代 PIC（peripheral interface controller，外围设备控制器）系列单片机，引起了业界的广泛关注，特别是它的产品只有 33 条精简指令集，吸引了不少用户，使人们从 Intel 公司的 111 条复杂指令集中走出来。因此，PIC 单片机获得了快速的发展，在业界占有一席之地。随后更多类型的单片机蜂拥而至，Motorola 公司发布了 MC68HC 系列单片机，NEC 公司发布了 UCOM87 系列单片机，其代表作 UPC7811 是一种性能相当优异的单片机。

1990 年，Intel 公司推出了 80960 超级 32 位单片机，引起了计算机界的轰动，成为单片机发展史上又一个重要的里程碑。

1.4　单片机产品发展近况

目前全球许多半导体公司已开发生产了多种具有各自特色的单片机系列，如 MCS-51 系列、PIC 系列、MSP430 系列、AVR 系列等。据不完全统计，到 2017 年全球单片机品种总量已经超过 2000 种，流行体系结构有 30 多个系列，其中 MCS-51 系列占了多半。

Intel 公司于 1980 年推出 8 位的高性能 MCS-51 单片机，之后不久就将其核心技术授权给了很多公司，各公司以 MCS-51 的内核为基础，推出了各种与 MCS-51 相兼容的各具特色、性能优越的单片机衍生产品，统称为 51 系列单片机或 51 核单片机。其中，Philips 公司着力发展了单片机的控制功能和外围单元；Atmel 公司在单片机内部植入了 Flash ROM，使得单片机应用变得更灵活；ADI（Analog Devices Inc.）公司推出的 ADμC8××系列单片机，在单片机向 SoC（system on chip，片上系统）发展的模/数混合集成电路发展过程中扮演了很重要的角色；Cygnal 公司采用一种全新的流水线设计思路，使单片机的运算速度得到了极大的提高，在向 SoC 发展的过程中迈出了一大步。

目前 MCS-51 系列单片机产品繁多，主流地位已经形成，主要产品有 Atmel 公司融入 Flash 存储器技术的 AT89 系列，Philips 公司的 80C51、80C552 系列，Winbond 公司的 W78C51、W77C51 高速低价系列，ADI 公司的 ADμC8××高精度 ADC 系列，LG 公司的 GMS90/97 低压高速系列，Maxim 公司的 DS89C420 高速（50MIPS）系列，Cygnal 公司（2005 年被 Silicon Labs 公司收购）的 C8051F 系列高速 SoC 单片机，宏晶公司的 STC 系列单片机等。

在很多公司改造 MCS-51 系列单片机的同时，世界上一些有影响力的大公司也在开发自己的单片机，不断推出非 MCS-51 结构的单片机新品，给用户提供了更为广泛的选择空间。近年来推出的非 MCS-51 系列的主要产品有 Intel 公司的 MCS-96 系列 16 位单片机、Microchip 公司的 PIC 系列单片机、TI 公司的 MSP430F 系列 16 位低功耗单片机、凌阳科技股份有限公司（简称凌阳科技公司）的 μ'nSP 系列 16 位单片机等。

1. Motorola 公司的单片机

Motorola 公司是世界上著名的单片机开发厂商，现在已经拥有 8 位、16 位和 32 位十几个系列的单片机。其中，8 位单片机主要有 68HC05、68HC08 和 68HC11 等系列，16 位单片机主要有 HCS12、68HC12、DSP56800 和 68HC16 等系列，32 位单片机主要有 Coldfire 的 MC683××、MCORE、MPC500 和 MCF5×××等系列。Motorola 单片机的功能一般很强，进入我国的时间也很早，在单片机应用领域有很高的威望，但其开发工具价格较高，影响了产品的普及率。

2. Microchip 公司的 PIC 单片机

Microchip 公司生产的 PIC 单片机在我国有比较多的用户，近几年随着 Microchip 公司不断推出颇具特色的各型单片机，它已越来越受到业界的广泛关注。目前，市面上比较常见的单片机主要有 PIC12C5×××系列和 PIC16C5×系列，这两个系列的单片机是 PIC 单片机中的低端产品，其中 PIC16C5×系列是最早在市场上得到发展的系列，因其价格较低，且有较完善的开发手段，因此在国内应用最为广泛；而 PIC12C5××是世界上第一个 8 脚低价位单片机，可用于一些对单片机体积要求较高的简单智能控制领域，前景十分广阔。PIC12C6××和 PIC16C×××系列是 PIC 单片机中的中档产品，是 Microchip 公司近年来重点发展的系列产品，品种最为丰富，其性能比低档产品有所提高，指令周期可达到 200ns，增加了中断功能，带 A/D、内部 E^2PROM 数据存储器、双时钟工作、比较输出、捕捉输入、PWM 输出、I^2C（inter-integrated circuit）总线和串行外设接口（serial peripheral interface，SPI）、异步串行通信、模拟电压比较器及 LCD 驱动等，其封装从 8 引脚到 68 引脚，可用于高、中、低档的电子产品设计中，适合于高级复杂系统的开发，其性能在中档位单片机的基础上增加了硬件乘法器，指令周期可达成 160ns，它是目前世界上 8 位单片机中性价比较高的机种之一，可用于高、中档产品的开发，如电动机控制、音调合成。

2016 年 4 月，Microchip 公司完成了对 Atmel 公司的并购，由于双方原本的产品线就有相当大的互补性，双方原有的主力产品线都原封不动，持续投资 Microchip PIC32 与 Atmel SAM 32 位系列产品，也将继续为 8 位 PIC 与 AVR MCU 产品家族提供投资。Atmel 成为 Microchip 公司旗下的一家子公司，Atmel 公司生产的具有 Flash ROM 的增强型 51 系列单片机目前在市场上十分流行，其中 AT89S 系列应用较广泛。AVR 单片机是 Atmel 公司在 20 世纪 90 年代推出的精简指令集计算机（reduced instruction set computer，RISC）的单片机，与 PIC 类似，使用哈佛结构，是增强型的 RISC 内载 Flash 单片机。AVR 单片机取消了机器周期，以时钟周期为指令周期，实行流水作业，指令以字为单位，且大部分指令为单周期指令，通常时钟频率为 4～8MHz，故其指令执行时间为 250～125ns。

3. TI 公司的 MSP430 单片机

TI 公司是全球闻名的数字信号处理器（digital signal processing，DSP）制造商，其推出的 MSP430 系列 16 位单片机同样在业界掀起不小的波澜。MSP430 系列单片机最突出的特点是低电压供电和超低功耗，非常适合应用于长时间采用电池工作的场合。电压范围为 1.8～3.6V，在 1MHz 2.2V 下，活动模式电流为 225μA，待机模式电流为 0.8μA，断电模式电流为 0.1μA。在这个系列中有很多个型号，它们是由一些基本功能模块按照不同的应用目标组合而成的。MSP430 系列单片机的 CPU 采用 16 位 RISC（精简指令集 CPU），集成有 16 位寄存器和常数发生器，发挥了最高代码效率。它采用数字控制振荡器（digitally controlled oscillator，DCO），使得从低功耗模式到唤醒模式的转换时间小于 6μs；内部集成了 A/D 转换器，工业应用方便。其中 MSP430×41×系列设计有一个 16 位定时器、一个比较器、96 段 LCD 液晶驱动器和 48 个通用 I/O 口。

4. 凌阳科技公司的单片机

台湾凌阳科技公司致力于开发高品质的集成电路芯片，在单片机的核心技术上，发展了从 8 位系列微控制器到 μ'nSP（microcontroller and signal processor）系列 16 位微控制器、32 位微控制器的核心技术。该公司的 16 位单片机的 CPU 内核采用其自身具有自主知识产权的 μ'nSP 16 位微处理器。而围绕 μ'nSP 所形成的 16 位 μ'nSP 系列单片机采用的是模块化集成结构，即以 μ'nSP 内核为中心，集成不同规模的 ROM、RAM 和功能丰富的各种外设接口部件，将单片机应用引领到片上系统领域。凌阳科技公司的 μ'nSP 系列 16 位单片机主要产品有带语音功能的 SPCE 通用单片机系列，工业级控制型的 SPMC 通用单片机系列，应用于视频游戏类产品的 SPG 系列单片机，带有 LCD 显示驱动的 SPL16 系列单片机，专用于通信产品的 SPT 系列单片机，应用于高档电子乐器、和弦发声的 SPF 系列单片机等。凌阳科技公司新近又推出了以 μ'nSP 为内核的 SPMC75F 系列单片机，用于变频电动机驱动控制，广泛应用于变频家电、工业变频器、工业控制等领域。

5. STC 单片机

STC（system chip，系统芯片）单片机是宏晶科技有限公司生产的 MCS-51 系列单片机，该系列的单片机在中国 51 单片机市场占有较大的比例。该产品功耗低，具有在系统可编程（in system programming，ISP）和在线应用可编程（in application programming，IAP）功能，且具有强抗干扰能力和降低电磁干扰（electro magnetic interference，EMI）的功能，价格便宜，在高校单片机教学实验系统中应用较为广泛。其产品包括 STC89/90 系列、STC10/11 系列、STC12 系列和 STC15 系列，全部采用 Flash 技术，对传统 8051 进行了全面提速，大幅度提高了集成度，如集成了 A/D 转换器、CCP/PCA/PWM，SPI、“看门狗”、内部时钟、内部复位电路、SRAM（static random access memory，静态随机存取存储器）、E^2PROM、

Flash 程序存储器等。封装形式有 DIP8/DIP16/DIP20/DIP28/DIP40、SOP8/ SOP16/ SOP20/ SOP28、LQFP32/LQFP48/LQFP64，芯片的 I/O 口从 6 个到 62 个不等。其中，STC89/90 系列为基本型，最高工作频率 80MHz，Flash 存储器 4～64KB，RAM 数据存储器 512～1280B，内部集成 E^2PROM 2～16KB 及“看门狗”电路，带 A/D 功能。STC12 系列还带 2～4 路 PWM，8～10 位高速 A/D 转换。2014 年 4 月，宏晶科技推出的 STC15 系列单片机采用 STC-Y5 超高速 CPU 内核，在 12 系列的基础上功能更多、更强，速度比 11、12 系列提高了 20%，4 个独立串行口，带硬件 SPI，4KB 内部扩展 SRAM，7 个定时器[5 个普通定时器，2 个单片机特殊功能定时器（capture、compare、PWM，CCP）]，6 路 CCP/PCA/PWM 比较捕获单元。

6. NXP 单片机

2015 年，恩智浦（NXP）公司与飞思卡尔（Freescale）公司合并，合并后的恩智浦公司继承了原来两家公司的产品。其中，Freescale 系列单片机采用哈佛结构和流水线指令结构，具有低成本、高性能的特点。其产品从低端到高端，从 8 位到 32 位全系列应有尽有，特别是 8 位/32 位引脚兼容的 QE128，可以从 8 位直接移植到 32 位，弥补单片机业界 8 位/32 位兼容架构中缺失的一环。Freescale 系列单片机多在内部集成各种通信接口模块，包括串行通信接口（serial communication interface，SCI）模块、多主 I^2C 总线模块、串行外设接口模块、MSCAN08 控制器模块，通用串行总线模块 USB/PS2。某些单片机还包括 LCD 驱动模块、温度传感器、超高频发送模块、同步处理器模块、屏幕显示模块（on-screen display，OSD）、响铃检测模块 RING 和双音多频/音调发生器（dual tone multi-frequency/pitch generator，DMG）模块等。

1.5 单片机的发展趋势

目前是单片机百花齐放、百家争鸣的时期，世界上各大芯片制造公司推出的单片机，从 8 位、16 位到 32 位，数不胜数，应有尽有，有与主流 MCS-51 系列单片机相兼容的，也有不兼容的，各具特色，为单片机的应用提供了广阔的天地。单片机的发展趋势如下。

1）低功耗 CMOS 化。MCS-51 系列的 8031 推出时的功耗达 630mW，而现在的单片机的功耗普遍在 100mW 左右，各单片机制造商大多采用了 CMOS（complementary metal oxide semiconductor，互补金属氧化物半导体）工艺。CMOS 电路的特点是低功耗、高密度、低速度、低价格。CMOS 电路虽然功耗较低，但由于其物理特征决定了其工作速度不够高，而 CHMOS（互补金属氧化物 HOMS）电路则具备了高速度和低功耗的特点。

2）低电压化。单片机允许使用的电压范围越来越宽，一般在 3～6V 范围内工作。低电压供电的单片机电源下限已可达 0.8V。

3）低噪声与高可靠性。为提高单片机的抗电磁干扰能力，使产品能适应恶劣的工作环境，满足电磁兼容性方面更高标准的要求，各单片机厂家在单片机内部电路中采用了新的技术措施。

4）高性能化。高性能化主要是指进一步改进 CPU 的性能，加快指令运算的速度和提高系统控制的可靠性。采用 RISC 结构和流水线技术，可以大幅度提高运行速度。

1.6 ARM内核单片机

1.6.1 ARM内核简介

ARM（Advanced RISC Machines）公司是一家半导体知识产权（semiconductor intellectual property，SIP）供应商，它既不生产芯片也不销售芯片，而是专业从事技术研发和授权转让的公司，世界知名的半导体公司都与 ARM 公司建立了合作关系。这种模式也给用户带来巨大的好处，因为用户只需掌握一种 ARM 内核结构及其开发手段，就能够使用多家公司相同 ARM 内核的芯片。

目前，总共有超过 100 家公司与 ARM 公司签订了技术使用许可协议，其中包括 Intel、IBM、LG、NEC、SONY、NXP 和 NS 等公司。而软件系统的合伙人，则包括 Microsoft、升阳和 MRI 等一系列知名公司。

ARM 架构是 ARM 公司面向市场设计的第一款低成本 RISC 微处理器，它具有极高的性价比和代码密度，以及出色的实时中断响应和极低的功耗，并且占用硅片极少的面积，从而使它成为嵌入式系统的理想选择，因此应用范围非常广泛。ARM 单片机是以 ARM 处理器为核心的一种单片微型计算机，采用了新型的 32 位 ARM 核处理器，使其在指令系统、总线结构、调试技术、功耗及性价比等方面都超过了传统的 51 系列单片机，同时 ARM 单片机在芯片内部集成了大量的片外设备，所以功能和可靠性都大大提高。

ARM 内核采用 RISC 体系结构，它是一个小门数的计算机，其指令集和相关的译码机制比复杂指令集计算机（complex instruction set computer，CISC）要简单得多，其目标是设计出一套能在高时钟频率下单周期执行，且简单、有效的指令集。RISC 的设计重点在于降低处理器中指令执行部件的硬件复杂度，这是因为软件比硬件更容易提供更大的灵活性和更高的智能化，因此 ARM 具备了非常典型的 RISC 结构特性。

从 1985 年 ARM1 诞生至今，ARM 指令集体系结构发生了巨大的改变，并且还在不断地完善和发展。为了清楚地表达每个 ARM 应用实例所使用的指令集，ARM 公司定义了 7 种主要的 ARM 指令集体系结构版本，以版本号 V1～V7 表示。

ARM 公司开发了很多系列的 ARM 处理器核，目前最新的系列是 Cortex，而 ARM6 核及更早的系列已经很罕见了。当前应用比较多的 ARM 处理器系列有 ARM7、ARM9、ARM10、ARM11、Cortex、Xscale 及 StrongARM 等。

1. ARM7 系列简介

ARM7 系列是低功耗的 32 位 RISC 处理器，最适合用于对价位和功耗要求较高的消费类应用。ARM7 系列包括 ARM7TDMI、ARM7TDMI-S、带有高速缓存处理器宏单元的 ARM720T 和扩充了 Jazelle 的 ARM7EJ-S。其中，ARM7TDMI 是 ARM 公司于 1995 年推出的第一个处理器内核，是目前使用量最多的且使用最广泛的 32 位嵌入式 RISC 处理器，属低端 ARM 处理器核，适用于更大规模的 SoC 设计中，支持 Linux 和 Windows CE 等操作系统。

2. ARM9 系列简介

ARM9 系列发布于 1997 年，ARM9 系列包括 ARM9TDMI、ARM920T 和带有高速缓存

处理器宏单元的 ARM940T。ARM9 系列处理器都具有 Thumb 压缩指令集和基于 EmbeddedICE JTAG 的软件调试方式。ARM9 系列兼容 ARM7 系列，而且能够比 ARM7 进行更加灵活的设计。ARM9 系列主要应用于引擎管理、仪器仪表、安全系统和机顶盒等领域。

3. ARM9E 系列简介

ARM9E 发布于 2000 年，该系列为含有 DSP 指令集的综合处理器，强化了 DSP 功能，可应用于需要 DSP 与微控制器结合使用的情况，包括 ARM926EJ-S、带有高速缓存处理器宏单元的 ARM966E-S/ARM946E-S。其内核在 ARM7 处理器内核的基础上使用了 Jazelle 增强技术，该技术支持一种新的 Java 操作状态，允许在硬件中执行 Java 字节码。ARM9E 系列主要应用于下一代无线设备、数字消费品、成像设备、工业控制、存储设备和网络设备等领域。

4. ARM10E 系列简介

ARM10 发布于 1999 年，该系列包括 ARM1020E 和 ARM1022E 微处理器核。其核心在于使用向量浮点（vector floating point，VFP）单元 VFP10 提供高性能的浮点解决方案，从而极大地提高了处理器的整型和浮点运算性能，为图形用户界面引擎的应用夯实了基础，可以用于视频游戏机和高性能打印机等场合。

5. ARM11 系列

ARM11 系列微处理器是 ARM 公司近年推出的新一代 RISC 处理器，它是 ARMv6 的第一代设计实现。该系列的内核型号主要有 ARM1136J、ARM1156T2 和 ARM1176JZ。

ARM1136J-S 发布于 2003 年，是针对高性能和高能效的应用而设计的。ARM1136J-S 是第一个执行 ARMv6 架构指令的处理器，它采用了特殊的设计以改善视频处理性能。ARM1136J-S 增加了向量浮点单元；具有高性能、低功耗的特点，其时钟频率为 350～500MHz，功耗可以低至 0.4mW/MHz。它是综合多处理器，包括多个 ARM 内核或 ARM+DSP 的组合。

6. Xscale 简介

Intel 的 Xscale 微控制器则提供全性能、高性价比、低功耗的解决方案，支持 16 位 Thumb 指令并集成数字信号处理指令，主要应用于手提式通信和消费电子类设备。

7. ARM Cortex 系列简介

基于 ARMv7 版本的 ARM Cortex 系列产品由 A、R 和 M 系列组成，具体分类延续了一直以来 ARM 面向具体应用设计 CPU 的思路。

（1）CortexTM-M3 处理器简介

CortexTM-M3 处理器是首款基于 ARMv7-M 架构的处理器，采用了纯 Thumb2 指令的执行方式，具有极高的运算能力和中断响应能力。Cortex-M3 主要应用于汽车车身系统、工业控制系统和无线网络等对功耗和成本敏感的嵌入式应用领域。

（2）CortexTM-R4 处理器简介

CortexTM-R4 处理器是首款基于 ARMv7 架构的高级嵌入式处理器，其主要应用于产量巨大的高级嵌入式应用系统，如硬盘、喷墨式打印机及汽车安全系统等。

（3）CortexTM-R4F 处理器简介

CortexTM-R4F 处理器在 CortexTM-R4 处理器的基础上加入了差错校验（error checking and correction，ECC）技术、浮点处理单元（floating-point processing unit，FPU）及直接存储器存取（direct memory access，DMA）综合配置的能力，增强了处理器在存储器保护单元、缓存、紧密耦合存储器、DMA 访问及调试方面的能力。

（4）CortexTM-A8 处理器简介

CortexTM-A8 处理器是 ARM 公司开发的基于 ARMv7 架构的首款应用级处理器，其特色是运用了可增加代码密度和加强性能的技术、可支持多媒体及信号处理能力的 NEONTM 技术，以及能够支持 Java 和其他文字代码语言的提前和即时编译的 Jazelle@RTC 技术。众多先进的技术使其适用于家电及电子行业等各种高端的应用领域。

1.6.2　STM32 单片机

STM32 是意法半导体公司（STMicroelectronics）推出的基于 ARM® Cortex®-M0/M0+/M3/M4 系列内核的高性能 32 位单片机。它有 9 大产品线：STM32F0、STM32F1、STM32F2、STM32F3、STM32F4、STM32F7、STM32L0、STM32L1、STM32L4，共 700 多个型号。按内核的不同划分，STM32F101 为基本型系列，STM32F103 为增强型系列，STM32F105、STM32F107 为互连型系列。基本型系列时钟频率为 36MHz，增强型系列时钟频率可达 72MHz。两个系列都内置 32～512KB 的闪存，不同的是 SRAM 的最大容量和外设接口的组合。大部分芯片集成了定时器、DMA、CAN（controller area network，控制器局域网络）、A/D 转换器、SPI、I^2C、USB、UART 等多种功能，有 26/37/51/80/112 个 I/O 口。互连型系列增加一个全速 USB 接口，还增加一个 IEEE 1588 精确时间协议的以太网接口，集成两个 CAN2.0B 控制器，还支持以太网、USB OTG 和 CAN2.0B 外设接口同时工作。它强化了音频性能，采用一个先进的锁相环机制，实现音频级别的 I^2S 通信。结合 USB 主机或从机功能，STM32 可以从外部存储器（USB 闪存盘或 MP3 播放器）读取、解码和输出音频信号。互连型系列的标准外设包括 10 个定时器、2 个 12 位 A/D 转换器、2 个 12 位 D/A 转换器、2 个 I^2C 接口、5 个 USART 接口和 3 个 SPI 接口，有 12 条 DMA 通道和 1 个循环冗余检验（cycle redundancy check，CRC）计算单元，工作电压为 2.0～3.6V，以 72MHz 频率从闪存执行代码，仅消耗 27mA 电流。

1.6.3　Atmel 公司的 ARM 内核单片机

Atmel 公司的 ARM 内核单片机以 ARM® Cortex®M0+、Cortex-M3、Cortex-M4、Cortex-M7 Cortex-A5 和 ARM926EJ-S™架构为基础，其闪存为 8KB～2MB，提供从 4～160KB 的 SRAM，内含丰富的外设和特性集合。它提供 DMA 接口，内置触摸功能、串行通信模块（SERCOM），可以完全在软件中进行配置，以便处理 I^2C、USART/UART 和 SPI 通信，从而增强接口灵活性。SAM C 系列还增加了 RS-485 和 LIN 接口。基于 ARM Cortex-A5 和 ARM926EJ-S™ 的处理器工作频率为 600MHz 时，性能高达 945DMIPS，并采用 FPU 和 ARM Neon 技术加快数据处理和提高精确度。2014 年，Atmel 公司推出基于 ARM Cortex-A5 处理器的新系列高性能微处理器 SAMA5D4，SAMA5D4 系列产品在 SAMA5 家族产品基础上进行了扩展，实现了 30f/s 的 H264、VP8 和 MPEG4 720p 视频资讯重播功能，SAMA5D4 具备 ARM NEON 引擎功能，可以加速多媒体和图像信号处理速度。

1.7 单片机的应用领域

单片机以其体积小、质量小、成本低、功耗低、功能强、集成度高、系统结构简单、扩展方便、可靠性高、运算功能强和容易产品化等诸多优点在各领域得到了广泛的应用。

1. 在智能仪器仪表中的应用

采用单片机控制使仪器仪表数字化、智能化、微型化，且功能比起采用电子或数字电路更加强大，如数控机床、复印机和各种测量设备。

2. 在工业控制中的应用

许多物理量（如电流、电压、温度、湿度等）的采集和控制可以采用单片机来实现，所以用单片机可以构成形式多样的控制系统、数据采集系统。

3. 在家用电器中的应用

家用电器是单片机的重要应用领域，从电饭煲、洗衣机、电冰箱、空调机、电视机、其他音响视频器材，再到电子称量设备，无所不在。

4. 在医用设备领域中的应用

单片机在医用设备领域中的应用亦相当广泛，如用于医用呼吸机、各种分析仪、监护仪、超声诊断设备及病床呼叫系统等。

5. 在汽车设备领域中的应用

单片机在汽车设备领域中的应用非常广泛，如用于汽车中的发动机控制器、基于 CAN 总线的汽车发动机智能电子控制器等。

此外，单片机在工商、金融、科研、教育、航空航天系统、国防军事和尖端武器等领域也都有着十分广泛的应用。

习 题

简答题

1. 什么是单片机？它与一般微型计算机在结构上有何区别？
2. 单片机有哪些特点？
3. 单片机由哪几部分组成？
4. 什么是 51 核单片机？常见的 51 核单片机有哪些型号？
5. 简述目前市面上常见单片机的特点。
6. 简述单片机的应用领域。

第 2 章　MCS-51 系列单片机的内部结构

教学目的和要求

本章介绍 MCS-51 系列单片机的内部结构，主要从应用的角度详细描述了单片机的硬件结构、引脚功能、存储器配置特点、时钟电路和时序、I/O 口的结构及使用、复位。要求了解 MCS-51 单片机的功能结构及内部组成；掌握单片机并行 I/O 口的特点，片内数据存储器和特殊功能寄存器的组织特点，以及典型的 CPU 时序。

2.1　MCS-51 系列单片机简介

MCS-51 单片机的典型芯片是 8031、8051、8751。8031 内部无 ROM，8051 内部有 4KB ROM，8751 内部有 4KB EPROM（erasable programmable read-only memory，可擦除可编程只读存储器），除此之外，三者的内部结构及引脚完全相同。MCS-51 单片机的主要特点如下。

1）具有 8 位 CPU。

2）片内带 128B 的数据存储器。

3）片内带 4KB 的程序存储器。

4）程序存储器的寻址空间为 64KB。

5）片外数据存储器的寻址空间为 64KB。

6）具有 21 个特殊功能寄存器（special function register，SFR）。

7）具有 4 个 8 位的并行 I/O 口：P0、P1、P2、P3。

8）具有 2 个 16 位定时器/计数器。

9）有 5 个中断源，各有 2 个优先级。

10）具有 1 对全双工的串行口。

11）采用单一+5V 电源。

1. 51 子系列和 52 子系列

MCS-51 系列又分为 51 和 52 两个子系列，如表 2.1 所示。以芯片型号的最末位数字作为标志，其中，51 子系列是基本型，而 52 子系列是增强型。

表 2.1　MCS-51 系列单片机分类

子系列	片内 ROM 形式			片内 ROM 空间/KB	片内 RAM 空间/B	寻址范围/KB	I/O 特性			中断源/个
	无	掩模 ROM	EPROM				（定时器/计数器）/（个×位）	并行接口/（个×位）	串行接口/个	
51 子系列	8031	8051	8751	4	128	2×64	2×16	4×8	1	5
	80C31	80C51	87C51	4	128	2×64	2×16	4×8	1	5

续表

子系列	片内 ROM 形式			片内 ROM 空间/KB	片内 RAM 空间/B	寻址范围/KB	I/O 特性			中断源/个
	无	掩模 ROM	EPROM				（定时器/计数器）/（个×位）	并行接口/（个×位）	串行接口/个	
52 子系列	8032	8052	8752	8	256	2×64	3×16	4×8	1	6
	80C32	80C52	87C52	8	256	2×64	3×16	4×8	1	6

从表 2.1 可以看出，52 子系列功能的增强具体体现在片内 ROM 从 4 KB 增加到 8 KB，片内 RAM 从 128 B 增加到 256 B，定时器/计数器从 2 个增加到 3 个，中断源从 5 个增加到 6 个。

2. 单片机芯片半导体工艺

MCS-51 系列单片机采用两种半导体工艺生产：一种是 HMOS 工艺，即高速度、高密度、短沟道 MOS 工艺；另一种是 CHMOS 工艺，即互补金属氧化物的 HMOS 工艺。表 2.1 中，芯片型号中带有字母“C”的为 CHMOS 芯片，其余均为一般的 HMOS 芯片。

CHMOS 是 CMOS 和 HMOS 的结合，除保持了 HMOS 的高速度和高密度的特点外，还具有 CMOS 低功耗的特点。例如，8051 的功耗为 630mW，而 80C51 的功耗只有 120mW。在便携式、手提式或野外作业的仪器设备上，低功耗是非常有意义的。

3. 片内 ROM 配置形式

MCS-51 单片机片内程序存储器有 3 种配置形式，即掩模 ROM、EPROM 和无 ROM。一般情况下，片内带掩模 ROM 的形式适用于定型大批量应用产品的生产；片内带 EPROM 的形式适合于研制产品样机；外接 EPROM 的方式适用于研制新产品。新推出的 51 核单片机片内带 Flash ROM，可以在线写入程序。

2.2 MCS-51 系列单片机的硬件结构

计算机有两种结构：哈佛结构和冯·诺依曼结构，其中哈佛结构的程序存储器与数据存储器是分开的，相互独立；冯·诺依曼结构的程序存储器与数据存储器合二为一，地址空间统一编址。MCS-51 单片机采用哈佛结构。MCS-51 系列单片机的内部组成基本相同，主要包括 CPU、时钟电路、ROM、RAM、并行 I/O 口、串行口、定时器/计数器和中断系统，内部组成如图 2.1 所示。

从图 2.1 可以看出，MCS-51 单片机的各功能是通过内部的单一总线连接而成的，下面对各部分的功能进行简单介绍。

1. CPU

MCS-51 单片机有一个 8 位的 CPU，与普通的 CPU 基本相同，同样包括运算器和控制器，还增加了面向控制的处理能力，不仅可以处理字节数据，还可以处理位数据。

2. 内部程序存储器（片内 ROM）

MCS-51 单片机的典型产品有 8031、8051 和 8751。8031 无 ROM；8051 共有 4 KB 掩

模 ROM；而 8751 有 4KB EPROM，用于存放程序、原始数据或表格，因此，称为程序存储器，简称片内 ROM。另外，由于 MCS-51 单片机采用 16 位的地址总线，所以其 ROM 可扩展到 64KB。

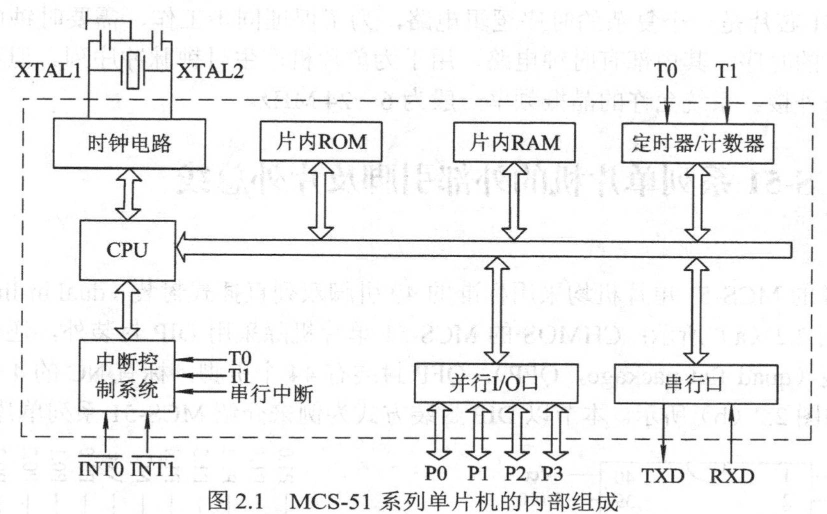

图 2.1　MCS-51 系列单片机的内部组成

3. 内部数据存储器（片内 RAM）

51 子系列有 256B 的 RAM 单元，但其中高 128B 被专用寄存器占用，能作为寄存器供用户使用的只是低 128B，用于存放可读/写的数据。因此通常所说的内部数据存储器是指前 128 B，简称片内 RAM。52 子系列的片内 RAM 是 256B，其高 128B 的地址与专用寄存器的地址相同，使用时通过指令来对其进行区分。

4. 定时器/计数器

51 子系列共有 2 个 16 位可编程加法定时器/计数器 T0 和 T1，52 子系列有 3 个 16 位可编程加法定时器/计数器 T0、T1 和 T2，它们在单片机应用系统中用于实现精确定时或对外部事件计数。

5. 并行 I/O 口

MCS-51 系列单片机共有 4 组 8 位的并行 I/O 口（P0、P1、P2、P3），每个接口既可以作为输入又可以作为输出，以实现数据的并行输入/输出。

6. 串行口

MCS-51 系列单片机有一个全双工的串行口（TXD、RXD），以实现单片机之间或单片机与其他设备之间的串行数据传送。

7. 中断控制系统

MCS-51 系列单片机的中断功能较强，常用于实时控制、故障处理、单片机与外设之间的数据传输和人机交互等任务。51 子系列共有 5 个中断源，即 2 个外中断 $\overline{\text{INT0}}$ 和 $\overline{\text{INT1}}$，2 个定时器/计数器中断 T0 和 T1，1 个串行中断；52 子系列共有 6 个中断源，与 51 子系列相比增加了定时器中断 T2。

8. 时钟电路

MCS-51 芯片是一个复杂的时序逻辑电路，为了保证同步工作，需要时钟电路为各部分提供统一的时序。其内部有时钟电路，用于为单片机产生时钟脉冲序列。但石英晶振和微调电容需外接。系统允许的晶振频率一般为 6～24 MHz。

2.3 MCS-51 系列单片机的外部引脚及片外总线

HMOS 的 MCS-51 单片机均采用标准的 40 引脚双列直插式封装（dual in-line package，DIP），如图 2.2（a）所示；CHMOS 的 MCS-51 单片机除采用 DIP 封装外，还可采用方型扁平式封装（quad flat package，QFP），QFP 封装有 44 个引脚，标有 NC 的 4 个引脚是无用引脚，如图 2.2（b）所示。本节以 DIP 封装方式为例来介绍 MCS-51 系列单片机的引脚。

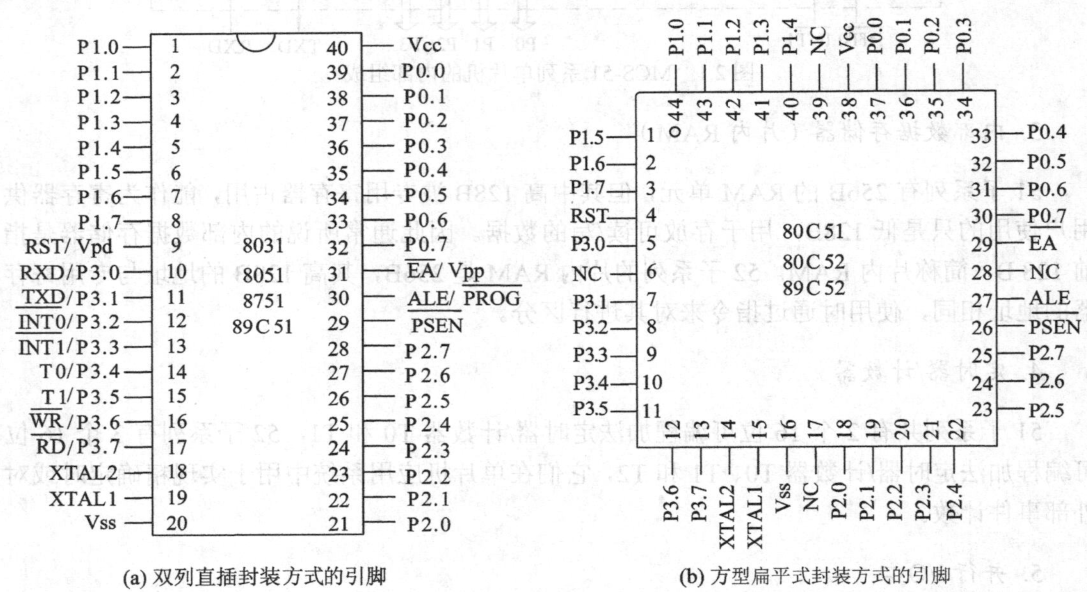

(a) 双列直插封装方式的引脚　　(b) 方型扁平式封装方式的引脚

图 2.2　MCS-51 系列单片机的引脚

1. 电源引脚

Vcc（40 引脚）：接+5V 电源。

Vss（20 引脚）：接地端，GND。

电源电路设计

2. 输入/输出引脚

MCS-51 系列单片机有 4 组 8 位双向并行 I/O 口，即 P0、P1、P2、P3，每位均由锁存器、输出驱动、输入缓冲和控制电路组成。P0 口为 3 态双向口，负载能力为 8 个 TTL 电路；P1、P2 和 P3 均为准双向口，负载能力为 4 个 TTL 电路。在实际中，P0 口在访问外部存储器时由 ALE 控制，时分地作为数据总线和地址总线的低 8 位；P2 口作为地址总线的高 8 位；P3 口可用于实现特殊功能。

3. 时钟电路引脚

MCS-51 单片机内有一个由反向放大器构成的振荡电路。XTAL1（19 引脚）为振荡电路的输入端，XTAL2（18 引脚）为振荡电路的输出端。MCS-51 单片机可工作于内部时钟方式，利用片内振荡电路在 XTAL2 和 XTAL1 引脚上外接电容和石英晶体振荡（简称晶振），与内部振荡电路组成并联谐振电路；也可工作于外部时钟方式，将外部时钟信号加到 XTAL2 引脚，XTAL1 引脚接地。外部时钟方式一般用于多个单片机需要同步工作的系统中。

时钟引脚

4. 控制引脚

1）RST/Vpd（9 引脚）：RST 是复位信号输入端，高电平有效。当输入持续两个机器周期以上的高电平时此引脚有效，即可完成单片机的复位初始化操作。

复位引脚

Vpd 为本引脚的第二功能，是备用电源输入端。当电源发生故障，电压降低到下限值时，备用电源经此端向片内 RAM 提供电压，以防止片内 RAM 中的信息丢失。

2）ALE/$\overline{\text{PROG}}$（address latch enable/programming，30 引脚）：ALE 为地址锁存控制信号。在系统扩展后，访问外部存储器时，ALE 用于控制把 P0 口输出的低 8 位地址锁存起来，以实现低位地址和数据的隔离。此外，由于 ALE 以晶振 1/6 的固定频率输出脉冲（可以检测芯片的好坏），因此，它可作为外部时钟或外部定时脉冲使用。ALE 端可以驱动 8 个 LS 型的 TTL 输入电路。

$\overline{\text{PROG}}$ 为本引脚的第二功能，在对有片内 EPROM 的单片机（如 8751）固化程序时，它作为编程脉冲的输入端。

3）$\overline{\text{PSEN}}$（program store enable，29 引脚）：外部程序存储器读选通信号，低电平有效。在从外部 ROM/EPROM 读取指令时，每个机器周期两次有效。$\overline{\text{PSEN}}$ 同样可以驱动 8 个 LS 型的 TTL 输入。

4）$\overline{\text{EA}}$/Vpp（enable address /voltage pulse of programming，31 引脚）：程序存储器片内、片外控制信号。当 $\overline{\text{EA}}$ 为低电平时，对 ROM 的读操作限定在外部程序存储器；当 $\overline{\text{EA}}$ 为高电平时，对 ROM 的读操作从内部程序存储器开始，并可延至外部程序存储器。

Vpp 是此引脚的第二功能，在对 8751 片内 EPROM 固化程序时，需要在此引脚上加 12～21V 的编程电压。

5. P3 口的第二功能

P3 口的 8 条口线都定义有第二功能，详细功能如表 2.2 所示。通常情况下，P3 口都作为第二功能使用，如果在系统中不使用第二功能，P3 可作为通用 I/O 口使用。

表 2.2　P3 口各引脚与第二功能

引脚	第二功能
P3.0	RXD，串行数据接收端

续表

引脚	第二功能
P3.1	TXD，串行数据发送端
P3.2	$\overline{INT0}$，外部中断 0 请求输入端
P3.3	$\overline{INT1}$，外部中断 1 请求输入端
P3.4	T0，定时器/计数器 0 计数外部脉冲输入端
P3.5	T1，定时器/计数器 1 计数外部脉冲输入端
P3.6	$\overline{WR}$，片外 RAM 写选通
P3.7	$\overline{RD}$，片外 RAM 读选通

2.4 MCS-51 系列单片机的存储器结构

MCS-51 系列单片机采用哈佛结构，存储器分为程序存储器（ROM）和数据存储器（RAM），有 4 个物理上相互独立的存储空间，即片内 ROM、片外 ROM、片内 RAM 和片外 RAM；从逻辑上（即用户编程的角度）划分，MCS-51 单片机的存储系统又可分为 3 个存储空间，即片内 RAM、片外 RAM 和片内、外统一编址 ROM，其配置图如图 2.3 所示。

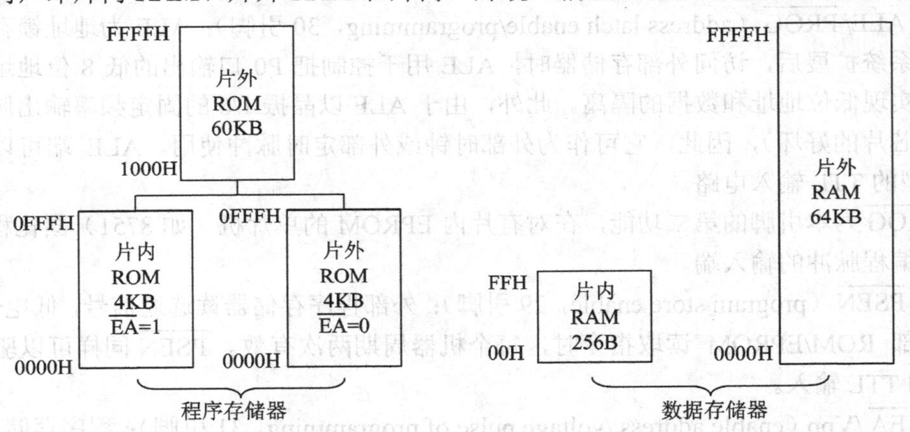

图 2.3 MCS-51 系列单片机的存储器配置

从图 2.3 可以看出，片内 RAM 为 256B，地址范围为 00H～FFH；片外 RAM 为 64KB，地址范围为 0000H～FFFFH；片内、外统一编址的 ROM 为 64KB，地址范围为 0000H～FFFFH，当 $\overline{EA}=1$ 时，片内 ROM 为 4KB，地址范围为 0000H～0FFFH，片外 ROM 为 60KB，地址范围为 1000H～FFFFH，当 $\overline{EA}=0$，使用片外 64KB 的 ROM，片内 ROM 不用于存储程序。

1．ROM

ROM 用于存放编好的程序、常数和表格，分为片内、片外两大部分，即片内 ROM 和片外 ROM，按生产工艺分，ROM 又可以分为以下几种。

1）掩模 ROM：其存储的信息在芯片制造过程中采用一道掩模工艺生成，一旦出厂，信息就不可改变。

2）可编程只读存储器（programmable read-only memory，PROM）：其存储的信息可由用户一次性写入，但只能写入一次。

3）可擦除只读存储器：用户可以多次擦除其存储的信息，并可用专用的编程器重新写入新的信息。可擦除只读存储器又可分为紫外线擦除的 EPROM、电擦除的 E^2PROM 和 Flash ROM。

ROM 通过 16 位程序计数器（program counter，PC）寻址，寻址范围 64KB，程序存储器的使用如图 2.4 所示。从图 2.4 可以看出，MCS-51 单片机的程序存储器共有 3 种不同的使用方式，即当 $\overline{EA}=1$ 时，可以使用单独的片内 ROM，共 4KB，地址范围是 0000H～0FFFH，也可以是片内、外 ROM 统一编址方式，片内 4KB 地址范围是 0000H～0FFFH，片外 60KB 地址范围是 1000H～FFFFH，而当 $\overline{EA}=0$ 时，只使用片外 64KB 的 ROM，地址范围是 0000H～FFFFH。但需要注意的是，无论是使用片内还是使用片外的 ROM（即 $\overline{EA}=1$ 或 $\overline{EA}=0$），其起始地址都是从 0000H 单元开始的。如果 $\overline{EA}=1$（使用片内的程序存储器时），程序从 0000H 开始执行，在这种情况下，当程序计数器的指针 PC 值超过 0FFFH 时，则单片机就自动的转向片外 ROM，且从片外 ROM 的 1000H 单元开始执行程序。

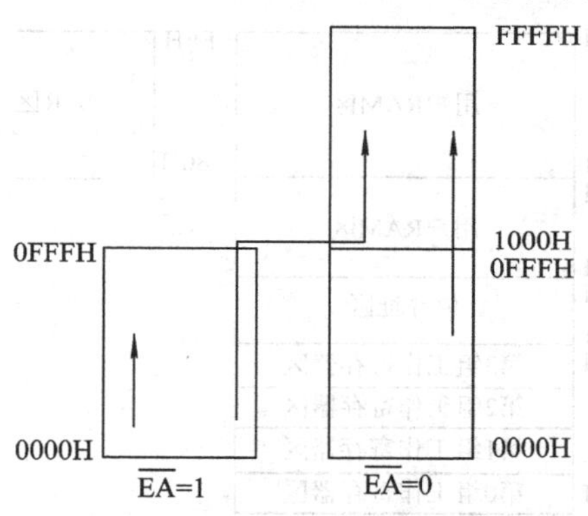

图 2.4　MCS-51 的程序存储器的使用

另外，ROM 有 7 个单元是具有特定功能的，编程者不能随意使用。第一个是 0000H 单元，系统上电复位后，程序计数器指向 0000H～0002H 单元，单片机从 0000H 单元开始取指令执行程序，如果程序不从 0000H 单元开始，应在这 3 个单元中存放一条无条件转移指令，以便转去执行指定的程序。另外 6 个存储单元与中断服务程序的入口地址对应，具体应用如表 2.3 所示。

表 2.3　中断入口地址

入口地址	中断源
0003H	外部中断 $\overline{INT0}$ 的中断服务程序入口地址
000BH	定时器/计数器 T0 的中断服务程序入口地址
0013H	外部中断 $\overline{INT1}$ 的中断服务程序入口地址
001BH	定时器/计数器 T1 的中断服务程序入口地址
0023H	串行口发送、接收中断服务程序入口地址
002BH	定时器/计数器 T2 的中断服务程序入口地址（52 子系列才有）

中断响应后，按中断种类自动转到各中断区的首地址去执行程序，因此在中断地址区中理应存放中断服务程序。但通常情况下，8 个单元难以存下一个完整的中断服务程序，

因此通常从中断地址区的首地址开始存放一条无条件转移指令，以便中断响应后，通过中断地址区转到中断服务程序的实际入口地址。

2. 片内 RAM

RAM 可以进行多次信息写入和读出，每次写入后，原来的信息将被新写入的信息所取代。另外，RAM 在断电后再通电时，原来存储的信息全部丢失。它主要用于存放临时的数据和程序。数据存储器 RAM 无论在物理上还是逻辑上都分为两个地址空间，即片内 RAM（256B，0000H～00FFH）和片外 RAM（64KB，0000H～FFFFH）。这两部分在编址和访问方式上各不相同。

片内 RAM 按功能的不同，可分为内部数据 RAM 区和 SFR 区。对于 51 子系列，前者有 128B，地址为 00H～7FH；后者也为 128B，地址为 80H～FFH。而对于 52 子系列，前者有 256B，地址为 00H～FFH；后者有 128B，地址为 80H～FFH。两者的后 128B 地址重叠，访问时通过不同的指令来区分。低 128B 按其用途划分，可分为工作寄存器区、位寻址区和用户 RAM 区 3 个区域，MCS-51 单片机（52 子系列）的片内数据存储器配置如图 2.5 所示。

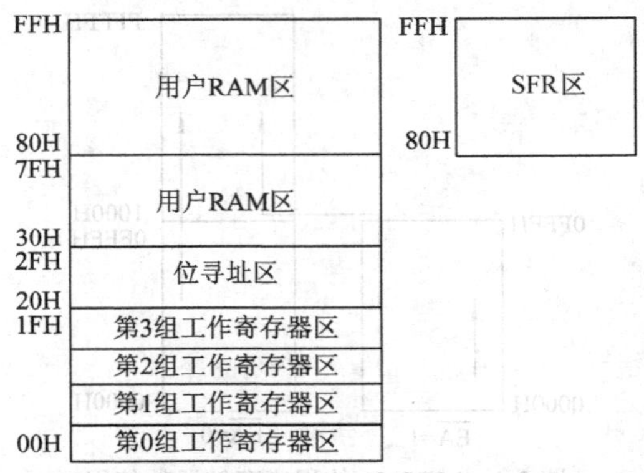

图 2.5 MCS-51 单片机（52 子系列）片内数据存储器配置图

（1）工作寄存器区

工作寄存器又称通用寄存器，用于临时寄存信息。工作寄存器区共有 4 组寄存器，每组 8B，共 32B，各组都以 R0～R7 作为寄存单元编号。4 组通用寄存器占据片内 RAM 的 00H～1FH 单元地址。寄存器常用于存放操作数和中间运算结果等。由于它们的功能及使用不进行预先规定，因此称为通用寄存器，有时也称为工作寄存器。任一时刻，CPU 只能使用其中的一组寄存器，并且将正在使用的那组寄存器称为当前寄存器组。使用哪一组由程序状态字（program status word，PSW）寄存器中的 RS1、RS0 位的状态组合来决定，如表 2.4 所示。通用寄存器为 CPU 提供了就近存储数据的便利，有利于提高单片机的运算速度。

表 2.4 寄存器组

RS1	RS0	寄存器组	片内 RAM 地址
0	0	第 0 组	00H～07H（R7～R0）
0	1	第 1 组	08H～0FH（R7～R0）
1	0	第 2 组	10H～17H（R7～R0）
1	1	第 3 组	18H～1FH（R7～R0）

（2）位寻址区

片内 RAM 低 128B 的 20H～2FH 单元有 16 个 RAM 单元，既可作为一般 RAM 来使用，进行字节操作，也可以对单元中每一位进行位操作，因此该区称为位寻址区，位地址范围为 00H～7FH，如表 2.5 所示。

表 2.5　位寻址区的位地址

字节地址	位地址							
2FH	7F	7E	7D	7C	7B	7A	79	78
2EH	77	76	75	74	73	72	71	70
2DH	6F	6E	6D	6C	6B	6A	69	58
2CH	67	66	65	64	63	62	61	50
2BH	5F	5E	5D	5C	5B	5A	59	58
2AH	57	56	55	54	53	52	51	50
29H	4F	4E	4D	4C	4B	4A	49	48
28H	47	46	45	44	43	42	41	40
27H	3F	3E	3D	3C	3B	3A	39	38
26H	37	36	35	34	33	32	31	30
25H	2F	2E	2D	2C	2B	2A	29	28
24H	27	26	25	24	23	22	21	20
23H	1F	1E	1D	1C	1B	1A	19	18
22H	17	16	15	14	13	12	11	10
21H	0F	0E	0D	0C	0B	0A	09	08
20H	07	06	05	04	03	02	01	00

（3）用户 RAM 区

片内 RAM 低 128B 中通用寄存器占 32B；位寻址区占 16B；剩下 80B 的地址为 30H～7FH，是供用户使用的一般 RAM 区，称为用户 RAM 区。对用户 RAM 区的使用没有任何规定或限制，但一般常在此区中开辟堆栈。

（4）SFR 区

片内 RAM 的高 128B（80H～FFH）是专用寄存器区，它们的功能已作专门规定，称为专用寄存器或 SFR。SFR 离散地分布在 80H～FFH 的 RAM 单元中，它们的地址不连续，空闲地址无意义，对用户来讲，这些单元是不存在的。对 SFR 只能使用直接寻址方式，书写时既可使用寄存器符号，也可使用寄存器单元地址。SFR 用于设定单片机内部各个部件的工作方式，存放相关部件的状态等，不能作为普通的 RAM 来使用。

51 子系列共有 18 个 SFR，其中有 3 个为双字节，共占用 21B；52 子系列有 21 个 SFR，其中 5 个为双字节，共占用 26B。SFR 的名称、符号及地址如表 2.6 所示。表中带*的 SFR（表中有位地址）既能进行字节寻址操作，又能进行位寻址操作，能位寻址的 SFR 的字节地址正好能被 8 整除；带#的寄存器是定时器/计数器 T2 的相关寄存器，仅 52 子系列才有。

表 2.6 SFR 一览表

SFR 名称	符号	地址	位地址与位名称							
			D7	D6	D5	D4	D3	D2	D1	D0
P0 口	*P0	80H	87	86	85	84	83	82	81	80
堆栈指针	SP	81H								
数据指针低字节	DPL	82H								
数据指针高字节	DPH	83H								
T/C 控制	*TCON	88H	TF1	TR1	TF0	TR0	IE1	IT1	IE0	IT0
			8F	8E	8D	8C	8B	8A	89	88
T/C 方式选择	TMOD	89H	GATE	C/T	M1	M0	GATE	C/T	M1	M0
T0 低字节	TL0	8AH								
T0 高字节	TH0	8BH								
T1 低字节	TL1	8CH								
T1 高字节	TH1	8DH								
P1 口	*P1	90H	97	96	95	94	93	92	91	90
电源控制	PCON	97H	SMOD	—	—	—	GF1	GF0	PD	IDL
串行口控制	*SCON	98H	SM0	SM1	SM0	REN	TB8	RB8	TI	RI
			9F	9E	9D	9C	9B	9A	99	98
串行口缓冲	SBUF	99H								
P2 口	*P2	A0H	A7	A6	A5	A4	A3	A2	A1	A0
中断允许控制	*IE	A8H	EA	—	ET2	ES	ET1	EX1	ET0	EX0
			AF	AE	AD	AC	AB	AA	A9	A8
P3 口	*P3	B0H	B7	B6	B5	B4	B3	B2	B1	B0
中断优先控制	*IP	B8H		—	PT2	PS	PT1	PX1	PT0	PX0
			BF	BE	BD	BC	BB	BA	B9	B8
T2 控制	*#T2CON	C8H	TF2	EXF2	RCLK	TCLK	EXEN2	TR2	C/T2	CP/RL2
			CF	CE	CD	CC	CB	CA	C9	C8
T2 重装低字节	#RLDL	CAH								
T2 重装高字节	#RLDH	CBH								
T2 低字节	#TL2	CCH								
T2 高字节	#TH2	CDH								
程序状态字	*PSW	D0H	Cy	AC	F0	RS1	RS0	OV	F1	P
			D7	D6	D5	D4	D3	D2	D1	D0
累加器	*A	E0H	E7	E6	E5	E4	E3	E2	E1	E0
寄存器 B	*B	F0H	F7	F6	F5	F4	F3	F2	F1	F0

下面介绍几个常用的 SFR，其余的 SFR 将在后续章节中介绍。

1）程序计数器。程序计数器是一个 16 位的计数器，用于存放 16 位的 ROM 地址，它的作用是控制程序的执行顺序。其内容为将要执行指令的地址，寻址范围为 64KB。程序计数器有自动加 1 功能，从而实现程序的顺序执行。程序计数器没有地址，是不可寻址的，因此用户无法对它进行读/写，但可以通过转移、调用、返回等指令改变其内容，以实现程序的转移，因地址不在 SFR 之内，一般不作为专用寄存器。

2）累加器（accumulator，A）。A 为 8 位寄存器，它既可用于存放操作数，也可用于存放运算的中间结果。MCS-51 单片机中大部分单操作数指令的操作数就取自累加器，许多双操作数指令中的一个操作数也取自累加器。

3）B 寄存器。B 寄存器是一个 8 位寄存器，主要用于乘除运算。当进行乘法运算时，A 放被乘数，B 寄存器放乘数，乘法操作后，乘积的高 8 位存于 B 寄存器中，低 8 位存于 A 中；当进行除法运算时，A 放被除数，B 寄存器放除数，除法操作后，商存于 A 中，余数存于 B 寄存器中。此外，B 寄存器也可作为一般数据寄存器使用。

4）PSW。PSW 是一个 8 位的 SFR，用于存放程序运行中的各种状态信息。其中有些位的状态是根据程序执行结果由硬件自动设置的，而有些位的状态则要通过软件来设定。PSW 的位定义如表 2.7 所示。

表 2.7 PSW 的位定义

位地址	D7	D6	D5	D4	D3	D2	D1	D0
标志符号	Cy	AC	F0	RS1	RS0	OV	F1	P

Cy（D7）——进位/借位标志。其功能是在进行加或减运算时，当操作结果的最高位（如累加器 A 的 A7）有进位或借位时，Cy=1，否则 Cy=0。因此 Cy 常常作为无符号数运算是否有溢出的标志。

AC（D6）——辅助进位/借位标志。在进行加减运算中，当低 4 位向高 4 位进位或借位时，AC=1，否则 AC=0。该位主要用于 BCD（binary coded decimal，二进制编码的十进制）码运算调整。

F0（D5）——用户标志位。这是一个供用户定义的标志位，需要利用软件方法置位或复位，用以控制程序的转向。

RS1 和 RS0（D4 和 D3）——寄存器组选择位。它们被用于选择 CPU 当前使用的通用寄存器组。通用寄存器共有 4 组，其对应关系如表 2.4 所示。这两个选择位的状态由软件来设置，被选中的寄存器组即为当前通用寄存器组。单片机上电或复位后，RS1 RS0=00。

OV（D2）——溢出标志位。在带符号数加减运算中，OV=1 表示加减运算超出了累加器 A 所能表示的有符号数的有效范围（−128～+127），即产生了溢出，因此运算结果是错误的，否则，OV=0，表示运算正确，即无溢出产生。在乘法运算中，OV=1 表示乘积超过 255，即乘积的高 8 位存于 B 中，低 8 位放于 A 中，否则，OV=0，表示乘积只在 A 中。在除法运算中，OV=1 表示除数为 0，除法不能进行，否则，OV=0，除数不为 0，除法可正常进行。

F1（D1）——用户标志位，用法与 F0 相同。

P（D0）——奇偶标志位：用于标示累加器 A 中 1 的个数的奇偶性，如果 A 中有奇数个 1，则 P=1，否则 P=0。

5）数据指针（DPTR）。DPTR 为 16 位寄存器，用于存放 16 位的 RAM 地址，以便对片外 64 KB 的 RAM 间接寻址。DPTR 通常在访问外部数据存储器时作为地址指针使用。编程时，DPTR 既可以按 16 位寄存器使用，也可以按两个 8 位寄存器分开使用，即 DPH

是 DPTR 的高 8 位字节，DPL 是 DPTR 的低 8 位字节。

6）堆栈指针（stack pointer，SP）。堆栈是一种只允许在表的一端进行插入或删除操作的线性表，数据的插入称为入栈，数据从堆栈中删除称为出栈，它是按“后进先出”（last in first out，LIFO）的原则进行数据存取的。表中允许进行插入、删除操作的一端称为栈顶，表的另一端称为栈底。SP 总是指向堆栈的栈顶，SP 的值即堆栈栈顶存储单元的地址。堆栈可以是向下生长的（向低地址），也可以是向上生长的。如果堆栈是向下生长的，数据入栈时 SP 将减 1，数据出栈时 SP 将加 1。如果堆栈是向上生长的，数据入栈之前，SP 先加 1，出栈的时候先弹出数据，SP 再减 1。

MCS-51 单片机的堆栈是向上生长的，堆栈指针 SP 是一个 8 位 SFR，系统上电复位后，SP 的内容为 07H，从而复位后堆栈实际上是从 08H 单元开始的。但 08H～1FH 单元分别属于工作寄存器 1～3 区，所以一般在内部 RAM 的 30H～7FH 单元中开辟堆栈。

7）并行口 P0～P3。P0～P3 是 4 个 8 位 SFR，实际上就是 I/O 口的数据锁存器。与 RAM 中的任意一个单元一样，P0～P3 都有自己的地址：80H、90H、A0H、B0H。所以，在 MCS-51 单片机中的输入/输出操作实际上与普通 RAM 单元的操作是一样的。

```
MOV  80H,A     ;将累加器中的数据送到 P0 口输出
MOV  A,90H     ;将 P1 口的数据输入累加器 A 中
```

即 MCS-51 的指令系统中没有专用的输入（IN）、输出（OUT）指令，而是将 P0～P3 作为普通的内存单元来使用。上面的第一个例子即 MCS-51 的输出指令。同理，第二个例子是 MCS-51 的输入指令。

8）串行数据缓冲器（serial data buffer，SBUF）。SBUF 是 8 位的 SFR，用来存放要发送或已接收到的数据，实际上它是两个独立的寄存器。尽管在 RAM 中地址都是 99H，但根据发送或接收指令将完成两种不同的操作，硬件会自动区分将数据送入对应的 SBUF。

9）定时器/计数器 T0、T1。51 子系列内部有两个定时器/计数器 T0 和 T1，52 子系列有 3 个定时/计数器 T0、T1 和 T2。无论是定时还是计数，对于 MCS-51 单片机的定时器/计数器来说，都是“计数器”在计数。每个“计数器”是由两个 8 位寄存器（高位字节和低位字节）构成的 16 位计数器，分别是 TH0、TL0（T0），TH1、TL1（T1），TH2、TL2（T2）。

3. 片外 RAM

MCS-51 单片机片内有 128B 或 256B 的数据存储器，当数据存储器不够用时，可扩展外部数据存储器，扩展的外部数据存储器最多为 64KB，地址范围是 0000H～FFFFH。片外 RAM 采用间接寻址方式，可以用 R0、R1 或 DPTR 作为间接寄存器，P0、P2 口发送地址码，P0 口接收或发送数据。

2.5 MCS-51 系列单片机的 I/O 结构

MCS-51 系列单片机共有 4 个 8 位的双向并行 I/O 口：P0、P1、P2、P3。每个口都包含一个 8 位锁存器、一个输出驱动器和一个输入缓冲器，作为输出时，数据可以锁存；作为输入时，数据可以缓冲。锁存器被归入专用寄存器之列，并且都能进行字节寻址和位寻

址。在访问片外扩展存储器时，低 8 位地址和数据由 P0 口分时传送，高 8 位地址由 P2 口传送。在无片外扩展存储器的系统中，这 4 个 I/O 口的每一位均可作为双向 I/O 口使用。

1. P0 口

MCS-51 单片机 P0 口的结构

P0 口是 8 位漏极开路的三态双向 I/O 口，其中某一位的结构如图 2.6 所示，它由一个输出锁存器（D 型触发器）、两个三态缓冲器（控制读引脚或读锁存器）、一个输出驱动电路和一个输出控制电路组成。输出驱动电路由一对场效应晶体管（field effect transistor，FET）构成，输出控制电路由一个与门、一个多路开关 MUX 和一个反相器等元件组成。

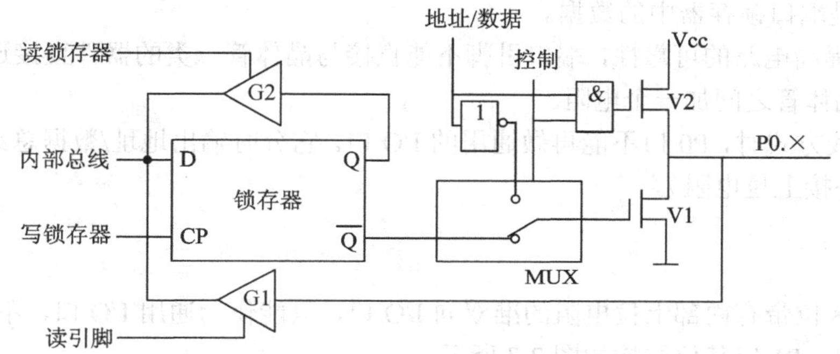

图 2.6　P0 口某位结构

在系统无外部存储器扩展时，控制电路中的“控制”=“0”，多路开关 MUX 接至锁存器的 $\overline{Q}$ 端，P0 口作为通用 I/O 口使用。由于与门的一个输入端为“0”，使 V2 截止，V1 的漏极悬空，这就是 P0 口在作 I/O 口时输出为“漏极开路”的原因。

在 P0 口作为输出口时，内部数据送到锁存器的“D”端，锁存器写脉冲加到 CP 端，内部数据经“$\overline{Q}$”端送 V1 输出。当发送“1”时，$\overline{Q}$=0，V1 截止，这样两个 FET 全部截止。这种情况下必须在端口线上外加上拉电阻。这样在上拉电阻的作用下，使端口为高电平。同理，当总线向 P0 口发送“0”时，锁存器的 $\overline{Q}$=1，使 V1 导通（V2 仍然截止），这样端口呈现“0”电平。P0 口可以驱动 8 个 TTL 负载。

在 P0 作为输入口时，“读引脚”将打开三态门 G1，则 P0 口的数据经三态门 G1 到达内部数据总线上，“读锁存器”将打开三态门 G2，将 Q 端的数据送到内部总线上。这种方式适用于“读—修改—写”操作。在这种情况下，读入的数据不是来自引脚，而是端口内部锁存器的内容。

注意：由于 V1 并接在输出端 P0 上，若 V1 导通，则会使 P0 口上的高电平变成低电平，送到内部数据总线的数据就有错误，即产生对 P0 口的误读。为了防止误读，在进行读操作前应先向锁存器写入 1，即使 $\overline{Q}$ = 0。此时，V1、V2 全截止，引脚处于悬空状态。P0 口作为 I/O 口使用时是准双向口，并不是完全双向。

在 MCS-51 单片机使用了外存储器时，P0 口只能作为地址/数据总线使用，不能作为通用 I/O 口。此时 P0 口的工作分为两种情况：一种是在 P0 口上输出外部存储器低 8 位地址或输出内部 8 位数据，另一种是从 P0 口输入数据。此时控制电路的“控制”=“1”，MUX 接至“地址/数据”信号。由于上下两个 V1、V2 构成推拉式输出电路（V2 导通，P0 口电位上拉；V1 导通，P0 口电位下拉），从而实现地址/数据的有效输出。具体的实现过程：当

“地址/数据” = “1” 时，与门输出为 “1”，V2 导通，而非门输出为 “0”，V1 截止，P0 接 Vcc，P0 为 “1”；当 “地址/数据” = “0” 时，与门输出为 “0”，V2 截止，非门输出为 “1”，V1 导通，P0 接地，P0 为 “0”。从 P0 口输入数据时，读引脚信号有效，三态门 G1 打开，P0 口数据送至内部数据总线上。P0 口有以下 6 个特点。

1）可作为I/O口或数据/地址总线使用。

2）作为通用数据 I/O 口时，输出级 V2 截止，V1 处于漏极开路状态，所以必须接上拉电阻，否则不能正确输出高电平。

3）作为输入口时，在输入操作前，为了保证输入正确，必须先向端口写 “1”。

4）“读引脚” 与 “读锁存器” 是不同的两个数据通道。凡是 “读—修改—写” 的操作，CPU 读的都是端口锁存器中的数据。

5）为了提高电路的可靠性，端口引脚不能直接与晶体管一类的器件直接连接，应加隔离电路或于晶体管之间加一个电阻。

6）在总线方式时，P0 口不能再做通用的 I/O 口。它分时输出地址/数据总线的信息（此时引脚不用外接上拉电阻）。

2. P1 口

P1 口是 8 位带有内部上拉电阻的准双向 I/O 口，只能作为通用 I/O 口，不能作为地址/数据总线使用。P1 口某位结构如图 2.7 所示。

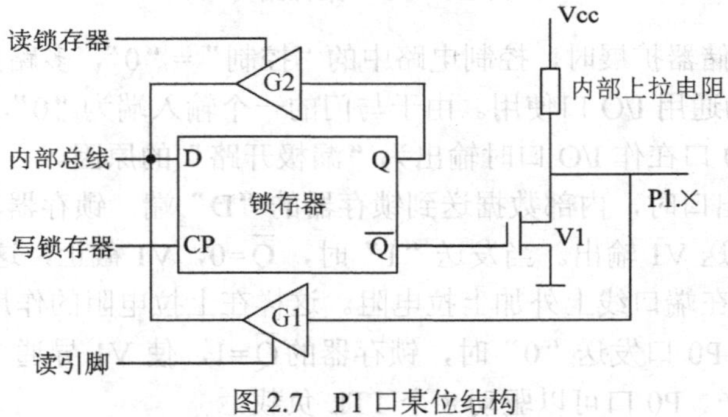

图 2.7 P1 口某位结构

电路结构上与 P0 口有些不同，首先它不需要多路开关 MUX；其次它的内部有上拉电阻，与场效应晶体管 V1 构成输出驱动电路。所以 P1 口作为输出口使用时，内部有上拉电阻，能向外提供推拉负载电流，无须再外接上拉电阻。当 P1 口作为输入口使用时，同样也需由软件先向其锁存器写 “1”，使输出驱动电路中的 V1 截止。

3. P2 口

P2 口也是 8 位带有内部上拉电阻的准双向 I/O 接口，它有两种用途：通用 I/O 口和片外存储器高 8 位地址线。P2 口某位结构如图 2.8 所示，P2 口比 P1 口多了一个多路选通 MUX 和非门 G3。

多路选通的输入有两个：一是锁存器的输出端 Q，二是地址寄存器的高位输出端。当接锁存器的输出端 Q 时，为通用 I/O 口。作为输出端口时，CPU 将数据通过内部数据总线送到锁存器输入端 D，当 D 为 “1” 时，D 触发器的输出 Q 为 “1”，非门 G3 输出为 “0”，场效应晶体管 V1 截止，P2 为“1”。当 D 为“0”时，D 触发器的输出 Q 为“0”，非门 G3 输出为“1”，场效应晶体管 V1 导通，P2=“0”。当 P2 作为输入端口时，读引脚信号有效，三态门 G1 打开，P2 口数据送至内部数据总线。同样为了正确读取 P2 引脚上的高电平，读之前先由软件向锁存器写“1”，使 V1 截止，再读 P2 引脚上的数据。

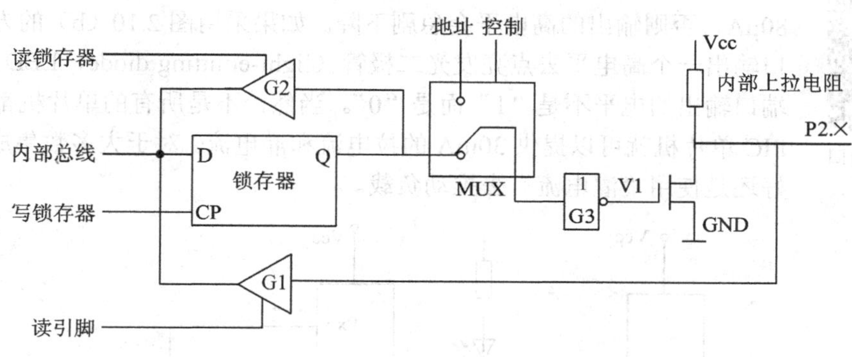

图 2.8　P2 口某位结构

多路选通的输入接地址端时，P2 口只作为输出端，P2 口输出片外存储器的高 8 位地址，与 P0 口输出的低 8 位地址一起构成 16 位地址线，从而可分别寻址 64 KB 的程序存储器或片外数据存储器。

4. P3 口

P3 口也是 8 位带有内部上拉电阻的准双向 I/O 接口，P3 口某位的结构如图 2.9 所示，与其他口相比，区别在于与非门 G3 和缓冲器 G4。与非门 G3 的作用实际是一个功能开关，即当 W 为“1”时，输出 Q 端的信号；当 Q 为“1”时，输出 W 端的信号。

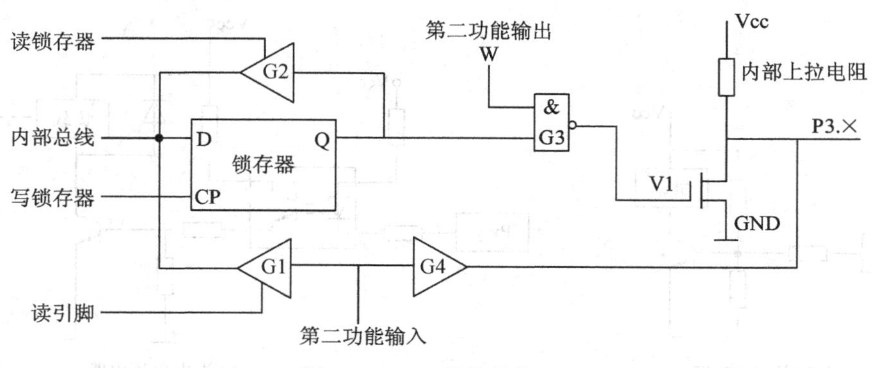

图 2.9　P3 口某位结构

P3 口可作通用 I/O 口，也可用于第二功能。编写程序时不必为 P3 口选择功能，当 CPU 对 P3 进行特殊功能寻址时，内部硬件自动使 W 为“1”，此时 P3 口为 I/O 口；当 CPU 不对 P3 进行特殊功能寻址时，内部硬件自动使 Q 为“1”，此时 P3 口作为第二功能使用。P3 口作通用 I/O 口使用时，原理与 P2 口一样，是一个准双向口。P3 口的第二功能如表 2.2 所示。

5. 端口的使用

作为通用 I/O 口时，P0 的负载能力为 8 个 TTL 负载，P1、P2 和 P3 口的负载能力均为

4 个 TTL 负载。所以并行口在与大电流负载连接时应注意是“拉电流”还是“灌电流”工作方式，使用灌电流的方式与电流较大的负载直接连接时，端口可以吸收约 20mA 的电流而保证端口电压不高于 0.45V，如图 2.10（a）所示。

输入/输出端口的使用

采用拉电流方式连接负载时，AT89C51 所能提供的“拉电流”仅仅为 80μA，否则输出的高电平会急剧下降。如果采用图 2.10（b）的方式，向端口输出一个高电平去点亮发光二极管（light-emitting diode，LED），会发现端口输出的电平不是“1”而是“0”。当然，不是所有的单片机都是这样，PIC 单片机就可以提供 30mA 的拉电流和灌电流。对于大多数集成电路，最好还是使用“灌电流”去推动负载。

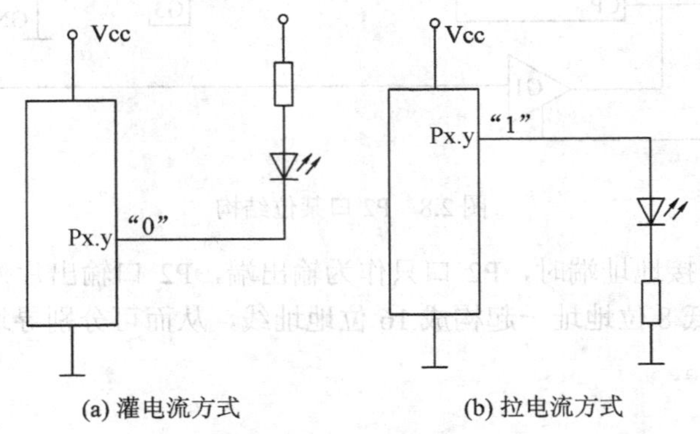

(a) 灌电流方式　　(b) 拉电流方式

图 2.10　端口的工作方式

AT89C51 的端口可以吸收约 20mA 的电流。对于继电器等大功率的负载，可以采用图 2.11（a）所示的接法，用一个晶体管来承担负载所需的大电流。在负载电流易造成干扰单片机的环境中，应采用图 2.11（b）所示的“光电隔离”的方式。

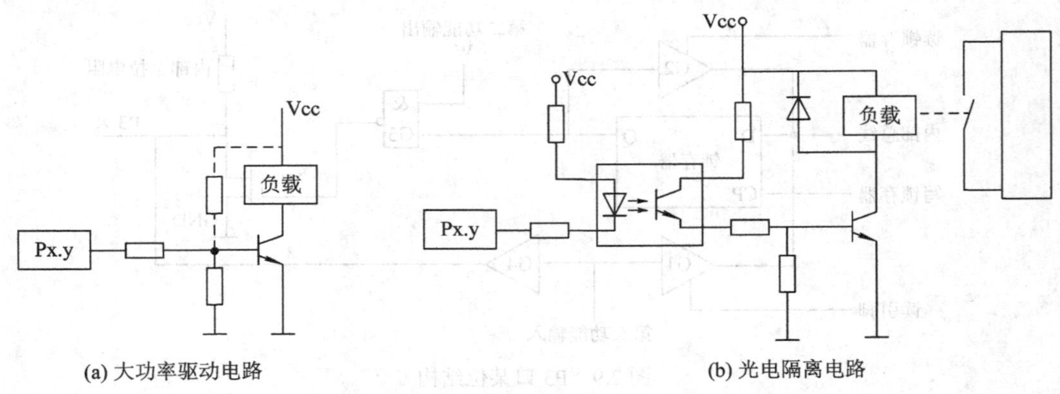

(a) 大功率驱动电路　　(b) 光电隔离电路

图 2.11　并行口的应用方式

2.6 MCS-51 系列单片机的时钟电路及时序

MCS-51 系列单片机本身是一个复杂的同步时序逻辑电路，为了保证同步工作方式的实现，电路应在唯一的时钟信号控制下严格地按时序进行工作。时钟电路用于产生 MCS-51 系列单片机工作所需要的时钟信号，而时序所研究的是指令执行中各个信号在时间上的关系。

2.6.1　时钟电路

在 MCS-51 单片机芯片内部有一个高增益反相放大器构成内部自激振荡电路，其输入端为芯片引脚 XTAL1（19 引脚），其输出端为引脚 XTAL2（18 引脚）。MCS-51 单片机的振荡电路有以下两种形式。

1. 内部时钟方式

在 XTAL1 和 XTAL2 之间跨接晶振和微调电容，与内部振荡电路组成并联谐振电路，构成稳定的自激振荡器，晶振的振荡频率决定单片机的时钟频率，如图 2.12（a）所示，一般地，电容 C1 和 C2 取 5～30pF。对外接电容的值虽然没有严格的要求，但电容的大小会影响振荡器的频率高低、稳定性和起振速度。晶振的振荡频率范围一般为 6～24MHz。晶振的振荡频率越高，则系统的时钟频率也越高，单片机运行速度也就越快，同时对存储器的速度要求和对 PCB 的工艺要求也越高，即要求线间寄生电容要小。在实际应用中，为了保证电路的稳定性，晶振和电容应靠近单片机芯片引脚，以减少寄生电容。MCS-51 单片机在通常应用中使用的振荡频率为 11.0592MHz 或 12MHz，随着集成电路制造工艺的发展，单片机的时钟频率也在逐步提高，目前某些 51 核单片机的时钟频率达到 40MHz。

2. 外部时钟方式

在由多片单片机组成的系统中，为了保证各单片机之间时钟信号的同步，引入唯一的公用外部脉冲信号作为各单片机的振荡脉冲。这时，外部的脉冲信号接至 XTAL2 引脚，而 XTAL1 接地，如图 2.12（b）所示。由于 XTAL2 端的逻辑电平不是 TTL 电平，所以接一个上拉电阻。

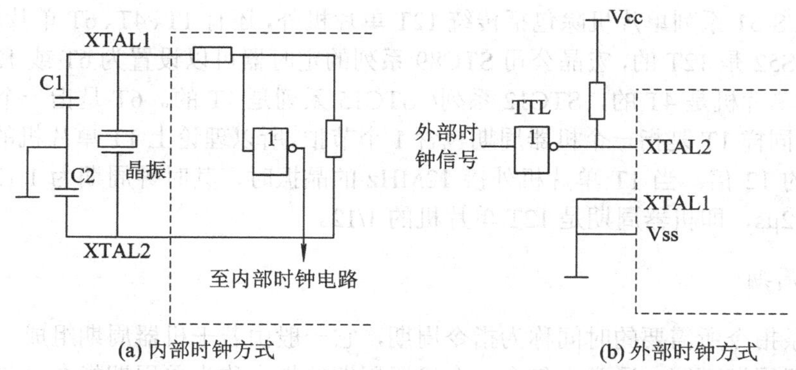

图 2.12　MCS-51 单片机的时钟电路

2.6.2　MCS-51 系列单片机的时序

启动单片机后，循环执行“取指令→分析指令→执行指令”。为了对指令的执行有一个正确的理解，需要理解单片机的时序。时序是用定时来说明的。MCS-51 单片机的时序定时单位共有 4 个，从小到大依次是时钟周期、状态周期、机器周期和指令周期。

微型计算机的时序

1. 时钟周期和状态周期

时钟周期是指振荡电路的振荡周期，其值由外接晶振或外部输入的时钟来决定，在内部时钟的工作方式下，其值为晶振频率（时钟频率）的倒数。例如，在单片机外接 12MHz 的晶振，则单片机的系统时钟的频率为 12MHz，时钟周期为 1/12μs。

通常将时钟周期称为节拍（用 P 表示）。时钟周期经过二分频后即单片机的时钟信号的周期，将其定义为状态周期（用 S 表示）。所以，一个状态就包含两个节拍（时钟周期），前半周期对应的节拍称为节拍 1（P1），后半周期对应的节拍称为节拍 2（P2），如图 2.13 所示。

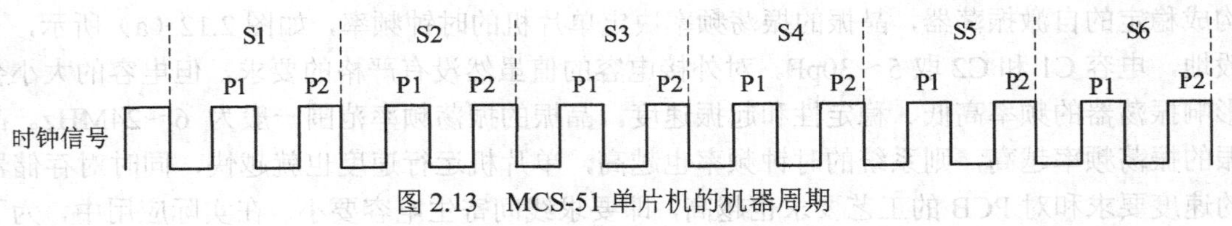

图 2.13 MCS-51 单片机的机器周期

2. 机器周期

机器周期是单片机动作的最小时间单元。MCS-51 单片机的一个机器周期为 6 个状态周期，依次表示为 S1～S6。由于一个状态又包括两个节拍，因此，一个机器周期共有 12 个节拍，分别记作 S1P1、S1P2、…、S6P2，如图 2.13 所示，将一个机器周期包含 12 个节拍的单片机称为 12T 单片机。

一个机器周期包含 12 个时钟周期，因此机器脉冲是振荡脉冲的十二分频。例如，当晶振的频率为 12MHz 时，一个机器周期为 1μs；当振荡脉冲频率为 24MHz 时，一个机器周期为 0.5μs。

目前 MCS-51 系列单片机除包括传统 12T 单片机外，还有 1T、4T、6T 单片机，如 Atmel 公司的 AT89S52 是 12T 的，宏晶公司 STC89 系列的定时器可以设置为 6T 或 12T，Winbond 的 W77 系列单片机是 4T 的，STC12 系列/ STC15 系列是 1T 的。6T 是指一个机器周期包含 6 个节拍，同样 1T 是指一个机器周期包含 1 个节拍。所以理论上 1T 单片机的速度是 12T 单片机速度的 12 倍。当 1T 单片机外接 12MHz 的晶振时，其时钟周期为 1/12μs，则机器周期也是 1/12μs，即机器周期是 12T 单片机的 1/12。

3. 指令周期

执行一条指令所需要的时间称为指令周期，它一般由若干机器周期组成。不同的指令所需要的机器周期不同。通常，包含一个机器周期的指令称为单周期指令，包含两个机器周期的指令称为双周期指令。在 MCS-51 单片机的指令系统中，指令分为 3 种类型，分别是单周期指令、双周期指令和四周期指令。一条指令的运算速度与它所包含的机器周期数有关，机器周期数越少，执行的速度就越快。在 MCS-51 单片机的指令系统中，除乘法指令和除法指令为 4 个机器周期外，其余都是单周期指令或双周期指令。

2.6.3 MCS-51 系列单片机的指令时序

按指令占存储空间的大小，MCS-51 单片机的指令可分为单字节指令、双字节指令和三字节指令。执行任何一条指令都可以分为取指令和执行指令两个阶段，图 2.14 所示为 MCS-51 单片机的几种典型指令的取指和执行的时序图。

如图 2.14 所示，ALE 是地址锁存信号，该信号每有效一次即可对存储区进行一次读操作，ALE 信号的频率是振荡频率的 1/6，所以，在一个机器周期中，ALE 信号两次有效，第一次是在 S1P2 和 S2P1 期间，第二次是在 S4P2 和 S5P1 期间，有效宽度为一个状态周期。

如图 2.14（a）和（b）所示，单字节单周期指令和双字节单周期指令都从 S1P2 期间开始读取操作码并锁定在指令寄存器中，同时程序计数器加 1。在 S4P2 期间再执行一次读操作，但单字节指令读取后丢掉不使用，程序计数器并不加 1，是一次无效的读操作；而双字节指令读出第二个字节后送给当前指令使用，并使程序计数器加 1。两种指令都在 S6P2 结束时完成操作。

如图 2.14（c）所示，单字节双周期指令在两个机器周期内进行 4 次操作，第一次读出操作码，并使程序计数器加 1，但由于是单字节指令，后面的 3 次操作均无效，程序计数器并不加 1。

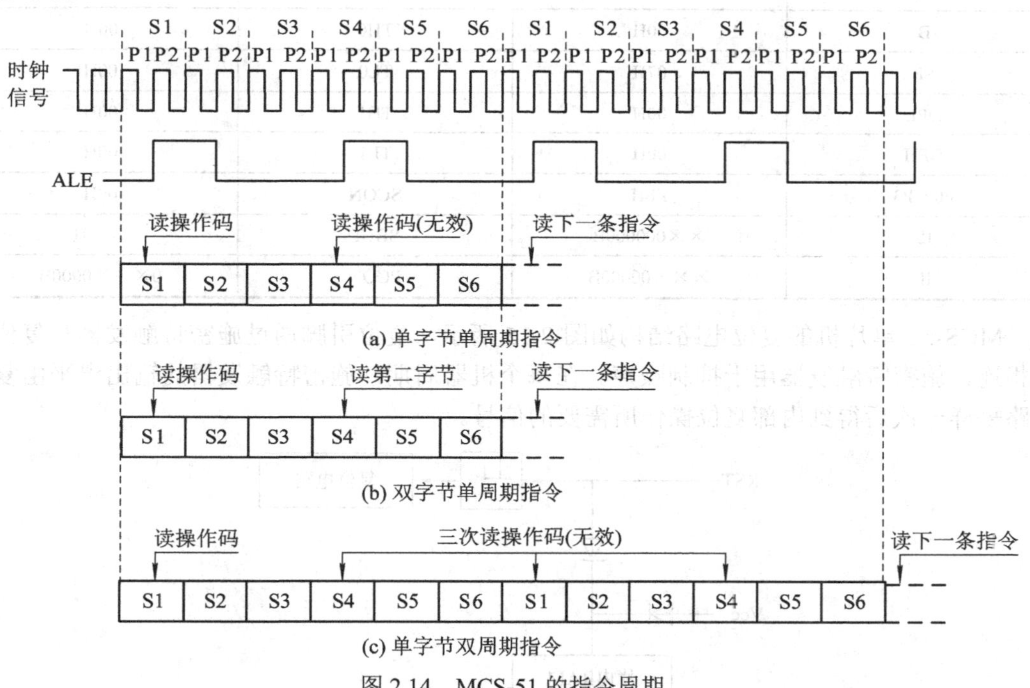

图 2.14　MCS-51 的指令周期

2.7　MCS-51 系列单片机的工作方式

MCS-51 单片机的工作方式有复位方式、程序执行方式、单步执行方式及断电和节电方式等。其中程序执行方式是单片机的基本工作方式，复位后 PC 总是指向 0000H 单元，从 0000H 单元开始执行程序，但由于 0003H～0032H 是中断服务程序区，一般在 0000H 开始的存储单元中存放一条无条件转移指令，以便跳转到程序的实际入口地址处。对于 CHMOS 型单片机，可通过设置电源控制寄存器（power control register，PCON），使其工作于断电和节电方式以降低功耗。

2.7.1 复位方式

复位是单片机的初始化操作，RST 是复位信号输入端，高电平有效。只要 RST 引脚上有持续两个机器周期以上的高电平，单片机就可以完成复位。例如，当使用的晶振频率为 12MHz 时，机器周期为 1μs，则复位信号持续时间不能小于 2μs。复位不影响片内 RAM 存放的内容，而 ALE 和 $\overline{\text{PSEN}}$ 引脚在复位期间输出高电平。复位后，程序计数器初始化为 0000H，使单片机从 0000H 单元开始执行程序；堆栈指针 SP 初始化为 07H，P0～P3 口输出高电平。复位后各有关 SFR 的初始状态如表 2.8 所示。

表 2.8 MCS-51 复位后有关寄存器的状态

寄存器	初始状态	寄存器	初始状态
A	00H	PSW	00H
PC	0000H	TCON	00H
B	00H	TH0	00H
SP	07H	TL0	00H
DPL	00H	TH1	00H
DPH	00H	TL1	00H
P0～P3	FFH	SCON	00H
IE	××000000B	SBUF	××H
IP	×××00000B	PCON	0×××0000B

MCS-51 单片机的复位电路结构如图 2.15 所示，复位引脚通过施密特触发器与复位电路相连，施密特触发器用于抑制噪声。在每个机器周期，施密特触发器的输出电平由复位电路采样一次后得到内部复位操作所需要的信号。

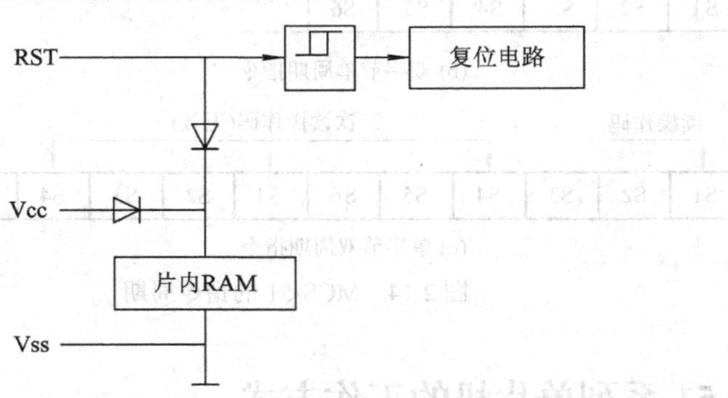

图 2.15 MCS-51 单片机的复位电路结构

MCS-51 单片机常用的复位电路如图 2.16 所示，图 2.16（a）所示的上电自动复位方式，是在单片机接通电源时，对电容充电来实现的。上电瞬间，RST 端的电位与 Vcc 相同。随着充电电流的减小，RST 引脚上的电位在逐渐下降，只要在 RST 端有足够长的时间保持阈值电压，单片机便可自动复位。所以只要正确设置复位电路中的电阻和电容，保证 RST 引脚上高电平持续时间在 2 个机器周期以上就能实现复位。

按键复位包括电平复位和脉冲复位两种方式，其中，按键电平复位是通过使 RST 端经电阻与 Vcc 电源接通而实现的，如图 2.16（b）所示。按键脉冲复位则是利用微分电路产生的正脉冲实现的，如图 2.16（c）所示。

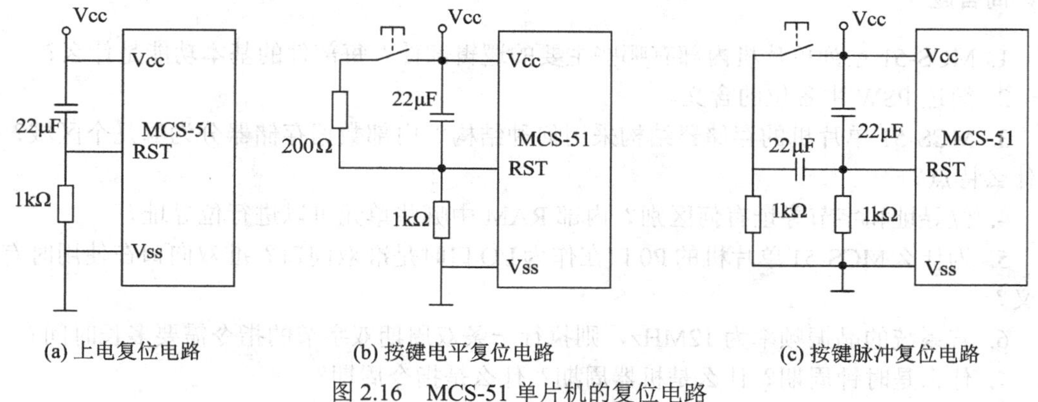

(a) 上电复位电路　(b) 按键电平复位电路　(c) 按键脉冲复位电路

图 2.16　MCS-51 单片机的复位电路

2.7.2　单步执行方式

单步执行是指通过外部脉冲来控制程序的执行过程，以达到一个脉冲执行一条语句的目的。外部脉冲一般通过按键来产生，所以单步执行实际上就是一次按键执行一条语句。它通常用于程序调试、跟踪程序执行和了解程序执行过程。

MCS-51 单片机的单步执行要利用中断系统完成。例如，将按键产生的脉冲作为 $\overline{\text{INT0}}$ 的中断请求信号，并设计成不按按键时 $\overline{\text{INT0}}$ 引脚为低电平，通过编程规定 $\overline{\text{INT0}}$ 的中断为电平触发。那么，没有按键按下时 $\overline{\text{INT0}}$ 保持低电平，CPU 一直响应中断，执行中断服务程序。当有按键按下时产生一个高电平，中断返回，进入主程序，$\overline{\text{INT0}}$ 引脚又回到低电平，但 MCS-51 的中断系统规定，从中断服务程序返回之后，至少要执行一次主程序，才能重新响应中断，即 CPU 进入主程序后会执行一条语句。所以总体看来，每按一次按键就执行一条语句。

习　题

一、填空题

1. 宏晶科技的 STC15 系列为 1T 的 51 单片机，若外接 12MHz 晶振，单片机复位持续时间应该超过________μs。

2. 单片机动作的最小时间单位是________。

3. 51 系列单片机为________位单片机，其地址总线共________位，由________口提供；数据总线共________位，由________口提供；程序存储器的最大寻址范围是________，有________个中断源。

4. 内部 RAM 中，位地址为 30H 的位，该位所在字节的字节地址为_______。

5. 若 A 中的内容为 63H，那么，PSW 中的 P 标志位的值为_________。

6. 单片机复位后，程序计数器（PC）的值为_______，SP 的值为__________。

二、简答题

1. MCS-51 系列单片机内部有哪些主要的逻辑部件？每部件的基本功能是什么？

2. 简述 PSW 中各位的含义。

3. MCS-51 单片机的存储器结构采用何种结构？内部数据存储器分为哪几个区域？各有什么特点？

4. 位寻址和字节寻址有何区别？内部 RAM 中哪些单元可以进行位寻址？

5. 为什么 MCS-51 单片机的 P0 口在作为 I/O 口时是准双向口？准双向口在使用时有何意义？

6. 若系统的晶振频率为 12MHz，则执行一条双周期双字节的指令需要多长时间？

7. 什么是时钟周期？什么是机器周期？什么是指令周期？

8. 如何设计 MCS-51 单片机的复位电路、时钟电路？

第3章 MCS-51汇编语言指令与程序设计

教学目的和要求

本章主要介绍MCS-51单片机的寻址方式、指令系统和汇编语言程序设计。要求掌握MCS-51单片机的7种寻址方式、5类指令和伪指令，进一步理解单片机的内部结构，掌握基本的汇编语言程序设计方法，为进一步学习C51语言程序设计打好基础。

3.1 MCS-51指令系统概述

指令是指能完成特定功能的命令。计算机只能直接识别二进制指令。二进制指令称为机器语言，机器语言不方便人们的识别、记忆和使用，因此给每条机器语言指令赋予一个助记符，即汇编语言指令。汇编语言指令是机器语言指令的符号化形式，它和机器语言之间是一一对应的，不同的计算机，汇编语言是不同的。

指令系统是指CPU所能执行的各种指令的集合。MCS-51单片机是8位机，可以识别2^8=256种数据和代码，实际中有255种操作码（代码A5H无对应指令），对应的指令系统可分为5类，共计111条：从存储时所占的存储器空间的大小来区分，可分为单字节49条、双字节46条、三字节16条；从执行时间上来区分（指令的执行时间用机器周期度量），可分为单周期指令64条、双周期指令45条、4周期指令2条（MUL和DIV）。在所有的指令中乘法和除法指令是单字节4周期的，所以指令的字节数与指令周期不是对等的关系。

输入程序时，可以采用二进制的机器码形式，也可以将其写成十六进制，还可以采用指令的“助记符”方式——汇编格式。但是必须将十六进制的指令和汇编指令“翻译”为二进制形式的“机器码”后才能被CPU识别和执行。无论是何种语言，指令的结构均是“操作码＋操作数或操作数地址”的形式。

3.2 MCS-51指令系统的寻址方式

操作数指出了参与操作的数据或数据的地址，其类型有位（bit）、字节（Byte）和字（Word）。CPU寻找操作数或操作数地址的方法称为寻址方式。MCS-51指令系统共使用了7种寻址方式，包括直接寻址、立即寻址、寄存器寻址、寄存器间接寻址、变址寻址、相对寻址和位寻址。

1. 直接寻址

直接寻址是指在指令中直接给出操作数的地址，即指令本身含有操作数的（8位或16

位）地址。可以直接寻址的存储器有片内 RAM 区和 SFR 区。例如，“MOV A, 30H”表示将片内 RAM 的 30H 单元的内容送入累加器 A 中，其中，30H 是片内 RAM 中的字节地址。

采用直接寻址的指令长度是 2B 或 3B，其中第一个字节是操作码，而操作数地址占 1B 或 2B。当访问片内 RAM 低 128B 时，直接给出字节地址。当访问 SFR 时可以直接给出地址，也可以给出寄存器符号，例如，“MOV A, 80H”可以写成“MOV A, P0”，后者用 SFR 中的寄存器名字取代它的物理地址 80H。程序设计中提倡使用 SFR 中的寄存器名称来代替直接地址的方法。

2. 立即寻址

立即寻址是指在指令中直接给出操作数（称为立即数）。一般用于为寄存器或存储器赋常数初值。例如，“MOV A,#30H”表示将 8 位的立即数 30H 送入累加器 A 中；“MOV DPTR,#2000H”表示将 16 位立即数 2000H 送入 DPTR 中。在 MCS-51 汇编指令中，立即数前面必须加符号“#”，以区别立即数和直接地址。

3. 寄存器寻址

寄存器寻址是指以寄存器中的内容为操作数，以寄存器为操作数的地址。例如，“MOV A, R1”表示将寄存器 R1 中的内容送入累加器 A 中。

寄存器寻址方式的寻址范围包括工作寄存器 R0～R7、累加器 A、通用寄存器 B、数据指针 DPTR。需要注意的是，在使用工作寄存器时，首先要通过 PSW 的 RS1 和 RS0 来选择当前寄存器组，例如，当执行“RS1 RS0=01”时，选择第二组工作寄存器（08H～0FH），则执行“MOV R1, A”指令后，将累加器 A 中的内容送入片内 RAM 的 09H（R1）单元中。

4. 寄存器间接寻址

寄存器间接寻址是指以指令中给出的寄存器的内容作为操作数的地址。在 MCS-51 单片机的汇编语言指令中，通过在寄存器前面加上符号“@”来表示寄存器间接寻址。例如，“MOV A,@R0”设指令执行前累加器 A 中的值为 00H，工作寄存器 R0 中的值为 30H，存储器单元内容如图 3.1 所示。工作寄存器 R0 中的内容 30H 是操作数的地址，而 30H 单元中的值为 48H，所以执行指令后，累加器 A 中的值变为 48H。

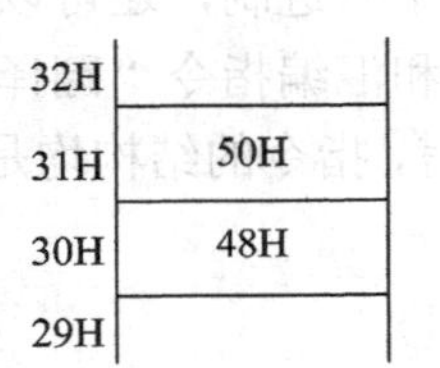

图 3.1　寄存器间接寻址示意图

寄存器间接寻址方式可访问片内 RAM（低 128B）和片外 RAM。访问片内 RAM 的低 128B 或片外 RAM 的低 256B 时，用 R0 或 R1 作为间接寻址寄存器。访问片外 RAM 的 64KB 时，用数据指针 DPTR 作为间接寻址寄存器。在指令上，片内 RAM 使用 MOV，片外 RAM 使用 MOVX，所以虽然片内与片外的 RAM 的 00H～FFH 地址相重叠，但是指令不同，因而不会发生混乱。

需要注意的是，寄存器间接寻址方式不能访问 SFR 中的单元（直接寻址是 SFR 的唯一寻址方式）。例如，下面这组指令是错误的，因为 80H 为 SFR 的物理地址。

```
MOV  R1,#80H
MOV  A,@R1
```

5. 变址寻址

变址寻址是指将基址寄存器（DPTR 或程序计数器）与变址寄存器（A）中的内容相加，并将结果作为操作数的地址。例如，“MOVC　A,@A+DPTR”表示将累加器 A 和寄存器 DPTR 中的内容相加，相加结果作为操作数的地址，再将该地址中的内容取出并送入累加器 A 中。

6. 相对寻址

相对寻址是指将指令中的地址偏移量与程序计数器的当前值相加，并将其结果作为跳转指令的目的地址。例如，指令“SJMP　21H”表示将 21H 与程序计数器当前的内容相加，并将其结果再送回程序计数器中，成为下一条将要执行指令的地址。设指令“SJMP　21H”存放在 2000H 单元处，在执行该指令时，先从 2000H 和 2001H 单元取出指令，程序计数器自动变为 2002H，再将程序计数器的内容与操作数 21H 相加，形成目标地址 2023H，再将其送回程序计数器，使程序跳转到 2023H 单元继续执行。在使用相对寻址时需要注意以下两点。

1）程序计数器的当前值是指取完指令之后的值（存放操作数的下一单元），它等于存放转移指令的入口地址加上转移指令所占的字节数。所以目标地址的计算式为“目标地址=转移指令的入口地址+转移指令所占的字节数+偏移量”。

2）指令中的偏移量为 8 位有符号数，以补码形式表示，所以控制程序转移的地址范围为-128B～+127B，负号表示向前转移，正号表示向后跳转。

7. 位寻址

在 MCS-51 单片机中，操作数不仅可以以字节为单位进行操作，也可以按位进行操作。当将某一位作为操作数时，这个操作数的地址称为位地址。位寻址是指按位寻找操作数或操作数地址的寻址方式。前面介绍的 6 种寻址方式都是按字节进行的寻址操作。

位寻址区域包括片内 RAM 中的两个区域：一个是片内 RAM 的位寻址区，地址范围是 20H～2FH，共占 16B，有 128 个位地址，位地址为 00H～7FH；另一个是有位地址的 SFR，在所有 21 个 SFR 中有 11 个寄存器可以位寻址。例如，指令“SETB 20H”表示将位地址为 20H 的位置 1。

同字节寻址中的直接寻址一样，为了增加程序的可读性，SFR 中的位地址都可以使用符号地址来替代，如指令“SETB P0.1”与“SETB 81H”均表示将 P0.1 口置 1。

以上介绍的 7 种寻址方式的汇总与比较如表 3.1 所示。

表 3.1　MCS-51 单片机的寻址方式及寻址空间

序号	寻址方式	使用的变量	寻址空间
1	直接寻址	direct、SFR	片内 RAM 和 SFR 区
2	立即寻址	#data	立即数
3	寄存器寻址	R0~R7、A、B、Cy、DPTR	片内 RAM
4	寄存器间接寻址	@R0、@R1、SP	片内 RAM
		@R0、@R1、DPTR	片外 RAM 和 I/O

续表

序号	寻址方式	使用的变量	寻址空间
5	变址寻址	@A+DPTR、@A+PC	ROM
6	相对寻址	PC+偏移量	ROM
7	位寻址	bit	片内 RAM 位寻址区和部分 SFR

3.3 MCS-51 指令系统的指令

为了方便学生学习指令，下面先说明指令中用到的符号的含义。

1）Rn 和 Ri：表示工作寄存器组的 8 个通用寄存器，n 的取值为 0～7，表示 R0～R7 中的任意一个；i 的取值为 0 和 1，表示 R0 和 R1 两个寄存器中的任意一个。

2）direct：片内 RAM 的 8 位直接地址。

3）#data 和#data16：包含在指令中的 8 位或 16 位常数。

4）addr11 和 addr16：表示 11 位或 16 位直接地址。

5）rel：相对寻址中以补码形式表示的 8 位偏移量，取值范围为-128～＋127。

6）DPTR：数据指针，可用作 16 位的地址寄存器。

7）bit：片内 RAM 或 SFR 中直接寻址的位地址。

8）Cy：PSW 中的进位标志或进位位。

9）A 和 B：表示累加器 A 和寄存器 B。

10）C：位运算中的累加器。

11）(X)：X 中的内容。

12）((X))：由 X 间接寻址的单元中的内容。

13）@：寄存器间接寻址或变址寻址的前缀。

14）/：位地址的前缀标志，表示对该位操作数取反，如/bit。

15）←：表示将箭头右边的内容传送到左边。

16）$：当前指令的地址。

MCS-51 指令的书写格式为

```
标号:操作码   操作数或操作数地址 1,操作数或操作数地址 2;注释
```

例如：

```
LOOP:MOV  A,#40H ;取参数
```

其中标号是根据编程需要给指令设定的符号地址，可有可无，标号由 1～8 个字符组成，第一个字符必须是英文字，不能是数字或其他符号，标号后必须用冒号。操作码指明指令的功能，一般是英文字母缩写。例如，MOV（move）表示传送指令，XCH（exchange）表示交换指令，RR（rotate right）表示循环右移指令，ANL（and logic）表示逻辑与运算指令，MUL（multiply）表示乘法指令，SJMP 表示（short jump）短跳转指令，RET（return）表示子程序返回指令等。操作数或操作数地址表示参加运算的数据或数据的有效地址。指令中可以没有操作数，也可以有 1～3 个操作数，有多个操作数时操作数之间用逗号隔开，操作码与操作数之间用空格。注释是对指令的解释说明，用以提高程序的可读性，注释前必须加分号（;）。

MCS-51 指令系统共有 111 条指令，按功能分可分为数据传送指令（29 条）、算术运算指令（24 条）、位运算指令（24 条）、控制转移指令（17 条）和位操作指令（17 条）。下面分类进行介绍。

3.3.1　数据传送指令

MCS-51 单片机数据传送指令的汇编指令格式为

操作码　<目的操作数>，<源操作数>

数据传送指令是指将源操作数传送到目的操作数，指令执行后，源操作数不变，目的操作数变为源操作数。这类指令不影响标志 Cy、A 和 OV。

1. 内部数据传送指令

内部数据传送指令使用助记符 MOV，完成片内 RAM 之间及片内数据存储器与累加器 A 之间的数据传送。

1）以累加器 A 为目的操作数的指令：

```
MOV  A,Rn              ;(A)←(Rn)
MOV  A,direct          ;(A)←(direct)
MOV  A,@Ri             ;(A)←((Ri))
MOV  A,#data           ;(A)←#data
```

2）以工作寄存器 Rn 为目的操作数的指令：

```
MOV  Rn,A              ;(Rn)←(A)
MOV  Rn,direct         ;(Rn)←(direct)
MOV  Rn,#data          ;(Rn)←#data
```

3）以直接地址 direct 为目的操作数的指令：

```
MOV  direct,A          ;(direct)←(A)
MOV  direct,Rn         ;(direct)←(Rn)
MOV  direct1,direct2   ;(direct1)←(direct2)
MOV  direct,@Ri        ;(direct)←((Ri))
MOV  direct,#data      ;(direct)←#data
```

4）以寄存器间接地址@Ri 为目的操作数的指令：

```
MOV  @Ri,A             ;((Ri))←(A)
MOV  @Ri,direct        ;((Ri))←(direct)
MOV  @Ri,#data         ;((Ri))←#data
```

5）以 DPTR 为目的操作数的指令：

```
MOV  DPTR,#data16      ;(DPTR)←#data16
```

该指令将 16 位常数装入数据指针 DPTR，即将数据高 8 位送入 DPH 寄存器，数据低 8 位送入 DPL 寄存器。

使用内部数据传送指令时，可以根据实际情况选用恰当的寻址方式。上面给出的传送指令是 Intel 公司在设计 MCS-51 单片机的硬件时确定的，编程人员只能像查字典一样去查找、使用指令，而不能根据主观意愿去“创造”指令。使用内部数据传送指令时应注意：

一条指令中不能同时出现两个工作寄存器；间接地址寄存器只能使用 R0、R1；SFR 区只能直接寻址，不能用寄存器间接寻址。内部数据传送指令的组合关系可用图 3.2 来表示。

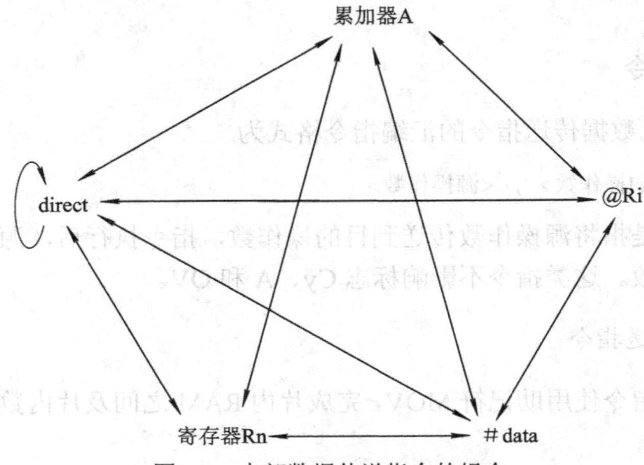

图 3.2 内部数据传送指令的组合

例如，要将R0中的数据传送到R1中，如何使用上面的指令去完成该操作？“MOV R1, R0”是否可以？回答是否定的，因为在 MCS-51 的指令系统中没有此条指令，只能使用如下指令。

```
MOV  A,R0
MOV  R1,A
```

可以进行直接地址到直接地址的数据传送，即能对 I/O 口进行直接访问，能将一个并行 I/O 口中的内容传送到片内 RAM 单元中，而不必经过累加器或工作寄存器 Rn。例如，“MOV P1,P3”相当于从 direct 到 direct。

【例 3.1】 写出执行下列指令后的目的操作数的值。

```
MOV 23H,#30H       ;(23H)=30H
MOV 12H,#34H       ;(12H)=34H
MOV R0,#23H        ;(R0)=23H
MOV R1,12H         ;(R1)=(12H)=34H
MOV A,@R0          ;(A)=(23H)=30H
MOV 40H,R1         ;(40H)=34H
```

2. 外部数据存储器传送指令

外部数据存储器传送指令完成片外数据存储器 RAM 与累加器 A 之间的数据传送，使用 MOVX 作为助记符，片外数据存储器只能采用寄存器间接寻址。外部数据存储器传送指令 MOVX 共有以下 4 条。

```
MOVX A,@DPTR       ;A←(DPTR)
MOVX @DPTR,A       ;(DPTR)←A
MOVX A,@Ri         ;A←(Ri)
MOVX @Ri,A         ;(Ri)←A
```

以 DPTR 作为 16 位数据指针，可寻片外 64KB 的 RAM 空间，以 Ri 作为 8 位数据指针，可寻片外 256B 的 RAM 空间。片外 RAM 只能通过累加器 A 进行数据传送。

【例 3.2】　将片外 RAM 的 0000H 单元中的数据传送到片内 RAM 的 60H 单元中，写出程序。

```
MOV DPTR,#0000H
MOVX A,@DPTR
MOV 60H,A
```

3. 程序存储器传送指令

程序存储器传送指令实现程序存储器 ROM 与累加器 A 之间的数据传送，使用 MOVC 作为助记符。程序存储器只能采用变址寻址方式。程序存储器传送指令 MOVC 有以下两条。

```
MOVC A,@A+DPTR      ;A←(A+DPTR)
MOVC A,@A+PC        ;PC←PC+1,A←(A+PC)
```

这两条指令通常用于访问表格数据，因此也称为查表指令。第一条指令中，用 DPTR 作为基地址，使用前，先将数据表的首地址送入 DPTR 中，累加器 A 作为偏移量，由两者数据相加得到待查表中数据地址并取出，查找范围为 64KB。第二条指令是以程序计数器 PC 为基地址，但这里的 PC 值是执行完“MOVC　A,@A+PC”后的值，即 PC=PC+1，而不是当前的 PC。查找范围为当前 PC 值之后的 256B。

【例 3.3】　将 ROM 的 1000H 单元中的内容送入片内 RAM 的 20H 单元中。

```
MOV A,#0H
MOV DPTR,#1000H
MOVC A,@A+DPTR
MOV 20H,A
```

4. 数据交换指令

数据交换指令实现片内 RAM 区的数据双向传送，包括字节交换和半字节交换两种形式。

（1）字节交换指令

```
XCH A,Rn            ;A↔Rn
XCH A,@Ri           ;A↔(Ri)
XCH A,direct        ;A↔direct
```

这组指令的功能是将累加器 A 与源操作数的字节内容互换。

（2）半字节交换指令

```
XCHD A,@Ri          ;A0～3↔(Ri)0～3
```

该指令的功能是将 Ri 间接寻址单元的低 4 位中的内容与累加器 A 的低 4 位中的内容互换，而它们的高 4 位内容均不变。

```
SWAP A              ;A4～7↔A0～3
```

该指令的功能是将累加器 A 中的高、低 4 位互换。

5. 堆栈操作指令

堆栈是在片内 RAM 中按“先进后出”的原则设置的专用存储区。在 MCS-51 单片机中，数据的入栈和出栈由堆栈指针 SP 来管理，SP 总是指向栈顶，堆栈操作有下列两条指令。

```
PUSH  direct    ;(SP)←(SP)+1,((SP))←(direct)
POP   direct    ;(direct)←((SP)),(SP)←(SP)-1
```

入栈（PUSH）指令执行后堆栈指针 SP 上移一个单元，指向栈顶上一个空单元，将直接地址 direct 单元中的内容送入 SP 所指示的堆栈单元中。

出栈（POP）指令将堆栈指针 SP 所指向的片内 RAM 中栈顶的内容送入直接地址 direct 中，然后堆栈指针下移一个单元，继续指向堆栈的栈顶。

堆栈操作必须是字节操作，且只能直接寻址。可以将累加器 A 入栈、出栈指令写成“PUSH/POP ACC”或“PUSH/POP E0H”，但不能写成“PUSH/POP A”。

堆栈是用户自己设定的片内 RAM 中的一块专用存储区，通常用于临时保护数据，以及程序调用时保护现场和恢复现场。堆栈指针默认指向 07H，但这属于工作寄存器区，不能开辟堆栈，堆栈一般开辟在片内 RAM 的用户 RAM 区。使用堆栈时必须先设置堆栈指针，以适应具体编程的需要。

3.3.2 算术运算指令

算术运算指令都是通过算术逻辑运算单元 ALU 进行数据运算处理的指令，包括加、减、乘、除四则运算。使用的助记符为 ADD、ADDC、INC、SUBB、DEC、DA、MUL 和 DIV。执行结果影响程序状态标示寄存器的进位标志（Cy）、辅助进位（Ac）、溢出标志（OV）及奇偶标志（P），但 INC 和 DA 不影响这些标志。

1. 加法指令

```
ADD  A,Rn         ;(A)←(A)+(Rn)
ADD  A,direct     ;(A)←(A)+(direct)
ADD  A,@Ri        ;(A)←(A)+((Ri))
ADD  A,#data      ;(A)←(A)+data
```

这组指令的功能是将源操作数与目的累加器 A 中的值相加，相加的结果仍存放在累加器 A 中。源操作数可以是 Rn、direct、@Ri 或立即数，目的操作数只能是累加器 A。

2. 带进位加法指令

```
ADDC  A,Rn        ;(A)←(A)+(Rn)+(Cy)
ADDC  A,direct    ;(A)←(A)+(direct)+(Cy)
ADDC  A,@Ri       ;(A)←(A)+((Ri))+(Cy)
ADDC  A,#data     ;(A)←(A)+data+(Cy)
```

这组指令的功能是将源操作数与目的累加器 A 中的值和当前进位标志 Cy 的值相加，相加的结果仍存放在累加器 A 中。该指令的用法除考虑 Cy 外，其余要求与 ADD 一样。Cy 是进位标志，在计算的末尾。

【例 3.4】 设(A)=C3H，(R0)=AAH，(Cy)=1，执行指令“ADDC A,R0”，即(A)=C3H+AAH+1。

```
   11000011
   10101010
+         1   (Cy)
-----------
   01101110
```

执行结果为(A)=6EH，(Cy)=1，(OV)=l，(AC)=0。

3. 自加 1 指令

```
INC   Rn           ;(Rn)←(Rn)+1
INC   direct       ;(direct)←(direct)+1
INC   @Ri          ;((Ri))←((Ri))+1
INC   A            ;(A)←(A)+1
INC   DPTR         ;(DPTR)←(DPTR)+1
```

这组指令的功能是指令中变量的值自加 1，且不影响各个标志位。

4. 带借位减法指令

```
SUBB  A,Rn         ;(A)←(A)-(Rn)-(Cy)
SUBB  A,direct     ;(A)←(A)-(direct)-(Cy)
SUBB  A,@Ri        ;(A)←(A)-(Ri)-(Cy)
SUBB  A,#data      ;(A)←(A)-data-(Cy)
```

这组指令的功能是从累加器 A 中减去指定的变量和进位标志位 Cy，结果存入累加器 A 中。

5. 自减 1 指令

```
DEC  Rn            ;(Rn)←(Rn)-1
DEC  direct        ;(direct)←(direct)-1
DEC  @Ri           ;((Ri))←((Ri))-1
DEC  A             ;(A)←(A)-1
```

这组指令的功能是指定的变量自减 1。

6. BCD 码调整指令

```
DA    A
```

该指令只能跟在 ADD 或 ADDC 加法指令后面，将累加器 A 中的二进制码自动调整为 8421 码，用于实现 BCD 码的加法运算。

调整规则如下。

1）若累加器 A 的低 4 位大于 9（A～F），或者辅助进位标志位 AC=1，则累加器 A 的内容加 06H。

2）若累加器 A 的高 4 位大于 9（A～F），或者进位标志位 Cy=1，则累加器 A 的内容加 60H。

调整的实质是将十六进制的加法运算转换成十进制。

7. 乘法和除法指令

```
MUL  A B           ;A×B=B A
DIV  A B           ;A÷B=A…B
```

这是 MCS-51 单片机唯一的一类单字节 4 周期指令，它的运行时间相当于 4 条加法指令的运行时间。在乘法指令中，当乘积超过 255 时，OV 等于 1，积的高 8 位存放在 B 中，低 8 位存放在累加器 A 中，否则，积只放在累加器 A 中；在除法指令中，当 B 为 0 时，

OV 等于 1，表示除数为 0，除法无意义。

3.3.3 位运算指令

位运算指令有 24 条，包括按位与、按位或、按位异或、清零、按位取反、循环移位等。

1. 按位与指令

```
ANL  A,Rn              ;(A)←(A)^(Rn)
ANL  A,direct          ;(A)←(A)∧(direct)
ANL  A,@Ri             ;(A)←(A)∧((Ri))
ANL  A,#data           ;(A)←(A)∧data
ANL  direct,A          ;(direct)←(direct)∧(A)
ANL  direct,#data      ;(direct)←(direct)∧(data)
```

2. 按位或指令

```
ORL  A,Rn              ;(A)←(A)∨(Rn)
ORL  A,direct          ;(A)←(A)∨(direct)
ORL  A,@Ri             ;(A)←(A)∨((Ri))
ORL  A,#data           ;(A)←(A)∨data
ORL  direct,A          ;(direct)←(direct)∨(A)
ORL  direct,#data      ;(direct)←(direct)∨(data)
```

3. 按位异或指令

```
XRL  A,Rn              ;(A)←(A)⊕(Rn)
XRL  A,direct          ; A)←(A)⊕(direct)
XRL  A,@Ri             ;(A)←(A)⊕((Ri))
XRL  A,#data           ;(A)←(A)⊕data
XRL  direct,A          ;(direct)←(direct)⊕(A)
XRL  direct,#data      ;(direct)←(direct)⊕(data)
```

ANL、ORL、XRL 这 3 组指令是以位为基础，对所指出的操作数分别进行按位与、按位或和按位异或运算的。在使用中，一般按位与用于清 0 或保留某些位，按位或用于置 1 或保留某些位，按位异或用于取反或保留某些位。

【例 3.5】

```
ANL  A,#11010101       ;对A中2、4、6位清零,其余位不变
ORL  A,#00100101       ;对A中1、3、6位置1,其余位不变
XRL  A,#00001101       ;对A中1、3、4取反,其余位不变
```

4. 清零和按位取反指令

```
CLR  A                 ;A←0
CPL  A                 ;A←/A
```

MCS-51 单片机系统中只能对累加器 A 清零和按位取反。

5. 循环移位指令

（1）8 位循环移位指令

```
RL  A                  ;A中的值循环左移一位
```

```
RR  A                 ;A中的值循环右移一位
```

（2）9 位循环移位指令

```
RLC  A                ;带Cy循环左移一位
RRC  A                ;带Cy循环右移一位
```

各种循环移位操作的示意如图 3.3 所示。

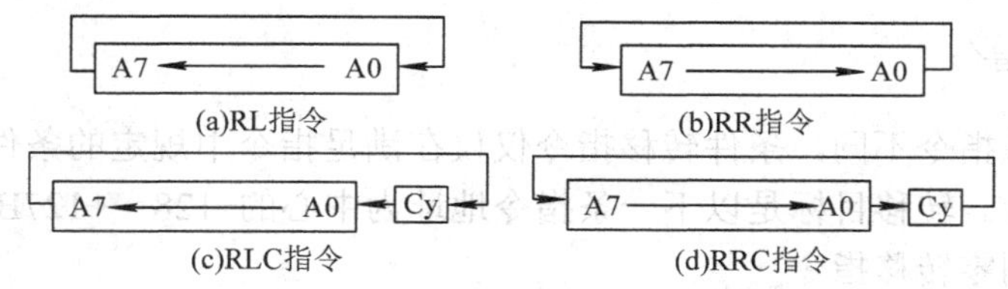

图 3.3　循环移位操作示意图

【例 3.6】　已知 A=10010011，Cy=0，则执行“RL　A”后，A=001001111，Cy=0，而执行“RLC　A”后，A=001001101，Cy=1。

3.3.4　控制转移指令

控制转移指令用于改变程序计数器（PC）的值，以控制程序走向，其作用区域是程序存储器空间。控制转移类指令分为无条件转移指令、条件转移指令、循环转移指令、子程序调用和返回指令及空操作指令等。

1. 无条件转移指令

无条件转移指令实现程序无条件地转移到各自指定的目标地址去执行。无条件转移指令包括长转移指令、绝对转移指令、短转移指令和间接转移指令。

（1）长转移指令

```
LJMP  addr16          ;(PC)←addr16
```

程序能跳转到 addr16 指定的 64KB 程序存储器空间的任何地址处。

（2）绝对转移指令

```
AJMP  addr11          ;(PC)←(PC)+2,(PC10～0)←addr11
```

这是一条双字节指令，执行该指令时先将 PC 加 2，使 PC 指向下一条指令，然后将 addr11 送入 PC10～PC0，PC15～PC11 保持不变，程序转移范围为 2KB。

MCS-51 单片机的 ROM 是以 2KB 为一页来划分的，这样 4KB 的 ROM 划分成 2 页，64KB 的 ROM 划分成 32 页。在执行 AJMP 指令时，PC 的高 5 位决定了 ROM 中的页地址，而 AJMP 指令的低 11 位地址用来选择页内地址。转移目标必须与 AJMP 指令下一条指令的第一个字节在同一个 2KB 范围内，否则转移将会出现错误。AJMP 指令用于完成同一页内 2KB 范围的转移。

（3）短转移指令

```
SJMP  rel             ;(PC)←(PC)+2,(PC)←(PC)+rel
```

这也是一条双字节指令，执行该指令时先将 PC 加 2，使 PC 指向下一条指令，然后 PC

值加上偏移量 rel，计算出转移地址。转移范围为-128～+127B，负数表示向后转移。

（4）间接转移指令

```
JMP  @A+DPTR ;(PC)←(A)+(DPTR)
```

这是一条单字节指令，转移目标的地址是 A 中 8 位无符号数和 16 位的数据指针 DPTR 相加的结果。

2. 条件转移指令

与无条件转移指令不同，条件转移指令仅仅在满足指令中规定的条件时才执行转移，否则程序顺序执行。转移目标是以下一条指令地址为中心的-128～+127B 范围内。

（1）累加器判零转移指令

```
JZ  rel        ;若(A)=0, 则(PC)=(PC+2)+rel
               ;若(A)≠0, 则(PC)=(PC)+2
JNZ  rel       ;若(A)≠0, 则(PC)=(PC+2)+rel
               ;若(A)=0, 则(PC)=(PC)+2
```

（2）比较转移指令

```
CJNE  A,direct,rel
CJNE  A,#data,rel
CJNE  Rn,#data,rel
CJNE  @Ri,#data,rel
```

这是一组 3 字节指令，用于比较源操作数和目的操作数，不相等则转移，相等则顺序继续执行下一条指令。若目的操作数小于源操作数则 Cy 置 1，否则 Cy 清 0。具体操作过程如下。

目的操作数-源操作数>0，PC+3+rel→PC；Cy=0。

目的操作数-源操作数<0，PC+3+rel→PC；Cy=1。

目的操作数-源操作数=0，PC+3→PC。

（3）减 1 不为 0 转移指令

```
DJNZ  Rn,rel ;(Rn)-1,若(Rn)=0,则(PC)←(PC)+2;若(Rn)≠0,则(PC)←(PC)+2+rel
DJNZ  direct,rel
```

这组指令每执行一次，先将指定的 Rn 或 direct 的内容减 1，再判别其内容是否为 0。若不为 0，则转向目标地址；若为 0，则程序顺序执行。

3. 调用与返回指令

调用与返回指令包括两条子程序调用指令和两条返回指令。

（1）长调用指令

```
          LCALL  addr16
执行过程: PC←PC+3;
          SP←SP+1,(SP)←PC7～0;
          SP←SP+1,(SP)←PC15～8;
          PC←addr16;
```

“LCALL　addr16”指令可调用 64KB 范围内的子程序。

（2）绝对调用指令

```
ACALL  addr11
```

执行过程：PC←PC+2;

```
SP←SP+1, (SP)←PC7～0;
SP←SP+1, (SP)←PC15～8;
PC10～0←addr11;
```

“ACALL addr11”的调用范围是 2KB，用法与 AJMP 指令类似，调用范围必须与指令 AJMP 下一条指令的第一个字节在同一个 2KB 范围内。

（3）子程序返回指令

```
RET
```

执行过程：PC15～8←(SP),SP←SP-1;

```
PC7～0←(SP),SP←SP-1;
```

执行该指令时将子程序调用时入栈的地址出栈，第一次出栈的值送给 PC 的高 8 位，第二次出栈的值送给 PC 的低 8 位。该指令通常放在子程序的末尾，用于返回主程序。

（4）中断返回指令

```
RETI
```

执行过程：PC15～8←(SP),SP←SP-1;

```
PC7～0←(SP),SP←SP-1;
```

RETI 与 RET 的区别在于返回主程序后，RETI 还要清除相应的中断优先级状态位，使系统响应低优先级的中断。该指令通常用于中断服务程序的末尾，其功能是返回主程序中断的断点处，继续执行断点位置后面的程序。

（5）空操作指令

```
NOP        ;PC←PC+1
```

空操作指令的作用是使 CPU 不执行任何实际操作，只是消耗 1 个机器周期的时间，常用于时间的延迟。

3.3.5 位操作指令

MCS-51 单片机内有一个位处理机，能完成对位地址空间的操作，位操作是针对片内 RAM 的位寻址区和 11 个可位寻址的 SFR 而言的。

1. 位传送指令

```
MOV  C,bit          ;(Cy)←(bit)
MOV  bit,C          ;(bit)←(Cy)
```

2. 位置位和位清零指令

```
CLR   C             ;(Cy)←0
CLR   bit           ;(bit)←0
SETB  C             ;(Cy)←1
SETB  bit           ;(bit)←1
```

3. 位逻辑运算指令

（1）位与

```
ANL  C,bit          ;Cy←Cy∧(bit)
```

```
ANL  C,/bit        ;Cy←Cy∧/(bit)
```

（2）位或

```
ORL  C,bit         ;Cy←Cy∨(bit)
ORL  C,/bit        ;Cy←Cy∨/(bit)
```

指令 ANL、ORL 的两个操作数可以是 8 位数，也可以是 1 位数。当操作数为 8 位数时，将两个操作数进行按位与、按位或运算，运算的结果为 8 位数；当操作数为 1 位数时，目的操作数只能是 C，源操作数为位变量，运算的结果为 1 位数。

（3）位取反

```
CPL  C             ;Cy←/Cy
CPL  bit           ;bit←/(bit)
```

4. 位控制转移指令

位控制转移指令包括以 Cy 内容为条件的转移指令和以位地址内容为条件的转移指令，共 5 条。

（1）以 Cy 内容为条件的转移指令

```
JC  rel        ;若 Cy=1,则 PC←PC+2+rel(跳转);若 Cy=0,则 PC←PC+2(顺序执行)
JNC  rel       ;若 Cy=0,则 PC←PC+2+rel(跳转);若 Cy=1,则 PC←PC+2(顺序执行)
```

（2）以位地址为内容为条件的转移指令

```
JB  bit,rel    ;若(bit)=1,则 PC←PC+3+rel(跳转);若(bit)=0,则 PC+3→PC(顺序执行)
JNB  bit,rel   ;若(bit)=0,则 PC←PC+3+rel(跳转);若(bit)=1,则 PC+3→PC(顺序执行)
JBC  bit,rel
          ;若(bit)=1,则 PC←PC+3+rel(跳转),bit←0;若(bit)=0,则 PC+3→PC(顺序执行)
```

3.4 伪指令

伪指令又称为指示性指令，具有和指令类似的形式，但汇编时伪指令并不产生可执行的目标代码，只是对汇编过程进行某种控制或提供某些汇编信息。

1. 设置起始地址伪指令

```
ORG  16 位的地址
```

ORG（origin）伪指令放在一段源程序或数据前面，用于规定程序块或数据块存放的起始位置。一般源程序的开始都要使用 ORG 伪指令来设置存放程序的起始地址，若没有，则首地址为 0000H，不同程序段可多次设置起始地址，但不同程序段之间不能重叠。

2. 定义字节伪指令

```
DB  字节数据表
```

DB（define Byte）表示将字节数据表中的数据从左到右依次存放在指定地址单元。字节数据表可以是数据、字符串或表达式，数据表中的数据多于一个时用逗号分开，字符若用引号括起来则表示存储该字符的 ASCII 码。

3. 定义字伪指令

DW　字数据表

DW（define Word）与 DB 类似，但 DW 定义的数据项为字，包括 2B，存放时高位在前，低位在后。例如：

```
ORG  3000H
DW  1A2BH,3CH
```

表示在从 3000H 开始的地址单元中连续存放数据 1AH、2BH、00H、3CH。

4. 定义空单元伪指令

DS　常数表达式

DS（define storage）从指定的地址单元开始，预留常数表达式给出数目的存储单元作为备用的空间，以 B 为单位。

对 MCS-51 单片机而言，DB、DW、DS 等伪指令只能应用于程序存储器，而不能用于数据存储器。

5. 赋值伪指令

符号名 EQU 表达式

或

符号名=表达式

EQU（equate）伪指令的功能是将右边表达式的值赋予左边的“字符名”，该语句通常放在源程序的开头部分。

6. 数据地址赋值伪指令

字符名　DATA　数据或表达式

DATA 的功能与 EQU 伪指令的功能类似，即给左边的“字符名”赋值，但 DATA 右边数据或表达式不能是汇编符号，如 R0～R7 等，而 EQU 可以。另外，DATA 定义的字符名称可先使用后定义，而 EQU 定义的字符名必须先定义后使用。

7. 位地址符号伪指令

字符名 BIT 位地址

BIT 伪指令的功能是将右边的位地址赋给左边的“字符名”。

8. 汇编结束伪指令

END

END（END of assembly）伪指令放在程序的最后，指示源程序结束汇编的位置，即表明程序的结束。

3.5 汇编语言程序设计举例

3.5.1 码制转换

【例 3.7】 将累加器 A 中的 8 位二进制数转换成 3 位 8421 码，其中 BCD 码的百位数放在 30H 单元中，十位和个位数放在 31H 单元中。

```
      ORG 1000H
MAIN: MOV  A,#CDH            ;需要转换的数据 CDH
      MOV  B,#64H
      DIV  AB
      MOV  30H,A
      MOV  A,#0AH
      XCH  A,B
      DIV  AB
      SWAP A
      ADD  A,B
      MOV  31H,A
      END
```

【例 3.8】 将一组 N 个压缩 BCD 码转换成 2N 个 ASCII 码，已知 R0 存放 BCD 码的起始地址，R3 存放 BCD 码个数，R1 存放 ASCII 码的起始地址。

```
LOOP:  MOV  A,@R0
       SWAP  A
       ANL  A,#0FH
       ORL  A,#30H
       MOV  @R1,A
       INC R1
       MOV  A,@R0
       ANL  A,#0FH
       ORL  A,#30H
       MOV  @R1,A
       INC  R1
       INC  R0
       DJNZ  R3,LOOP
       POP R1
       POP ACC
       RET
```

3.5.2 拆字与拼字

【例 3.9】 将 2000H 单元中的数据拆开，高 4 位放在 2001H 单元的低位，低 4 位放在 2002H 单元低位，并将 2001H 单元和 2002H 单元的高位清零。

```
ORG  1000H
MOV  DPTR,#2000H
MOVX  A,@DPTR
MOV  B,A
```

```
SWAP A
ANL A,#0FH
INC DPTR
MOVX @DPTR,A
INC DPTR
MOV A,B
ANL A,#0FH
MOVX @DPTR,A
END
```

【例 3.10】　将 2000H 单元和 2001H 单元的低位拼接后送入 2002H 单元中。

```
ORG  1000H
MOV  DPTR,#2000H
MOVX  A,@DPTR
ANL  A,#0FH
SWAP  A
MOV  B,A
INC DPTR
MOVX  A,@DPTR
ANL  A,#0FH
ORL  A,B
INC  DPTR
MOVX  @DPTR,A
END
```

3.5.3　运算程序

【例 3.11】　将片内 RAM 20H 和 30H 开始的单元中的两个 16B 的数相加，并将结果放入 20H 开始的单元中。

```
      ORG  1000H
      MOV  R0,#20H
      MOV  R1,#30H
      MOV  R2,#16
      CLR C
LOOP: MOV  A,@R0
      ADDC  A,@R1
      MOV @R0,A
      INC R0
      INC R1
      DJNZ R2,LOOP
      END
```

【例 3.12】　2B 的无符号数相乘。

```
ORG  1000H
MOV  A,R3
MOV  B,R5
MUL  AB
MOV  @R0,A
MOV  A,B
DEC  R0
MOV  @R0,A
```

```
MOV  A,R2
MOV  B,R5
MUL  AB
ADD  A,@R0
MOV  @R0,A
DEC  R0
MOV  A,B
ADDC  A,#00H
MOV  @R0,A
INC  R0
MOV  A,R3
MOV  B,R4
MUL  AB
ADD  A,@R0
MOV  @R0,A
MOV  A,B
DEC  R0
ADDC  A,@R0
MOV  @R0,A
DEC  R0
CLR  A
ADDC  A,#00H
MOV  @R0,A
MOV  A,R2
MOV  B,R4
MUL  AB
INC  R0
ADD  A,@R0
MOV  @R0,A
MOV  A,B
DEC  R0
ADDC  A,@R0
MOV  @R0,A
END
```

习 题

一、填空题

1. 在“MOVX A,@DPTR”指令中，源操作数的寻址方式是________。

有以下程序：

2.
```
ORG  0003H
LJMP 2000H
ORG 000BH
LJMP 3000H
```

当 CPU 响应外部中断 0 后，程序计数器（PC）的值是________。

3. LCALL 指令操作码地址是 2000H，执行完子程序返回指令后，PC=________。

4. 执行“PUSH　ACC”指令，MCS-51 单片机完成的操作是________。
5. MCS-51 单片机执行完“MOV　A,#08H”指令后，PSW 的________一位被置位。
6. 执行“MOVX　A,@DPTR”指令时，MCS-51 单片机产生的控制信号是________。
7. “MOV　C,#00H”指令的寻址方式是________。
8. 有以下程序：

```
ORG 0000H
AJMP 0040H
ORG 0040H
MOV SP,#00H
```

当执行完程序后，程序计数器 PC 的值是________。
9. 对程序存储器的读操作，只能使用________指令。

二、简答题

1. 简述 MCS-51 汇编语言的指令格式。
2. MCS-51 指令系统主要有哪几种寻址方式？试举例说明。
3. 对访问内部 RAM 和外部 RAM，各应采用哪些寻址方式？
4. 直接寻址和立即寻址有何区别？寄存器寻址和寄存器间接寻址有何区别？
5. 什么是伪指令？MCS-51 汇编语言有哪几条伪指令？在程序设计中各有何作用？

三、编程题

1. 写出完成下列操作的指令。
（1）将 R0 的内容送到 R1 中。
（2）将片内 RAM 的 30H 单元中的数据送到片内 RAM 的 60H 单元中。
（3）将片内 RAM 的 30H 单元中的数据送到片外 RAM 的 50H 单元中。
（4）将片内 RAM 的 30H 单元中的数据送到片内 RAM 的 3000H 单元中。
（5）将片外 RAM 的 3000H 单元中的数据送到片内 RAM 的 60H 单元中。
（6）将片外 RAM 的 3000H 单元中的数据送到片外 RAM 的 4000H 单元中。

2. 编写程序将寄存器 R1、R2 中的二进制数转换成 8421 码，并存入寄存器 R0 指向的存储单元中。

3. 编写程序将一位十六进制数转换成 ASCII 码。

第4章 C51语言程序设计

教学目的和要求

本章主要介绍C51语言的基本数据类型、运算、函数和基本编程方法。要求掌握C51语言的数据类型、变量定义、函数定义、常用标准库函数的使用，理解中断函数和可重入函数的使用方法。重点要求掌握C51语言与ANSI C的区别。

4.1 编程语言概述

1. 编程语言的类型

常见的编程语言有机器语言、汇编语言和高级语言3种。

1）机器语言。机器语言即二进制代码，如MCS-51中MOV的机器语言为0111。机器语言不易被人理解和掌握，而且因机器而异，程序不易被移植。

2）汇编语言。汇编语言给每条机器指令配上一个助记符，如MCS-51中指令0111的助记符为MOV，汇编语言中的语句与机器指令一一对应。汇编语言比机器语言简单一些，但仍然不易被人掌握，而且因机器而异，程序不易被移植。

3）高级语言。与机器语言和汇编语言相比，高级语言与具体计算机无关，是一种能方便描述算法过程的程序设计语言，常用的高级编程语言有C、C++、C#、Fortran、Pascal、COBOL、BASIC、Java等。

2. 汇编语言的特点

汇编语言是面向机器的低级语言，通常是为特定的计算机专门设计的。汇编语言保持了机器语言的优点，具有直接和简捷的特点，可有效访问、控制计算机的各种硬件设备，如磁盘、存储器、CPU、I/O口等，且目标代码简短，占用内存少，执行速度快，经常与高级语言配合使用。

3. C语言的特点

C语言是一种高级程序设计语言，它提供了十分完备的规范化流程控制结构。C语言和汇编语言一样，可以对位、字节和地址进行操作，也可以对硬件进行直接操作。与汇编语言相比，C语言程序编写方便、可读性强、开发时间短、方便移植。其缺点是占用CPU资源较多，执行效率比汇编语言低（低10%～20%），但目前一般能满足使用要求。

无论什么语言最终都要由编译器（C语言编译器、汇编语言编译器）翻译成机器语言，才能由计算机执行。目前支持MCS-51系列单片机的C语言编译器有很多种，如American

Automation、Avocet、BSO/TASKING、DUNFIELD SHAREWARE 和 Keil 等。各种编译器的基本情况基本相同，但处理细节各有区别，本章将以 Keil 编译器来介绍 MCS-51 单片机 C 语言（简称 C51 语言）程序设计。

采用 C51 语言设计单片机应用系统程序时，首先要尽可能地采用结构化的程序设计方法，这样可使整个应用系统程序结构清晰，易于调试和维护。对于一个较大的程序，可将整个程序按功能分成若干模块，不同的模块完成不同的功能。对于不同的功能模块，分别指定相应的入口参数和出口参数，同时可将经常使用的一些程序编写成函数，这样既不会引起整个程序管理的混乱，还可增强程序的可读性和可移植性。

4.2　C51 语言的基本语法

4.2.1　C51 语言的基本数据类型

具有一定格式的数字或数值称为数据，数据的不同格式称为数据类型。任何程序设计都离不开数据的处理。C51 语言的数据类型包括无符号字符型（unsigned char）、有符号字符型（signed char）、无符号整型（unsigned int）、有符号整型（signed int）、无符号长型（unsigned long）、有符号长型（signed long）、浮点型（float）、指针类型、特殊功能寄存器类型和位类型（bit）等。

1. char 类型

char 类型的数据在内存中占 1B，即 8 位，用于存放一个单字节的数据。char 类型包括 signed char 和 unsigned char，默认的 char 类型为 unsigned char。signed char 用于表示 8 位有符号的数，其最高位为符号位，“0”表示正数，“1”表示负数，表示的数据范围为-128～+127。unsigned char 用于表示 8 位无符号的数，表示的数据范围为 0～255。

2. int 类型

int 类型的数据在内存中占 2B，即 16 位，用于存放一个双字节的数据。int 类型包括 signed int 和 unsigned int，默认的 int 为 unsigned int。signed int 用于表示 16 位有符号的数，其最高位为符号位，“0”表示正数，“1”表示负数，低 15 位是数据位，表示的数据范围为-32 768～+32 767。unsigned int 用于表示 16 位无符号的数，表示的数据的范围是 0～65 535。

3. long 类型

long 类型的数据在内存中占 4B，即 32 位，用于存放一个 4B 的数据。long 类型包括 signed long 和 unsigned long，默认的 long 为 unsigned long，其表示数的方式与 int 类型类似。

4. float 类型

float 类型的数据在内存中占 4B，即 32 位，其最高位是符号位，“0”表示正数，“1”表示负数，30～23 位是阶码，共 8 位，低 23 位是尾数。它用符号位表示数的符号，用阶码和尾数表示数的大小。float 类型的数据在内存中的存放格式如图 4.1 所示。

在 C51 语言中，float 类型的数据格式符合 IEEE 754 标准（单精度浮点型数据标准），一个 float 类型的数 V 可以用 $V=(-1)^s \times 1.f \times 2^{e-127}$ 的形式表示。整数"1"不存储（最高位永远为 1），只存储二进制小数 f（23 位），存储的阶码为正数（0～255），但指数可以为负数，为了表示负指数，存储的阶码 e=指数+127，所以阶码中存放的最大指数为 128。尾数保证数据的准确度（2^{-23}），阶码保证数据的范围（2^{128}）。实际书写中一般写成十进制形式。

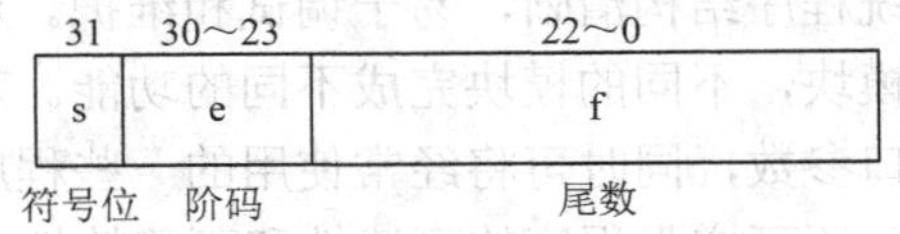

图 4.1 float 类型的数据在内存中的存放格式

5. 指针类型

指针本身是一个变量，在这个变量中存放着另一个数据的地址，所以指针即变量的地址。指针变量要占用一定的内存单元，对于不同的处理器其占用的长度不同，在 C51 语言中它的长度为 1B 或 2B。

6. 特殊功能寄存器类型

MCS-51 单片机内部的高 128B 内离散地分布着 SFR。对 SFR 的操作只能采用直接寻址方式。为了能直接访问这些 SFR，C51 语言扩充了两个数据类型：sfr 和 sfr16，这种定义方法与标准 C 语言不兼容。sfr 用于定义一个单字节的特殊功能寄存器类型数据，而 sfr16 用于定义一个双字节（16bit）的特殊功能寄存器类型数据。在使用 SFR 之前，必须先用 sfr 或 sfr16 对其进行声明。sfr 和 sfr16 变量定义的格式如下。

基本数据类型——sfr 类型

```
sfr   特殊功能寄存器名=特殊功能寄存器地址常数;
sfr16 特殊功能寄存器名=特殊功能寄存器地址常数;
```

例如，利用 sfr 对 MCS-51 并行 I/O 口进行定义的方法如下。

```
sfr P1=0x90;      //定义 P1 口,地址 90H
sfr P2=0xA0;      //定义 P2 口,地址 A0H
```

sfr16 用于定义 16 位的特殊功能寄存器，如 52 子系列的定时器/计数器 T2 可以定义如下。

```
sfr16 T2=0xCC;  //定义 52 子系列的定时器/计数器 T2, 地址为 T2L=CCH,T2H=CDH
```

即当使用 sfr16 定义一个 16 位特殊功能寄存器时，等号后面是它的低 8 位地址，高 8 位地址一定要位于物理低位地址之上。需要注意的是，sfr16 不能用于定时器/计数器 T0 和 T1 的定义，只能使用 sfr 分别定义定时器/计数器 T0 和 T1 的高 8 位和低 8 位。

当使用 sfr 或 sfr16 定义特殊功能寄存器时，其地址常数的范围必须为 80H～FFH。

7. 位类型

位类型也是 C51 语言中扩展的数据类型，用于访问 MCS-51 单片机中可位寻址的位地址。在 C51 语言中包括两种位类型：bit 和 sbit，它们在内存中都占 1 位，其值只能是"0"或"1"。其中，bit 类型用来定义位地址可变的位变量，定义的位变量存放在位寻址区，其位地址由编译器动态分配。例如，语句"bit flag=0"定义了位变量 flag，其初始值为 0，可

基本数据类型
——位类型

以存放在片内 RAM 位寻址区的任意位地址单元（00H～7FH）。sbit 类型用来定义位地址不变的位变量，即与 MCS-51 单片机的可位寻址物理位联系起来。可位寻址的特殊功能寄存器的位地址可以用 sbit 定义。sbit 定义特殊功能寄存器的位时有以下 3 种不同的方法。

1）sbit 位变量名＝特殊功能寄存器的位地址常数。

例如

```
sbit P1_1=0x91              //sbit 的位地址常数的范围必须为 80H～FFH
```

2）sbit 位变量名＝特殊功能寄存器名^位位置。

例如

```
sfr  P3=0xB0;
   sbit  P3_1=P3^1;         //先定义一个特殊功能寄存器名，再指定位变量名所在的位置
```

3）sbit 位变量名＝特殊功能寄存器字节地址常数^位位置。

例如

```
sbit P3_1=0xB0^1            //字节地址与位号及特殊功能寄存器与位号之间用^分开
```

定义位变量时应注意以下问题。

1）位变量不能定义成一个指针，如不能定义 bit *aa。

2）不能定义位数组，如不能定义 bit array[2]。

3）bit 与 sbit 不同，bit 不能指定位变量的绝对地址，当需要指定位变量的绝对地址（范围必须为 80H～FFH）时，需要使用 sbit 来定义，如 sbit flag=P1^0;。

4）变量的存储类型为 bdata 时，该变量的某一位可以用 sbit 来定义，也可以用 bit。例如：

```
bdata char jj;              //jj 定义为 bdata 整型变量
sbit mybit7=jj^7;           //mybit7 定义为 jj 的第 7 位
```

Keil μVision4 所能识别的基本数据类型如表 4.1 所示，在标准 C 语言中基本的数据类型还包括 short 类型和 double 类型，而在 C51 编译器中 short 类型和 int 类型相同，double 类型和 float 类型相同，这里不再列出说明。

表 4.1　Keil μVision4 编译器能识别的基本数据类型

数据类型	长度	值域范围
bit	1bit	0,1
sbit	1bit	0,1
unsigned char	1B	0～255
signed char	1B	−128～+127
sfr	1B	0～255
sfr16	2B	0～65 535
unsigned int	2B	0～65 535
signed int	2B	−32 768～+32 767
*	1B，2B	对象的地址
unsigned long	4B	0～4 294 967 295
signed long	4B	−2 147 483 648～+2 147 483 647
float	4B	+1.175 494E−38～+3.402 823E+38

在程序中，若运算对象的数据类型不一致，其数据类型可以自动进行转换，转换按以下优先级别自动进行：bit→char→int→long→float，signed→unsigned。

Keil C51 编译器除了支持自动数据类型转换外，还可以通过强制性数据类型转换符“()”对数据类型进行人为强制转换。在进行复杂的数学运算时，特别当表达式左右两边的数据类型不同时，一定要注意变量的长度变化问题，必要时要进行强制类型转化，以免造成数据溢出。

4.2.2 C51 语言的运算

1. 常量

在程序运行中其值不能改变的量称为常量，C51 语言中支持的常量有下列几种。

（1）整型常量

整型常量即整型常数，C51 语言使用的整型常数包括八进制、十进制和十六进制 3 种。虽然在 MCS-51 的汇编语言中可以使用二进制形式赋值，但在 Keil C51 中不能直接以二进制形式赋值。

1）八进制整型常量必须以数字 0 开头，即以 0 作为八进制数的前缀，数码取值范围为 0~7。八进制整型常量通常是无符号数，如 015（十进制 13）、0101（十进制 65）、01777（十进制 1023）等是合法的八进制整型常量，而 256（无前缀 0）、−0123（出现了负号）是不合法的八进制整型常量。

2）十进制整型常量没有前缀，其数码取值范围为 0~9，如 456、0、−7 等是合法的十进制整型常量，但 023（0 为八进制的前缀）、25D（含有非十进制符号）是不合法的十进制整型常量。

3）十六进制整型常量必须以 0x 或 0X 开头，其数码取值范围为 0~9、A~F 或 a~f，如 0x36 表示十六进制的 36（十进制的 54）。但 4B（无前缀）、0x3H（含有非十六进制符号）等是不合法的十六进制整型常量。

长整型常量采用在数字后面加字母 L 的方式表示，如 10L、0xF340L 等。

（2）浮点型常量

浮点型常量即实型常数，有十进制和指数两种表示形式。十进制由数字和小数点组成，如 0.475、23.565 等。指数表示形式为

```
[±]数字[.数字]e[±]数字
```

其中，[ ]中的内容为可选项，其内容根据具体情况可有可无，但其余部分必须有，如 123e2、4e5、−1.0e−2。而 e5、3e4.0 则是非法的表示形式。

（3）字符型常量

字符型常量是指单引号内的字符，如'a'、'4'、'A'等，单引号内可以是可显示的 ASCII 字符，也可以是转义字符。一个字符常量在内存中占 1B。转移字符用“\”来标示，C51 语言中的转义字符如表 4.2 所示。

表 4.2　C51 语言中的转义字符

转移字符	含义	ASCII 码（十六进制/十进制）
\0	空字符	00H/0
\n	换行	0AH/10
\r	回车	0DH/13
\t	水平制表	09H/9
\'	单引号	27H/39
\"	双引号	22H/34
\\	反斜杠	5CH/92
\f	换页	0CH/12
\b	退格	08H/8

（4）字符串型常量

字符串型常量由双引号内的字符组成，如"hello"、"325"、"and"等。当引号内没有字符时为空字符串。字符串常量与字符常量不一样，一个字符串常量在内存中存放时除一个字符占 1B 外，系统还自动在字符串后面加一个“\0”作为字符串的结束符。

2. 变量

变量是程序运行过程中其值可变的量。在 C51 语言中，使用变量前必须先定义，即指出变量的数据类型及存储模式，以便编译器为其分配存储单元，变量的定义格式如下。

C51 变量的定义

［存储种类］ 数据类型 ［存储器类型］ 变量名 1［=初值］, 变量名 2［=初值］, …;

（1）存储种类

存储种类声明变量的存储方式和程序执行过程中变量的作用范围，在 C51 语言中，变量的存储种类有下列 4 种。

1）auto（自动）类型。auto 的作用范围是定义它的函数体或复合语句内。未指明存储种类时默认为 auto 类型。当定义 auto 类型的函数和复合语句执行时，C51 才为变量动态分配存储空间，auto 类型的变量一般分配在堆栈中。auto 类型的变量一般称为局部变量。

2）extern（外部）类型。在一个函数体内要使用一个已在该函数体外或其他程序中定义的变量时，可将该变量定义为 extern 类型。extern 类型的变量被定义后分配的存储空间是固定的，在整个程序执行期间都有效。extern 类型的变量一般称为全局变量。

3）static（静态）类型。static 重点强调的是变量的存储方式，由编译器在编译时分配固定的存储空间。static 类型的变量在程序开始运行前已分配好固定的存储空间，在程序运行过程中一直占有固定的存储空间，只有程序运行结束后，才释放所占用的内存。static 类型分为内部静态（又称局部静态）和外部静态（又称全局静态）。

在局部变量前加上 static 表示内部静态变量，内部静态变量仍是局部变量，其作用范围与 auto 类型的变量相同，但内部静态变量分配得到的是固定的存储空间，即采用静态存储器分配（由编译器在编译时分配）方式，当函数执行完，返回调用点时，内部静态变量并不撤销，再次调用时，其值将继续存在。

【例 4.1】 内部静态变量与 auto 类型的变量的区别。

```
#include <stdio.h>
void main()
{
   char i;
   for(i=0;i<3;i++)
   {
      static int s_int=1;
      int a_int=1
      printf("s_int=%d",s_int);
      printf("a_int=%d",a_int);
      printf("\n");
      s_int=s_int+1;
      a_int=a_int+1;
   }
}
```

程序运行结果：

```
s_int=1  a_int=1
s_int=2  a_int=1
s_int=3  a_int=1
```

在函数外部定义的变量前加 static 即为外部静态变量。外部静态变量只在定义它的源文件中可见，在其他源文件中不可见。它与全局变量的区别是全局变量可以再声明为外部变量（extern），被其他源文件使用，而外部静态变量却不能被其他文件中的函数直接访问，是定义它的文件的私有变量。所以静态变量属于静态存储方式，但是属于静态存储方式的量不一定是静态变量。例如，外部变量虽然属于静态存储方式，但不一定是静态变量，必须由 static 加以定义后才能成为外部静态变量。

4）register（寄存器）类型。C51 编译器在编译时，自动将使用最频繁的变量存储为 register 类型，用户无需声明。该类型的变量存放在 CPU 内的寄存器中，处理速度快，但数量有限。

（2）数据类型

在定义变量时，必须指定数据类型，以确定变量在存储器中占用的字节数。数据类型可以是前述的基本型，也可以是复合型。

在编写程序时，为了方便书写和阅读，经常使用简化的缩写形式或别名来定义变量的数据类型。其方法是在源程序开头使用#define 语句或 typedef 语句，格式如下。

```
#define  别名  C51 固有名
typedef  C51 固有名  别名;
```

例如：

```
#define uchar unsigned char
#define uint unsigned int
typedef unsigned char WORD;
```

（3）存储器类型

存储器类型指明变量在单片机硬件系统中所使用的存储区域。MCS-51 系列单片机在物理上有 4 个存储空间：片内 ROM、片外 ROM、片内 RAM 和片外 RAM。C51 编译器所能识别的存储器种类如表 4.3 所示。

表 4.3　C51 编译器所能识别的存储器种类

存储器类型	说明
data	直接寻址的片内 RAM 低 128B，访问速度最快
bdata	片内 RAM 的可位寻址区（0x20～0x2F）（16B），允许位与字节混合访问
idata	间接访问片内 RAM，允许访问全部 256B
pdata	分页访问片外 RAM 的低 256B
xdata	片外 RAM 全部 64KB 空间
code	ROM 64KB 空间

（4）变量名

C51 语言中的变量名可以由字母、数字和下划线 3 种字符组成，且第一个字符必须为字母或下划线。

3. 存储模式

存储模式指 Keil C51 编译环境中默认的变量的存储器类型，不同的存储模式对变量默认的存储器类型不同，C51 语言支持的存储器模式如表 4.4 所示。

表 4.4　C51 语言支持的存储器模式

存储模式	说明
Small	函数参数及局部变量优先放在片内 RAM（默认变量类型为 data，最大 128B），当片内 RAM 无存储空间，再向片外 RAM 放置
Compact	参数及局部变量存储于片外 RAM（默认的存储类型是 pdata，最大 256B），通过 R0、R1 间接寻址
Large	参数及局部变量直接存储于片外 RAM（默认的存储类型是 xdata，最大 64KB），使用数据指针 DPTR 间接寻址

一般在 C51 编译器选项中选择存储模式，也可以在程序中指定。在 Keil μVision4 编译系统中选择编译模式，如图 4.2 所示。在“Memory Model”下拉列表中选择存储模式，Keil μVision4 软件默认的存储模式为 Small：variables in DATA（简称 Small）。

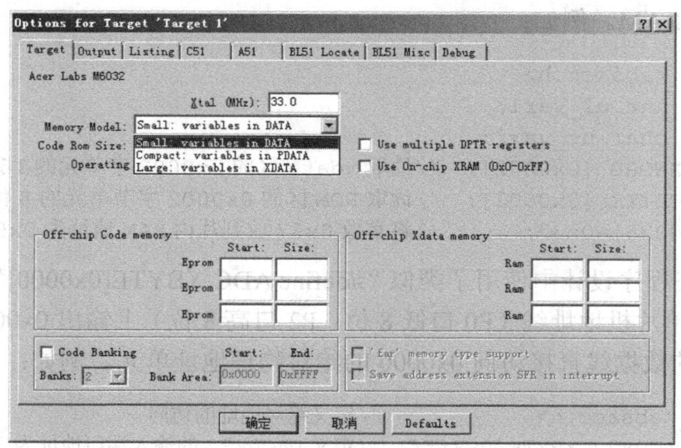

图 4.2　Keil μVision4 编译系统中编译模式的选择

在程序中，存储模式的指定通过#pragma来完成。若未指定，则默认为Small模式。例如：

```
#pragma Small
char x1;
#pragma Compact
char x2;
int func1(int y1,int y2) Large
{…}
```

4. 绝对地址的访问

在进行MCS-51单片机应用系统程序设计时，常常需要对绝对地址（确定地址）进行访问，特别是对硬件进行操作时，如对DA 、AD 、LCD液晶等进行操作时。C51语言提供了3种访问绝对地址的方法。

（1）绝对宏

C51语言在“absacc.h”头文件中定义了CBYTE、DBYTE、PWORD、XBYTE、CWORD、DWORD、PBYTE、XWORD共8个宏，其函数原型如下。

```
#define CBYTE ((unsigned char volatile code *)0)    //以字节形式对code区寻址
#define DBYTE ((unsigned char volatile data *)0)    //以字节形式对data区寻址
#define PBYTE ((unsigned char volatile pdata *)0)   //以字节形式对pdata区寻址
#define XBYTE ((unsigned char volatile xdata *)0)   //以字节形式对xdata区寻址
#define CWORD ((unsigned int volatile code *)0)     //以字形式对code区寻址
#define DWORD ((unsigned int volatile data *)0)     //以字形式对data区寻址
#define PWORD ((unsigned int volatile pdata *)0)    //以字形式对pdata区寻址
#define XWORD ((unsigned int volatile xdata *)0)    //以字形式对xdata区寻址
```

语句“#define XBYTE ((unsigned char volatile xdata *) 0)”定义了XBYTE为指向xdata地址空间unsigned char数据类型的指针，指针的初始值为0。关键字volatile（易失的，易改变的）通知编译器不能对访问该变量的代码进行优化，从而保证对特殊地址的稳定访问。其余语句的功能与此类似，在此不再赘述。

在程序设计中，用预处理命令“#include <absacc.h>”将“absacc.h”头包含在文件中，即可使用“absacc.h”定义的宏来访问绝对地址，也可以直接用XBYTE[0xnnnn]或*(XBYTE+0xnnnn)访问外部RAM。例如：

```
#include <absacc.h>
unsigned int ui_var1;
unsigned char uc_var2;
ui_var1=XWORD [0x0002];  //读取xdata区的0x0002字单元的16位数据
uc_var2=CBYTE [0x0002];  //读取ROM区的0x0002字节单元的8位数据
DBYTE[0x0025]=0x37;      //将常数0x37放到片内RAM地址为0x0025的字节单元中
```

另外，如果在程序设计中使用了类似“#define ADC XBYTE[0x0000]”语句，若后面再出现ADC，则在单片机地址线（P0口低8位，P2口高8位）上输出0x0000的绝对物理地址，通过单片机的数据线直接访问0x0000的绝对物理地址单元。例如：

```
#include <absacc.h>              //定义绝对地址的访问
#define DAC0832 XBYTE[0x7fff]    //定义DAC0832的输入端口地址为xdata区的0x7fff
DAC0832=0xff;                    //向DAC0832的输入端口发送0xff
```

（2）_at_关键字

使用_at_对绝对地址访问的格式为

```
[存储器类型] 数据类型 变量名 _at_ 地址常数;
```

其中，存储器类型为 data、idata、xdata、pdata 等 C51 语言能识别的存储器类型，若省略该选项，则按存储模式 Small、Compact 或 Large 规定的默认存储器类型确定变量的存储器空间。数据类型为 C51 语言能识别的数据类型。地址常数用于指定变量的绝对地址，必须位于有效的存储器空间内；使用_at_定义的变量只能为全局变量。例如：

```
#define uchar unsigned char
#define uint unsigned int
xdata uchar var _at_0x0100        //指定变量var的字节地址为xdata区的0x0100
bdata uint list _at_0x23          //指定变量list的字地址为bdata区的0x23
xdata uchar text[25] _at_0xE000   //数组 text 的字节地址为 xdata 区的 0xE000～
                                    0xE018
```

在使用_at_时要注意：变量不能被初始化，bit 型函数及变量不能用_at_指定，月_at_定义的变量必须为全局变量。

（3）通过指针访问

在 C51 语言程序设计中，采用指针可以对任意指定的存储器地址进行操作。例如：

```
#define uchar unsigned char
#define uint unsigned int
uchar xdata *dp1;                 //定义一个指向xdata区的指针dp1
uint pdata *dp2;                  //定义一个指向pdata区的指针dp2
dp1=0x30;                         //dp1赋初值，指向pdata区的30H
dp2=0x1000;                       //dp2赋初值，指向xdata区的1000H
```

4.2.3　运算符与表达式

1. 赋值运算符 =

利用赋值运算符将一个变量与一个表达式连接起来的式子称为赋值表达式，在赋值表达式后面加“;”便构成了赋值语句。赋值语句的格式如下。

```
变量=表达式;
```

例如：

```
a=0x10;          //将常数十六进制数10赋予变量a
b=c=2;           //将2同时赋值给变量b,c
d=e;             //将变量e的值赋予变量d
f=d-e;           //将变量d-e的值赋予变量f
```

2. 算术运算符及算术表达式

C51 语言中的算术运算符包括如下几个，其中，取正值和取负值运算符是单目运算符，其他是双目运算符。

1）+：加法运算符，或取正值运算符。

2）-：减法运算符，或取负值运算符。

3）*：乘法运算符。

4）/：除法运算符。

5）%：模运算符，又称取余运算符。模运算规定，运算结果的符号与被除数一致，例如，5%3=2，-5%3=-2，5%-3=2。

算术运算符的优先级规定为先括号，后乘除模，再加减。算术运算的结合性方向规定为自左至右。运算符两侧的数据类型不同时，必须通过数据类型转换将数据转换成同种类型。转换的方式有两种：自动类型转换和强制类型转换。自动数据类型转换规则在 4.2.1 节中已介绍，此处不再赘述。使用强制类型转换运算符的格式如下。

```
(类型名) (表达式);
```

例如：

```
(float)xx;              //将xx强制转换成float类型
(unsigned int)(a+b);    //将a+b的值强制转换成unsigned int类型
```

3. 关系运算符

C51 语言中的关系运算符包括以下 6 个。

1）<：小于。

2）>：大于。

3）<=：小于或等于。

4）>=：大于或等于。

5）==：等于。

6）!=：不等于。

其中，前 4 个具有相同的优先级，后两个具有相同的优先级，且前 4 个的优先级高于后两个的优先级。关系运算符的结合性为左结合。关系表达式通常用来判别某个条件是否满足。关系表达式的结构如下。

```
表达式1  关系运算符  表达式2;
```

需要注意的是，关系运算符的运算结果只有 0 和 1 两种，即逻辑的真与假，当满足指定的条件时结果为 1，不满足时结果为 0。

例如：

```
(a>b)==c;        //若a=3,b=2,c=1，则表达式值为1（真），因为a>b值为1
c==5>a>b;        //若a=3,b=2,c=1，则表达式值为0（假）
```

4. 逻辑运算符

逻辑运算是指逻辑值参与的运算，运算的结果仍为逻辑值。C51 语言提供 3 种逻辑运算：逻辑与（&&）、逻辑或（||）、逻辑非（!）。使用逻辑运算符将表达式或变量连接起来的表达式称为逻辑表达式，逻辑表达式的一般形式如下。

```
条件式1 &&条件式2
条件式1 ||条件式2
! 条件式
```

逻辑非的优先级高于逻辑与和逻辑或，逻辑运算符的结合性为左结合。C51 语言规定，非“0”数值的逻辑值为 1，逻辑表达式的运算结果为 0 或 1，不可能是其他值，如 8&&4=1。

5. 位运算符

位运算是指按二进制进行的运算。C51 语言对于 MCS-51 单片机有强大、灵活的位处理能力，也提供了相应的位操作指令。C51 语言中共包括 6 种位运算符。

1）&：按位与。

2）| ：按位或。

3）^ ：按位异或。

4）～：按位取反。

5）<<：位左移。

6）>>：位右移。

C51 语言中的位运算符只能对整型数据进行操作，不能对浮点型数据进行操作。位运算符的作用是按位对变量进行运算，但是并不改变参与运算的变量的值。如果要求按位改变变量的值，则要利用相应的赋值运算。位运算符也有优先级，从高到低依次是 | → ^ → & → >> → << → ～。

位左移运算符<<和位右移运算符>>用来将一个数的各二进制位全部左移或右移若干位，移位后，空白位补 0，而溢出的位舍弃。

【例 4.2】　已知 a=0x57=0101 0111B，b=0x35=0011 0101B，求 a&b、a|b、a^b、～a、a<<3、b>>2 的结果。

计算过程如下。

a&b=0001 0101B=0x15。

a|b=0111 0111B=0x77。

a^b=0110 0010B=0x62。

～a=1010 1000B=0xA8。

a<<3=1011 1000B=0xB8。

b>>2=0000 1101B=0x0D。

6. 自增和自减运算符

C51 语言提供了 4 种自增和自减运算符，其格式如下。

```
++i;    //在使用 i 之前，先使 i 值加 1
--i;    //在使用 i 之前，先使 i 值减 1
i++;    //在使用 i 之后，再使 i 值加 1
i--;    //在使用 i 之后，再使 i 值减 1
```

自增运算和自减运算只能用于变量，而不能用于常量表达式。

7. 复合赋值运算符

复合赋值运算符是指在赋值运算符的前面加上其他运算符而构成的运算符。C51 语言支持的复合运算符如下。

1）+=：加法赋值。

2）−=：减法赋值。

3）*=：乘法赋值。

4）/=：除法赋值。

5）&=：逻辑与赋值。

6）|=：逻辑或赋值。

7）^=：逻辑异或赋值。

8）～=：逻辑非赋值。

9）<<=：左移位赋值。

10）>>=：右移位赋值。

11）%=：取模赋值。

复合运算的处理过程是先将变量与后面的表达式进行前面运算符的运算，然后将运算结果赋予前面的变量。例如，a+=3 等价于 a=a+3，b/=a+5 等价于 b=b/(a+5)。

8. 逗号运算符

逗号运算符“,”将两个或多个表达式连接起来形成逗号表达式。逗号表达式的一般形式如下。

```
表达式 1,表达式 2,表达式 3,…,表达式 n
```

逗号表达式在程序运行时从左到右依次计算出其中各个表达式的值，而逗号表达式的值等于最右边表达式的值。例如，x=(a=3,6*3)，则表达式结果为 x=18。

在实际应用中，使用逗号表达式的目的是分别得到各个表达式的值，而并不一定要得到和使用整个逗号表达式的值。需要注意的是，并不是在程序的任何位置出现的逗号，都可以认为是逗号运算符，如函数中参数和参数之间的逗号只是用于间隔参数，而不是逗号运算符。

9. 条件运算符

C51 语言支持一个三目运算符，即条件运算符“? :”，它可以把 3 个表达式连接构成一个条件表达式。条件表达式的一般形式如下。

```
逻辑表达式? 表达式 1:表达式 2
```

条件运算符的作用是根据逻辑表达式的值来选择使用表达式的值。当逻辑表达式的值为真（非 0 值）时，整个表达式的值为表达式 1 的值；当逻辑表达式的值为假（值为 0）时，整个表达式的值为表达式 2 的值。例如，要取 a、b 两数中较大的值放入变量 c 中，用条件运算符构成条件表达式只需要一条语句，即“c = (a>b)?a : b”即可实现。

10. 指针运算符与取地址运算符

C51 语言中提供了专门的指针运算符与取地址运算符。

1）*：指针运算符。

2）&：取地址运算符。

例如：

```
int i,j,*p1,*p2;         //定义普通变量 i、j 和指针变量 p1、p2
i=*p1;                   //将指针变量 p1 指向的空间的内容赋给 i
```

```
p2=&j;                    //将变量 j 的地址赋予指针变量 p2
```

在指针与地址运算中，=两边的数据的数据类型要一致，即两边均为数据或均为地址，不能一边是数据，一边是地址。例如，上面的赋值语句若写成 p2=j，i=p1，则表达式错误。

C51 语言支持的运算符的优先级和结合方向如表 4.5 所示。

表 4.5 C51 语言支持的运算符

<table>
<tr><th>优先级</th><th>运算符</th><th>名称或含义</th><th>结合方向</th></tr>
<tr><td>1</td><td>()</td><td>圆括号</td><td>从左到右</td></tr>
<tr><td rowspan="9">2</td><td>−</td><td>负号运算符</td><td rowspan="9">从右到左</td></tr>
<tr><td>(类型)</td><td>强制类型转换</td></tr>
<tr><td>++</td><td>自增运算符</td></tr>
<tr><td>−−</td><td>自减运算符</td></tr>
<tr><td>*</td><td>指针运算符</td></tr>
<tr><td>&</td><td>取地址运算符</td></tr>
<tr><td>!</td><td>逻辑非运算符</td></tr>
<tr><td>~</td><td>按位取反运算符</td></tr>
<tr><td rowspan="3">3</td><td>/</td><td>除法运算符</td><td rowspan="3">从左到右</td></tr>
<tr><td>*</td><td>乘法运算符</td></tr>
<tr><td>%</td><td>取余运算符</td></tr>
<tr><td rowspan="2">4</td><td>+</td><td>加运算符</td><td rowspan="2">从左到右</td></tr>
<tr><td>−</td><td>减运算符</td></tr>
<tr><td rowspan="2">5</td><td><<</td><td>左移运算符</td><td rowspan="2">从左到右</td></tr>
<tr><td>>></td><td>右移运算符</td></tr>
<tr><td rowspan="4">6</td><td>></td><td>大于运算符</td><td rowspan="4">从左到右</td></tr>
<tr><td>>=</td><td>大于等于运算符</td></tr>
<tr><td><</td><td>小于运算符</td></tr>
<tr><td><=</td><td>小于等于运算符</td></tr>
<tr><td rowspan="2">7</td><td>==</td><td>等于运算符</td><td rowspan="2">从左到右</td></tr>
<tr><td>!=</td><td>不等于运算符</td></tr>
<tr><td>8</td><td>&</td><td>按位与运算符</td><td>从左到右</td></tr>
<tr><td>9</td><td>^</td><td>按位异或运算符</td><td>从左到右</td></tr>
<tr><td>10</td><td>|</td><td>按位或运算符</td><td>从左到右</td></tr>
<tr><td>11</td><td>&&</td><td>逻辑与运算符</td><td>从左到右</td></tr>
<tr><td>12</td><td>||</td><td>逻辑或运算符</td><td>从左到右</td></tr>
<tr><td>13</td><td>?:</td><td>条件运算符</td><td>从右到左</td></tr>
<tr><td>14</td><td>=、+=、−=、*=、/=、&=、|=、^=、~=、<<=、>>=、%=</td><td>赋值运算符</td><td>从右到左</td></tr>
<tr><td>15</td><td>,</td><td>逗号运算符</td><td>从左到右</td></tr>
</table>

4.2.4 C51 语言程序的基本结构

C51 语言是结构化编程语言，其基本元素是模块，它是程序的一部分。模块只有一个出口和一个入口，不允许有偶然的中途插入或以模块的其他路径退出。

结构化编程语言在没有妥善保护或恢复堆栈和其他相关的寄存器之前，不应随便跳入或跳出一个模块。因此使用这种结构化编程语言进行编程时如果要退出中断，堆栈不会因为程序使用了任何可以接收的命令而崩溃。结构化程序由若干模块组成，每个模块中包含若干基本结构，而每个基本结构中可以有若干语句。C51 语言中的程序有顺序结构、选择结构和循环结构 3 种结构。

1. 顺序结构

顺序结构是指程序由低地址向高地址顺序执行指令代码，只要按照解决问题的顺序写出相应的语句，程序即从前往后依次执行。这是一种最基本、最简单的程序结构，也是较常用的程序结构。

2. 选择结构

在选择结构中，程序首先对条件语句进行测试，当条件为“真”（True）时，执行一个方向上的程序流程；当条件为“假”（False）时，执行另一个方向上的程序流程。选择结构包括两种语句。

（1）if 语句。

if 语句是一种最基本的条件选择语句，包括以下 3 种形式。

1）
```
if(表达式)
    {语句组;}
```
其语义是如果表达式的值为真，则执行其后的语句，否则不执行该语句。该语句的执行过程如图 4.3（a）所示。

2）
```
if(表达式) {语句组 1;}
 else {语句组 2;}
```
其语义是如果表达式的值为真，则执行语句组 1，否则执行语句组 2。该语句的执行过程如图 4.3（b）所示。

3）
```
if(表达式 1) {语句组 1;}
else if(表达式 2) {语句组 2;}
else if(表达式 3) {语句组 3;}
          …
else if(表达式 m) {语句组 m;}
else  {语句组 n;}
```
其语义是依次判断表达式的值，当出现某个值为真时，则执行其对应的语句，然后跳到整个 if 语句外继续执行程序。如果所有的表达式均为假，则执行语句 n，然后继续执行后续程序。if-else if 执行过程如图 4.3（c）所示。

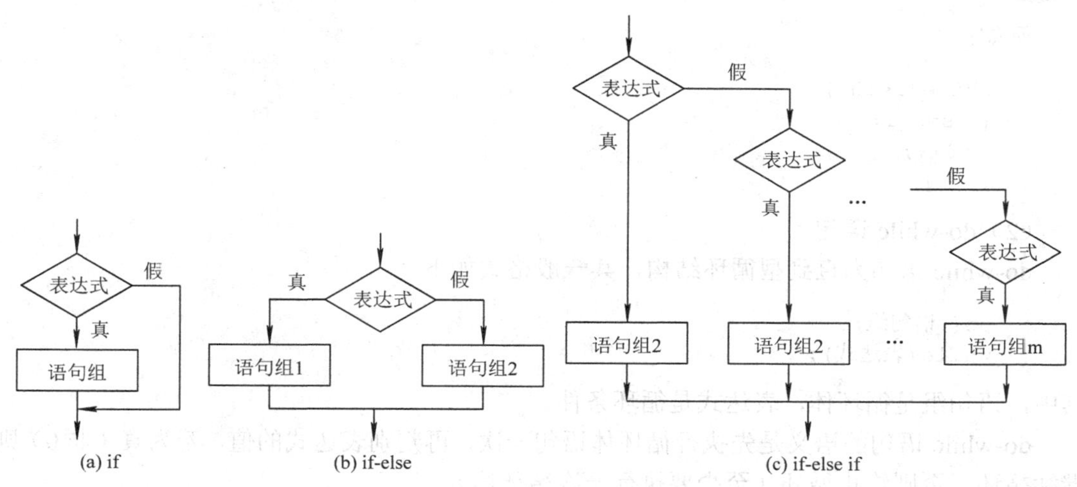

图 4.3　if 语句执行过程

（2）switch-case 语句

条件语句 if-else if 的形式可以从多个选项中确定一个结果，但如果选项的数目很多，不宜使用这种形式，这种情况下使用 switch-case 语句来描述则非常简便。switch-case 语句的一般格式如下。

```
switch(表达式)
{  case 常量表达式 1: {语句 1;} break;
   case 常量表达式 2: {语句 2;} break;
                    …
   case 常量表达式 n: {语句 n;} break;
   default: {语句 n+1;}
}
```

其语义是计算表达式的值，并将结果逐个与 case 后的常量表达式的值进行比较，当表达式的值与某个常量表达式的值相等时，执行其后的语句，执行结束后直接跳出 switch-case 语句，不再与其他常量表达式的值进行比较，继续执行 case 语句后面的语句。如果表达式的值与所有 case 后的常量表达式的值均不相同，则执行 default 后的语句。case 语句中也可以不带 break 语句，若不带，则继续执行后面的 case，直到出现 break 或“}”才结束。各 case 和 default 子句的先后顺序可以变动，而不会影响程序执行结果。default 子句可以省略。

3. 循环结构

某一段程序需要重复执行多次时可采用循环结构，C51 语言中包括 while 语句、do-while 语句和 for 语句 3 种循环语句。

（1）while 语句

while 语句为当型循环结构，先判断条件是否成立，若条件成立则执行循环体，其一般格式如下。

```
while(表达式) { 语句组;}
```

其中，表达式是循环条件，语句组为循环体。

while 语句的语义是先计算表达式的值，当值为真（非 0）时，执行循环体语句。

例如：

```
while(i<100)
{  s=s+i;
   i++;
}
```

（2）do-while 语句

do-while 语句为直到型循环结构，其一般格式如下。

```
do{ 语句组;}
while(表达式);
```

其中，语句组是循环体，表达式是循环条件。

do-while 语句的语义是先执行循环体语句一次，再判别表达式的值，若为真（非 0）则继续循环，否则终止循环（至少要执行一次循环体）。

（3）for 语句

在 C51 语言中，for 语句是使用最灵活的循环语句，其一般格式如下。

```
for(变量赋初值;循环继续条件;循环变量增值)
{ 循环体语句组;}
```

例如：

```
int i;
for(i=0;i<3;i++)
{  printf("HelloWorld");
}
```

其中，变量 i 初始值为 0，i<3 是循环条件，变量 i 增加的步长是 1。上面的 for 语句即控制输出 3 次“HelloWorld”。

4.2.5 C51 语言程序的转移语句

C51 语言提供了 4 种转移语句：goto、break、continue 和 return。

（1）goto 语句

goto 语句为无条件转移语句，其一般格式如下。

```
goto 语句标号;
```

在结构化程序设计中一般不主张使用 goto 语句，以免造成程序流程的混乱。

例如：

```
loop:if(getchar()!='\n')
  { n++;
    goto loop;
  }
```

（2）break 语句

break 语句只能用于 switch 语句或循环语句中，其作用是跳出 switch 语句或跳出本层循环，转去执行后面的程序。

（3）continue 语句

continue 语句只能用于循环体中，其语义是结束本次循环，即不再执行循环体中 continue

语句之后的语句，转入下一次循环条件的判断与执行。应注意的是，continue 语句只结束本层本次的循环，并不跳出循环。

例如：

```
for(n=7;n<=100;n++)
{
    if(n%7!=0) continue;
    printf("%d",n);
}
```

（4）return 语句

return 语句包括如下两种形式。

```
return;
  //执行完函数后返回一个不确定值。用途是立即从所在的函数中退出,返回调用它的程序中去
return(表达式);
                    //执行到语句 return 时返回表达式的值。用途是返回一个值给调用它的函数
```

常见的 return 语句还有以下 4 种。

```
return();           //返回随机数
return(p);          //返回变量 p 的值
return(0);          //返回 0
return(1);          //返回 1
```

4.3　函　数

函数是 C51 语言程序的基本组成部分，C51 语言程序的工作是由各式各样的函数来完成的。C51 语言中所有函数与变量一样，在使用之前必须先声明（定义或头文件），即说明函数的类型。C51 语言的函数分为主函数和普通函数，普通函数分为标准库函数和用户自定义函数。C51 语言提供了极为丰富的库函数，在使用库函数时必须先确定包含该函数的头文件，只有在程序的开始位置用预处理命令#include <*.h>或#include "*.h"声明了的库函数，才能被编译器识别。同时用户也可以根据需要将自己定义的算法定义为函数。

4.3.1　函数的定义

C51 语言中函数的定义格式如下。

```
函数类型   函数名(形参表)  [reentrant][interrupt m][using n]
{   函数体;  }
```

C51 函数的定义

1. 函数类型

函数类型是指该函数返回值的数据类型，可以是 int 类型、long 类型、char 类型、float 类型及无值型（void），也可以是指针类型，包括结构指针。void 表示函数没有返回值，在程序中可以省略不写。

2. 形参表

形参表是主函数与被调用函数之间进行数据传输的参数。对形参的说明可以在函数名后，也可以在函数体前。若没有数据传输，可以没有形参。

3. reentrant 修饰符

reentrant 修饰符用于将函数定义为可重入函数。可重入函数是指允许被递归调用的函数。函数的递归调用是指是函数调用自己，或者是调用其他函数后再次调用自己的调用方式。reentrant 修饰的可重入函数被调用时，实参表内不允许有 bit 类型的参数，函数体内不允许存在任何关于位变量的操作，更不能返回 bit 类型的值。

【例 4.3】 写出求 n!的实例程序。

```
#include <stdio.h>
unsigned long mul(int n);
int main()
{
   int m;
   puts("Calculate n! n=?\n");
   scanf("%d",&m);                          //键盘输入数据
   printf("%d!=%ld\n",m,mul(m));            //调用子程序计算并输出
   getchar();
   return 0;
}
unsigned long mul(int n) reentrant
{
   unsigned long p;
   if(n>1)
      p=n*mul(n-1);                         //递归调用计算 n!
   else p=1L;
   return(p);                               //返回结果
}
```

4. interrupt m 修饰符

interrupt m 修饰符用于将函数定义为中断服务函数。中断向量号 m 与相应的中断源一一对应，其取值为 0～31，含义如下（其他位保留）：0 表示外部中断 0，1 表示定时器/计数器 T0，2 表示外部中断 1，3 表示定时器/计数器 T1，4 表示串行口中断，5 表示定时器/计数器 T2。

在编写中断服务函数时需要注意下列几点。

1）中断服务函数不能进行参数传递。

2）中断服务函数无返回值，一般定义为 void 型。

3）任何情况下不能直接调用中断服务函数，因为中断服务函数的返回由 RETI 完成，且 RETI 影响单片机的硬件。

4）若中断服务函数中调用了其他函数，则被调用的函数使用的寄存器与中断服务函数使用的寄存器相同。

5）C51 语言在编译时会自动对中断服务函数进行入栈、出栈处理，用户不必操作。

6）中断服务函数最好写在文件的尾部，并禁止使用 extern 存储类型，防止其他程序调用。

5. using n 修饰符

using n 修饰符用于指定在本函数内部所使用的工作寄存器组，其中 n 的取值为 0～3，表示工作寄存器组号。using n 不能用于有返回值的函数，因为 C51 的返回值是放在寄存器中的。如果寄存器组改变了，返回值就会出错。

4.3.2　函数的声明

C51 语言中使用的函数必须是已经存在的，可以是库函数，也可以是自定义函数。使用库函数时用“#include <*.h >”或“#include "*.h"”预处理命令即可，而使用自定义函数时要进行适当处理。

在 C51 语言程序中，若函数的调用在定义之后，则函数在调用之前，可以不声明（一般还是要声明），若函数的调用在定义之前，或者被调用的函数不在本文件内部，而是在另一个文件中，则函数在调用之前，必须声明，以便系统在编译时分配合适的存储空间。

函数声明的格式如下。

```
[extern] 函数类型　函数名(形参表);
```

若省略 extern，则说明被声明的函数在本文件中，否则不能省略 extern，以说明声明的函数不在本文件中。函数的声明与函数的定义的区别是函数声明结尾带“;”。

4.3.3　函数的调用

在 C51 语言中直接使用函数名和实参来调用函数，即将要赋给被调用函数的实参按该函数形参的声明形式传递过去，然后进入子函数运行，运行结束后再按子函数规定的数据类型返回一个值给调用函数。函数调用的格式如下。

```
函数名(实参表);
```

对于没有形参的函数，调用时没有实参表，当有多个实参时，各实参之间用“,”隔开。

4.4　C51 语言的组合数据类型

前面介绍了 C51 语言的基本数据类型，另外 C51 语言还提供了指针、结构体、联合体、枚举等组合数据类型。

4.4.1　指针

1. 指针变量的定义

变量的指针是指变量的地址。指针虽然在形式上类似于整型数，但在概念上不同于整型数，它属于一种新的数据类型，即指针类型。

在 C51 语言中，用于存放指针（地址）的变量称为指针变量。严格地讲，一个指针表示一个地址，是一个常量，而一个指针变量可以被赋予不同的指针值，是变量。所以指针即地址，变量的指针即变量的地址，而指针变量是指该变量中存放的指针值是可变的。指针变量的定义格式如下。

```
类型标识符   *标识符;
```

其中，类型标识符表示该指针变量所指向的变量的数据类型；标识符是指针变量的名称，标识符前加“*”号表示该变量不是普通变量，而是指针变量；一个指针变量只能指向同一种类型的变量。

2. 指针变量的引用

指针变量是存放另一个变量地址的特殊变量。指针变量使用时使用两种运算符“&”和“*”，其作用如下。

1）“&”：取地址运算符，通过“&”可以取出普通变量的地址。

2）“*”：指针运算符，通过“*”可以访问指针变量指向的地址空间的数值。

例如：

```
int i,j,k,*p1,*p2;          //定义普通变量 i、j、k 和指针变量 p1、p2
p1=&i;                      //将 i 的地址赋给 p1
p2=&j;                      //将 j 的地址赋给 p2
p1=p2;                      //将指针变量 p2 的地址值赋给指针变量 p1
k=*p2;                      //将指针变量 p2 所指向的地址空间的值赋给普通变量
```

在指针与地址运算中，“=”两边的数据的数据类型要一致，即两边均为数据或均为地址，不能一边是数据，一边是地址。在使用中不要将一个整数赋给一个指针变量。例如，以下的赋值都是不合法的。

```
int i,j,*p1,*p2;
p1=i;
p2=100;
k=p2;
```

4.4.2 结构体

结构体是由基本数据类型构成的用一个标识符来命名的各种变量的组合。结构体中可以使用不同的数据类型。

1. 结构体类型的定义

在 C51 语言中，结构体也是一种数据类型。定义一个结构体类型数据的一般格式如下。

```
struct 结构名
{
    成员表列;
};
```

例如：

```
struct stu
{
   int num;
   char name[20];
   char sex;
   float score;
};
```

2. 结构体变量的定义

在 C51 语言中可以使用结构体变量，和其他类型的变量一样，在使用结构体变量时要先对其进行定义。确定结构体数据类型即可定义一个结构体变量，定义结构体变量的一般格式如下。

```
struct 结构体名　　结构体变量列表;
```

也可以在定义结构体数据类型的同时定义结构体变量，同时还可以赋初值，其格式如下。

```
struct 结构体名
  {
     类型　变量名;
     类型　变量名;
     …
  } 结构体变量表;
```

例如：

```
struct stu
 {
    int num;
    char name[20];
    char sex;
    float score;
 }Tianyr,wang;
```

3. 结构体变量的引用

结构体是一种新的数据类型，因此结构体变量和其他类型的变量一样可以进行赋值和运算，不同的是结构体变量以成员为基本变量。结构体一般引用的是结构体变量的成员，其引用方式如下。

```
结构体变量名.成员名
```

或

```
结构体变量->成员名
```

4.4.3 联合体

C51 语言还提供了另外一种组合数据类型——联合体，它也能将不同的数据类型组合在一起，但它与结构体不同，结构体成员在内存中占用不同的内存单元，而联合体定义的各个变量在内存中从同一个地址开始存放。

1. 联合体类型及联合体变量的定义

与结构体变量的定义一样，可以先定义联合体类型，再定义联合体变量。

```
union 联合体名{
                数据类型 成员名;
                数据类型 成员名;
```

```
            …
        };
union 联合体名 联合体变量名;
```

可以在定义联合体类型的同时定义联合变量。

```
union 联合体名{ 数据类型 成员名;
               数据类型 成员名;
               …
        }联合体变量名;
```

2. 联合体类型及联合体变量的引用

联合体一般引用的是联合体变量的成员，其引用方式如下。

```
联合体变量名.成员名
```

或

```
联合体变量->成员名
```

结构体和联合体的区别如下。

1）结构体和联合体都是由多个不同的数据类型成员组成的，但在任何同一时刻，联合体中只存放一个被选中的成员，而结构体的所有成员都存在，即联合体的存储空间为联合体成员中长度最大的，而结构体的存储空间为各成员长度的和。

2）对联合体的不同成员赋值，将会对其他成员重写，原来成员的值被覆盖，而对结构体的不同成员的赋值是互不影响的，即联合体表示几个变量共用一个内存位置，在不同的时间保存不同的数据类型和不同长度的变量。联合体既可以出现在结构体内，它的成员也可以是结构体。

例如：

```
struct{
       int age;
       char *addr;
       union{   int i;
            char *ch;
          }x;
       } y[10];
```

若要访问结构体变量 y[1]中联合体 x 的成员 i，可以写成“y[1].x.i;”。

若要访问结构体变量 y[2]中联合体 x 的字符串，则指针 ch 的第一个字符可写成“*y[2].x.ch;”，写成“y[2].x.*ch;”是错误的。

4.4.4 枚举

枚举的说明与结构体和联合体相似，可以先定义枚举类型，再定义枚举变量，也可以同时定义，其一般格式如下。

```
enum 枚举名{
           标识符[=整型常数],
           标识符[=整型常数],
           …
           标识符[=整型常数],
```

```
}枚举变量;
```

当枚举没有初始化，即省略“=整型常数”时，则从第一个标识符开始，顺序给标识符赋值为 0, 1, 2, …。但当枚举中的某个成员赋值后，其后的成员按依次加 1 的规则确定其值。

例如，进行下列枚举说明后，x1, x2, x3, x4 的值分别为 0, 1, 2, 3。

```
enum string{x1,x2,x3,x4}x;
```

若定义为

```
enum string
{   x1,
    x2=0,
    x3=50,
    x4,
}x;
```

则 x1=0, x2=0, x3=50, x4=51。

在枚举中每个成员（标识符）的结束符是“,”，而不是“;”，最后一个成员可省略“,”。初始化时可以给标识符赋负数，后面的标识符仍依次加 1。枚举变量只能取枚举说明结构中的某个标识符常量。

例如：

```
enum string
{
   x1=5,x2,x3,x4,
};
enum string x=x3;
```

此时，枚举变量 x 为 7。

习　题

一、填空题

1. 在 C 语言的逻辑运算中，以________代表逻辑值“假”。

2. 当 a=8，b=4，c=2 时，表达式 y=a>b>c 的值为________。

3. 在 C51 语言程序设计中，包含寄存器 P1_2 定义的头文件是________，定义绝对宏的头文件是________，包含数学函数的头文件是________。

4. 在 C51 语言程序设计中，要将 8 位整型变量 a 循环左移 2 位，所使用的语句是________；要计算 8 位整型变量 val 的绝对值，所使用的语句是________；要实现数学表达式 $y=a^b$，所使用的语句是________。

5. 已知 a=3，b=2，c=1，则表达式(a>b)==c 运算的结果是________。

6. 变量 tmp=0x15，经运算 tmp>>=4 后的 tmp 值为________。

7. 若有“int i=10，j=0;”，则执行完语句“if(j=0) i--;else i++;”后 i 的值为________。

8. 设 a 和 b 均为 int 类型变量，且 a=1，b=2，则表达式 2.5+a/b 的值为________。

9. C 语言程序的 3 种基本结构是顺序结构、________、________。

10. Keil C51 变量中 signed char 的取值范围是________。

二、简答题

1. 与汇编语言相比，C 语言有哪些优缺点？

2. C51 语言支持哪几种数据类型？

3. C51 语言中的存储器种类有哪几种？它们分别表示的存储器区域是什么？

4. C51 语言定义变量的一般形式是什么？说明各部分的作用。

5. C51 语言程序设计中的 sfr、sfr16、sbit、bit 的功能分别是什么？说明它们的使用格式。

6. C51 语言定义函数的一般形式是什么？说明各部分的作用。

7. C51 语言中访问绝对地址空间的方法是什么？

8. C51 语言中的中断服务函数与一般函数有什么区别？在编写中断服务函数时应注意什么？

9. C51 语言中有哪几种程序结构？

第 5 章　MCS-51 单片机的中断系统

教学目的和要求

本章主要介绍中断的概念、MCS-51 单片机的中断系统、CPU 对中断的响应及中断扩展。要求了解中断的概念，掌握 MCS-51 单片机中断系统的结构及中断控制，理解 MCS-51 单片机的中断响应过程、中断触发的相应条件及中断的触发方式。重点掌握利用 C51 语言编写中断函数的方法和中断扩展的方法。

5.1 中断概述

1. 中断的概念

在日常生活中，中断的例子是非常普遍的。例如，当你正在上网时，电话铃响了，你会中断上网而去接电话，在通话期间，门铃又响了，你会告诉对方暂停一下，去开门，而后回去接电话，通话结束后，再继续上网。这个例子中不但有中断，而且有中断嵌套。

中断是指当 CPU 正在执行程序时，单片机内部或外部发生了某一事件，请求 CPU 迅速处理，CPU 暂时中断当前的工作，转到中断服务程序处理所发生的事件，处理完该突发事件后，再回到原来被中断的位置，继续处理原来的工作。中断过程如图 5.1 所示。

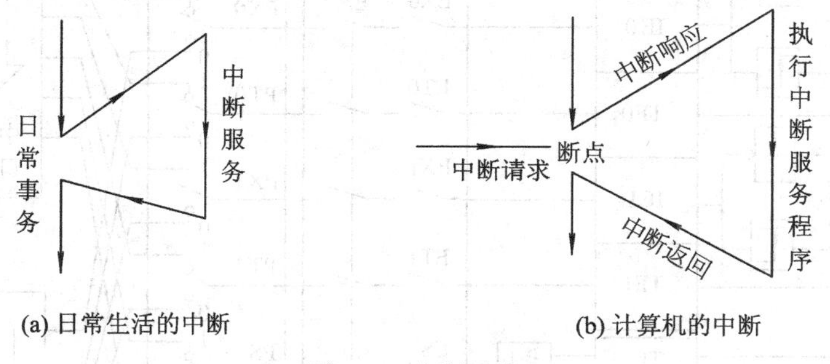

图 5.1　中断过程

产生中断请求的事件称为中断源，它可以分为硬件中断和软件中断。CPU 处理中断的过程称为中断响应。中断响应后 CPU 将执行相应的中断服务程序，中断源每发出一次中断请求，CPU 响应一次。中断服务程序执行结束后，CPU 返回主程序的过程称为中断返回。中断服务程序和子程序有本质上的区别，子程序是主程序的一部分，需要在主程序中主动调用才能执行；中断服务程序是相应的中断源调用的，不但与主程序无关，还要中断主程序的执行。

当系统中有多个中断源时，会出现几个中断源同时向 CPU 发出中断请求的情况，但任何一个时刻 CPU 只能对其中一个中断请求作出响应，这要靠中断的优先级来完成，即给每个中断源指定中断响应的优先级别，使 CPU 按中断源的优先级别高低顺序响应各个中断发出的中断请求。

2. 中断的功能

中断系统是单片机的重要组成部分，利用中断技术可以更好地发挥单片机系统的处理作用，及时响应突发事件，有效地解决 CPU 与外设之间的速度匹配问题，提高 CPU 的工作效率和实时处理能力，实现对多个外设的管理。在系统设计中中断的功能主要如下。

1）实现 CPU 与外设的速度匹配。CPU 速度非常快，而外设（如打印机）的速度一般不快，这样 CPU 可以分时为外设服务，若外设有请求，则服务外设；若外设无请求，则执行主程序。

2）实现实时控制。现场采集到的数据可以随时向 CPU 发出中断请求，当满足中断服务的条件时，CPU 立即转向中断服务程序，处理响应的数据，实现实时控制。

3）实现对故障的及时处理。在单片机运行过程中，往往会出现突发情况和故障（存储出错、运算溢出等），单片机可以利用中断及时自行处理这些故障。

4）可以通过外设（如键盘）来请求中断，实现人机联系。

5.2 中断系统

MCS-51 单片机的中断系统如图 5.2 所示。

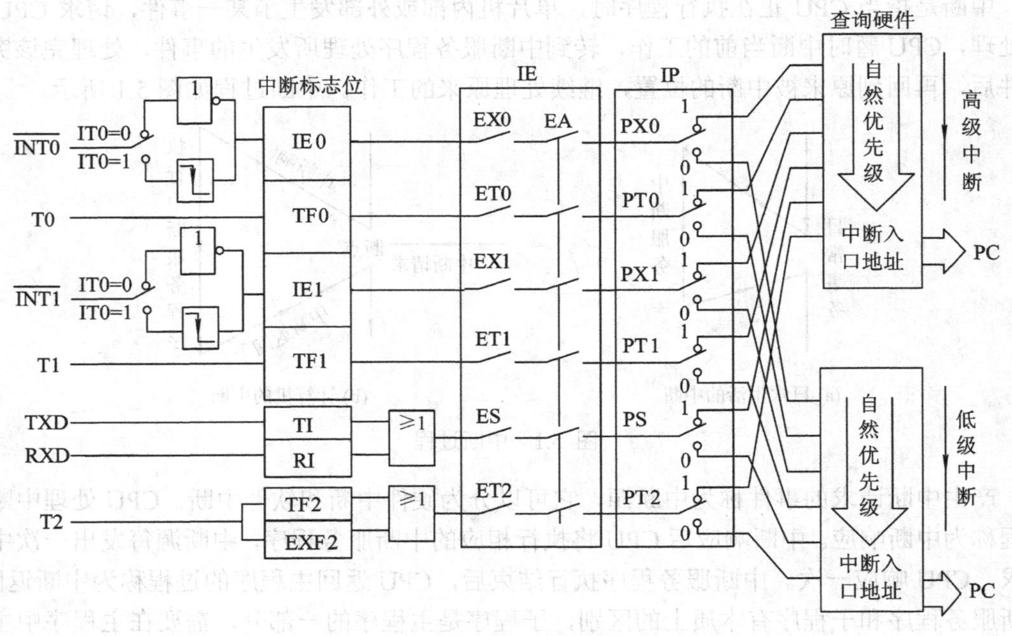

图 5.2 MCS-51 单片机的中断系统

从图 5.2 可以看出，MCS-51 单片机有 6 个中断源：2 个外部中断 $\overline{INT0}$ 和 $\overline{INT1}$，3 个定时器中断 T0、T1 和 T2（注：52 子系列才有 T2），1 个串行口中断。MCS-51 单片机

还包括 5 个用于中断控制的特殊功能寄存器 TCON、SCON、IE、IP 和 T2CON，它们用于控制中断的类型、中断的开/关和各中断源的优先级。6 个中断源有可编程的 2 级中断优先级，可实现 2 级中断嵌套。

5.2.1　中断源请求

MCS-51 单片机的两个外部中断源 $\overline{\text{INT0}}$ 和 $\overline{\text{INT1}}$ 由 P3.2 或 P3.3 引脚上的低电平或下降沿引起，两个定时器 T0 和 T1 中断由定时器/计数器 T0 和 T1 的计数溢出引起，定时器 T2 中断由定时器/计数器 T2 的计数溢出或 T2EX 引脚负跳变引起（注：只有 52 子系列才有定时器/计数器 T2 中断），串行口中断由串行口完成一帧字符的发送/接收后引起。这 6 个中断源的中断请求锁存在 TCON、SCON 和 T2CON 的相应位。

1. 定时器/计数器寄存器

定时器/计数器寄存器（timer control register，TCON）用于锁存定时器和外部中断的中断请求，其字节地址为 88H，该寄存器有位地址，可以进行位寻址。TCON 各位的定义如表 5.1 所示。

表 5.1　TCON 各位的定义

位地址	8FH	8EH	8DH	8CH	8BH	8AH	89H	88H
TCON	TF1	TR1	TF0	TR0	IE1	IT1	IE0	IT0

1）TF1：定时器/计数器 T1 溢出标志位。当 T1 计数溢出时，由硬件自动置 1，并向 CPU 发出中断请求；当 CPU 响应中断，执行中断服务程序后，由硬件自动清 0。

2）TR1：定时器/计数器 T1 运行控制位。该位由软件置位或清零。当 TR1=1 时，T1 计数；当 TR1=0 时，T1 停止工作。

3）TF0：定时器/计数器 T0 溢出标志位。其功能与 TF1 相似。当 T0 计数溢出时，由硬件自动置 1，并向 CPU 发出中断请求；当 CPU 响应中断后，由硬件自动清 0。

4）TR0：定时器/计数器 T0 运行控制位。其作用与 TR1 相似。当 TR1=1 时，T0 计数；当 TR1=0 时，T1 停止工作。

5）IE1：外部中断 $\overline{\text{INT1}}$ 中断请求标志位。当检测到外部中断引脚（P3.3 引脚）上有中断请求信号时，由硬件自动置 1；当 CPU 响应中断后，由硬件自动清 0。

6）IT1：外部中断 $\overline{\text{INT1}}$ 触发方式控制位。当 IT1=0 时，P3.3 引脚的低电平触发外部中断 $\overline{\text{INT1}}$；当 IT1=1 时，P3.3 引脚的下降沿触发外部中断 $\overline{\text{INT1}}$。

7）IE0：外部中断 $\overline{\text{INT0}}$ 中断请求标志位。当检测到外部中断引脚（P3.2 引脚）上有中断请求信号时，由硬件自动置 1；当 CPU 响应中断后，由硬件自动清 0。

8）IT0：外部中断 $\overline{\text{INT0}}$ 触发方式控制位。当 IT0=0 时，P3.2 引脚上的低电平触发外部中断 $\overline{\text{INT0}}$；当 IT0=1 时，P3.2 引脚上的下降沿信号触发外部中断 $\overline{\text{INT0}}$。

2. 串行口控制寄存器

串行口控制寄存器（serial control register，SCON）是用于串行口控制的特殊功能寄存器，字节地址为 98H，有位地址，可以进行位寻址。SCON 的低两位锁存串行口的接收中断和发送中断请求。SCON 各位的定义如表 5.2 所示。

表 5.2　SCON 各位的定义

位地址	9FH	9EH	9DH	9CH	9BH	9AH	99H	98H
SCON	SM0	SM1	SM2	REN	TB8	RB8	TI	RI

TI 和 RI：串行口发送和接收中断请求标志位。当串行口发送完一帧数据或接收到一帧数据后，硬件自动使 TI=1，产生中断请求标志。由于串行口的发送中断标志 TI 和接收中断标志 RI 逻辑或后作为一个内部中断源，CPU 响应串行口中断时，并不能识别是 TI 申请的中断还是 RI 申请的中断，所以 CPU 响应中断后硬件不使 TI 或 RI 清 0，TI 和 RI 的清 0 必须由用户在中断服务程序中完成。

其余各位的功能在 7.2.2 节中介绍。

3. 定时器 T2 控制寄存器

MCS-51 单片机的 52 子系列有 1 个 16 位定时器/计数器 T2，对其进行控制的寄存器为 Timer 2 Control Register（T2CON）。该寄存器的字节地址为 C8H，有位地址，能进行位寻址。T2CON 的高 2 位用于锁存 T2 的中断请求。T2CON 各位的定义如表 5.3 所示。

表 5.3　T2CON 各位的定义

位地址	CFH	CEH	CDH	CCH	CBH	CAH	C9H	C8H
T2CON	TF2	EXF2	RCLK	TCLK	EXEN2	TR2	$C/\overline{T2}$	$CP/\overline{RL2}$

1）TF2：定时器/计数器 T2 计数溢出标志位。当 T2 工作在捕捉方式和初值自动重装方式时，T2 计数溢出硬件自动使 TF2 置 1，并向 CPU 发出中断请求，CPU 响应中断后，必须由软件使 TF2 清 0。当 T2 工作于串行口比特率发生器方式时，TF2 不会置 1。

2）EXF2：T2 外部中断请求标志位。当 EXEN2=1 时，T2 外部中断允许，引脚 T2EX 的负跳变使 EXF2=1，CPU 响应中断。当 CPU 响应中断后，EXF2 必须由软件清 0。

其余各位的功能在 6.4.1 节中介绍。

5.2.2　中断控制

1. 中断允许控制寄存器

MCS-51 单片机中对各中断源的允许和屏蔽是通过中断允许控制寄存器（interrupt enable，IE）来完成的，IE 的字节地址为 A8H，有位地址，能进行位寻址。IE 各位的定义如表 5.4 所示。

表 5.4　IE 各位的定义

位地址	AFH	AEH	ADH	ACH	ABH	AAH	A9H	A8H
IE	EA	—	ET2	ES	ET1	EX1	ET0	EX0

1）EA：中断允许/禁止总控制位。当 EA=1 时，允许开中断；当 EA=0 时，禁止中断。

2）ET2：定时器/计数器 T2 中断允许/禁止位。52 子系列单片机才有该位。当 ET2=1 时，允许 T2 中断；当 ET2=0 时，禁止 T2 中断。

3）ES：串行口中断允许/禁止位。当 ES=1 时，允许串行口中断；当 ES=0 时，禁止串行口中断。

4）ET1：定时器/计数器 T1 中断允许/禁止位。当 ET1=1 时，允许 T1 中断；当 ET1=0 时，禁止 T1 中断。

5）EX1：外部中断 $\overline{\text{INT1}}$（P3.3）允许/禁止位。当 EX1=1 时，允许外部中断 $\overline{\text{INT1}}$；当 EX1=0 时，禁止外部中断 $\overline{\text{INT1}}$。

6）ET0：定时器/计数器 T0 中断允许/禁止位。当 ET0=1 时，允许 T0 中断；当 ET0=0 时，禁止 T0 中断。

7）EX0：外部中断 $\overline{\text{INT0}}$（P3.2）中断允许/禁止位。当 EX0=1 时，允许外部中断 $\overline{\text{INT0}}$；当 EX0=0 时，禁止外部中断 $\overline{\text{INT0}}$。

2. 中断优先控制寄存器

MCS-51 单片机的 6 个中断源的优先级分为 2 级，每个中断源均可设置为高级中断或低级中断，并可实现 2 级中断嵌套。中断的优先级是通过中断优先（interrupt priority，IP）控制寄存器设置的。IP 控制寄存器的字节地址为 B8H，可以进行位寻址，各位的定义如表 5.5 所示。

表 5.5　IP 各位的定义

位地址	BFH	BEH	BDH	BCH	BBH	BAH	B9H	B8H
IP	—	—	PT2	PS	PT1	PX1	PT0	PX0

1）PT2：定时器/计数器 T2 中断优先级控制位。当 PT2=1 时，T2 定义为高优先级中断；当 PT2=0 时，T2 定义为低优先级中断。

2）PS：串行口中断优先级控制位。当 PS=1 时，串行口中断定义为高优先级中断；当 PS=0 时，串行口中断定义为低优先级中断。

3）PT1：定时器/计数器 T1 中断优先级控制位。当 PT1=1 时，T1 定义为高优先级中断；当 PT1=0 时，T1 定义为低优先级中断。

4）PX1：外部中断 $\overline{\text{INT1}}$ 优先级控制位。当 PX1=1 时，$\overline{\text{INT1}}$ 定义为高优先级中断；当 PX1=0 时，$\overline{\text{INT1}}$ 定义为低优先级中断。

5）PT0：定时器/计数器 T0 中断优先级控制位。当 PT0=1 时，T0 定义为高优先级中断；当 PT0=0 时，T0 定义为低优先级中断。

6）PX0：外部中断 $\overline{\text{INT1}}$ 优先级控制位。当 PX0=1 时，$\overline{\text{INT1}}$ 定义为高优先级中断；当 PX0=0 时，$\overline{\text{INT1}}$ 定义为低优先级中断。

某位置为“1”，则相应的中断设置为高优先级；若某位为“0”，则相应的中断设置为低优先级。MCS-51 单片机复位后，IP 控制寄存器低 6 位全部被清 0，即将所有中断源设置为低优先级中断，中断的优先级需要用户在软件中对 IP 控制寄存器进行设计。中断优先级要遵循下列 3 条原则。

1）低优先级中断可以被高优先级中断所中断，但反之则不能。

2）任何一种中断在得到响应后，不会被同优先级或低优先级中断所中断，即若某一中断被设置为高优先级中断，则在执行该中断源的中断服务程序时，不能被其他任何中断源的中断请求所中断。

3）当几个相同优先级中断同时发出中断请求时，CPU 按照自然优先级顺序响应各个中断源的中断请求，自然优先级顺序如表 5.6 所示。

表 5.6 同级中断的优先级

中断源	同级优先级
外部中断 $\overline{\text{INT0}}$	高级
定时器/计数器 T0	
外部中断 $\overline{\text{INT1}}$	↓
定时器/计数器 T1	
串行口中断	
定时器/计数器 T2	低级

5.3 中断处理

5.3.1 中断响应

1. 中断响应条件

MCS-51 系列单片机的 CPU 响应中断的首要条件是中断源有请求且中断允许，即 IE 的总允许位 EA=1，申请中断的中断源对应的 IE 的相应位为 1。CPU 在每一个机器周期的 S5P2 状态，对所有中断源按照用户设置的优先级和自然优先级进行顺序检测，并在 S6 状态找到所有有效的中断请求，在满足下列条件时，CPU 在下一个机器周期的 S1 状态开始响应中断，否则丢弃中断采样的结果。

1）无同级或高级中断正在服务。

2）现行指令执行完最后一个机器周期，即要等到当前执行的指令执行结束。

3）若现行指令为 RETI 或需要访问特殊功能寄存器 IE 或 IP 的指令时，执行完该指令后需要将该指令紧接着的下一条指令也执行完。

2. 中断响应过程

CPU 响应中断的过程如下。

1）置位相应的优先级有效触发器（中断系统包含两个不可编程的优先级有效触发器，一个用于指明已进入高优先级的中断服务，一个用于已进入低优先级的中断服务）。

2）由硬件自动将当前指令的下一条指令的地址送入堆栈，进行断点保护。

3）根据中断标记，将相应的中断入口地址送入程序计数器 PC，程序转到中断入口处执行中断服务程序。各个中断源在程序存储器中的中断入口地址如表 5.7 所示。

表 5.7 中断服务程序的入口地址

中断源	入口地址
外部中断 0	0003H
定时器 0 溢出	000BH
外部中断 1	0013H

续表

中断源	入口地址
定时器 1 溢出	001BH
串行口中断	0023H
定时器 2 溢出	002BH

外部中断 $\overline{INT0}$ 、$\overline{INT1}$ 和定时器/计数器 T0、T1 的中断得到响应后，由硬件自动清除中断请求标志位。而串行口和定时器/计数器 T2 的中断请求标志，需要用软件清除。

中断响应过程的 3 步均由中断系统自动完成，但中断只保护了断点而没保护现场（相关寄存器的值），不能清除串行口中断请求标志 TI 和 RI，也无法清除外部中断申请信号 $\overline{INT0}$ 和 $\overline{INT1}$ 。所有这些都需要用户在编写中断服务程序时予以考虑。

3. 中断响应时间

中断响应时间是指从开始查询中断请求标志位到转向中断入口地址所需的机器周期数。在单级中断系统中，中断的响应时间最短为 3 个机器周期，最长为 8 个机器周期。

中断请求标志位查询占 1 个机器周期，若这个机器周期又恰好是指令的最后一个机器周期，在这个机器周期结束后，CPU 即响应中断，产生硬件长调用指令 LCALL。执行这条长调用指令需要 2 个机器周期，因此，中断响应时间为 3 个机器周期。

中断响应时间最长为 8 个机器周期。如果 CPU 正在执行的是 RETI 指令或访问 IP、IE 指令，则等待时间不会多于 2 个机器周期，而中断系统规定将这几条指令执行完后，必须再继续执行一条指令后才能响应中断，即中断返回后至少要执行一条主程序中的指令才能响应下一中断的请求。若这条指令恰好是 4 个机器周期长的指令，再加上执行长调用指令 LCALL 所需 2 个机器周期，则共需要 8 个机器周期。

5.3.2　中断返回与撤销

1. 中断返回

中断程序的最后一条指令一定是 RETI，它表示中断服务程序结束。CPU 从中断服务程序的入口地址开始执行程序直到遇见 RETI 结束程序。CPU 执行这条指令后，首先要清除中断响应时置位的中断优先级有效触发器，然后从栈顶弹出断点地址送给程序计数器 PC，完成后程序即可返回主程序的中断处继续向下执行。

中断前硬件只是保护断点地址，而没有对现场进行保护，所以如果在主程序中使用了如 A、PSW 等寄存器，并且在中断程序中也要使用它们时，就需要保证返回主程序后这些寄存器的数据还是未执行中断前的数据，这就需要在响应中断之前进行现场保护，然后在执行 RETI 指令后，中断返回之前恢复保存起来的数据。

2. 中断请求的撤销

CPU 响应中断后，在中断返回之前，中断请求标志要及时清除，否则中断请求仍然存在，它将会引起另一次中断。MCS-51 系列单片机各中断源请求的撤销方法各不相同。

1）定时器/计数器 T0、T1 计数溢出，硬件自动使 TF0=1、TF1=1，向 CPU 申请中断，

CPU 响应中断后，由硬件自动使 TF0=0、TF1=0，即中断自动撤销。

2）外部中断 $\overline{INT0}$ 和 $\overline{INT1}$ 请求的撤销与外部中断的触发方式有关。对下降沿触发（脉冲请求）的外部中断，CPU 响应中断后，由硬件自动将中断标志位 IE0 或 IE1 清 0。对低电平请求的外部中断，除了由硬件自动撤销中断标志位（IE0=0 或 IE1＝0），还应从电路上彻底撤销低电平。因为低电平不撤销，中断请求仍然存在，待下一机器周期到来时，又将发出中断请求，又会使中断标志位 IE0 或 IE1 置位。图 5.3 所示为一种撤销低电平触发的外部中断的可行方案。

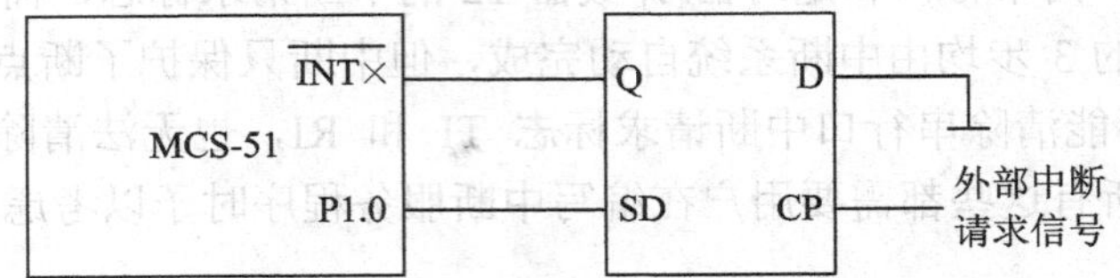

图 5.3 低电平触发的外部中断的撤销

图 5.3 中的 SD 是 D 触发器的异步置位端，当 SD=1 时，D 触发器的输出与输入端无关，Q 为高电平。外部中断接在 D 触发器的 CP 上，由于 D 接地，当外部中断信号的脉冲出现在 CP 上时，D 触发器输出置“0”使 $\overline{INT\times}$ 有效，向 CPU 发出中断请求。CPU 响应中断后，只要在中断服务程序中执行下列两条指令即可撤销中断请求。

```
ANL P1,#FEH ;P1.0=0
ORL P1,#01H ;P1.0=1
```

3）串行口中断。CPU 响应中断后，硬件不能自动清除 TI 和 RI 标志位，所以在 CPU 响应中断后，必须在中断服务程序中，用软件清除相应的中断标志位来撤销中断请求。

4）定时器/计数器 T2 计数溢出产生中断请求，外部 T2EX（P1.1）引脚上的下降沿也可以发出中断请求，相应的中断标志为 TF2 和 EXF2。CPU 响应中断后，硬件不能自动清除 TF2 或 EXF2 标志位，必须在中断服务程序中，用软件清除相应的中断标志位来撤销中断请求。

5.4 中断程序的编写与外部中断的扩充

1. 中断程序的编写

MCS-51 系列单片机中共有 5 个中断源，4 个特殊功能寄存器 TCON、SCON、IE 和 IP。在编写中断程序时，应先根据中断源的性质设定与中断相关的寄存器的值，这些初始化的工作通常在主程序的开始位置进行。初始化过程一般有下列几步。

1）设定中断程序的入口地址。

2）当有多个中断源存在时，应根据中断的重要性，设定中断优先级寄存器 IP。

3）设置 IE，置 EA=1，并根据中断源来置位相应的标志位。

4）设置 TCON，对于外部中断 $\overline{INT0}$ 和 $\overline{INT1}$，要选择中断触发方式 IT0 和 IT1；对于定时器中断 T0 和 T1，要启动定时器运行控制位 TR0 和 TR1；若为串行口中断，还应设置 SCON 的最后两位 TI 和 RI。

下面具体介绍外部中断 0 和外部中断 1 的用法，而定时器和串行口中断的用法，将在

第 6 章和第 7 章中介绍。

【例 5.1】　如图 5.4 所示，开关接至单片机的外部中断 $\overline{\text{INT1}}$ 引脚上，要求每按一次开关，接在 P1 口上的 8 个 LED 轮流点亮一次。

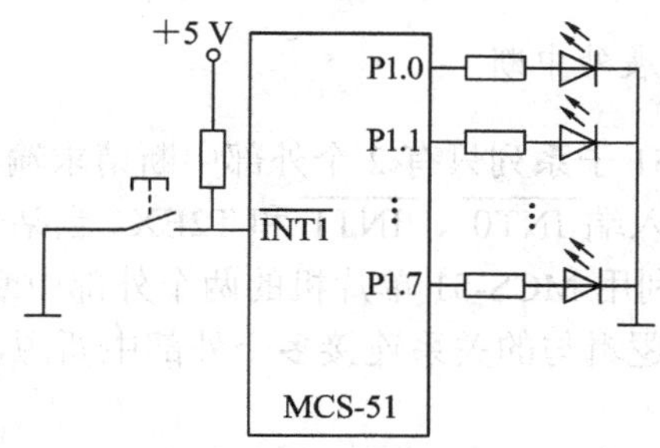

图 5.4　外部脉冲触发中断

分析：由于外部中断 $\overline{\text{INT1}}$ 引脚上没有撤销低电平触发的外部电路，中断触发方式采用下降沿触发。图 5.4 中单片机工作于拉电流方式，若想使某一 LED 发光，只需相应的 P1.×引脚输出“1”。所以先使 P1=00000001B=0x01，再对其循环左移（或右移）1 位即可实现题目的要求。

汇编语言程序：

```
          ORG  1000H
          LJMP  MAIN
          ORG  0013H
          AJMP INT1
MAIN:MOV P1,A
          MOV SP,#50H      ;堆栈开辟在 50H 单元
          SETB IT1         ;INT1 下降沿触发
          SETB EX1         ;INT1 开中断
          SETB PX0         ;INT1 为高优先级
          SETB EA          ;CPU 开中断
          MOV A,#01H
LOOP:MOV P1,A
          SJMP LOOP
INT1:RL  A
          RETI
```

C51 语言程序：

```
#include <reg51.h>
#define uchar unsigned char
main()
{
    uchar i=0x01,j=0;
    TCON=0x04;          //INT1 下降沿触发
    IE=0x84;            //开中断
    IP=0x04;            //INT1 为高优先级
    for( ; ; ) {;}
}
void int11(void) interrupt 2
{
```

```
    P1=i;
    i=i*2;            //控制码左移 1 位
    if(i==0x00) i=0x01;
  }
```

2. 中断与查询相结合扩展外中断

MCS-51 系列单片机的 51 子系列只有 2 个外部中断请求输入端 $\overline{\text{INT0}}$ 、$\overline{\text{INT1}}$ ，52 子系列有 3 个外部中断请求输入端 $\overline{\text{INT0}}$ 、$\overline{\text{INT1}}$ 和 T2EX。当某个系统需要多个外部中断源时，就需要对其进行扩充。利用 MCS-51 单片机的两个外部中断输入引脚 $\overline{\text{INT0}}$ 和 $\overline{\text{INT1}}$ ，每个中断输入引脚可以通过逻辑与的关系连接多个外部中断源，同时将通用 I/O 口作为各中断源的识别线。

【例 5.2】 如图 5.5 所示，4 个中断源相与之后接到单片机的外部中断 $\overline{\text{INT0}}$ 上，4 个中断源中只要有一个按下，则与门输出为 0，引起 $\overline{\text{INT0}}$ 下降沿触发中断。通过查询 P1.0～P1.3 可确定请求中断的外设。

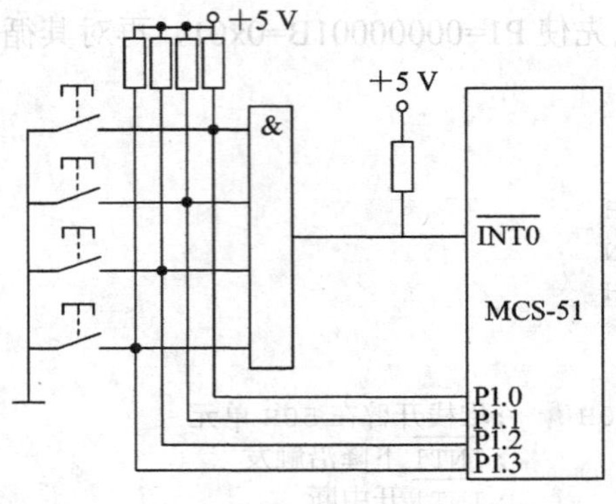

图 5.5 外中断扩展

相应的软件流程如图 5.6 所示。

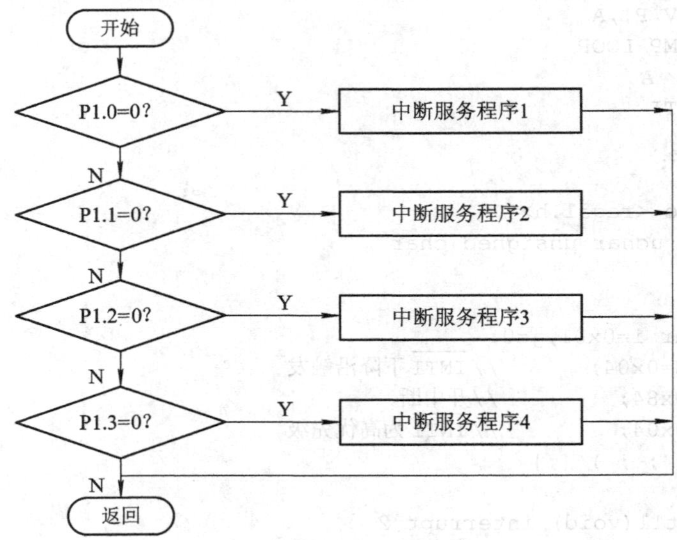

图 5.6 外中断扩展流程图

汇编语言程序：

```
INT0: PUSH PSW                  ;保护现场
      PUSH ACC
      JNB P1.0,LOOP1            ;转向中断服务程序 1
      JNB P1.1,LOOP2            ;转向中断服务程序 2
      JNB P1.2,LOOP3            ;转向中断服务程序 3
      JNB P1.3,LOOP4            ;转向中断服务程序 4
RST:  POP ACC                   ;恢复现场
      POP PSW
      RETI
LOOP1:…                         ;中断服务程序 1
LOOP2:…                         ;中断服务程序 2
LOOP3:…                         ;中断服务程序 3
LOOP4:…                         ;中断服务程序 4
```

C51 语言程序：

```
#include <reg51.h>
sbit P1.0=P1^0;
sbit P1.1=P1^1;
sbit P1.2=P1^2;
sbit P1.3=P1^3;
main()
{…}
void example (void) interrupt 0
{
    void inter00();             //中断服务函数子函数声明
    void inter11();
    void inter22();
    void inter33();
    if(P1.0==0) { inter00();}
    if(P1.1==0) { inter11();}
    if(P1.2==0) { inter22();}
    if(P1.3==0) { inter33();}
}
inter00(){…}
inter11(){…}
inter22(){…}
inter33(){…}
```

习　题

一、填空题

1. MCS-51 系列单片机有_______个中断源，有_______级中断优先级，中断优先级由软件填写特殊功能寄存器_______加以选择。

2. 外部中断 0 的中断程序入口地址为_______。

3. 在中断程序中，至少应有一条_______指令。

4. 要使 MCS-51 单片机能够响应定时器 T1 中断、串行口中断，其中断允许寄存器 IE 的内容应该是_______。

5. 在系统设计中，要求外部中断 $\overline{\text{INT1}}$ 引脚上为下降沿时才能引入外部中断，则 TCON 的值应设置为_______。

二、简答题

1. 什么是中断？中断系统的功能是什么？
2. MCS-51 单片机的中断系统由哪几部分组成？
3. 中断子程序返回指令 RETI 和普通子程序返回指令 RET 的区别有哪些？
4. MCS-51 单片机有哪些中断源？各中断源产生中断的条件是什么？各中断源中断服务程序的入口地址是多少？
5. 确定中断优先级的原则有哪些？
6. 中断若想得到响应，必须具备哪些条件？
7. 如何扩充外部中断？

第 6 章 MCS–51 单片机的定时器/计数器

教学目的和要求

本章介绍 MCS-51 单片机定时器/计数器的结构、工作原理、工作方式及应用。要求理解定时器/计数器的工作原理，熟悉定时器/计数器 T0、T1 的控制方式，掌握定时器/计数器的工作方式、程序设计方法及在系统设计中的应用，了解定时器/计数器 T2 的控制寄存器、各种工作方式和程序设计方法。

6.1 定时器/计数器概述

1. 定时方式

1）硬件法：硬件定时功能完全由硬件电路完成。图 6.1 所示为用 555 定时器接成的延时报警器。当开关 S 断开后，经过一定的延迟时间后扬声器开始发出声音，其延时时间的计算公式如下。

$$T = RC\ln\frac{Vcc-0}{Vcc-\frac{2}{3}Vcc} = 10^6\times10\times10^{-6}\ln\frac{12}{12-8}\approx 11(s)$$

硬件法的定时时间由电路参数 R、C 来确定，这种方式不占用 CPU 的时间。但当要求改变定时时间时，只能通过改变电路中的元件参数来实现，很不灵活。

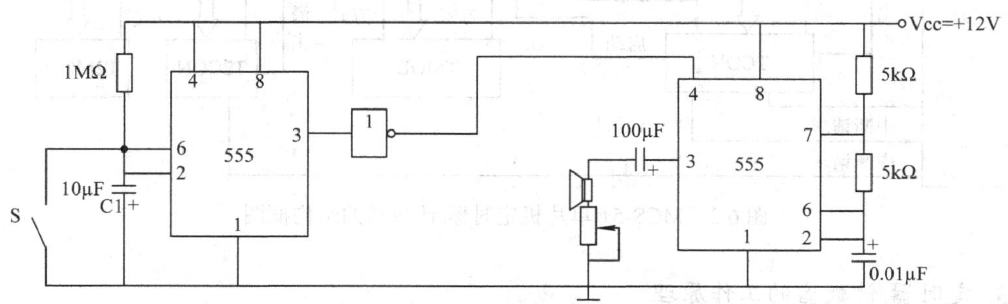

图 6.1 555 定时器构成的定时电路

2）软件法：软件定时是通过 CPU 执行一段空操作（NOP）指令来完成的，优点是无额外的硬件开销，定时比较精确，但牺牲了 CPU 的时间。

3）可编程定时器/计数器：定时由硬件电路完成，定时参数的设置由软件来完成，所以这种方式综合了硬件定时和软件定时的优点。

MCS-51 系列单片机内部提供两个可编程的定时器/计数器 T0 和 T1，52 子系列还增加了一个 16 位定时器 T2。它们都有定时和计数的功能，可用于定时控制、延时、对外部事件计数等场合，还可以作为串行口的比特率发生器。定时器达到预定定时时间或计数器计数满时，会给出溢出标志，还可以发出内部中断。

2. 定时器/计数器的结构

MCS-51 单片机定时器/计数器的结构框图如图 6.2 所示。由图可以看出，定时器/计数器 T0 由特殊功能寄存器 TH0 和 TL0 构成，TH0、TL0 分别是定时器/计数器 T0 加法计数器的高 8 位和低 8 位；定时器/计数器 T1 由特殊功能寄存器 TH1 和 TL1 构成，TH1、TL1 是定时器/计数器 T1 加法计数器的高 8 位和低 8 位；工作方式控制寄存器（timer/counter mode control register，TMOD）用于设置两个 16 定时/计数器 T0、T1 的工作方式；TCON 用于控制定时器/计数器 T0、T1 的启动和停止计数，同时也包含了 T0、T1 的状态；TH2 和 TL2 是 T2 进行加法计数或减法计数的高 8 位和低 8 位；工作方式寄存器 T2MOD 用于设置 T2 的工作方式；控制寄存器 T2CON 用于控制定时器/计数器 T2 的启停，同时还包含了计数溢出标志位，另外，定时器 T2 还增加了两个 8 位的捕获寄存器 RCAP2H 和 RCAP2L，在捕获方式下产生捕获操作时，它们可自动保存 TH2、TL2 的值。引脚 P3.4、P3.5、P1.0 是外部脉冲输入端，Tm 是内部机器周期脉冲信号，特殊功能寄存器之间通过内部总线和控制电路连接起来。

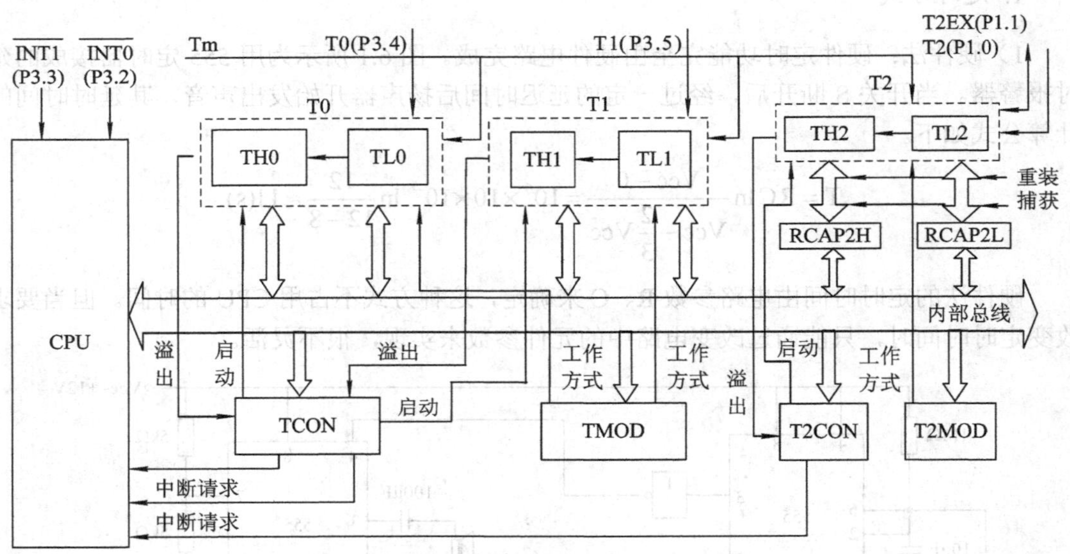

图 6.2　MCS-51 单片机定时器/计数器的结构框图

3. 定时器/计数器的工作原理

定时器/计数器的逻辑框图如图 6.3 所示，其核心器件是一个可以预置初始值的 16 位加 1 计数器。该计数器对振荡器 n 分频后的脉冲 Tm 或外部脉冲源的脉冲 Tx 计数，每来一个脉冲，计数器加 1，当计数器计到全 1 时，再来一个脉冲，计数器各位全部清 0，同时计数器最高位产生溢出，使得 TCON 的 TF0 或 TF1 置 1（TF0 或 TF1 是计数器的溢出标志位），向 CPU 申请中断。

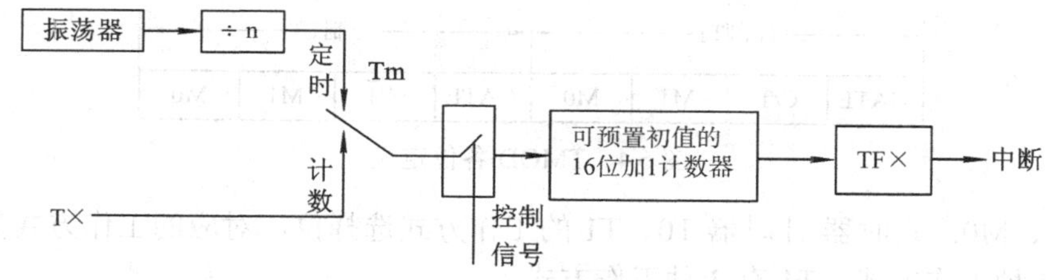

图 6.3　定时器/计数器的逻辑框图

当加 1 计数器对振荡器 n 分频的脉冲 Tm（机器周期）计数时，定时器/计数器具有定时功能，每个机器周期计数器加 1，所以计数频率是晶振频率的 1/n。数字 n 是 51 核单片机的一个机器周期包含的时钟周期个数，n 的取值为 1、4、6 和 12。若传统 12T 的 51 核单片机晶振频率为 12MHz，则计数频率为 1MHz，计数周期为 $\frac{1}{1\text{MHz}}=1\times10^{-6}\text{s}=1\mu\text{s}$。在晶振频率一定的情况下，计数周期是一个定值，所以对 Tm 的计数可以达到定时的目的。例如，晶振频率为 12MHz 时，计数周期是 $1\mu\text{s}$，当计数 100 次，定时时长就为 $100\mu\text{s}$。

定时计数器的结构及工作原理

当加 1 计数器对外部脉冲源进行计数时，定时器/计数器具有计数功能。外部脉冲源接在芯片的 T0（P3.4）、T1（P3.5）或 T2（P1.0）引脚上。当 T0（P3.4）、T1（P3.5）或 T2（P1.0）引脚上输入下降沿或低电平，则计数器加 1 计数。单片机对外部事件的检测需要两个机器周期，即 24 个振荡周期，所以最高的计数频率为振荡器频率的 1/24。例如，当 12T 单片机振荡器频率为 12MHz 时，则计数频率最高为 0.5MHz，即最小的计数周期为 $\frac{1}{0.5\text{MHz}}=2\times10^{-6}\text{s}=2\mu\text{s}$，即外部脉冲的最小周期为 $2\mu\text{s}$，最高频率为 0.5MHz。

如图 6.3 所示，第一个模拟开关控制定时器/计数器是工作于定时还是计数方式，即控制 TMOD 特殊功能寄存器的 $\text{C}/\overline{\text{T}}$ 位；第二个模拟开关控制定时器/计数器开启或关闭，即控制 TCON 特殊功能寄存器的 TR0 或 TR1 位。

无论工作于定时方式还是计数方式，定时器/计数器 T0、T1 和 T2 计数都不占用 CPU 的时间资源，除非定时器/计数器溢出，才可能中断 CPU 的当前操作，所以定时器/计数器是单片机中效率高且工作灵活的部件。

6.2　定时器/计数器 T0、T1 的寄存器

定时器/计数器 T0、T1 是可编程的，在使用之前，需要先对其进行初始化，CPU 向 TMOD 和 TCON 两个特殊功能寄存器写入控制字，用来设置 T0、T1 的工作方式。

1. TMOD

TMOD 用于设置定时器/计数器 T0、T1 的工作方式和功能，它的字节地址是 89H，没有位地址，不能进行位寻址。TMOD 各位定义如图 6.4 所示。从图中可以看出，高 4 位与低 4 位是完全一样的，其中，高 4 位用于设置 T1 的工作方式和功能，低 4 位用于设置 T0 的工作方式和功能。

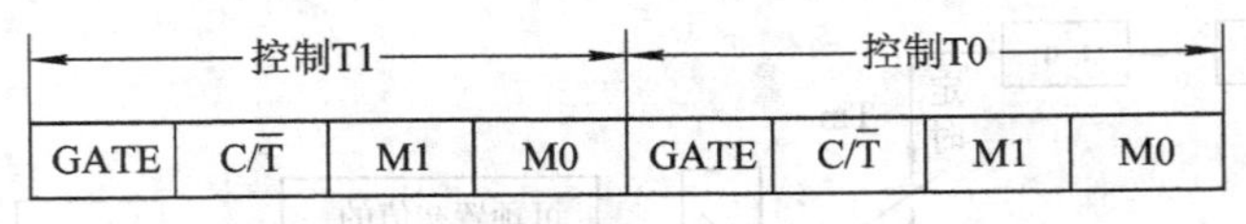

图 6.4 TMOD 各位定义

1）M1、M0：定时器/计时器 T0、T1 的工作方式选择位，对应的工作方式如表 6.1 所示。T0 有 4 种工作方式，T1 有 3 种工作方式。

表 6.1 定时器/计数器的工作方式

M1	M0	工作方式
0	0	方式 0：13 位定时器/计数器
0	1	方式 1：16 位定时器/计数器
1	0	方式 2：8 位常数自动装载的定时器/计数器
1	1	方式 3：两个独立的 8 位定时器/计数器（只有 T0 有）

2）C/$\overline{T}$：定时或计数功能选择位。当 C/$\overline{T}$=1 时，定时器/计数器工作于计数器方式；当 C/$\overline{T}$=0 时，定时器/计数器工作于定时器方式。

3）GATE：门控位，用于控制定时器/计数器 T0、T1 的启动是否受外部中断控制信号 $\overline{INT0}$（P3.2）和 $\overline{INT1}$（P3.3）的控制。当 GATE=0 时，定时器/计数器的启动与外部中断请求信号 $\overline{INT0}$（P3.2）和 $\overline{INT1}$（P3.3）无关，只要 TCON 的 TR0 或 TR1 为 1，即启动内部定时或外部计数器；当 GATE=1 时，定时器/计数器的启动受外部中断请求信号 $\overline{INT0}$（P3.2）和 $\overline{INT1}$（P3.3）的影响，只有 TR0 或 TR1 为 1，同时外部中断输入引脚 $\overline{INT0}$（P3.2）和 $\overline{INT1}$（P3.3）为高电平时才启动定时器/计数器工作。一般情况下 GATE=0。

2. TCON

TCON 用于控制定时器/计数器 T0、T1 的启停，设置外部中断的触发方式，同时还是定时器/计数器 T0、T1 的溢出标志和外部中断标志。它的字节地址为 88H，有位地址，可以进行位寻址，其各位的格式定义如表 6.2 所示。

表 6.2 定时器控制寄存器 TCON

位地址	8FH	8EH	8DH	8CH	8BH	8AH	89H	88H
TCON	TF1	TR1	TF0	TR0	IE1	IT1	IE0	IT0

TFi：定时器/计数器 T0、T1 计数溢出标志位。当计数溢出时，由硬件自动使 TFi 置 1，并向 CPU 申请中断。进入中断服务程序后，TFi 又被硬件自动清 0。CPU 工作于查询方式时，TFi 可作为 CPU 查询定时器/计数器 T0、T1 计数溢出的标志位。在查询方式下，TFi 必须由软件清 0。

TRi：定时器/计数器 T0、T1 的运行控制位。当 TRi=1 时，启动计数；当 TRi=0 时，停止计数。

IEi：外部中断请求标志位。当检测到外部中断引脚 $\overline{INT0}$、$\overline{INT1}$ 上有中断请求信号时，由硬件自动置 1；待 CPU 响应中断后，由硬件自动清 0。当 CPU 工作于查询方式时，IEi 也可作为 CPU 查询外部中断请求的标志位。在查询方式下，IEi 必须由软件清 0。

ITi：外部中断触发方式控制位。当 ITi=0 时，$\overline{INT0}$、$\overline{INT1}$ 引脚上的低电平触发外

部中断；当 IT1=1 时，$\overline{INT0}$、$\overline{INT1}$ 引脚上的下降沿触发外部中断。

6.3　定时器/计数器 T0、T1 的工作方式

1. 方式 0

当 M1M0=00 时，定时器/计数器 T0、T1 工作于方式 0。方式 0 的等效原理框图如图 6.5 所示。当工作于方式 0 时，由 TH× 的 8 位和 TL×的低 5 位组成 13 位加 1 计数器，TL×的高 3 位没用。当 TL×的低 5 位计数产生溢出时，向 TH×进位，若 TH×计数产生溢出，则将相应的定时器/计数器溢出标志位 TF0 或 TF1 置 1，形成定时器/计数器 T0、T1 的溢出标志。如果允许中断，则向 CPU 发出中断请求。也可以通过查询 TF0 或 TF1 的状态来判断定时器/计数器 T0、T1 计数是否溢出。

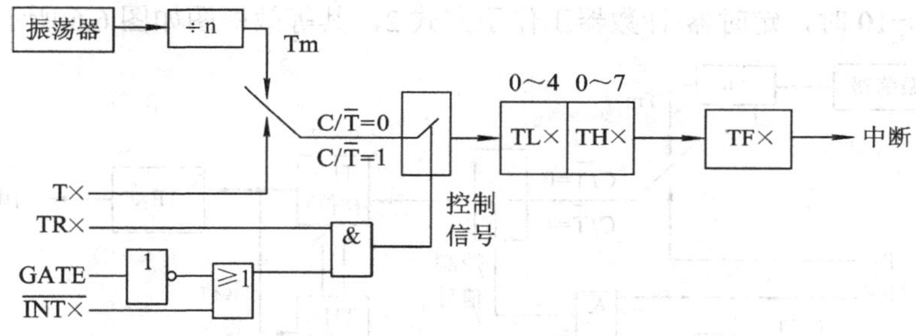

图 6.5　T0、T1 方式 0 的结构

$C/\overline{T}$ 位控制定时器/计数器的工作方式。当 $C/\overline{T}$=1 时，电子开关置于下面位置，定时器/计数器工作于计数方式，计数脉冲为 T×引脚上的外部脉冲。当引脚上发生负跳变时，计数器加 1，此时允许的最大计数值为 2^{13}=8192 次。若需要计数 N 次，则置入的初值为 TC=8192−N。当 $C/\overline{T}$=0 时，定时器/计数器工作于定时方式，计数脉冲为振荡器 n 分频后的脉冲 Tm（即机器脉冲），则定时公式为

$$T=(8192-\text{计数初值 TC})\times\text{机器周期(s)}$$

或

$$T=(8192-\text{计数初值 TC})\times n\times\text{振荡周期(s)}=(8192-\text{计数初值 TC})\times n/f_{osc}\text{(s)}$$

其中，n 为分频系数，1T 的 51 单片机中的 n 为 1，12T 的 51 单片机中的 n 为 12。

例如，对 12T 的 51 单片机，分频系数 n=12，当晶振频率为 12MHz 时，则最大定时时间为

$$T_{max}=(8192-0)\times 12\times\frac{1}{12}\times 10^{-6}=8192(\mu s)$$

最小定时时间为

$$T_{min}=(8192-8191)\times 12\times\frac{1}{12}\times 10^{-6}=1(\mu s)$$

2. 方式 1

当 M1M0=01 时，定时器/计数器工作于方式 1。此时由 8 位的 TH×和 8 位的 TL×构成一个 16 位加 1 计数器，其结构类似于方式 0。当 TL×计数溢出时，向 TH×进位，TH×自动加 1。若 TH×计数溢出，则将相应的定时器/计数器溢出标志位 TF0 或 TF1 置 1，形成定时器/计数器溢出中断标志。也可以通过查询 TF0 或 TF1 的状态来判断定时器/计数器是否溢出。最大计数值为 2^{16}＝65 536 次。

定时功能定时时间为

$$T=(65\,536-\text{计数初值 TC})\times\text{机器周期(s)}=(65\,536-\text{计数初值 TC})\times n\times\text{振荡周期(s)}=(65\,536-\text{计数初值 TC})\times n/f_{osc}(s)$$

其中，计数功能计数初值 TC=65 536−计数值 N。

3. 方式 2

当 M1M0=10 时，定时器/计数器工作于方式 2，其等效框图如图 6.6 所示。

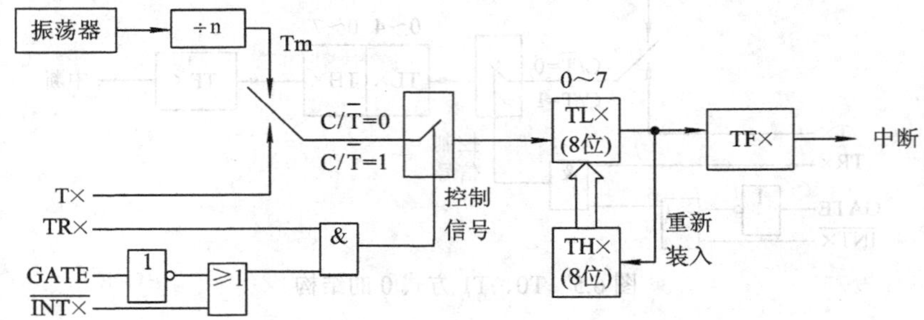

图 6.6 T0、T1 方式 2 的结构

方式 2 用高 8 位 TH×保存计数初值，用低 8 位 TL×来计数，所以最大计数次数为 2^8=256。当 TL×计数溢出时，一方面将相应的定时器/计数器溢出标志位 TF0 或 TF1 置 1，形成定时器/计数器溢出中断标志；另一方面将 TH×的内容重新自动装入 TL×，继续开始计数。TH×的内容始终不变，因此也称为 8 位常数自动装载方式。这种工作方式可以省去用户在软件中重装初值的程序，简化了定时器初始值的计算方法，可以准确地确定定时时间。在 MCS-51 单片机的串行通信中，这种方式常用于比特率发生器。

4. 方式 3

只有定时器/计数器 T0 才有方式 3，T1 没有这种工作方式。当 M1M0=11 时，定时器/计数器 T0 工作于方式 3，其等效结构框图如图 6.7 所示。

此时，TL0 和 TH0 是两个独立的 8 位计数器，其中 TL0 占用 T0 的各控制位、引脚和中断源，即 GATE、C/$\overline{T}$、TR0、TF0、T0（P3.4）引脚、$\overline{INT0}$引脚，可用于 8 位定时器/计数器。在这种情况下，TL0 的功能和操作方式与方式 0（13 位）、方式 1（16 位）的唯一区别是一个 8 位的定时器/计数器不同，其余完全相同。

TH0 只能用于 8 位定时器，对机器周期进行计数。TH0 占用定时器/计数器 T1 的运行控制 TR1、溢出标志 TF1 和中断资源，所以此时定时器/计数器 T1 不能使用运行控制 TR1、溢出标志 TF1 和中断资源，通常将定时器/计数器 T1 作为串行口的比特率发生器使用。只要设置好工作方式，赋初值，它便自动启动。一般来讲，当系统需要增加一个额外的 8 位定时器时，才将定时器/计数器 T0 设置为方式 3。在方式 3 下，计数器的最大计数值、初值的计算与方式 2 完全相同。

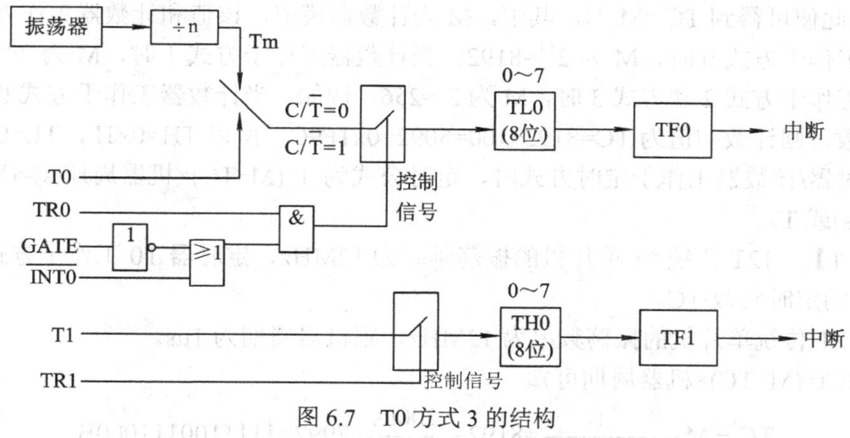

图 6.7　T0 方式 3 的结构

6.4　定时器/计数器的初始化编程及应用

1. 初始化编程的步骤

在使用 MCS-51 单片机的定时器/计数器之前，应对它进行初始化编程，主要是对 TCON、TMOD 编程，计算并装载计数初值 TH×和 TL×。一般需要完成以下几个步骤。

1）通过编程 TMOD、寄存器的 C/$\overline{T}$ 位，来确定定时器/计数器工作于计数方式或定时方式。

2）计算定时器/计数器中的计数初值，并装载到计数初值寄存器中。

3）定时器/计数器工作于中断方式时，须对 IE 寄存器编程开中断。

4）通过编程 TCON 中的 TR×位来启动定时器/计数器。

2. 用定时器/计数器扩充外部中断

MCS-51 单片机有两个定时器/计数器 T0 和 T1，各有一个内部中断标志 TF0 与 TF1，并分别对应外部计数引脚 P3.4 与 P3.5。当定时器/计数器设置为计数方式，计数初始值设置为满量程时，若外部信号从外部计数引脚 P3.4 或 P3.5 输入一个负脉冲，计数器加 1 产生溢出中断，从而可以处理外部中断源的请求。所以外部中断信号作为下降沿触发输入信号，接至定时器/计数器外部计数引脚 P3.4（T0）或 P3.5（T1）上，当定时器/计数器设置为计数方式，计数初始值设置为满量程时，就得到外部下降沿触发的中断，这时定时器的溢出标志作为扩充外部中断的中断标志位使用。计数器的满量程值与工作方式有关，若工作在方式 2（8 位计数器），则 TH×=0xFF（放初值），TL×=0xFF（计数）；若工作在方式 0（13 位计数器），则 TH×=0xFF，TL×=0x1F；若工作在方式 1（16 计数器），则 TH×=0xFF，TL×=0xFF。

3. 定时常数的计算

当定时器/计数器工作于计数方式时，假设计数器所需要的计数值为N，计数初值设定为TC，由此便可得到TC =M−N。其中，M为计数器模值，该值和计数器工作方式有关。当计数器工作于方式0时，M为2^{13}=8192；当计数器工作于方式1时，M为2^{16}=65 536；当计数器工作于方式2和方式3时，M为2^{8}=256。例如，当计数器工作于方式0时，需要计100个数，则计数初值为TC=8192−100=8092=0x1F9C，所以TH=0x1F，TL=0x9C。

当定时器/计数器工作于定时方式时，定时公式为 t=(M−TC)×机器周期(s)=(M−TC)×n×晶振周期(s)或T。

【例6.1】 12T传统51单片机的振荡频率为12MHz，定时器T0工作于方式0，求定时20μs时的定时常数TC。

解：12T传统单片机的振荡频率为12MHz，则机器周期为1μs。

由公式t=(M−TC)×机器周期可知

$$TC = M - \frac{t}{\text{机器周期}} = 8192 - \frac{200\mu s}{1\mu s} = 7992 = 1111100111000B$$

由于方式0下高位为8位，低位为5位，则TH0=11111001B=0xF9，TL0=11000B=0x18。

【例6.2】 设12T传统51单片机时钟频率为12MHz，用定时器/计数器T0编程从P1.0引脚输出周期为500μs的方波。

分析：P1.0引脚输出周期为500μs的方波，只需P1.0口每250μs取反一次，即T0的定时时间为250μs。12T单片机的时钟频率为12MHz，机器周期为1μs，则需要的计数次数为250次，所以T0可以工作于方式0、方式1、方式2、方式3中的任意一种方式。下面来分析T0工作于方式0和方式2，CPU工作于中断和查询2种情况下的程序。

定时计数器的应用实例

1）若T0工作于方式0，CPU工作于中断方式，则计数初始值TC =2^{13}−250=7942=0x1F06，即TH0=0x1F，TL0=0x06。

汇编语言程序：

```
        ORG  1000H
        LJMP  MAIN
        ORG  000BH
        MOV  TH0,#1FH
        MOV  TL0,#06H          ;计数溢出重新装入时间常数
        CPL  P1.0
        RETI
MAIN:MOV TMOD,#00H
        MOV TH0,#1FH
        MOV TL0,#06H           ;第一次计数时的时间常数
        SETB EA
        SETB ET0
        SETB TR0
        SJMP $
        END
```

C51语言程序：

```
#include <reg51.h>  //寄存器头文件
sbit P1_0=P1^0;
void main(void)
{
   TMOD=0x00;          //定时器 0 方式 0
   TH0=0x1F;
   TL0=0x06;           //装入第一次计数时的时间常数
   EA=1;               //开中断总开关 EA
   ET0=1;              //开定时器溢出中断 T0
   TR0=1;              //启动定时器
   P1_0=0;             //P1.0 输出起始值为 0
   while(1){};         //无循环体，总成立，死循环，当有中断发生时，执行中断
}
void time0_int(void) interrupt 1         //定时器 T0 中断服务程序
{
   TH0=0x1F;
   TL0=0x06;           //计数溢出重新装入时间常数
   P1_0=!P1_0;         //P1.0 取反
}
```

2）若 T0 工作于方式 2，CPU 工作于中断方式，则计数初始值 $X=2^8-250=6=0x06$，即 TH0=TL0=0x06。

汇编语言程序：

```
      ORG  1000H
      LJMP  MAIN
      ORG  000BH           ;中断服务程序
      CPL  P1.0
      RETI
MAIN:MOV TMOD,#02H         ;方式 2
      MOV TH0,#06H
      MOV TL0,#06H
      SETB EA
      SETB ET0
      SETB TR0
      SJMP $
      END
```

C51 语言程序：

```
#include <reg51.h>
sbit P1_0=P1^0;
void main(void)
{
  TMOD=0x02;
  TH0=0x06;
  TL0=0x06;
  EA=1;
  ET0=1;
  TR0=1;
  P1_0=0;
  while(1){};
```

```
}
void time0_int(void) interrupt 1
{
   P1_0=!P1_0;
}
```

3）若 T0 工作于方式 0，CPU 工作于查询方式，计数初始值与中断方式一样，则 TH0=0x1F，TL0=0x06，相应的程序如下。

汇编语言程序：

```
      ORG  1000H
      MOV TMOD,#00H
      MOV TH0,#1FH
      MOV TL0,#06H
      SETB TR0
LOOP: JBC TF0,LOOP2
      SJMP LOOP
LOOP2:MOV TH0,#1FH
      MOV TL0,#06H
      CPL  P1.0
      SJMP LOOP
      SJMP $
      END
```

C51 语言程序：

```
#include <reg51.h>
sbit P1_0=P1^0;
void main(void)
{
   TMOD=0x00;
   TH0=0x1F;
   TL0=0x06;
   TR0=1;
   while(1)
   {
      while(!TF0) {};  //查询 TF0 状态,时间未到,则空等待
      TH0=0x1F;
      TL0=0x06;
      TF0=0;
      P1_0=!P1_0;
   }
}
```

4）若 T0 工作于方式 2，CPU 工作于查询方式，则相应的程序如下。

汇编语言程序：

```
      ORG 1000H
      MOV TMOD,#02H
      MOV TH0,#06H
      MOV TL0,#06H
      SETB TR0
LOOP: JBC TF0,LOOP2
```

```
        SJMP LOOP
LOOP2:CPL  P1.0
        SJMP LOOP
        SJMP $
        END
```

C51 语言程序：

```
#include <reg51.h>
sbit P1_0=P1^0;
void main(void)
{
   TMOD=0x02;
   TH0=0x06;
   TL0=0x06;
   TR0=1;
   while(1)
   {
      while(!TF0) {};          //查询 TF0 状态,时间未到,则空等待
      TF0=0;
      P1_0=!P1_0;
   }
}
```

【例 6.3】 如图 6.8 所示，设 MCS-51 单片机系统时钟为 12MHz，用定时器 T1 编程，要求 8 个 LED 从上到下依次循环轮流点亮各 1s。

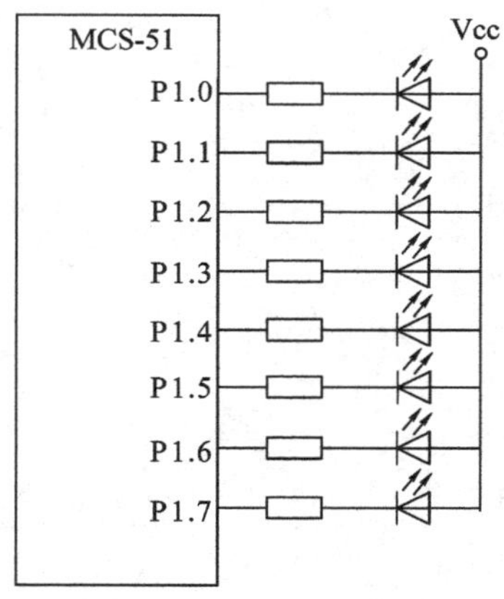

图 6.8　定时器的应用

分析：定时器 T1 在 3 种方式下的最大定时时间分别如下。

方式 0：$t=(8192-0)\times 12/f_{osc}=8.192(ms)$

方式 1：$t=(65\,536-0)\times 12/f_{osc}=65.536(ms)$

方式 2：$t=(256-0)\times 12/f_{osc}=0.256(ms)$

由于定时时间为 1s，可以选择使定时器工作于方式 1，定时时间为 10ms，连续定时 100 次，再调用亮灯函数。

单片机工作于灌电流方式，若想使某一个 LED 点亮，只需要相应的 P1.×引脚输出“0”。首先使 P1=0xFE，则 P1.0 口对应的 LED 点亮，然后循环左移即可实现题目的要求。由

$(65\,536-TC)\times 12/f_{osc}=10(ms)$得到计数初值 TC=55 536=D8F0H，即 TH1=0xD8，TL1=0xF0。

CPU 工作于中断方式时的 C51 语言程序如下。

```
#include <reg51.h>
#include <intrins.h>    //包含循环左移函数
#define uchar unsigned char
void main()
{  uchar i=0,j=0xFE;
   TMOD=0x10;           //T1 工作于方式 1,用于定时
   TH1=0xD8;
   TL1=0xF0;
   ET1=1;
   EA=1;
   TR1=1;
   P1=j;                //点亮 P1.0 口对应的 LED
   for( ; ; )  { }
}
void time1_int(void) interrupt 3
{
    TH1=0xD8;
    TL1=0xF0;
    if(++i=100)
    {
      i=0;
      j=_crol_(j,1);     //循环左移 1 位
      P1=j;
    }
}
```

汇编语言程序：

```
        ORG 1000H
        LJMP MAIN
        ORG 001BH
        LJMP TIMER
MAIN:   MOV R0,#100
        MOV A,01H
        MOV TMOD,#10H
        MOV TH1,#D8H
        MOV TL1,F0H
        SETB ET1
        SETB TR1
        MOV P1,A
        SJMP $
TIMER:MOV TMOD,#10H
        MOV TH1,#D8H
        MOV TL1,#F0H
        DJNZ R0,NEXT
        MOV R0,#100
        RR A
        MOV P1,A
NEXT:   RETI
        END
```

【例 6.4】 应用单片机的定时功能与计数功能，设计一个简易频率计。

分析：将定时器/计数器 T0、T1 分别用作定时器、计数器。定时开始时使计数器从 0 开始计数，定时时间到，读取计数器值，计数值除以定时时间则为要测量的频率值。若定时时间为 1s，则计数器值即为频率值。设 f=12MHz，12T 的单片机，则 T3=1μs，则计数 50 000 次的定时时间是 0.05s，定时器连续溢出 20 次，则定时 t=0.05×20=1(s)。设计数器计数值为 N，则 f=N，所以测量范围为 1～66 635Hz。相应的 C51 语言程序如下。

```
#include <reg51.h>
#include <intrins.h>
#define uchar unsigned char
#define uint unsigned int
uint counter=0;
uchar cnt=0;
void main(void)
{
   uint temp1,temp2;
   Timer0_ini();                              //子函数声明
   Timer1_init();
   while(1)
   {
   while(!TF0);                               //定时器 T0 溢出，则继续，否则等待溢出
     {
       TF0=0;
       cnt++;
       if(cnt==20)                            //定时器 T0 定时 0.05*20=1s
       {
         cnt=0;
         temp1=TL1;                           //取出 T1 的低 8 位
         temp2=TH1;                           //取出 T1 的高 8 位
         TL1=0;                               //T1 复位,从 0 开始计数
         TH1=0;
         counter=(temp2<<8)+temp1;  //高 8 位左移 8 位,加上低 8 位得 16 位计数值
       }
     }
   }
}
void Timer0_ini(void)                         //T0 工作在定时方式
{
   TMOD=0x00;
   TH0=(65536-50000)/256;                     //取计数初始值高 8 位
   TL0=(65536-50000)%256;                     //取计数初始值低 8 位
   TR0=1;
}
void Timer1_init(void)                        //T1 工作在计数方式
{
   TMOD=0x40;
   TH1=0x00;                                  //从 0 开始计数
   TL1=0x00;
   TR1=1;
}
```

习 题

一、填空题

1. MSC-51 单片机的定时器 T1 以方式 2 对内定时，同时定时器 T0 以方式 1 对外记数，则 TMOD 的状态字应为________。

2. 定时器 T0 的中断服务程序的入口地址是________。

3. 若采用的晶振频率为 12MHz，定时器/计数器作为计数器使用，51 单片机工作于 12T、6T 模式时，则外界输入信号的最高频率分别是________Hz、________Hz。

4. 12T 单片机外接 12MHz 的晶振，若定时器 T0 工作于方式 2，需要定时 10μs，则定时器的寄存器 TH0=_______，TL0=________。

二、简答题

1. MCS-51 单片机内部的定时器/计数器有哪些？它们由哪些寄存器组成？如何实现定时和计数功能？

2. 若采用的晶振频率为 12MHz，定时器/计数器分别工作于方式 0、方式 1、方式 2 下，其最大的定时时间各为多少？

3. 定时器/计数器用作定时器时，其计数脉冲由谁提供？定时时间与哪些因素有关？

4. MCS-51 单片机的定时器/计数器有哪几种工作方式？每种工作方式有何特点？

5. 如何计算定时器的初值？

第7章　MCS-51单片机的串口通信

教学目的和要求

本章主要介绍串行通信的基本知识及术语；MCS-51 单片机串行口的基本结构、工作方式及使用方法，单片机与 PC 的通信。要求了解同步串行通信及异步串行通信的特点、串行通信的制式、异步串行通信的帧格式等概念；掌握 MCS-51 单片机串行口的基本结构、控制方法、工作方式，以及单片机与 PC 的通信。

7.1 串行通信基础知识

串行口是计算机中一个重要外部接口，计算机通过它与外设之间进行通信。

7.1.1 并行通信与串行通信

计算机与外界的通信有两种基本方式，即并行通信和串行通信，如图 7.1 所示。

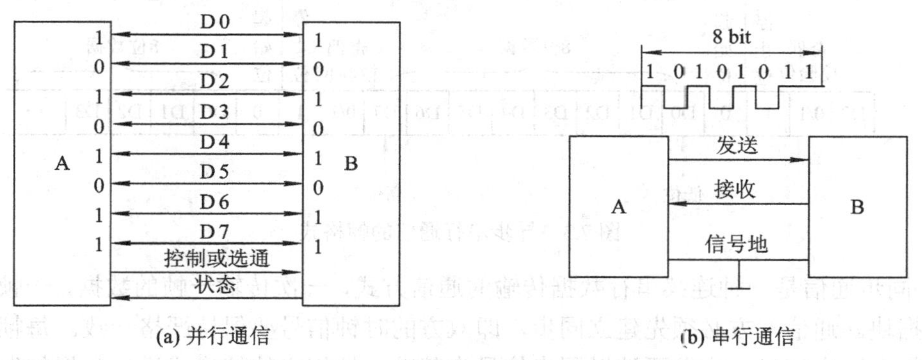

(a) 并行通信　　(b) 串行通信

图 7.1　并行通信和串行通信

并行通信是指各数据位同时传送。它的特点是传送速率快、效率高，但有几位数据就需要几根数据线，传输成本高，传输距离短，一般小于 30m，适合于近距离传输。在 MCS-51 单片机中并行通信可以通过并行 I/O 口来实现。串行通信是指数据一位接着一位顺序传送。它的特点是传输线少，最少只需要一根数据线，成本低、速率慢、传输距离长，可以达到几米到几千米，适合长距离通信的场合。

7.1.2 串行通信的制式

串行通信有 3 种制式，即单工、半双工和全双工，如图 7.2 所示。

如图 7.2（a）所示，单工通信只有一根数据线，数据的传输是单向的，发送端不接收，接收端不发送。如图 7.2（b）所示，半双工通信也只有一根数据传输线，终端既能发送又能接收，但两者不能同时进行，由转换开关转换，发送时不接收，接收时不发送。如图 7.2（c）所示，全双工通信有 2 根数据传输线，在同一时刻能实现数据的双向传输。

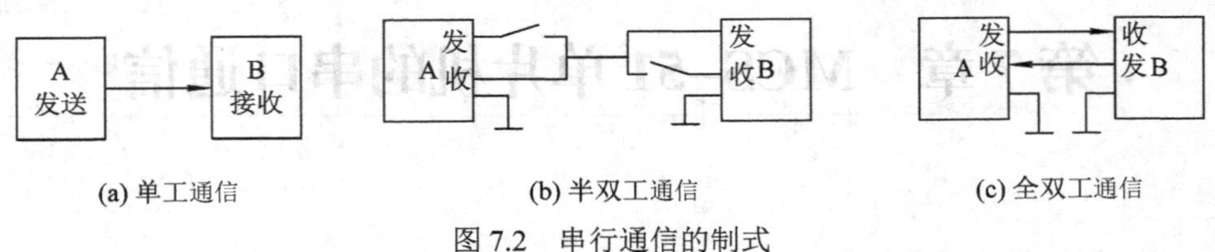

图 7.2 串行通信的制式

7.1.3 异步通信与同步通信

串行通信按信息格式的不同，可以分为异步通信和同步通信两种方式。

1）异步通信中数据以字符（字节）为单位组成字符帧，发送端一帧一帧地发送字符帧，接收端一帧一帧地接收字符帧，收发两端由各自独立的时钟信号来控制数据的发送和接收。发送端可以在任意时间发送字符帧，所以接收端随时要做好接收帧的准备，这就使得必须对帧进行定界。帧定界包括对帧起始位和帧结束位标志的确定。传输时每一个字符前加一个低电平的起始位，然后是数据位，数据位可以是 5～8 位，传输时低位在前，高位在后，数据位后面可以带一位的奇偶校验位，最后是停止位，停止位用高电平，停止位可以是 1、1.5 或 2 位。异步串行通信的帧格式如图 7.3 所示。

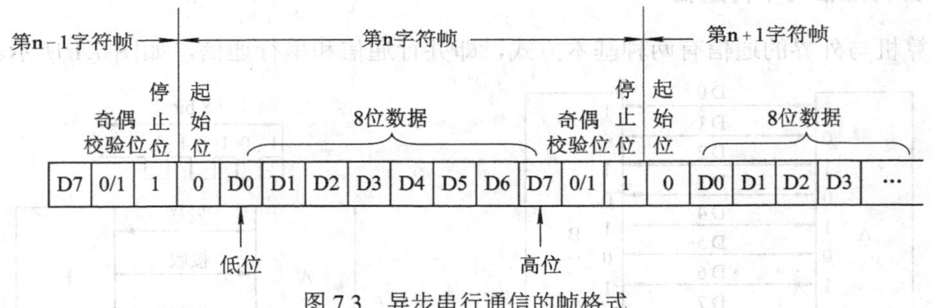

图 7.3 异步串行通信的帧格式

2）同步通信是一种连续串行数据传输的通信方式，一次传输一帧的数据，一帧中包含若干数据块。通信双方必须先建立同步，即双方的时钟信号要保持严格一致。每帧信号的开始要加上同步信息，收发两端以同步信号为基准，按规定的帧格式进行数据的发送和接收。同步通信一旦建立，数据传输不允许有间隙，若某帧中没有要传输的信息，则要在同步信号之后的信息位上填上空字符。

7.1.4 比特率

比特率是指每秒传输的二进制数码的位数，单位是 b/s。比特率是串行通信的重要指标，用于表征数据传送的速率。比特率越高，数据传输速度越快。字符的实际传送速率与比特率不同。字符的实际传送速率是指每秒钟内所传字符帧的帧数，与字符帧格式有关。通常，异步通信的比特率为 50～9600b/s。在编写串行通信程序时，首先要确定比特率和字符帧格式两个参数，通信双方的比特率必须保持严格一致，传输数据的字符帧格式必须统一。

7.2　MCS-51 的串行口及控制寄存器

MCS-51 单片机有一对全双工的串行口，一般作为异步通信串行口（UART）使用，也可以作为同步移位寄存器使用。其字符帧格式可以是 8 位、10 位或 11 位，可以设置各种比特率。发送、接收数据可以通过查询或中断方式，能实现单片机之间点对点通信、多机通信，也可以方便地扩展并行 I/O 口。

7.2.1　串行口的结构

MCS-51 单片机的串行口由串行发送寄存器 SBUF（99H）、串行接收寄存器 SBUF（99H）、发送控制器、接收控制器、输入移位寄存器、输出控制门等部分组成，其内部结构框图如图 7.4 所示。

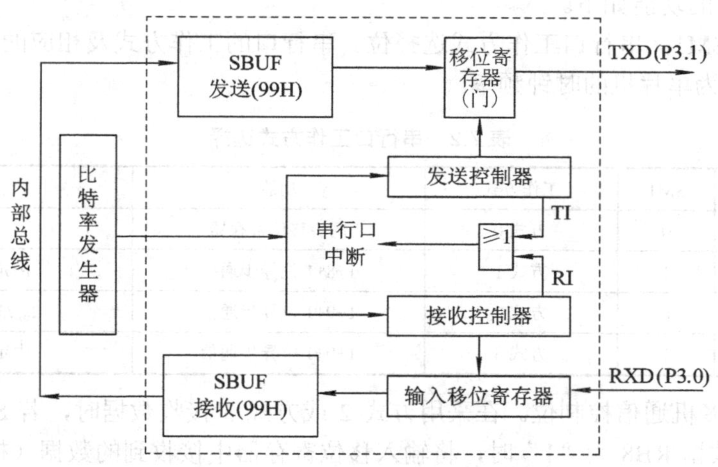

图 7.4　MCS-51 单片机串行口结构框图

串行数据寄存器 SBUF 实际是两个物理上独立的接收缓冲器 SBUF 和发送缓冲器 SBUF；两个缓冲器占用同一个地址（99H），可同时接收和发送数据。发送缓冲器只能写入，不能读出；接收缓冲器只能读出，不能写入。

在发送数据时，通过执行一条串行发送指令“MOV SBUF, A”，CPU 将内部数据写入发送缓冲器 SBUF，在发送时钟的控制下，数据由 TXD 引脚一位一位地送出。在串行接收时，数据从 RXD 引脚一位一位地通过移位寄存器送入接收缓冲器 SBUF，当接收缓冲器 SBUF 接收到一个完整的字节后通知 CPU，再通过一条接收指令“MOV A,SBUF”将数据送入 CPU 内部。

单片机通过 TXD 和 RXD 引脚与外设进行数据传输。在数据的接收端采用了双缓冲结构，输入的数据先送入移位寄存器，再送入接收缓冲器 SBUF，这样设计主要是为了避免在接收到第二帧数据之前，CPU 未能及时响应接收器前一帧数据的中断请求，未将前一帧数据读走，而造成接收过程中发生帧重叠错误的现象。数据的发送是由 CPU 主动发起的，不会产生帧重叠错误，所以发送电路未采用双缓冲结构。

7.2.2 串行口控制寄存器

MCS-51单片机除包括数据缓冲器SBUF外，还有两个特殊功能寄存器SCON和PCON，用于控制串行口的工作方式和比特率。

1. SCON

SCON可以决定串行口的通信方式，控制数据的接收和发送，标示串行口的工作状态。其字节地址为98H，可以进行位寻址，位地址为98H～9FH，它的位格式定义如表7.1所示。

表7.1 SCON的位格式

位地址	9FH	9EH	9DH	9CH	9BH	9AH	99H	98H
SCON	SM0	SM1	SM2	REN	TB8	RB8	TI	RI

SCON各位的功能如下。

1）SM0、SM1：串行口工作方式选择位。串行口的工作方式及相应的比特率如表7.2所示。表中 f_{osc} 为单片机的时钟频率。

表7.2 串行口工作方式选择

SM0	SM1	SM1	工作方式	功能	比特率
0	0	0	方式0	同步移位寄存器	f_{osc}/12
0	1	1	方式1	1+8+1位异步通信	由定时器控制
1	0	0	方式2	1+9+1位异步通信	f_{osc}/32或f_{osc}/64
1	1	1	方式3	1+9+1位异步通信	由定时器控制

2）SM2：多机通信控制位。在采用方式2或方式3接收数据时，若SM2=1，则当接收到的第9位数据RB8为“1”时，将输入移位寄存器中接收到的数据（接收的前8位数据）送入接收数据缓冲器SBUF中，接收有效，并使RI置“1”，向CPU申请中断，当接收到的第9位数据RB8为“0”时，输入移位寄存器中接收到的数据不送入接收数据缓冲器SBUF中（丢弃接收的前8位数据），接收无效，使RI清“0”，无中断申请；若SM2=0，则无论接收到的第9位数据RB8是“0”还是“1”，都将移位寄存器中的8位数据送入接收数据缓冲器SBUF中，使RI置“1”，向CPU申请中断。当串行口工作在方式0时，SM2只能设置为“0”。当串行口工作在方式1时，若SM2=1，只有接收到有效的停止位，接收才有效，接收中断RI才置1；若SM2=0，只要接收到8位有效数据，接收就有效，接收中断RI置“1”。

3）REN：串行接收控制位。当REN=1时，允许接收；当REN=0时，禁止接收。

4）TB8：当采用方式2和方式3时要发送的第9位数据。在多机通信中，该位一般用于表示主机发送的是数据还是地址：TB8=0为数据，TB8=1为地址，该位由软件置位和清零。在非多机通信时也可以作为发送数据的奇偶校验位使用。

5）RB8：在采用方式2和方式3时接收到的第9位数据。在多机通信中该位用于表示接收到的是数据还是地址：RB8=0为数据，RB8=1为地址。在采用方式0时，RB8不使用，其值必须为“0”。在采用方式1时，若SM2=0，则RB8为接收到的停止位。非多机通信时还可以用于对接收到的数据进行奇偶效验。

6）TI：发送中断标志位。在采用方式 0 时，第 8 位数据发送结束时由硬件自动置“1”；在其他方式下，在停止位开始发送时由硬件自动置“1”。TI=1 表示 1 帧数据发送结束，通知 CPU 可以发送下 1 帧数据。在 CPU 响应中断以后，TI 不能自动清“0”，必须由软件清“0”。另外，TI 也可供查询使用。

7）RI：接收中断标志位。在采用方式 0 时，第 8 位数据接收结束时由硬件自动置“1”；在其他方式下，接收有效时由硬件自动置“1”。RI=1 表示 1 帧数据已经接收结束，通知 CPU 可以从接收数据缓存器 SBUF 中取走接收到的数据。在 CPU 响应中断后，RI 不能自动清“0”，必须由软件清“0”。另外，RI 也可供查询使用。

8）TI 和 RI 是同一个中断源，CPU 事先不知道是发送中断 TI 还是接收中断 RI 产生的中断请求，所以必须由软件来判别。系统复位后，SCON 中所有位都被清“0”。

2. PCON

PCON 主要用于电源控制和串行口比特率加倍，其字节地址为 87H，不能进行位寻址，只能按照字节方式访问。它的位格式如图 7.5 所示。

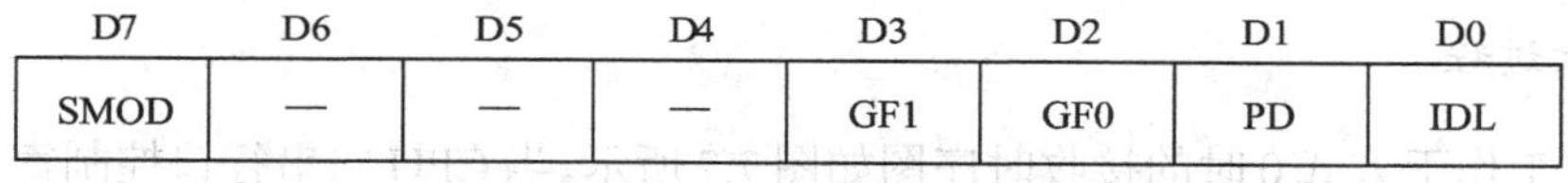

D7	D6	D5	D4	D3	D2	D1	D0
SMOD	—	—	—	GF1	GF0	PD	IDL

图 7.5　PCON 的位格式

PCON 仅有几位有定义，其中，最高位 SMOD 控制串行口比特率倍增，PD、IDL 与单片机的低功耗方式有关。

1）SMOD：串行通信比特率倍增控制位。若 SMOD=1，则串行口工作于方式 1～3 时的比特率加倍；若 SMOD=0，串行口的比特率仅由 SCON 决定。SMOD 的取值对串行口工作于方式 0 时的比特率无影响。复位后，SMOD=0。

2）GF1、GF0：两个通用标志位。用户可以自己设置一些标志。

3）PD、IDL：CHMOS 型单片机的低功耗控制位。若 PD=1，则单片机进入断电方式，此时片内振荡器停止工作，仅片内 RAM 内容被保持；若 IDL=1，则单片机进入节电方式，这时供给 CPU 的时钟信号被切断，但时钟信号仍送给片内 RAM、定时器、中断系统和串行口，同时 CPU 状态被保存，即堆栈指针 SP、程序计数器 PC、程序状态字 PSW、累加器 A 及通用寄存器的内容被保存。

7.3　串行口工作方式

MCS-51 单片机串行口有 4 种工作方式，下面详细介绍各种方式的功能和特性。

7.3.1　方式 0

当 SM0 SM1=00 时，串行口工作于方式 0，此时串行口作为 8 位同步移位寄存器使用，比特率为 $f_{osc}/12$。在串行口工作于方式 0 时，由 RXD 引脚输入或输出数据，由 TXD 引脚以 $f_{osc}/12$ 的固定频率输出同步脉冲。发送和接收数据时低位在前，高位在后，一帧的数据均为

8 位，无起始位和结束位。方式 0 通常用于外接移位寄存器，用于扩展 I/O 口。

1. 发送过程

串行口工作于方式 0 时的发送时序图如图 7.6 所示。在发送中断标志 TI=0 时，CPU 执行一条向发送缓存器 SBUF 写数据的指令，如“MOV SBUF,A”，即可启动串行数据的发送。经过一个机器周期，写入 SBUF 中的数据按低位在前，高位在后的顺序从 RXD 端依次送出，而同步时钟从 TXD 送出。一帧（8 位）数据发送结束，硬件自动使发送中断标志 TI 置“1”，向 CPU 申请中断。中断响应后，必须由软件使 TI 清“0”，才可以发送下一帧数据。

串行口工作方式 0

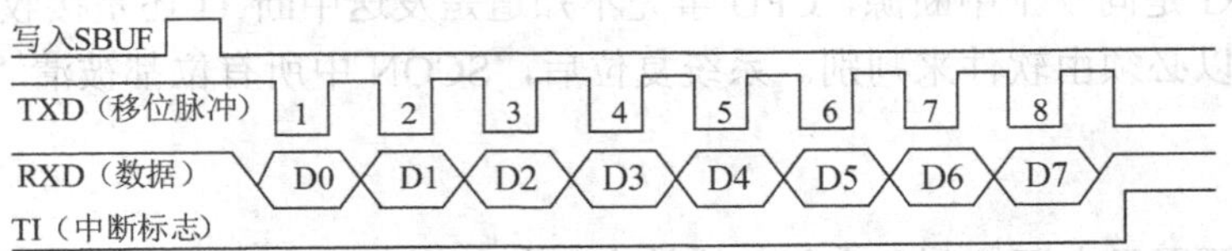

图 7.6 方式 0 发送时序

2. 接收过程

串行口工作于方式 0 时的接收时序图如图 7.7 所示。当 CPU 向串行口控制寄存器 SCON 写入控制字（设置工作方式为 0，REN=1，RI=0）时，产生一个正脉冲，就会启动一次接收过程。串行数据通过 RXD 引脚输入，而通过 TXD 引脚输出同步脉冲。在同步脉冲的控制下，RXD 引脚上的数据依次送入接收移位寄存器，当 8 位的数据全部进入移位寄存器后，由接收控制器将一帧的数据并行送入接收数据缓冲器 SBUF，同时由硬件自动使接收中断标志 RI=1，向 CPU 申请中断。中断响应后，CPU 将 SBUF 中的数据读走，然后用软件使 RI 清“0”，移位寄存器开始接收下一帧的数据。

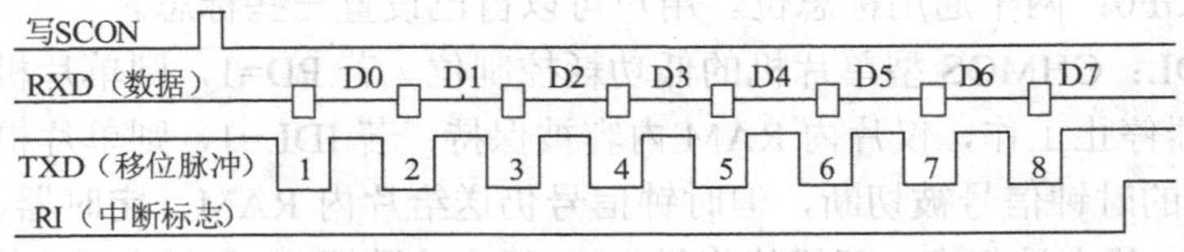

图 7.7 方式 0 接收时序

7.3.2 方式 1

当 SM0 SM1=01 时，串行口工作于方式 1。方式 1 为 8 位异步串行通信（UART）。此方式下，一帧数据为 10bit，1bit 起始位（0），8bit 数据（低位在前，高位在后），1bit 停止位（1），由 TXD 引脚发送数据，由 RXD 引脚接收数据。方式 1 的比特率可变，由定时器 T1 的溢出率和 PCON 中的 SMOD 位共同决定，即

$$\text{比特率}=\frac{2^{\text{SMOD}}}{32}\times \text{T1的溢出率}$$

所以若 SMOD=0，则定时器/计数器 T1 送出的溢出信号 32 分频即为串行口比特率；若 SMOD=1，则溢出信号的 16 分频为串行口比特率。

定时器/计数器 T1 作为比特率发生器时一般工作于方式 2，若计数初始值为 TC，则计数溢出周期为

$$T=(256-TC)\times T_{机}$$

式中，$T_{机}$ 表示单片机的机器周期，定时器/计数器 T1 的溢出率为溢出周期倒数，即

$$T1的溢出率=\frac{1}{(256-TC)\times T_{机}}=\frac{f_{机}}{(256-TC)}$$

式中，$f_{机}$ 表示机器周期对应的频率。

所以串行口工作于方式 1 时的比特率为

$$比特率=\frac{2^{SMOD}}{32}\times\frac{f_{机}}{(256-TC)}$$

对于 12T 传统单片机，其比特率为

$$比特率=\frac{2^{SMOD}}{32}\times\frac{f_{osc}}{(256-TC)\times 12}$$

对于 1T 单片机，其比特率为

$$比特率=\frac{2^{SMOD}}{32}\times\frac{f_{osc}}{(256-TC)}$$

1. 发送过程

串行口工作于方式 1 时的发送时序图如图 7.8 所示。在发送中断标志 TI＝0 时，CPU 执行一条向发送缓存器 SBUF 写数据的指令，就启动了串行数据的发送。数据由 TXD 引脚输出，发送时钟由定时器/计数器 T1 送来的溢出信号经 16 分频或 32 分频后得到。在发送时钟的控制下，从 TXD 引脚先送出 1bit 低电平的起始位，然后按照低位在前，高位在后的顺序送出 8bit 的有效数据，最后是 1bit 高电平的停止位。一帧（10 位）数据发送结束，由硬件自动使发送中断标志 TI 置“1”，向 CPU 申请中断。中断响应后，必须由软件使 TI 清“0”，通知 CPU 可以发送下 1 帧数据。

串行口工作方式 1

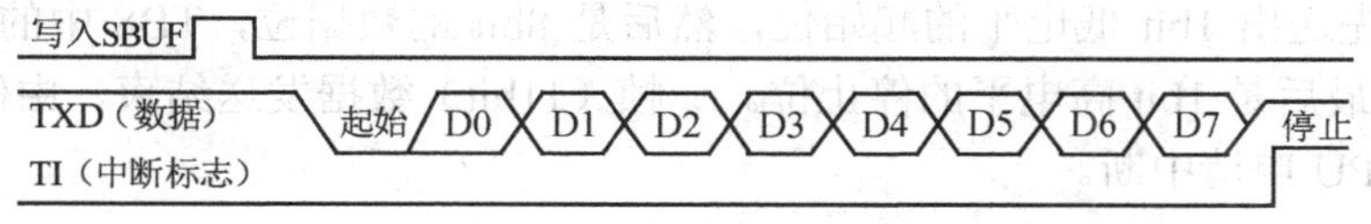

图 7.8　方式 1 发送时序

2. 接收过程

串行口工作于方式 1 时的接收时序图如图 7.9 所示。

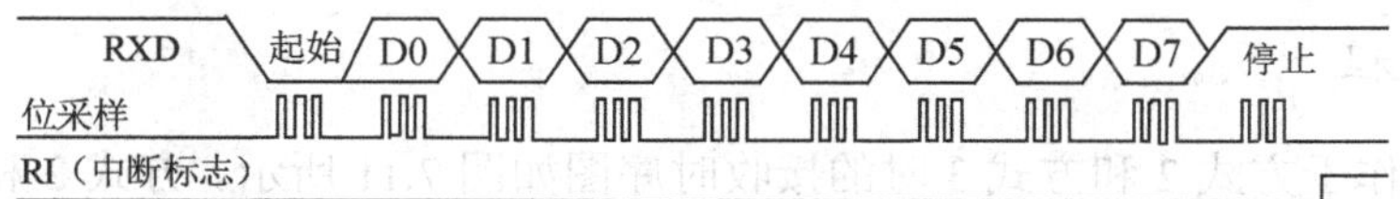

图 7.9　方式 1 接收时序

在 REN=1 时，接收器就开始工作，接收器以 16 倍比特率采样 RXD 引脚上的电平。当采样到从“1”至“0”的跳变后，接收控制寄存器开始接收数据，在接收移位脉冲的控制下数据依次送入接收移位寄存器，当 8 位数据和 1 位停止位全部移入时，按下面状态进行响应。

1）RI=0，SM2=0：将移位寄存器中的数据送入接收数据缓冲器 SBUF，停止位装入 RB8，接收中断标志位 RI 置“1”，向 CPU 申请中断。

2）RI=0，SM2=1：只有接收到的停止位为“1”时才发生上述操作。

3）RI=0，SM2=1，且停止位为 0：将接收到的数据丢失，不装入 SBUF。

4）RI=1：将接收到的数据丢失，不装入 SBUF。

无论出现哪种情况，接收控制器将继续采样 RXD 引脚，以便接收下一帧的信息。

7.3.3 方式 2 和方式 3

SM0 SM1=10 和 11 时，串行口分别工作于方式 2 和方式 3。方式 2 和方式 3 是 9 位异步串行通信。在方式 2 和方式 3 下，一帧数据 11bit：1bit 起始位（0），8bit 数据（低位在前，高位在后），1bit 可编程位（第 9 位数据），1bit 停止位（1）；发送的第 9 位数据放于 TB8 中，接收的第 9 位数据放于 RB8 中；由 TXD 引脚发送数据，由 RXD 引脚接收数据。

方式 2 和方式 3 的区别主要是比特率产生方式不同。方式 2 的比特率是固定的，为 $f_{osc}/32$（SMOD=1）或 $f_{osc}/64$（SMOD=0）；方式 3 的比特率与方式 1 的比特率完全相同，由定时器/计数器 T1 的溢出率和电源控制寄存器 PCON 中的 SMOD 决定，即

$$\text{比特率} = \frac{2^{\text{SMOD}}}{32} \times \text{T1的溢出率}$$

对于 12T 单片机，其比特率为

$$\text{比特率} = \frac{2^{\text{SMOD}}}{32} \times \frac{f_{osc}}{(256 - \text{TC}) \times 12}$$

1. 发送过程

串行口工作于方式 2 和方式 3 时的发送时序图如图 7.10 所示。方式 2 和方式 3 发送的数据是 9 位，发送前必须先将第 9 位数据装入 SCON 的 TB8 中。发送过程类似于方式 1，从 TXD 引脚先送出 1bit 低电平的起始位，然后是 8bit 的数据位，TB8 中的数据跟在前 8 位数据之后，最后是 1bit 高电平的停止位。一帧（11bit）数据发送结束，由硬件自动使 TI 置“1”，向 CPU 申请中断。

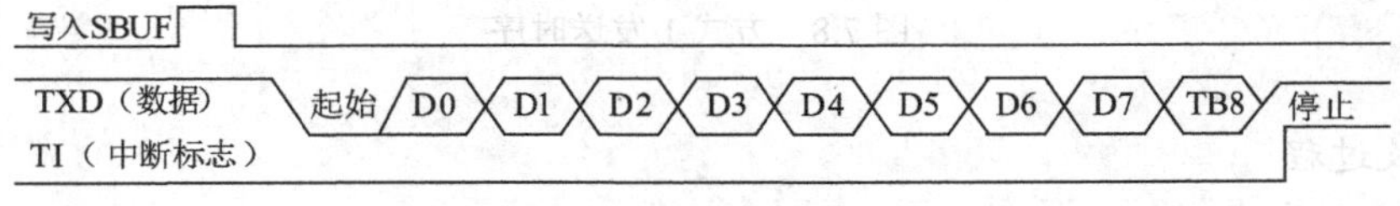

图 7.10 方式 2 和方式 3 发送时序

2. 接收过程

串行口工作于方式 2 和方式 3 时的接收时序图如图 7.11 所示。方式 2 和方式 3 的接收过程与方式 1 类似，所不同的是接收到的第 9 位数据不是停止位，接收到后存放于 SCON

的 RB8 中。接收是否有效，也是由该位判断的，而不是由停止位判断。

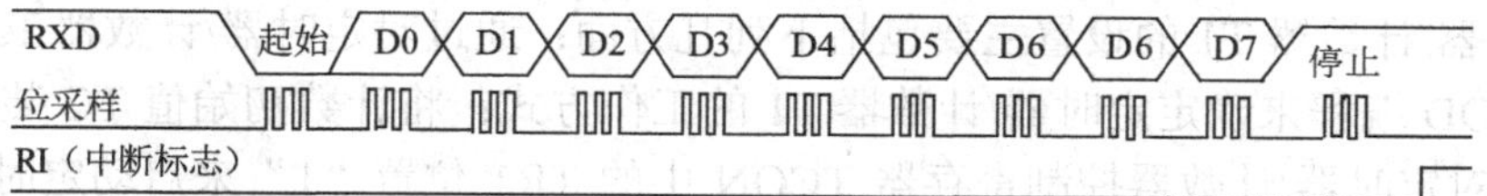

图 7.11　方式 2 和方式 3 接收时序

MCS-51 单片机串行口的 4 种工作方式中，方式 1、方式 2、方式 3 是异步串行通信（UART），方式 0 是同步通信，4 种模式的特点如表 7.3 所示。

表 7.3　串行口的 4 种工作方式

方式	发送条件	接收条件	接收方式	特点
0	TI=0	RI=0，REN=1	查询、中断	同步移位
1	TI=0	RI=0，REN=1	查询、中断	8 位数据异步通信（UART）
2、3	TI=0	RI=0，REN=1，SM2=0	查询（无中断）	8 位数据+1 位奇偶的 UART
		RI=0，REN=1，RB8=1	查询（SM2=0），中断（SM2=1）	8 位数据+1 位控制的 UART

7.4　串行口的初始化与应用

51 单片机的串行口既可以用于网络通信，也可以实现异步串行通信，还可以作为移位寄存器使用，应用十分广泛。

7.4.1　串行口初始化

在使用串行口之前，应对它进行初始化编程，主要是设置产生比特率的定时器/计数器 T1、串行口控制寄存器和中断控制寄存器。

1. 设置串行口的工作方式

通过对串行口控制寄存器 SCON 编程来确定串行口的工作方式。根据工作方式设置 SM0、SM1 的值，对方式 2 和方式 3 还要确定 SM2 的值。若为接收端，则允许接收位 REN 置“1”；若以方式 2 或方式 3 发送数据，则将要发送的第 9 位数据写入 TB8 中。

2. 设置比特率

对于方式 0，不需对比特率进行设置，通信的比特率为 $f_{osc}/12$。对于方式 2，只需对电源控制寄存器 PCON 中的 SMOD 位进行设置，SMOD=1，比特率=$f_{osc}/32$；SMOD=0，比特率=$f_{osc}/64$。

对于方式 1 和方式 3，除要设置 SMOD 之外，还要对定时器/计数器 T1 进行设置，一般定时器/计数器 T1 工作于方式 2。根据实际需要选择一个合适的比特率，根据前面波特率的计算公式：

$$比特率=\frac{2^{SMOD}}{32}\times\frac{f_{osc}}{(256-TC)\times12}$$

得定时器/计数器 T1 的计数初值为

$$TC = 256 - f_{osc} \times 2^{SMOD} / (12 \times 比特率 \times 32)$$

对定时器/计数器 T1 的设置主要包括下列几方面：通过对定时器/计数器工作方式控制寄存器 TMOD 编程来确定定时器/计数器 T1 的工作方式；将计数初始值 TC 装载于 TH1、TL1；通过对定时器/计数器控制寄存器 TCON 中的 TR1 位置“1”来启动定时器 T1 开始计数。若串行口工作在中断方式，还需要对中断允许控制寄存器 IE 编程来开中断、中断优先级控制寄存器 IP 编程来设置串行口中断的优先级。

7.4.2 串行口的应用

MCS-51 单片机的串行口在实际应用中一般有 3 种形式：利用方式 0 扩展并行 I/O 口，利用方式 1 实现点对点通信，利用方式 2 和方式 3 实现多机通信。

1. 利用方式 0 扩展成并行 I/O 口

当 MCS-51 单片机的串行口工作于方式 0 时，每外接一片串行输入、并行输出的移位寄存器（如 74LS164、74HC164、CD4094），就可以扩展一个 8 位并行输出口，如图 7.12（a）所示。每外接一片并行输入、串行输出的移位寄存器（如 74LS165、74HC165、74HC595、CD4014）时，即可扩展一个 8 位并行输入口，如图 7.12（b）所示。

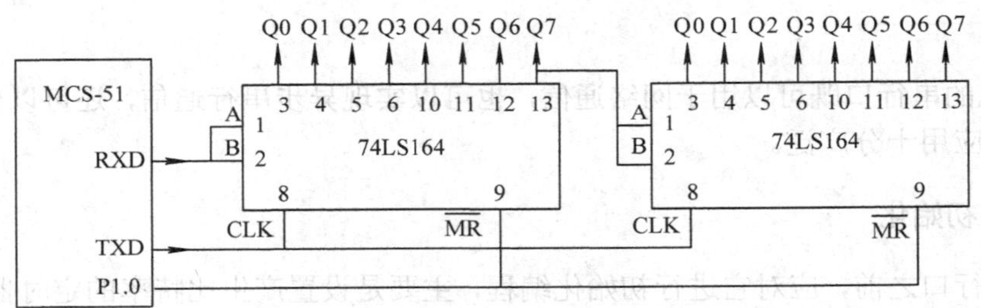

(a) 串行口扩展并行输出口

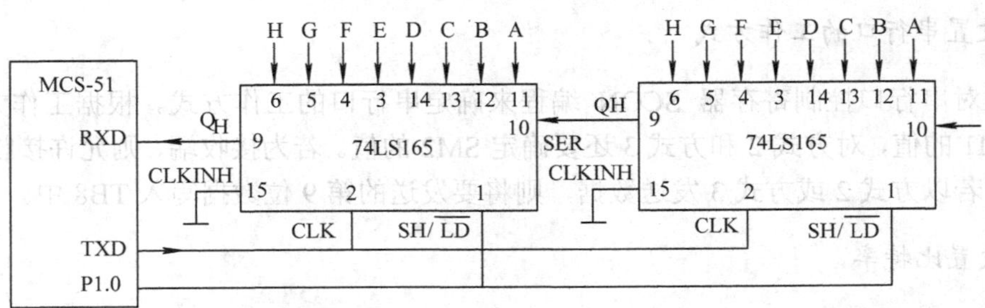

(b) 串行口扩展并行输入口

图 7.12 串行口工作在方式 0 时的应用

74LS164 是一块“串入并出”的移位寄存器，其引脚如图 7.13（a）所示。引脚 A、B 为串行数据输入端。Q0～Q7 为并行数据输出端，其中 Q0 为 MSB（most significant bit，最高有效位），Q7 为 LSB（least significant bit，最低有效位）。CLK 为时钟输入端，上升沿触发。$\overline{MR}$ 为控制端，当 $\overline{MR}=0$ 时，打开串行控制门，数据在时钟信号 CLK 的控制下，一位一位地从串行输入端 A 或 B 送入 74LS164；当 $\overline{MR}=1$ 时，打开并行控制门，74LS164 中的 8 位数据并行输出。

74LS165 是一块“并入串出”的移位寄存器，其引脚如图 7.13（b）所示。引脚 H～A 为并行数据输入口，其中 H 为 MSB，A 为 LSB。SER 为串行数据输入端，用于扩展多个 74LS165 时实现首尾相接。QH 为串行数据输出端，$\overline{\text{QH}}$ 串行数据反相输出端。CLK 为时钟输入端。CLK INH 为时钟禁止端，当 CLK INH 为高电平时，禁止时钟信号 CLK 输入；当 CLK INH 低电平时，允许时钟输入。SH/$\overline{\text{LD}}$ 为控制端，当 SH/$\overline{\text{LD}}$=0 时，并行数据（H～A）送入移位寄存器，而与时钟（CLK，CLK INH）及串行数据（SER）均无关。当 SH/$\overline{\text{LD}}$=1 时，并行置数功能被禁止。CLK 和 CLK INH 在功能上是等价的，可以交换使用。当 CLK 和 CLK INH 有一个为低电平并且 SH/$\overline{\text{LD}}$ 为高电平时，另一个时钟可以输入，内部寄存器的数据在时钟信号的控制下按照高位在前低位在后的顺序从 QH 引脚串行输出。

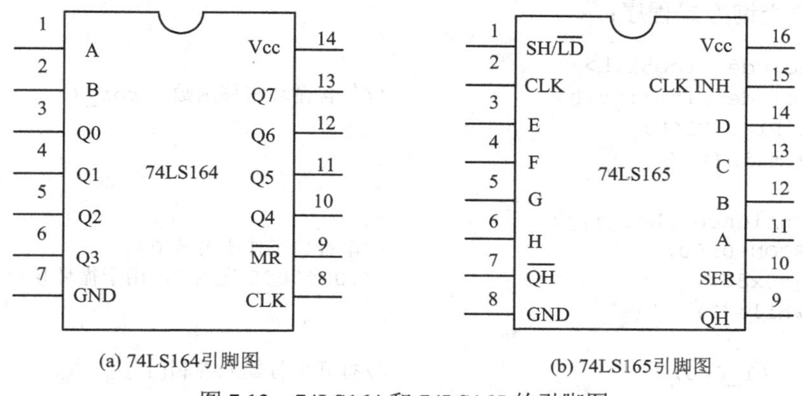

(a) 74LS164引脚图　　(b) 74LS165引脚图

图 7.13　74LS164 和 74LS165 的引脚图

【例 7.1】　如图 7.14 所示，MCS-51 单片机的串行口外接一串入并出的移位寄存器 74LS164 扩展并行输出口，控制一组 LED 发光，使 LED 从左向右依次循环点亮，写出程序。

分析：图中并行数据输出端口从左向右的顺序就是 74LS164 并行输出端口从高位到地位的顺序，所以用数据 1000 0000 循环右移来控制 LED 就能达到题目的要求。单片机的串行口工作于方式 0，RXD 输出串行数据，TXD 以 f/12 的固定频率输出同步脉冲，P1.0 口控制 MR。当 MR=0 时，74LS164 打开串行输入控制门，在时钟 CLK 的控制下数据从串行输入端 A/B 一位一位输入。当 MR=1 时，8 位数据从 Q0～Q7 并行输出。相应的程序代码如下。

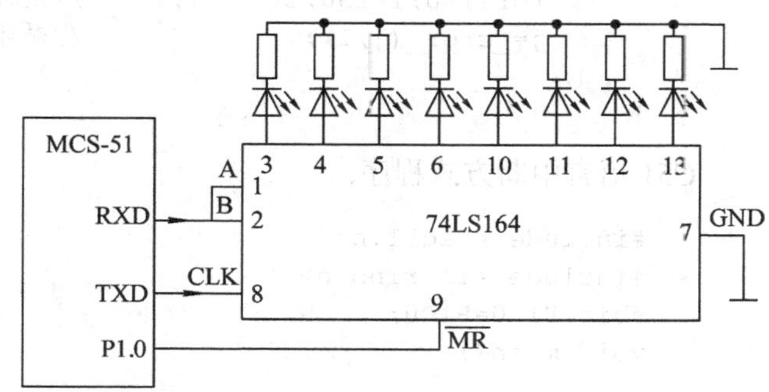

图 7.14　74LS164 扩展并行输出口

汇编语言程序：

```
        ORG 0100H
        MOV SCON,#00H       ;串行口工作在方式 0
        CLR ES              ;禁止串行中断
        MOV A,#80H          ;LED 从左边亮起
DELR:   CLR P1.0            ;打开串行输入控制门
        MOV SBUF,A          ;MCS-51 串行输出
WAIT:   JNB TI,WAIT         ;等待数据发送结束
```

```
    SETB P1.0
    ACALL  DELAY
    CLR TI
    RR  A
    AJMP DELR
DELAY: MOV R6,#FFH                        ;延时程序
LOOP1: DJNZ R6,LOOP1
     NOP
     NOP
     RET
     END
```

C51 语言查询方式程序：

```
# include <reg51.h>
# include <intrins.h>                    //包含循环右移函数_cror_()
sbit P1_0=P1^0;
void main()
{
    unsigned char i,j;
    SCON=0x00;                            //串行口工作于方式 0
    j=0x80;                               //10000000 送入 j，用于循环移位
    while(1)
    {
      P1_0=0;                             //打开串行输入控制门
      SBUF=j;
      while(!TI);                         //等待数据发送结束
      P1_0=1;                             //8 位数据并行输出
      TI=0;
      for(i=0;i<250;i++)  {;}             //延时
      j=_cror_(j,1);                      //循环右移一次
    }
}
```

C51 语言中断方式程序：

```
#include <reg51.h>
#include <intrins.h>
sbit P1_0=P1^0;
void main()
{
  unsigned char i,j;
  SCON=0x00;                              //串行口工作于方式 0
  EA=1;                                   //开中断总开关
  ES=1;                                   //串行口中断允许
  j=0x80;                                 //10000000 送入 j,用于循环移位
  P1_0=0;                                 //打开串行输入控制门
  SBUF=j;                                 //串行口输出
  while(1)
  {;}                                     //等待数据发送结束
}
void Sel_control() interrupt 4
{
```

```
    P1_0=1;                          //8 位数据并行输出
    TI=0;                            //串行口中断必须软件清除中断标志位
    for(i=0;i<250;i++) {;}           //延时
    j=_croc_(j,1);                   //循环右移一次
    P1_0=0;                          //下一个循环开始
    SBUF=j;
}
```

【例 7.2】　如图 7.15 所示，由一组开关 S1～S8 分别来控制一组 LED L1～L8，当开关接到+5V 电源时，相应的 LED 点亮；当开关接到地时，相应的 LED 熄灭，写出相应的程序。

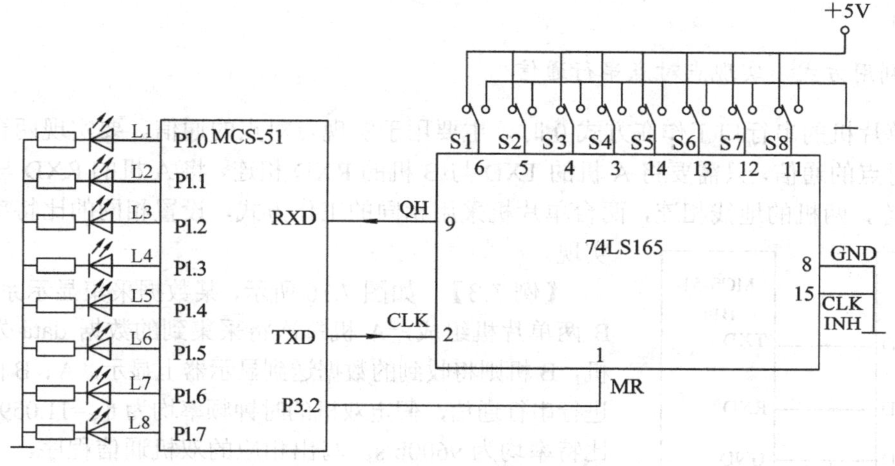

图 7.15　74LS165 扩展并行输入口

分析：图中开 S1～S8 恰好是 74LS165 并行输入端从高位到低位的顺序，也就是单片机接收到数据从高位到低位的顺序，将这一组数据输出到 P0 口，高位控制 P0.7，低位控制 P0.0，则 L1～L8 分别反应的是 S1～S8 状态。

汇编语言程序：

```
        ORG 0100H
        MOV SCON,#10H            ;串行口工作在方式 0 接收
        CLR ES                   ;禁止串行中断
START:  SETB P3.2                ;打开并行控制门
        NOP
        CLR  P3.2                ;打开串行控制门
 LOOP:  JNB RI LOOP
        CLR RI
        MOV A,SBUF
        MOV P0,A
        SJMP START
        EDN
```

C51 语言程序：

```
#include <reg51.h>
#include <intrins.h>             //包含延时函数_nop_()
sbit P3_2=P3^2;
void main(void)
{
```

```
    SCON=0x10;                    //串行口工作于方式 0 接收
    while(1)
    {
      P3_2=0;                     //打开并行输入控制门
      _nop_();                    //延时
      P3_2=1;                     //打开串行输入控制门
      while(!RI) {;}              //等待串行接收结束
      RI=0;
      P0=SBUF;
    }
}
```

2. 利用方式 1 实现点对点串行通信

当单片机的串行口工作在方式 0 时，主要用于实现点对点的通信。要实现两台单片机之间点对点的通信，只需要将 A 机的 TXD 与 B 机的 RXD 相连，将 A 机的 RXD 与 B 机的 TXD 相连，两机的地线相连，两台单片机采用相同的工作方式，设置相同的比特率就可以实现。

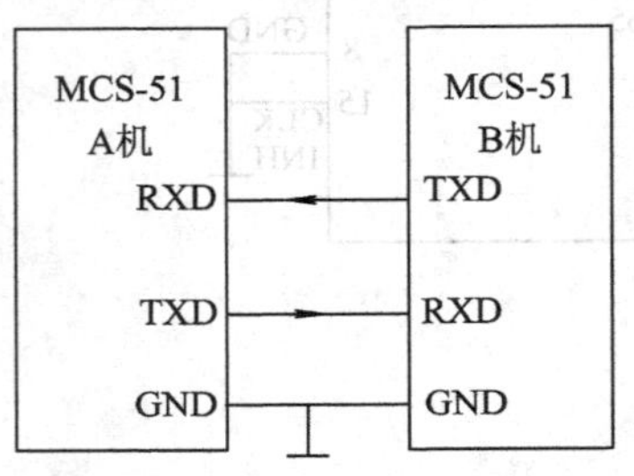

图 7.16 方式 1 实现双机通信

【例 7.3】 如图 7.16 所示，某数据采集显示系统由 A、B 两单片机组成，A 机每次将采集到的数据 data 发送给 B 机，B 机则将收到的数据送到显示器上显示。A、B 两机之间进行串行通信，假定双机的时钟频率均为 f_{osc}=11.059 2MHz，比特率均为 9600b/s。写出相应的双机通信程序。

分析：两单片机的串行口均工作于方式 1，时钟频率均为 f_{osc}=11.059 2MHz，比特率均为 9600b/s，若选择 SMOD=0，根据串行口比特率的计算公式：

$$比特率=\frac{2^{SMOD}}{32}\times\frac{f_{osc}}{(256-X)\times 12}$$

得到定时器/计数器 T1 的计数初值为

$$X=256-f_{osc}\times 2^{SMOD}/(12\times 比特率\times 32)=253=FDH$$

A 机汇编语言发送程序：

```
        ORG 0100H
        MOV TMOD,#20H           ;T1 工作于方式 2
        MOV TL1,#FDH
        MOV TH1,#FDH
        MOV PCON,#00H
        MOV SCON,#40H
        CLR ES
        CLR ET1
        SETB TR1
TRANS:  MOV SBUF,A              ;发送数据
WAIT:   JNB TI,WAIT             ;等待数据发送结束
        CLR TI
        ACALL COLLECT
        JMP TRANS
```

```
COLLECT:                    ;数据采集子程序,其定义在此略
      ⋮
      END
```

A 机 C51 语言发送程序：

```
#include <reg51.h>
void main(void)
{
  unsigned char data=0x00;
  TMOD=0x20;              //T1 工作于方式 2
  TH1=0xFD;               //T1 计数初值
  TL1=0xFD;
  PCON=0x00;              //SMOD=0
  SCON=0x40;              //A 机禁止接收,串行口工作于方式 1
  ES=0;                   //关串行口和定时器 T1 中断
  ET1=0;
  TR1=1;                  //串行口初始化完成
  while(1)
  {
    delay();
    SBUF=data;            //发送数据
    while(!TI);
    TI=0;
    data=CollectData(); //CollectData()为数据采集子程序,在此省略其定义
  }
}
```

B 机汇编语言接收程序：

```
      ORG 0100H
      MOV TMOD,#20H
      MOV TL1,#FDH
      MOV TH1,#FDH
      MOV PCON,#00H
      MOV SCON,#50H
      CLR ES
      CLR ET1
      SETB TR1
WAIT: JNB RI,WAIT             ;等待接收数据结束
      CLR RI
      MOV A,SBUF
      ACALL DISP
      JMP WAIT
DISP:                         ;数据显示子程序,其定义在此略
      ⋮
      END
```

B 机 C51 语言接收程序：

```
#include <reg51.h>
void main(void)
{
  unsigned char data=0x00;
```

```
    TMOD=0x20;
    TH1=0xFD;
    TL1=0xFD;
    PCON=0x00;
    SCON=0x50;               //B机允许接收,串行口工作于方式1
    ES=0;
    ET1=0;
    TR1=1;
    for( ; ; )
    {
      Display(data);         //Display()为显示子函数,其定义在此省略
      while(!RI) {;}
      RI=0;
      data=SBUF;
    }
}
```

3. 利用方式2和方式3实现多机通信

单片机之间的通信除了点对点通信外，还有一机对多机或多机之间的通信，构成了计算机网络，其中主从式多机通信是比较常用的一种方式。在主从式多机通信系统中，只有一台主机，但可以有多台从机。主机发送的信息可以传送到各个从机或指定从机，从机发送的信息只能为主机所接收，各从机之间不能直接通信。MCS-51单片机串行口的方式2和方式3可以实现多机通信功能，可实现一台主机和若干台从机构成总线式的多机分布式系统，其连接方式如图7.17所示。

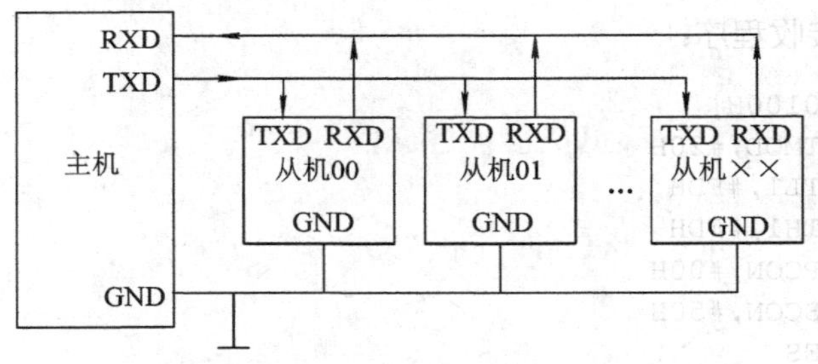

图7.17 多机通信的硬件连接

MCS-51单片机串行口的方式2和方式3是9位的异步通信。要发送的第9位数据和接收到的第9位数据存放在特殊功能寄存器SCON的TB8和RB8中。接收是否有效要受SM2的影响。若SM2=1，则当接收到的第9位数据RB8为“1”时，将接收到的前8位数据送入接收缓冲器SBUF，接收有效，并使RI置“1”，向CPU申请中断；当接收到的第9位数据RB8为“0”时，丢弃接收到的前8位数据，接收无效，使RI置“0”，无中断申请。若SM2=0，则不管接收到的第9位数据RB8是“0”还是“1”，都将移位寄存器中的8位数据送入接收数据缓冲器SBUF中，使RI置“1”，向CPU申请中断。

在多机通信中，可充分利用MCS-51单片机的多机通信控制位SM2。当单片机用作主机时，SM2应设定为“0”，当单片机用作从机时，SM2设定为“1”。主机发送且从机接收的数据有两类：一类是地址，用于指示需要和主机通信的从机的地址，由串行数据第9位为“1”标志；另一类是数据，由串行数据第9位为“0”标志。由于所有从机的SM2=1，每个从机总

能在 RI=0 时收到主机发来的地址，并进入各自的中断服务程序。在中断服务程序中，每台从机将接收到的从机地址和它的本机地址（系统设计时分配）进行比较，若不相等，则从机从各自的中断服务程序中退出，SM2 仍为“1”，若相等，则该从机是被主机寻址通信的从机。被寻址从机在程序中使 SM2=0，以便接收随之而来的数据或命令。多机通信的过程如下。

1）主机的 SM2=0，所有从机的 SM2=1，都处于监听状态，以便接收主机发来的地址。

2）主机给从机发送一帧地址信息时，其中前 8 位是地址，第 9 位为“1”表示是地址帧。

3）所有从机在 SM2=1、RB8=1 且 RI=0 时，接收到主机发来的从机地址帧后，进行中断处理，进入相应的中断服务程序，并和本机地址进行比较以确认是否为被寻址从机。

4）被寻址的从机通过指令使 SM2=0，进入接收数据状态，可以接收主机随后发送的数据，并向主机发回接收到的从机地址作为响应信号，供主机核对，实现主机与被寻址从机的双机通信；未被寻址的从机保持 SM2=1，并退出中断服务程序。

5）完成主机和被寻址从机之间的数据通信，被寻址从机在通信完成后重新使 SM2=1，并退出中断服务程序，恢复到监听状态，等待下次通信。

多机通信原理流程如图 7.18 所示。至于主从机初始化程序和中断服务程序的编写要根据具体的要求而定，这里不再赘述。

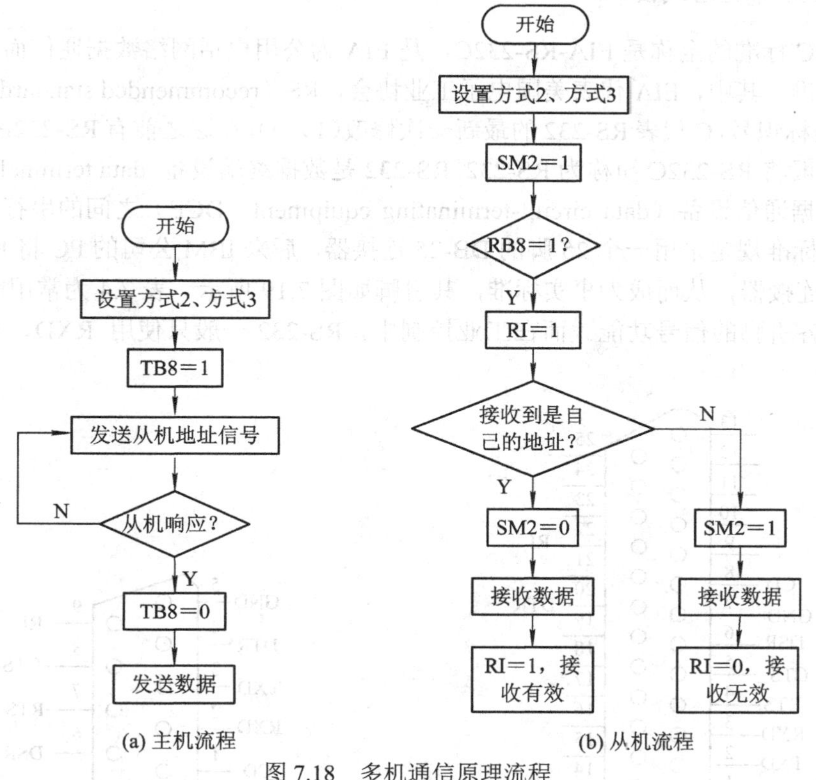

图 7.18　多机通信原理流程

7.5　单片机与 PC 的通信

单片机集成有硬件 UART 通道，可以非常方便地实现串行通信。单片机与 PC 的通信一般通过 RS-232、RS-422、RS-485 或 USB 等串行口来实现。这些标准数据接口同时也在工业控制、电力通信、智能仪表等领域中广泛用于串行通信。RS-232、RS-422 与 RS-485 最初都是由电子工业协会（Electronic Industry Association，EIA）制定并发布的。RS-232 发布于 1962 年，命名为 EIA-232-E，作为工业标准，它可保证不同厂家产品之间的兼容。RS-422 由 RS-232 发展而来，它是为弥补 RS-232 之不足而提出的。为改进 RS-232 通信距离短、速率低的缺点，EIA 于 1977 年推出了 RS-422 串行通信标准，对 RS-232 的电气特性做了改进。RS-422 定义了一种平衡通信接口，将传输速率提高到 10Mb/s，传输距离延长到 1200m（速率低于 100Kb/s 时），并允许在一条平衡总线上连接最多 10 个接收器。RS-422 是一种单机发送、多机接收的单向、平衡传输规范，命名为 TIA/EIA-422-A 标准。为扩展应用范围，EIA 于 1983 年在 RS-422 的基础上制定了 RS-485 标准，增加了多点、双向通信能力，即允许多个发送器连接到同一根总线上，同时增加了发送器的驱动能力和冲突保护特性，扩展了总线共模范围，后命名为 TIA/EIA-485-A 标准。

7.5.1 RS-232 串行总线通信

1. RS-232 串行总线接口

RS-232C 标准的全称是 EIA-RS-232C，是 EIA 为公用电话网络数据通信而制定的串行物理接口标准。其中，EIA 代表美国电子工业协会，RS（recommended standard）代表推荐标准，232 是标识号，C 代表 RS-232 的最新一次修改（1969），在这之前有 RS-232B、RS-232A。在实际中一般将 RS-232C 简称为 RS-232。RS-232 是数据终端设备（data terminal equipment，DTE）和数据通信设备（data circuit-terminating equipment，DCE）之间的串行数据交换接口标准，该标准规定采用一个 25 脚的 DB-25 连接器，后来 IBM 公司的 PC 将 RS-232 简化成了 DB-9 连接器，从而成为事实标准，其引脚如图 7.19 所示。表 7.4 为常用的 DB-25 和 DB-9 接口各引脚的信号功能。而在工业控制中，RS-232 一般只使用 RXD、TXD、GND 这 3 条线。

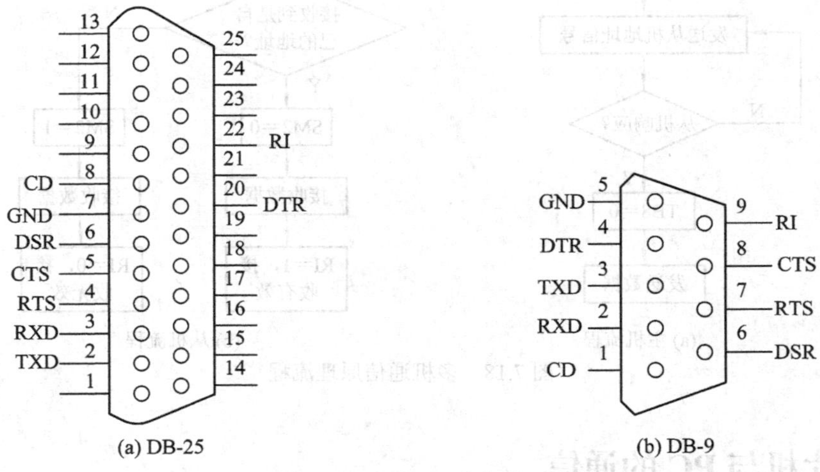

图 7.19 RS-232 引脚排列

表 7.4　RS-232 引脚的信号功能

9 针 RS-232 串行口（DB-9）			25 针 RS-232 串行口（DB-25）		
引脚	简写	功能说明	引脚	简写	功能说明
1	CD	载波侦测（carrier detect）	8	CD	载波侦测（carrier detect）
2	RXD	接收数据（receive data）	3	RXD	接收数据（receive data）
3	TXD	发送数据（transmit data）	2	TXD	发送数据（transmit data）
4	DTR	数据终端准备（data terminal ready）	20	DTR	数据终端准备（data terminal ready）
5	GND	地线（ground）	7	GND	地线（ground）
6	DSR	数据准备好（data set ready）	6	DSR	数据准备好（data set ready）
7	RTS	请求发送（request to send）	4	RTS	请求发送（request to send）
8	CTS	清除发送（clear to send）	5	CTS	清除发送（clear to send）
9	RI	振铃指示（ring indicator）	22	RI	振铃指示（ring indicator）

RS-232 标准对串行通信接口的信号线功能、电气特性等都进行了明确规定。RS-232 规定最大的负载电容为 2500pF，这个电容限制了传输距离和传输速率。RS-232 的发送和接收是“对地”而言的，采用非平衡模式传输，存在共地噪声，因此不具备抗共模干扰的能力，共模噪声会耦合到信号中，所以 RS-232 能够进行可靠数据传输的最大通信距离为 15m。在实际应用中有数据表明在 300b/s 的速率下，通信距离也可以达到 150m 以上，但从严格意义上来讲，这是不符合规范要求的。从电气特性来看，RS-232 总线的逻辑电平与 TTL 电平完全不兼容，总线中的信号线采用负逻辑，逻辑“0”规定为+5～+15V，逻辑“1”规定为-5～-15V，噪声容限为 2V。即要求接收器能识别低至+3V 的信号作为逻辑“0”，高到-3V 的信号作为逻辑“1”。对于介于-3～+3V 中的电压处于模糊区电位，此部分电压将使计算机无法正确判断输出信号的意义，可能得到“0”，也可能得到“1”。因此，实际工作时，应保证传输的电平在+3～+15V 或-3～-15V。

RS-232 标准能够提供的传输速度主要有 1200b/s、2400b/s、4800b/s、9600b/s、19 200b/s、38 400b/s、57 600b/s、115 200b/s。在仪器仪表或工业控制场合，9600b/s 是最常见的传输速度，而在传输距离较近时，使用最高传输速度也是可以的。传输距离和传输速度的关系成反比，适当地降低传输速度，可以延长 RS-232 的传输距离，提高通信的稳定性。

2. TTL/RS-232 电平转换及其接口电路

RS-232 标准规定的电平和一般微处理器的逻辑电平不一致，必须进行电平转换，实现逻辑电平的转换可以采用以下几种方式。

（1）采用 MAX232 系列芯片

MAX220～MAX249 系列线驱动器/接收器是 Maxim 公司专为 RS-232 标准串行口设计的电平转换芯片，特别适合于无法提供±12V 电源的应用场合。其中 MAX225、MAXX233、MAX235 及 MAX245/MAX246/MAX247 不需要外部元件，适合于 PCB 面积有限的应用。其中 MAX232 使用+5V 单电源供电，功耗低，典型供电电流 5mA，芯片内部包含 2 个驱动器、2 个接收器和 1 个电容性电压发生器。每一个接收器将 RS-232 电平转换成 5V TTL/CMOS 电平。每一个发送器将 5V TTL/CMOS 电平转换成 RS-232 电平。所以 MAX232 能实现 RS-232 电平与 5V TTL/CMOS 电平之间的双向转换。图 7.20 所示为 MAX232 的引脚排列及各引脚的功能图。

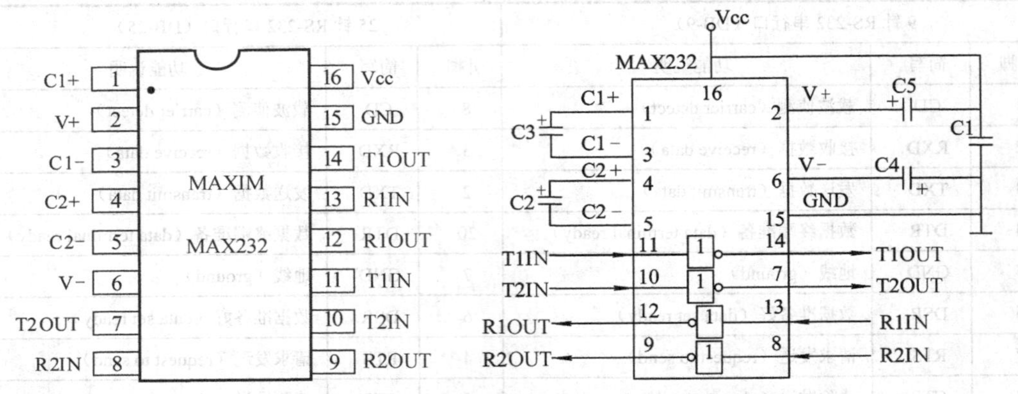

图 7.20 MAX 232 的引脚排列及各引脚的功能图

MAX232 的引脚可以分为 3 部分，第一部分是电荷泵电路，由 1、2、3、4、5、6 引脚和 4 只电容构成。片载电荷泵具有升压、电压极性反转能力，能够产生+12V 和−12V 电压，所以在单 5V 电源供电时能提供 RS-232 电平。第二部分是数据转换通道，由 7、8、9、10、11、12、13、14 引脚构成两个数据通道。其中 13 引脚（R1IN）、12 引脚（R1OUT）、11 引脚（T1IN）、14 引脚（T1OUT）为第一数据通道。8 引脚（R2IN）、9 引脚（R2OUT）、10 引脚（T2IN）、7 引脚（T2OUT）为第二数据通道。TTL/CMOS 数据可以从 T1IN、T2IN 输入转换成 RS-232 数据从 T1OUT、T2OUT 输出，RS-232 数据可以从 R1IN、R2IN 输入转换成 TTL/CMOS 数据后从 R1OUT、R2OUT 输出。第三部分是供电电路，由 15 引脚（GND）、16 引脚[Vcc（+5V）]组成。

图 7.21 所示为 MAX232 的典型应用电路。在实际应用中，C1 为 0.1μF 的去耦电容，可选用一般的瓷片电容；C2、C3、C4、C5 可选用耐压值至少大于 16V 且容量为 1μF 的电解电容，注意电容的极性不能接反。在使用中，由于 RS-232 电平较高，在接通时产生的瞬时电涌非常高，很有可能击毁 MAX232，所以在使用中应尽量避免热插拔。

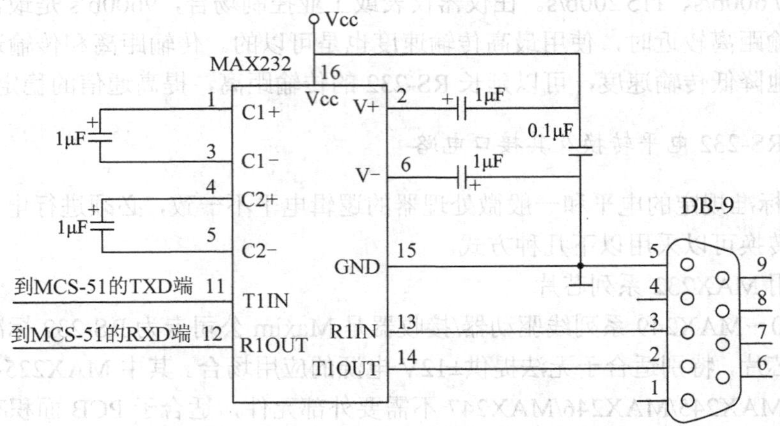

图 7.21 MAX232 的典型应用电路

常用的 RS-232 电平转换芯片还有 ADI 公司的 ADM101、Intersil 公司的 ICL232、TelCom 公司的 TC232 和 Maxim 公司的 MAX3232 芯片等。其中，ICL232 的引脚与 MAX232 相兼

容，可以直接替换。MAX3222/MAX3232/MAX3237/MAX3241/MAX3246 系列芯片是+3.0V 供电的 RS-232 电平转换芯片，具有低功耗、高数据速率、增强型 ESD 保护等特性。增强型 ESD 结构为所有发送器输出和接收器输入提供保护，可承受±15kV IEC 1000-4-2 气隙放电、±8kV IEC 1000-4-2 接触放电（MAX3246E 为±9kV）和±15kV 人体放电模式。

（2）采用 MC1488 和 MC1489 转换芯片

MC1488 和 MC1489 芯片是早期的 RS-232 至 TTL 逻辑电平的转换芯片。图 7.22 所示为实际电路。采用该芯片的主要缺点是电路需要加±12V 电压，不适合用于低功耗的系统。图中 TXD、RXD 分别接单片机的发送端和接收端。

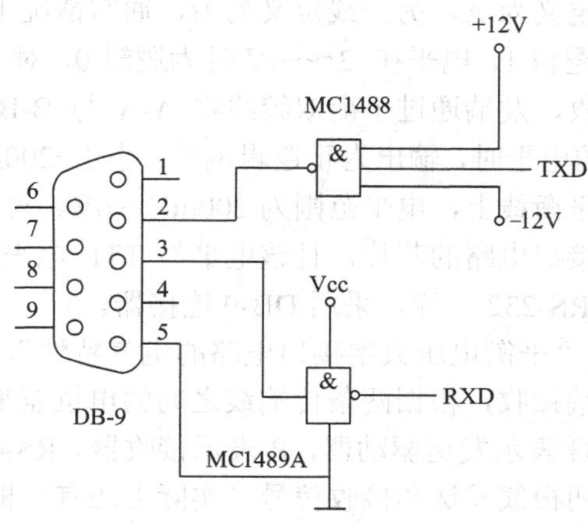

图 7.22　MC1488 和 MC1489 电平转换电路

（3）采用分立元件实现电平转换

当通信距离在 1～2m 时，可采用分立元件实现 RS-232 至 TTL 电平的转换，图 7.23 所示为接口电路。该电路的特点是利用 PC 的 RS-232 串行口的 3 引脚（也可用 4、7 引脚）供给负电源（-10V 左右），驱动能力可达 20mA。利用这个特性，用一个二极管和电解电容 C，即在 C 上获取了 RS-232 通信所需的负电源。该电路简单，功耗小，在没有专用芯片时不失为一种替代方法。

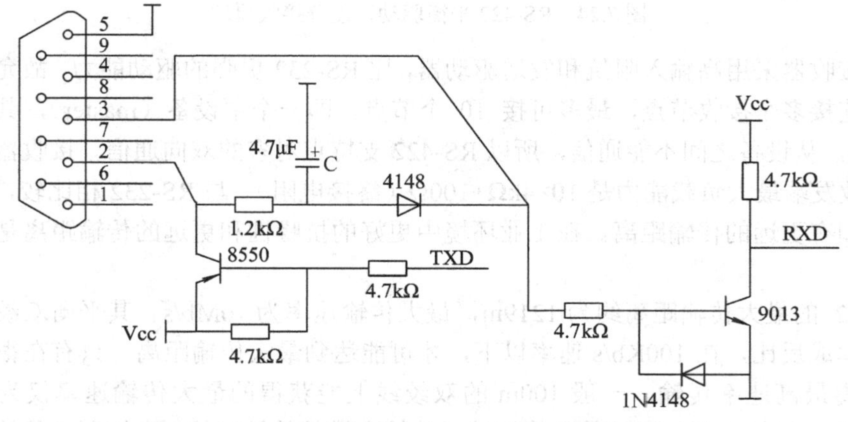

图 7.23　分立元件实现 RS232 至 TTL 电平的转换电路

上述介绍的 RS-232 至 TTL 电平转换的方法可以适用于大多数通信系统，在一些特殊应用场合需要诸如静电保护、多收发器（如和MODEM连接）时可采用MAX238（4驱动、4接收）或MAX3221（±15KV静电保护）等芯片。对于低成本应用时可选MAX221。MAX221采用+5V单电源供电，典型供电电流1μA，提供±15kV ESD保护和单路RS-232收发器。

7.5.2 RS-485串行总线通信

1. RS-422与RS-485串行总线接口

RS-422、RS-485与RS-232不同，数据信号采用平衡驱动和差分接收的方式，它使用一对双绞线，将其中一线定义为A，另一线定义为B，通常情况下，发送驱动器A、B之间的电平在+2～+6V时为逻辑1，电平在−2～−6V时为逻辑0。对于接收发送器，也做出与发送发送器相对的规定，收、发端通过平衡双绞线将A-A与B-B对应相连。当在接收端A-B之间有大于+200mV的电平时，输出为正逻辑电平；小于−200mV时，输出为负逻辑电平。在接收发送器的接收平衡线上，电平范围为200mV～6V。与RS-232相比较接口信号电平降低了，就不易损坏接口电路的芯片，且该电平与TTL电平兼容，可方便与TTL电路连接。在机械结构上与RS-232一样，采用DB-9连接器。

RS-422标准的全称是“平衡电压数字接口电路的电气特性”，是一种以平衡方式传输的标准，即双端发送和双端接收，根据两条传输线之间的电位差来确定逻辑状态。RS-422传输原理如图7.24所示，G表示发送驱动器，R表示接收器。RS-422采用平衡驱动、差分接收电路，差分传输时用两根线发送和接收信号（实际上还有一根信号地线，共5根线）。平衡驱动相当于两个单端驱动，输入信号被分解为两个相互倒相180°的A和B，图中小圆圈表示反相。差分传输方式从根本上取消了信号地线，外部输入的干扰信号是以共模方式出现的，两传输线上的共模干扰信号相同，由于接收器是差分输入，共模干扰可以相互抵消，大大减少了信号地线所带来的共模干扰。

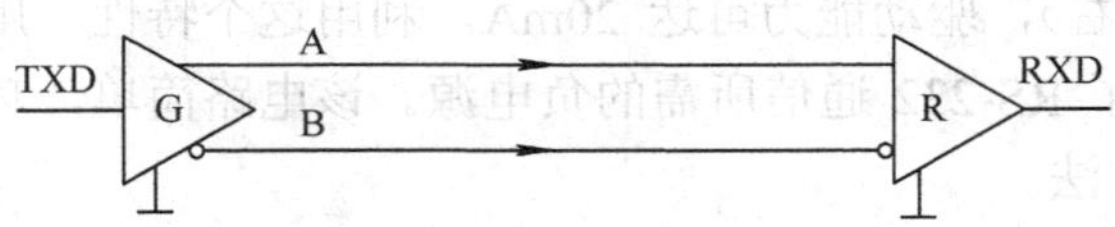

图7.24 RS-422平衡驱动、差分接收原理

由于接收器采用高输入阻抗和发送驱动器，比RS-232更强的驱动能力，故允许在相同传输线上连接多个接收节点，最多可接10个节点。即一个主设备（master），其余为从设备（slave），从设备之间不能通信，所以RS-422支持点对多的双向通信。接收器输入阻抗为4kΩ，故发端最大负载能力是10×4kΩ+100Ω（终接电阻）。与RS-232相比较，它能更好地抗噪声和有更远的传输距离。在工业环境中更好的抗噪性和更远的传输距离是一个很大的优点。

RS-422的最大传输距离约为1219m，最大传输速率为10Mb/s。其平衡双绞线的长度与传输速率成反比，在100Kb/s速率以下，才可能达到最大传输距离。只有在很短的距离下才能获得最高速率传输。一般100m的双绞线上能获得的最大传输速率仅为1Mb/s。RS-422需要一终接电阻，要求其阻值约等于传输电缆的特性阻抗。在短距离传输时不需要终接电阻，即一般在300m以下不需要终接电阻。终接电阻接在传输电缆的最远端。

RS-485是RS-422的升级，其绝大部分特性继承了RS-422。RS-485增加了DTE的个数，从 10 个增加到 32 个。如果使用特制的 485 芯片，可以达到 128 个或 256 个节点，最大的可以支持 400 个节点。由于 RS-422 的收与发是分开的，所以可以同时收和发（全双工），但 RS-485 的收与发是共用两根线，所以不能够同时收和发（半双工）。RS-485 与 RS-422 的不同还在于其共模输出电压是不同的，RS-485 是−7～+12V，而 RS-422 在−7～+7V。RS-422 与 RS-485 传输需要 2 个终接电阻，其阻值要求等于传输电缆的特性阻抗。

RS-485 标准的最大传输距离约为 1219m，最大传输速率为 10Mb/s。传输媒体的长度与传输速率成反比，只有在 20Kb/s 速率以下，才可能使用规定最长的电缆长度。只有在很短的距离下才能获得最高速率传输。一般来说，15m 长双绞线的最大传输速率仅为 1Mb/s。RS-485 网络采用直线拓扑结构，需要安装 2 个终端匹配电阻，其阻值要求等于传输电缆的特性阻抗（一般取值为 120Ω）。在短距离或低比特率波数据传输时可不需终端匹配电阻，即一般在 300m 以下、19200b/s 不需终端匹配电阻。终端匹配电阻安装在 RS-485 传输网络的两个端点，并联连接在 A、B 引脚之间。

RS-485 标准具体规格要求如下。

1）接收器的输入电阻 RIN≥12kΩ。

2）驱动器能输出±7V 的共模电压。

3）输入端的电容不大于 50pF。

4）在节点数为 32 个，配置了 120Ω 的终端电阻的情况下，驱动器至少还能输出电压 1.5V。

5）接收器的输入灵敏度为 200mV（即（V+）−（V−）≥0.2V，表示信号“1”；（V+）−（V−）≤−0.2V，表示信号“0”）。

很多情况下，连接 RS-485 通信链路时只是简单地用一对双绞线将各个接口的 A、B 端连接起来，而忽略了信号地的连接。这种连接方法在许多场合是能正常工作的，但却埋下了很大的隐患，主要原因如下。

1）共模干扰问题：RS-485 接口采用差分方式传输信号，并不需要相对于某个参照点来检测信号，系统只需检测两线之间的电位差即可。但人们往往忽视了收发器有一定的共模电压范围，RS-485 收发器共模电压范围为−7～+12V，只有满足上述条件，整个网络才能正常工作。当网络线路中共模电压超出此范围时就会影响通信的稳定可靠，甚至损坏接口。

2）EMI（electromagnetic interference，电磁电扰）问题：发送驱动器输出信号中的共模部分需要一个返回通路，如没有一个低阻的返回通道（信号地），信号中的共模部分就会以辐射的形式返回源端，整个总线就会像一个巨大的天线向外辐射电磁波。

RS-485 标准通常被用作为一种相对经济、具有相当高噪声抑制、相对高的传输速率、传输距离远、宽共模范围的通信平台。同时，RS-485 电路具有控制方便、成本低廉等优点。

RS-232、RS-422 与 RS-485 标准只对接口的电气特性做出规定，而不涉及接插件、电缆或协议，在此基础上用户可以建立自己的高层通信协议。通信协议可以是统一标准的通信协议，如 ModBus 协议，也可以是自定义协议。但由于 PC 上的串行数据通信是通过 UART 芯片来处理的，其通信协议也规定了串行数据单元的格式（8-N-1 格式）：1 位逻辑 0 的起始位，6/7/8 位数据位，1 位可选择的奇（odd）/偶（even）校验位，1/2 位逻辑 1 的停止位。基于 PC 的 RS-232、RS-422 与 RS-485 标准均采用同样的通信协议。3 种串行通信常见性能比较如表 7.5 所示。

表 7.5　3 种串行通信性能比较

项目	RS-232	RS-422	RS-485
功能	全双工	全双工	半双工
传输方式	单端	差分	差分
节点数	1 收 1 发	1 发 10 收	1 发 32 收
最大速率	20Kb/s	10Mb/s	10Mb/s
最大距离/m	15	1200	1200
最大驱动输出电压/V	±25	-0.25～+6	-7～+12
驱动器输出信号电平（负载最小值）/V	±5～±15	+/-2.0	+/-1.5
驱动器输出信号电平（空载最大值）/V	+/-25	+/-6	+/-6
驱动器负载阻抗/Ω	3～7k	100	54
接收器输入电压范围/V	-15～+15	-10～+10	-7～+12
接收器输入门限	+/-3V	+/-200mV	+/-200mV
接收器输入阻抗/kΩ	3～7	4（最小）	≥12
驱动器共模电压/V		-3～+3	-1～+3
接收器共模电压/V		-7～+7	-3～+12
抗干扰能力	弱	强	强

2. RS-485 接口芯片

全球许多半导体公司都生产 RS-485/RS-422 通信接口芯片，如 Maxim 公司（器件前缀为 MAX)、Sipex 公司（器件前缀为 SP)、TI 公司（器件前缀为 SN)、Intersil 公司（器件前缀为 ISL 或 LTC)、ADI 公司（器件前缀为 ADM）等。常见的 RS-485/RS-422 通信接口芯片性能如表 7.6 所示。

表 7.6　常见的 RS-485/RS-422 通信接口芯片性能

型号	工作电压/V	工作方式	速率/（Mb/s）	节点数	接收允许控制	低电流关断模式
MAX481	5	半双工	2.5	32	是	是
MAX483	5	半双工	0.25	32	是	是
MAX485	5	半双工	2.5	32	是	否
MAX487	5	半双工	0.25	128	是	是
MAX488	5	全双工	0.25	1	否	否
MAX489	5	全双工	0.25	32	是	否
MAX490	5	全双工	2.5	1	否	否
MAX491	5	全双工	2.5	32	是	否
MAX3483	3.3	半双工	0.25	32	是	是
MAX3485	3.3	半双工	10	32	是	是
SP483	5	半双工	0.25	32	是	是
SP485	5	半双工	5	32	是	否
SP3483	3.3	半双工	0.25	32	是	是
SP3485	3.3	半双工	10	32	是	是

MAX481、MAX483、MAX485、MAX487、MAX491 等是用于 RS-485 与 RS-422 通信的低功耗收发器，每个器件中都具有一个驱动器和一个接收器。MAX483、MAX487、MAX488 及 MAX489 具有有限摆率驱动器，可以减小 EMI，并降低由不恰当的终端匹配电缆引起的反射，实现最高 250Kb/s 的无差错数据传输。MAX481、MAX485、MAX490、MAX491 等的驱动器摆率不受限制，可以实现最高 2.5Mb/s 的传输速率，这些收发器在驱动器禁用的空载或满载状态下，吸收的电源电流为 120～500mA。这些器件都工作在+5V 单电源下。MAX3483、MAX3485、MAX3486、MAX3488、MAX3490 及 MAX3491 等都工作于 3.3V 单电源下，性能类似于相应的+5V 电源芯片。

MAX485 具有低功耗设计，静态电流仅为 300μA，采用半双工通信方式。MAX485 具有三态输出特性，在使用 MAX485 时，总线最多可以同时连接 32 个 MAX485 芯片。通信比特率可以达到 2.5Mb/s。MAX485 是一个 8 个引脚的芯片，其 DIP/SOP 封装的引脚结构如图 7.25 所示。

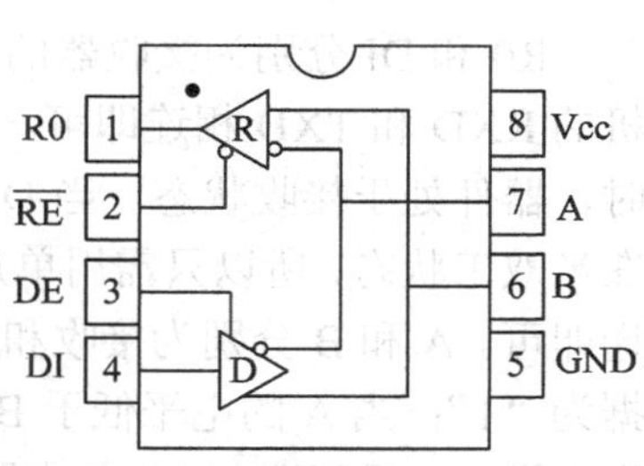

图 7.25　MAX485 的引脚和结构

从图中可以看出，MAX485 芯片的结构和引脚都非常简单，内部含有一个驱动器和接收器。R0 为接收信号的输出引脚，可以将来自 A 引脚和 B 引脚的总线信号输出给单片机。若 A 比 B 大 200mV，R0 为高电平，反之为低电平。R0 是 COMS 电平，可以直接连接到单片机。$\overline{RE}$ 为接收信号的控制引脚。当 $\overline{RE}$ 为低电平时，R0 引脚有效，MAX485 通过 R0 将来自总线的信号输出到单片机；当 $\overline{RE}$ 为高电平时，R0 引脚处于高阻状态。DE 为输出信号的控制引脚。当 DE 为低电平时，输出驱动器无效；当 DE 为高电平时，输出驱动器有效，来自 DI 引脚的输出信号通过 A 引脚和 B 引脚被加载到总线上。DI 为输出驱动器的输入引脚，是 COMS 电平，可以直接连接到单片机。当 DE 是高电平时，DI 信号通过 A 引脚和 B 引脚加载给总线，若 DI=1，则 A=1，B=0；若 DI=0，则 A=0，B=1。A 连接到 RS-485 总线的 A 端。B 连接到 RS-485 总线的 B 端。Vcc 和 GND 是电源正和地线引脚，分别接+5V 电源和地线。MAX485 的逻辑功能如表 7.7 所示。

表 7.7　MAX485 的逻辑功能表

发送					接收			
输入			输出		输入			输出
$\overline{RE}$	DE	DI	A	B	$\overline{RE}$	DE	A-B	R0
X	1	1	1	0	0	0	>0.2V	1
X	1	0	0	1	0	0	<0.2V	0
0	0	X	Z	Z	0	0	输入开路	1
1	0	X	Z	Z	1	0	X	Z

从表 7.7 可以看出，MAX485 发送数据时，与 $\overline{RE}$ 的状态无关。若 DE 为“1”，则 MAX485 芯片的 A、B 上输出相应的高低电平，数字信号正常送出。若 DE 为“0”，则 MAX485 芯片的 A、B 端处于高阻态。当 MAX485 接收数据时，只有 $\overline{RE}$ 和 DE 均为“0”，MAX485 才能进行数据的正常接收。图 7.26 所示为 MAX485 的典型应用电路。

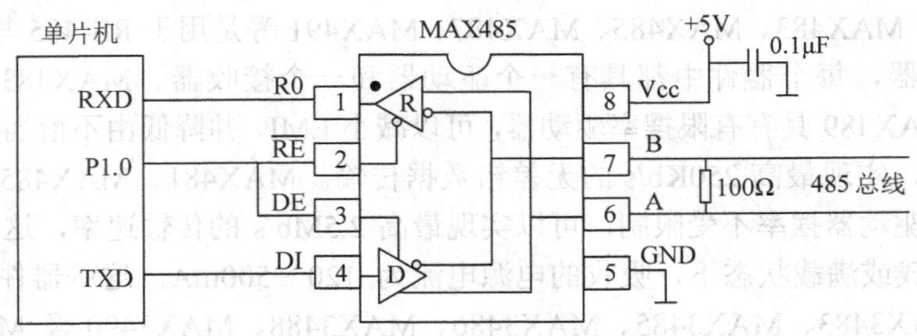

图 7.26 MAX485 典型应用电路

R0 和 DI 分别为接收器的输出端和驱动器的输入端，与单片机连接时只需分别与单片机的 RXD 和 TXD 相连即可。$\overline{RE}$ 和 DE 分别为接收和发送的使能端，当 $\overline{RE}$ 为逻辑“0”时，器件处于接收状态。当 DE 为逻辑“1”时，器件处于发送状态。因为 MAX485 工作在半双工状态，所以只需用单片机的一个引脚控制这两个引脚来控制 MAX485 的接收和发送即可。A 和 B 分别为接收和发送的差分信号，当 A 引脚的电平高于 B 时，代表发送的数据为“1”；当 A 的电平低于 B 端时，代表发送的数据为“0”。同时将 A 和 B 端之间加匹配电阻，一般可选 100Ω 的电阻。在单片机的 I/O 口资源短缺时，还可以采用发送与接收自动切换的方式，其电路如图 7.27 所示。

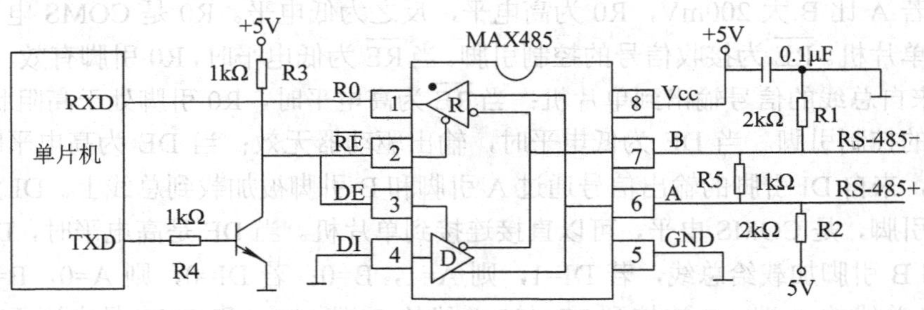

图 7.27 MAX485 发送与接收自动切换电路

默认单片机的 TXD 引脚为高电平，晶体管导通，$\overline{RE}$ 为低电平，MAX485 芯片处于接收状态。当单片机要发送数据时，若 TXD 为低电平，晶体管截止，DE 为高电平，发送允许。此时由于 DI 接地，所以 MAX485 芯片的输出端 A、B 产生表示低电平的差分信号，低电平信号被送出。若 TXD 为高电平，晶体管导通，DE 为低电平，MAX485 芯片的 A、B 端处于高阻态。此时靠电阻 R1 和 R2 的下拉和上拉作用，使总线上产生正的差分信号，从而将高电平信号送出。所以在使用这个电路时，只要程序能保证不要同时进行接收和发送操作，即保证是半双工通信，程序不必用指令控制 DE 进行接收和发送的转换，转换由硬件本身完成。由于发送高电平的过程中，MAX485 处于接收状态，此时必须是在总线上其他节点处于接收状态时，高电平信号才能被送出。所以在使用该电路时需要软件设计中做好总线仲裁，保证通信是半双工的。

3. 基于 RS-485 的 PC 与单片机通信

由于PC默认的只有RS-232接口，在实际中有两种方法可以实现PC通过RS-485电路与单片机通信。一种方法是选择PCI多串行口卡，可以直接选用输出信号为RS-485类型的扩展卡。另一种方法是通过RS-232/RS-485转换电路将PC接口RS-232信号转换成RS-485信号，对于情况比较复杂的工业环境最好选用防浪涌带隔离栅的产品。MCS-51系列单片机实现与PC之间的通信时，必须使用电平转换接口芯片，因为单片机输出的是TTL电平，必须经过电平转换才能和PC的一致。单片机一侧需要采用RS-485接口；而在PC一侧需要的是RS-232与RS-485的电平转换接口，如图7.28所示。

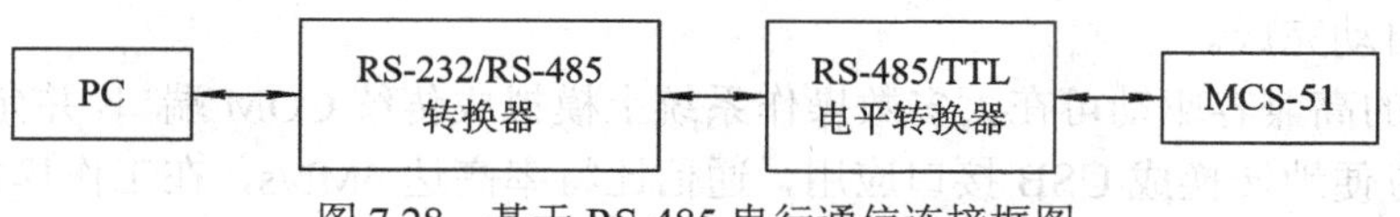

图 7.28　基于 RS-485 串行通信连接框图

PC 与单片机串行通信连接图如图 7.29 所示。

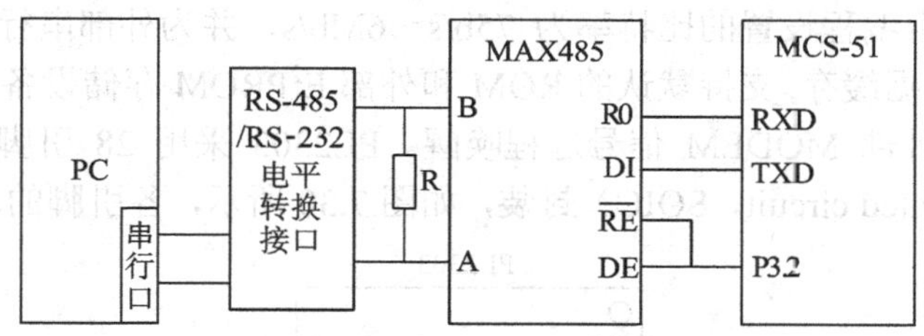

图 7.29　PC 与单片机的连接电路

7.5.3　USB 串行总线通信的基本原理

1. USB 串行总线简介

通用串行总线（universal serial bus，USB）是由 Compaq、HP、Intel、Lucent、NEC、Microsoft 和 Philips 共 7 家公司联合推出的新一代标准接口总线。该总线是一种连接外设的总线，最多可连接 127 个设备，为微机系统扩充和配置外设提供了方便。USB 通信技术以其易插拔、速度快、即插即用和独立供电等特点，已得到了更广泛的应用。多数的 PC 带好几个 USB 接口，而大部分 PC 已不带有 RS-232 和 RS-485 接口。

为了解决嵌入式系统与 PCUSB 接口之间的通信问题，硬件厂商提供各种不同的解决方案。一种方案是使用带 USB 接口的单片机和独立的 USB 接口器件，如 Cypress 公司的 CY7C68013A 和 Philips 公司的 PIUSBDl2。这种方案需开发人员了解和掌握 USB 的接口原理、协议，设计 USB 设备驱动程序，而 USB 接口协议的复杂性给开发人员带来诸多不便，如开发周期长。另一种方案是使用 RS-232-USB 接口转换器，这些器件在其内部完成 RS-232 到 USB 接口协议的转换，开发人员完全不用更改或只需更改很少的 PC 端应用程序即可完成与 USB 接口的通信，如 Prolific 公司的 PL2303、Silicon Labs 公司的 CP2102 型 RS-232-USB 接口转换器。这类器件价格成本低，开发简单。

利用RS-232-USB接口转换器完成通信任务，既具有即插即用的优点，又避免烦琐的USB协议和USB驱动，开发方便。这里介绍RS-232-USB接口转换器PL-2303的特点与原理，并介绍利用该器件实现单片机与PC之间的通信接口设计。

2. PL2303 芯片简介

PL2303 是 Prolific 公司生产的一种高度集成的 RS-232-USB 接口转换器，可提供一个 RS-232 全双工异步串行通信装置与 USB 功能接口便利连接的解决方案。该器件内置 USB

功能控制器、USB 收发器、振荡器和带有全部调制解调器控制信号的 UART，只需外接几只电容就可实现 USB 信号与 RS-232 信号的转换，能够方便嵌入到手持设备。该器件作为 USB-RS-232 双向转换器，一方面从主机接收 USB 数据并将其转换为 RS-232 信息流格式发送给外设；另一方面从 RS-232 外设接收数据转换为 USB 数据格式传送回主机，这些工作全部由器件自动完成。

PL2303 的高兼容驱动可在大多数操作系统上模拟成传统 COM 端口，并允许基于 COM 端口应用可方便地转换成 USB 接口应用，通信比特率高达 6Mb/s，在工作模式和休眠模式时都具有功耗低，是嵌入式系统手持设备的理想选择。该器件具有以下特征：完全兼容 USB1.1 协议；可调节的 3～5V 输出电压，满足 3V、3.3V 和 5V 不同应用需求；支持完整的 RS-232 接口，可编程设置的比特率为 75b/s～6Mb/s，并为外部串行口提供电源；具有 512B 可调的双向数据缓存；支持默认的 ROM 和外部 E^2PROM 存储设备配置信息，具有 I^2C 总线接口，支持从外部 MODEM 信号远程唤醒。PL2303 采用 28 引脚的小外形集成电路（small outline integrated circuit，SOIC）封装，如图 7.30 所示，各引脚的功能如表 7.8 所示。

PL2303

引脚	名称	名称	引脚
1	TXD	OSC2	28
2	DTR-N	OSC1	27
3	RTS-N	PLL-TEST	26
4	Vdd-232	GND-PLL	25
5	RXD	Vdd-PLL	24
6	RL-N	LD-MD/SHTD	23
7	GND	TRI-STATE	22
8	Vdd	GND	21
9	DSR-N	Vdd-5	20
10	DCD-N	RESET	19
11	CTS-N	GND3V3	18
12	SHTD-N	Vdd-3V3	17
13	EE-CLK	DM	16
14	EE-DATA	DP	15

图 7.30 PL2303 引脚

PL2303 支持通用的数据格式，数据位可以是 5～8 位或 16 位，传输时低位在前，高位在后，数据位后面可以带一位的奇偶校验位，最后是停止位，停止位可以是 1 位、1.5 位或 2 位。最大比特率可以达到 1.2Mb/s。

表 7.8 PL2303 引脚功能

引脚	名称	类型	引脚描述
1	TXD	输出	数据输出到串行口
2	DTR-N	输出	数据终端准备好，低电平有效
3	RTS-N	输出	发送请求，低电平有效
4	Vdd-232	电源	RS-232供电电源，RS-232输出信号（PIN1～PIN3）为5V电平，可以在3V和3.3V电源下操作，Vdd-232必须与RS-232接口使用同一电源
5	RXD	输入	串行口数据输入

续表

引脚	名称	类型	引脚描述
6	RI-N	输入/输出	振铃指示，低电平有效
7	GND	电源	地
8	Vdd	电源	正电源
9	DSR-N	输入	数据设备准备好，低电平有效
10	DCD-N	输入	数据传送检测，低电平有效
11	CTS-N	输入	清除发送，低电平有效
12	SHTD-N	输出	控制RS-232收发器关闭
13	EE-CLK	输入/输出	串行E^2PROM时钟
14	EE-DATA	输入/输出	串行E^2PROM数据
15	DP	输入/输出	USB端口D+信号
16	DM	输入/输出	USB端口D−信号
17	Vdd-3V3	电源	USB收发器3.3V电源
18	GND3V3	电源	地
19	RESET	输入	复位
20	Vdd-5	电源	USB端口的5V电压电源
21	GND	电源	地
22	TRI-STATE	输入	端口状态，此引脚在复位后被采样 端口状态，此引脚在复位后被采样 1：RS-232输出，在休眠期间停止工作 0：RS-232输出，在休眠期间为三态
23	LD-MD/SHTD	输入/输出	负载设置/断电指示。此引脚在复位期间为输入采样，用220kΩ上拉电阻用于指示重型USB设备（500mA），220kΩ电阻接地指示轻型负载，复位后，此引脚变成输出，输出负的SHTD-N信号
24	Vdd-PLL	电源	锁相环5V电源
25	GND-PLL	电源	锁相环模拟地
26	PLL-TEST	输入	PLL锁相环测试模式控制
27	OSC1	输入	晶振输入
28	OSC2	输出	晶振输出

将PL2303的TXD（1引脚）和RXD（5引脚）分别与单片机上的串行口（TXD和RXD）连接，DM、DP与PC的USB接口连接，再加上其他外围元件，就可实现单片机与PC之间的通信。PL2303的典型应用电路如图7.31所示。

单片机和PC的串行通信的软件编写与前述单片机点对点的通信相同，包括串行口的初始化和主程序，CPU可以工作在中断和查询两种方式，在此就不再赘述。

MCS-51 系列单片机通常只有一个 UART 异步串行通信接口，在应用系统中需要多个串行口（例如，在多机通信系统中，主机既要和从机通信又要和终端通信）的情况下，通常的方法是扩展一片 8251 或 8250 通用同步/异步接收发送芯片（USART），也可用单片机 I/O 口模拟串行通信。可在单片机的最小应用系统中实现与两个以上串行口设备的多机通信。

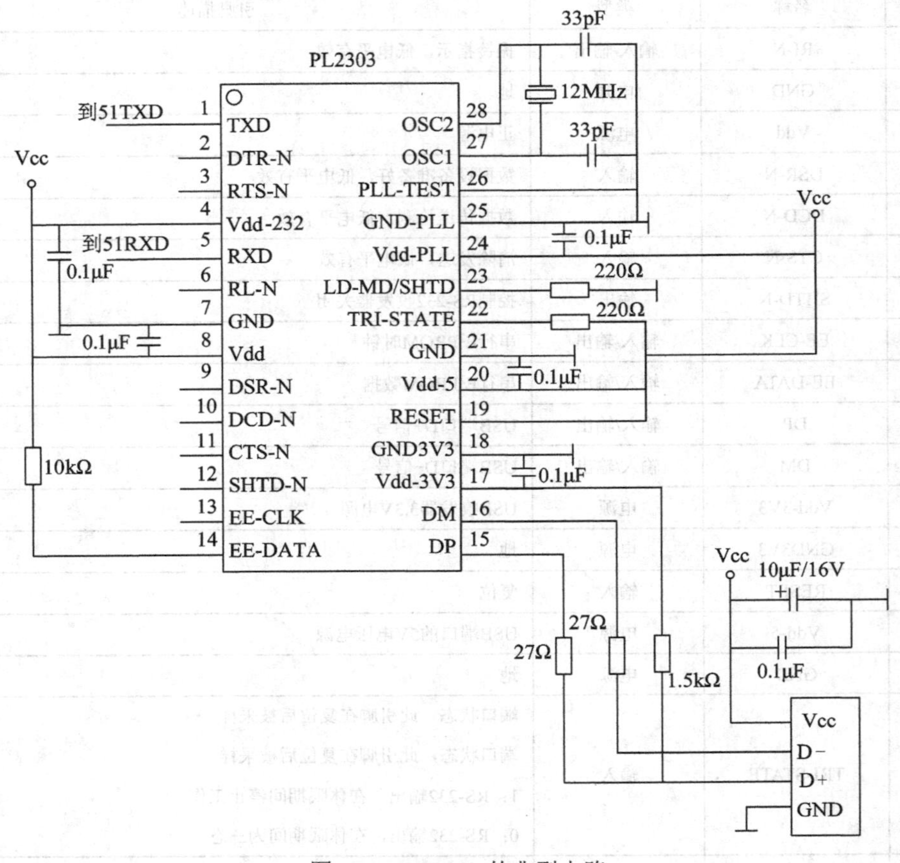

图 7.31 PL2303 的典型电路

单片机和PC的串行通信中，为保证通信的可靠，在选择接口时必须注意以下几点。

1）通信的最高速率。

2）下位机和上位机之间的通信距离。

3）因线路干扰带来的影响，单片机系统的抗干扰能力。

4）组网方式，即可以保证正常通信下的最大通信端口数量。

5）通信协议，包括数据格式（如常用的N81）、校验格式（累加和校验、奇偶校验、CRC等）、通信方式等。

6）USB驱动程序，在PC上安装Prolific公司免费提供的USB设备驱动程序，驱动安装完成后，PC系统出现一个Prolific USB-to-Serial Comm Port，自动增加一个COM口。

习 题

一、填空题

1. 在同步串行通信中，收发双方应具有完全相同的________和________。

2. MSC-51 单片机串行口工作在方式 1 时的比特率是________b/s。

3. 在程序设计中，对串行口发送寄存器 SBUF 的操作是________（读/写）。
4. 寄存器 PCON________（能/不能）进行位寻址。
5. 串行中断标志位 TI、RI 的清零需要________（软件/硬件）来完成。
6. 在异步串行通信中，收发双方应具有完全相同的________和________。

二、简答题

1. 并行通信与串行通信的主要区别是什么？各有哪些优缺点？
2. 同步通信与异步通信各自有什么特点？
3. 简述串行口接收和发送数据的过程。
4. 串行口的数据寄存器 SBUF 有什么特点？
5. 串行口有哪几种工作方式？有几种帧格式？各种工作方式的比特率如何设置？
6. 在系统设计中 MCS-51 单片机的串行口有哪些用途？如何使用？
7. 在串行口通信中，为什么系统时钟一般选择 11.059 2MHz，而不选择 12MHz？
8. 若晶振为 11.059 2MHz，串行口工作于方式 1，比特率为 4800b/s，写出 12T 单片机用 T1 作为比特率发生器的方式控制字和计数初值。
9. 晶振频率为 11.059 2MHz，串行口工作于方式 2，比特率为 9600b/s，写出串行口发送和接收数据的 C51 语言程序。
10. 画出完整的 PC 通过 RS-232 串行口与 MCS-51 单片机通信的电路图。

第 8 章　MCS-51 单片机的系统扩展

教学目的和要求

本章介绍 MCS-51 系列单片机的系统扩展，主要包括存储器扩展和 I/O 口的扩展。要求重点理解系统扩展的基本原理和方法、存储器的编址技术、I^2C 总线协议；掌握存储器扩展和 I/O 口扩展的方法及 I^2C 总线 E^2PROM 芯片与单片机的接口；熟悉常见的存储器芯片、I/O 口芯片的选取和应用。

MCS-51 系列单片机片内集成了 CPU、I/O 口、定时器/计数器、中断系统、存储器等计算机的基本部件。在较为复杂的系统设计中，单片机只是一块集成电路芯片，它内部的资源有限，若片内资源不能满足需要，就需要对系统资源进行扩展。系统扩展主要包括外部扩展存储器、I/O 口和管理功能元器件等。

8.1　MCS-51 单片机的最小系统

单片机系统的扩展一般是以基本的最小系统为基础，所以本节先来熟悉单片机的最小系统。系统是指可以独立实现某些特定功能的产品。如果功能相对简单，使用的 MCU 资源足够，那么一个 MCU 带很少的辅助元件即可实现一个最小系统。对 MCS-51 单片机来说，最小系统一般应该包括单片机、时钟电路、供电电源、复位电路和应用程序等。MCS-51 单片机采用单一+5V 电源供电，实际应用中，可以采用+5V 蓄电池、+5V 稳压器、计算机的 USB 口或自制电源为单片机供电。图 8.1 是采用集成稳压器 LM7805 设计+5V 电源的电路原理图。时钟电路和复位电路参见图 2.12 和图 2.16，在此不再赘述。

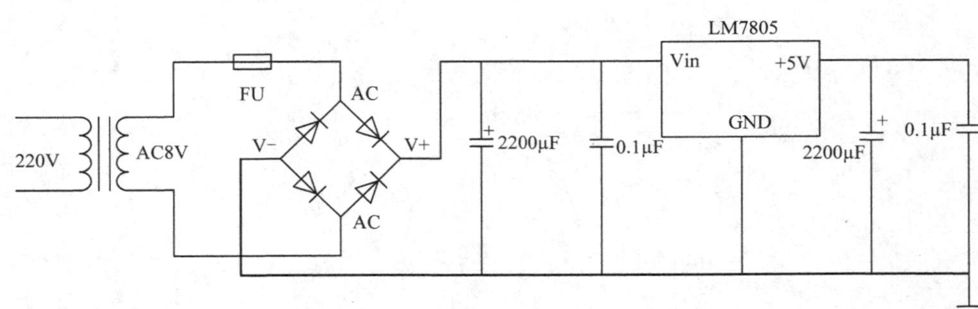

图 8.1　采用 LM7805 设计+5V 电源的电路原理图

对于片内带有程序存储器的单片机（如 8051/8751），只需外接时钟电路和复位电路就可以构成最小系统，如图 8.2（a）所示。对于片内不带程序存储器的单片机（如 8031），在构成最小系统时，不仅需外接时钟电路和复位电路，还需外扩展程序存储器。图 8.2（b）是由 8031 和程序存储器芯片 2764 构成的最小系统。在图 8.2 中 8051/8751 片内有 4KB 的 ROM/ EPROM，没有片外存储器，所以程序存储器控制信号 $\overline{EA}$ 接高电平；而 8031 片内没有 ROM，仅有片外扩展的 EPROM，所以程序存储器控制信号 $\overline{EA}$ 接低电平。

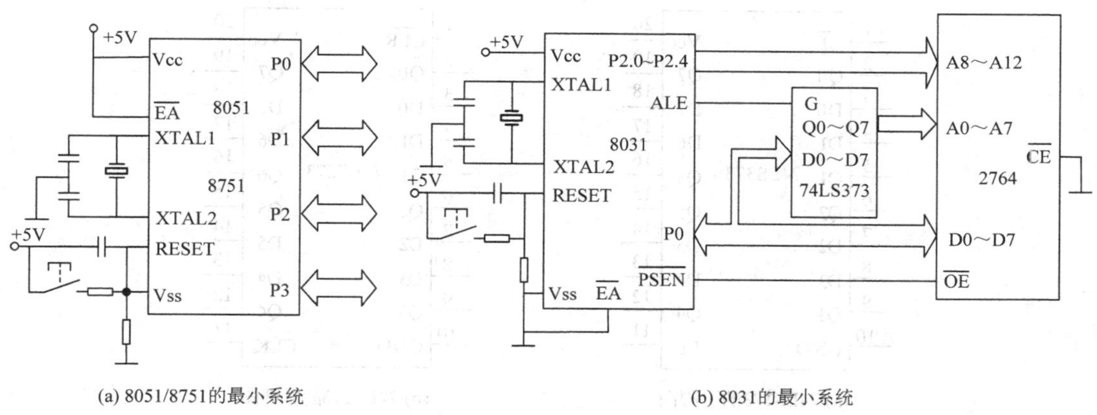

图 8.2　MCS-51 单片机的最小系统

8.2　系统扩展的方法

总线（bus）是指系统中各种功能部件之间传送信息的公共通道，MCS-51 系列单片机的片外具有如图 8.3 所示的三总线结构。

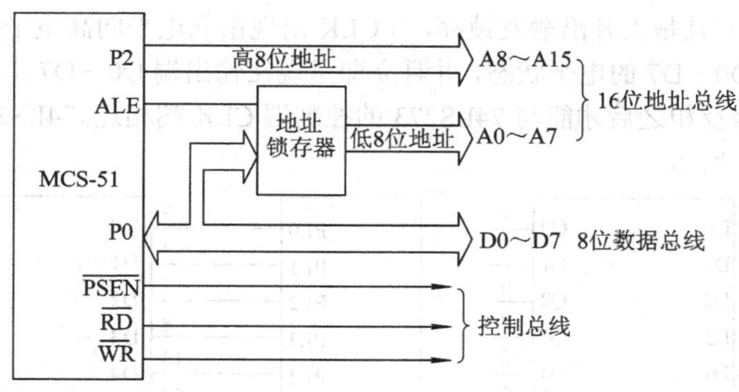

图 8.3　MCS-51 系列单片机的片外总线结构

1. 地址总线

地址总线用于传送单片机送出的地址信号，以便访问外部存储器单元或 I/O 口。地址总线是单向的，地址信号只能由单片机向外发出。地址总线的数目决定了可直接访问的存储器单元的数目。例如，N 位地址可以产生 2^N 个连续的地址编码，因此可访问 2^N 个存储单元。MCS-51 系列单片机有 16 位地址总线，因此存储器地址范围可达 2^{16}=64KB。

MCS-51 系列单片机的 16 位地址总线的高 8 位由 P2 口提供，低 8 位由 P0 口提供。P2 口作为地址总线时，具有输出锁存功能，输出地址能保留到下一次输出新地址时。当外扩存储器小于 64KB 时，只用 P2 口中的一部分；当外部存储器小于 256B 时，不使用 P2 口。P0 口作为低 8 位地址总线时，无地址锁存功能，需外加地址锁存器来锁存输出的地址信息，地址锁存的控制信号由单片机的地址锁存控制引脚 ALE 提供。常用的地址锁存器有带三态缓冲输出的 8D 锁存器 74LS373、带有清除端的 74LS273，它们的引脚图如图 8.4 所示。

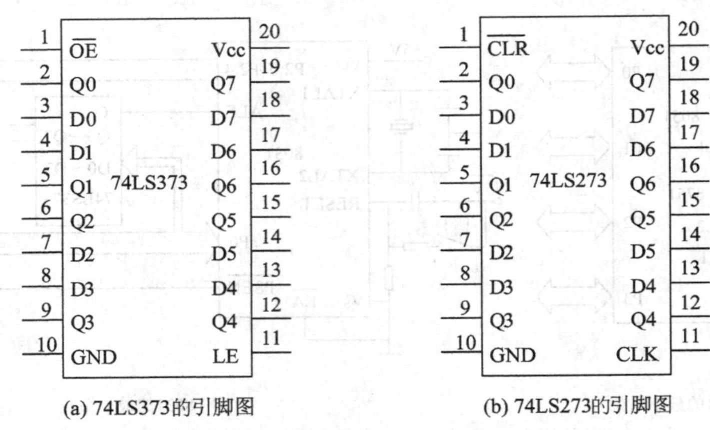

(a) 74LS373的引脚图 (b) 74LS273的引脚图

图 8.4 74LS373 和 74LS273 的引脚图

74LS373 锁存器有 8 个输入端 D0～D7，8 个输出端 Q0～Q7，$\overline{OE}$ 为输出允许端，低电平有效，LE 为数据锁存控制端，采用下降沿锁存。当 $\overline{OE}$ =0，LE=1 时，输出 Q=输入 D；当 $\overline{OE}$ =0，LE=0 时，输出 Q 端不变（锁存）；当 $\overline{OE}$ =1 时，输出高阻态。一般将 $\overline{OE}$ 接低电平，LE 接单片机的 ALE 引脚。74LS373 与单片机的连接图如图 8.5（a）所示。

74LS273 是带有清除端的 8D 触发器，$\overline{CLR}$ 为复位引脚，低电平有效。当 $\overline{CLR}$ 为低电平时，输出端 Q0～Q7 全部输出“0”，只有在 CLR 保持高电平时，才具有锁存功能。CLK 脚是锁存控制端，并且是上升沿触发锁存，当 CLK 出现由低电平向高电平跳变的上升沿时，立即锁存输入脚 D0～D7 的电平状态，并且立即呈现在输出端 Q0～Q7 上。CPU 的 ALE 信号必须经过反相器反相之后才能与 74LS273 的控制端 CLK 端相连。74LS273 与单片机的连接图如图 8.5（b）所示。

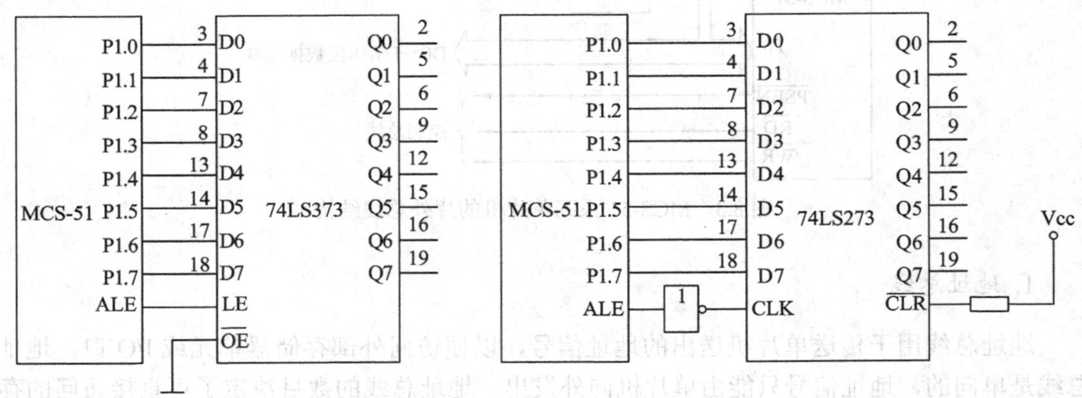

(a) 74LS373与单片机的连接 (b) 74LS273与单片机的连接

图 8.5 74LS373、74LS273 与单片机的连接

2. 数据总线

数据总线用于在单片机与存储器之间或单片机与 I/O 口之间传送数据。单片机数据总线的位数与单片机处理数据的字长一致。例如，MCS-51 单片机是 8 位字长，所以数据总线的位数也是 8 位。数据总线是双向的，即可以进行两个方向的数据传送。MCS-51 单片机的 8 位数据总线由 P0 口提供，P0 作为数据总线时，无须外加其他芯片。在进行系统扩展时，P0 口时分地作为数据总线和地址总线。

3. 控制总线

控制总线即一组控制信号线，包括单片机发出的及从其他部件传送给单片机的各种控制或联络信号。对于一条控制信号线来说，其传送方向是单向的，但是由不同方向的控制信号线组合的控制总线则表示为双向的。系统扩展时使用的控制信号主要有下列 4 种。

1）ALE：地址锁存的选通信号，实现 P0 口输出地址的锁存。

2）$\overline{\text{PSEN}}$：扩展程序存储器的选择信号。

3）$\overline{\text{EA}}$：内外程序存储器的选择信号。

4）$\overline{\text{RD}}$、$\overline{\text{WR}}$：扩展数据存储器和 I/O 的读写选通信号。

三总线结构使单片机具有很强的外部扩展功能，MCS-51 系列单片机的系统扩展都是通过三总线进行的，通常采用如图 8.6 所示的结构。

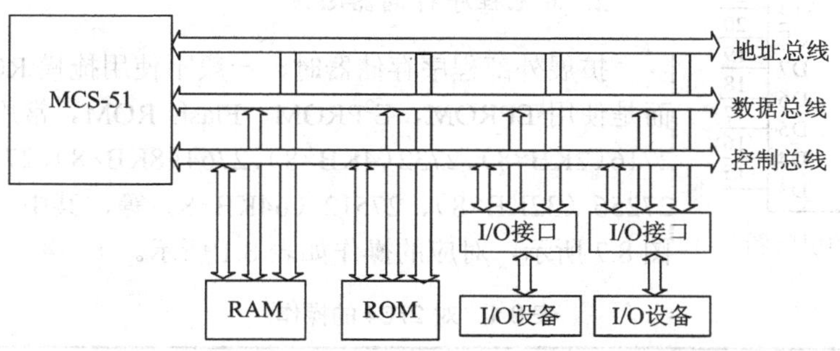

图 8.6　MCS-51 系列单片机系统扩展结构

从图 8.6 所示的结构可以看出，系统扩展以 MCS-51 芯片为核心，通过总线将各扩展部件“挂”在总线上，扩展元器件包括 ROM、RAM 和 I/O 口电路等。当在总线上“挂”ROM、RAM 时称为存储器扩展，当在总线上“挂”I/O 口芯片时称为 I/O 扩展。

8.3　存储器扩展

MCS-51 系列单片机片外最大可扩展 64KB 相互独立的程序存储器和数据存储器空间，程序存储器和数据存储器的地址重叠共享，地址范围为 0000H～FFFFH，但两者的选通信号不同。$\overline{\text{PSEN}}$ 选通片外程序存储器，$\overline{\text{RD}}$、$\overline{\text{WR}}$ 分别选通片外数据存储器的读、写。并行接口存储器的容量由待扩展存储器芯片的地址总线确定，例如，当有 8 根地址线时，2^8=256，共能扩展 256B 的存储单元。地址范围由所连接单片机的地址总线确定，例如，存储器芯片的 8 根地址总线连接在 P0 口上，P2 空余时地址范围为 00H～FFH。

8.3.1 程序存储器的扩展

1. 只读存储器概述

单片机的程序存储器扩展使用 ROM。ROM 中的信息一旦写入不能再随意更改，尤其是在程序运行过程中不能写入新内容，只能读出存储单元的内容。根据编程方式的不同，ROM 可分为下列 5 种。

1）掩模 ROM：不可改写 ROM，由生产芯片的厂家固化信息。在最后一道工序用掩模工艺写入信息，用户只可读。这种芯片适合于大批量生产。

2）PROM：用户可进行一次编程。信息一旦写入，则不可再次改写。

3）EPROM：用紫外线照射时，芯片内部原有信息全部擦除，便可再次改写，所以 EPROM 用户可以多次编程。

4）EEPROM：简写为 E^2PROM。E^2PROM 既可全片擦除也可字节擦除信息，可在线擦除信息，也可失电保存信息，具备 RAM、ROM 的优点，用户可以多次编程。但写入时间较长。

5）Flash ROM：也称为闪速存储器，在本质上属于 E^2PROM，读写速度快。

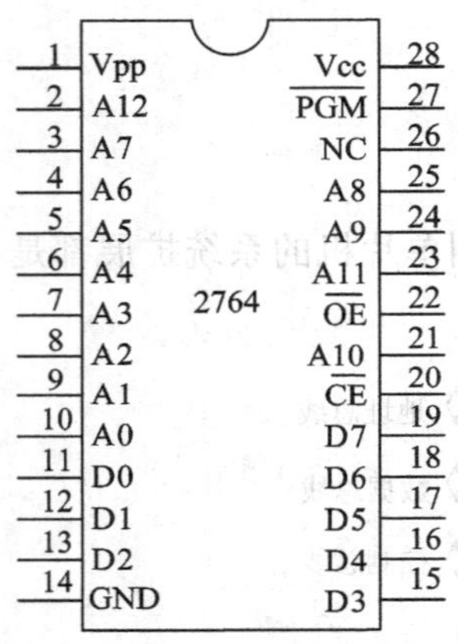

图 8.7　2764 的引脚图

2. 常见程序存储器芯片

扩展外部程序存储器时，一般不使用掩模 ROM 和 PROM，而是使用 EPROM、E^2PROM、Flash ROM。常用的 EPROM 有 2716（2KB×8）、2732（4KB×8）、2764（8KB×8）、27128（16KB×8）、27256（32KB×8）、27512（64KB×8）等，其中 2764 的引脚如图 8.7 所示，对应的操作如表 8.1 所示。

表 8.1　对 2764 的操作

操作方式	$\overline{CE}$	$\overline{OE}$	$\overline{PGM}$	Vpp/V	Vcc/V	说明
程序写入	0	1	0	25	5	D0～D7 的内容存入 A12～A0 对应的单元
读出数据	0	0	1	5	5	A12～A0 对应单元的内容输出到 D0～D7
低功耗维持	1	×	×	5	5	D0～D7 呈高阻
编程校验	0	0	1	25	5	读出数据
编程禁止	1	×	×	25	5	D0～D7 呈高阻

常用的 E^2PROM 有 27C64（8KB×8）、27C128（16KB×8）、27C256（32KB×8）、27C512（64KB×8）、2816（2KB×8）和 2864（8KB×8），它们都与相应容量的 EPROM 相兼容，其引脚及性能与 EPROM 相似。

常用的 Flash ROM 有 AMD 29F010（1MB/5V）、AMIC A29001（1MB/5V）、Atmel 49F040T（4MB/5V）、Winbond 29EE011（1MB/5V）和 Intel 28F002BX-T（2MB/12V）等。

3. 程序存储器扩展的方法

（1）芯片数目的确定

当芯片字长与单片机字长一致时，芯片数目=系统容量/芯片容量。

当芯片字长与单片机字长不一致时，计算方法如下。

$$\text{芯片数目}=\frac{\text{系统容量}}{\text{芯片容量}}\times\frac{\text{系统字长}}{\text{芯片字长}}$$

例如，单片机字长 8 位，芯片 2KB×2，系统容量 8KB 时，则 4 片 2KB×2 芯片可扩展成一片 2KB×8 的芯片，4 片 2KB×8 的芯片可扩展成一片 8KB×8 的芯片，则需要的芯片数为 16 片。在 MCS-51 系统设计中，一般选 8 位的外部存储器，无须对字长扩展。

（2）线选法

线选法是将程序存储器的地址总线与单片机的地址总线依次相连，单片机剩余的地址总线一部分直接与存储器芯片的片选信号 $\overline{CE}$ 相接，其余地址总线不使用。图 8.8 所示为单片机外扩 1 片 2764 的电路连接图。

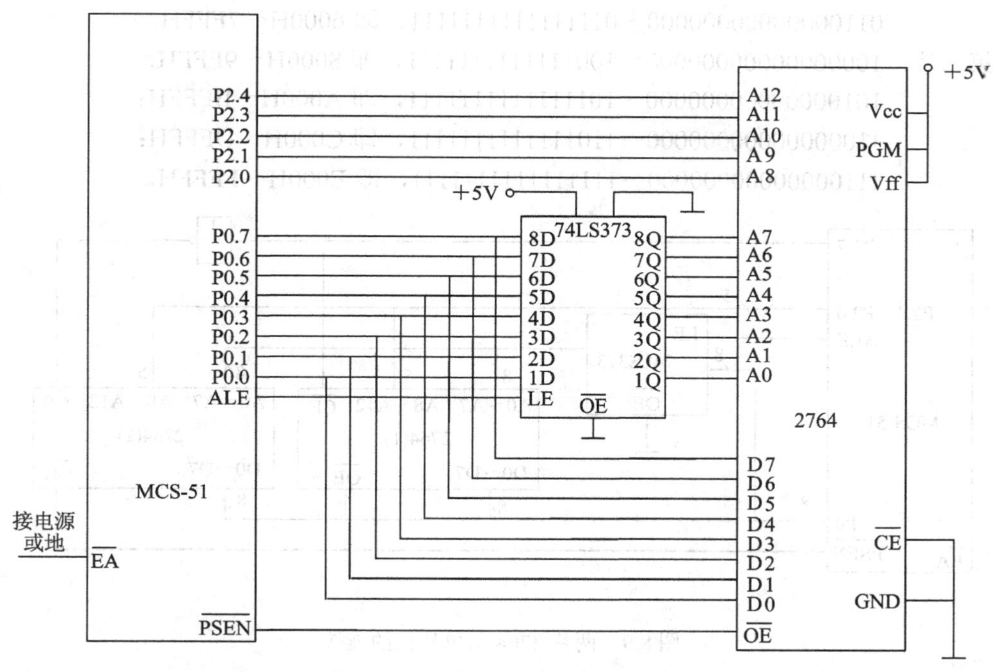

图 8.8　单片 2764 与单片机的连接

如图 8.8 所示，2764 的低 8 位地址线 A0～A7 通过地址锁存器 74LS373 与单片机的 P0 口对应相连，高 5 位地址线与 P2.0～2.4 相连，单片机高 3 位地址线 P2.5、P2.6、P2.7 不接，2764 输出允许控制线 $\overline{OE}$ 直接与单片机的 $\overline{PSEN}$ 信号线相连，片选线 $\overline{CE}$ 直接接地。数据线 D0～D7 与单片机的数据线 P0 口相接，74LS373 对低 8 位地址进行锁存。

在图 8.8 的连接方式中，存储器有如下 2^3=8 个重叠的 8KB 地址空间。

0000000000000000～0001111111111111，即 0000H～1FFFH；

0010000000000000～0011111111111111，即 2000H～3FFFH；

0100000000000000～0101111111111111，即 4000H～5FFFH；

0110000000000000～0111111111111111，即 6000H～7FFFH；
1000000000000000～1001111111111111，即 8000H～9FFFH；
1010000000000000～1011111111111111，即 A000H～BFFFH；
1100000000000000～1101111111111111，即 C000H～DFFFH；
1110000000000000～1111111111111111，即 E000H～FFFFH。

图 8.9 所示为通过线选法实现两片 2764 扩展成 16KB 程序存储器的电路连接图。其中，两片 2764 的低 8 位地址线 A0～A7 通过地址锁存器 74LS373 与单片机的 P0 口对应相连，高 5 位地址线与 P2.0～2.4 相连，2764 的数据线 D0～D7 与单片机的数据总线 P0.0～P0.7 对应相连，两片 2764 的输出允许控制线连在一起与单片机的 $\overline{\text{PSEN}}$ 相连。第一片 2764 的片选线 $\overline{\text{CE}}$ 与单片机的 P2.7 直接相连，第二片 2764 的片选线 $\overline{\text{CE}}$ 与单片机的 P2.7 口取反后相连。扩展后两片 2764 的地址空间分别如下。

第一片：0000000000000000～0001111111111111，即 0000H～1FFFH；
0010000000000000～0011111111111111，即 2000H～3FFFH；
0100000000000000～0101111111111111，即 4000H～5FFFH；
0110000000000000～0111111111111111，即 6000H～7FFFH。

第二片：1000000000000000～1001111111111111，即 8000H～9FFFH；
1010000000000000～1011111111111111，即 A000H～BFFFH；
1100000000000000～1101111111111111，即 C000H～DFFFH；
1110000000000000～1111111111111111，即 E000H～FFFFH。

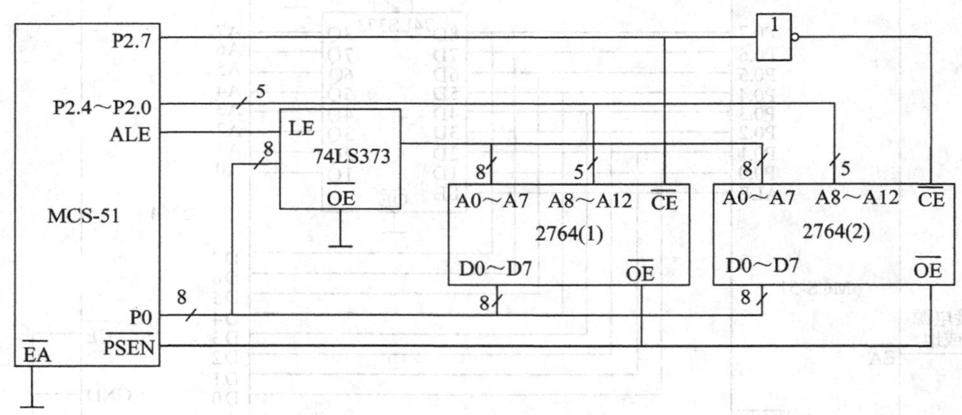

图 8.9 两片 2764 与单片机的连接

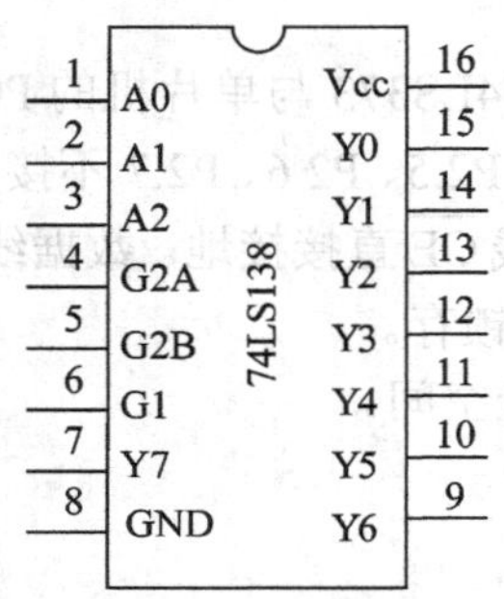

图 8.10 74LS138 的引脚图

线选法简单明了，不需要增加其他电路。但是扩展后存储空间不连续，因此线选法适用于小规模单片机系统的存储器扩展。

（3）译码法

译码法是指利用译码器对系统的高位地址译码，以译码器的输出作为存储芯片的片选信号的存储器扩展方法。常用的译码器有 74LS139（双 2-4 译码器）和 74LS138（3-8 译码器）等，它们的 CMOS 型芯片分别是 74HC139 和 74HC138。74LS138 的引脚图如图 8.10 所示，其逻辑功能如表 8.2 所示。译码法适用于大容量、多芯片的存储器扩展。

表 8.2　74LS138 的逻辑功能

输入					输出							
G1	G2A+G2B	A2	A1	A0	Y0	Y1	Y2	Y3	Y4	Y5	Y6	Y7
1	0	0	0	0	0	1	1	1	1	1	1	1
1	0	0	0	1	1	0	1	1	1	1	1	1
1	0	0	1	0	1	1	0	1	1	1	1	1
1	0	0	1	1	1	1	1	0	1	1	1	1
1	0	1	0	0	1	1	1	1	0	1	1	1
1	0	1	0	1	1	1	1	1	1	0	1	1
1	0	1	1	0	1	1	1	1	1	1	0	1
1	0	1	1	1	1	1	1	1	1	1	1	0
0	×	×	×	×	1	1	1	1	1	1	1	1
×	1	×	×	×	1	1	1	1	1	1	1	1

对于 74LS138 输入端 A2A1A0 的不同组合，有唯一的输出端为低电平，可用该低电平作为存储器的片选信号。图 8.11 所示为采用译码法实现的 4 片 2764 扩展成 32KB 的程序存储器。单片机地址总线 P2.7、P2.6 和 P2.5 通过 74LS138 译码器形成 4 个 2764 的片选信号，译码器的输出端 Y0、Y1、Y2 和 Y3 分别与 4 片 2764 的片选线 $\overline{CE}$ 相连。译码法的特点是每片 2764 的地址空间是唯一的。

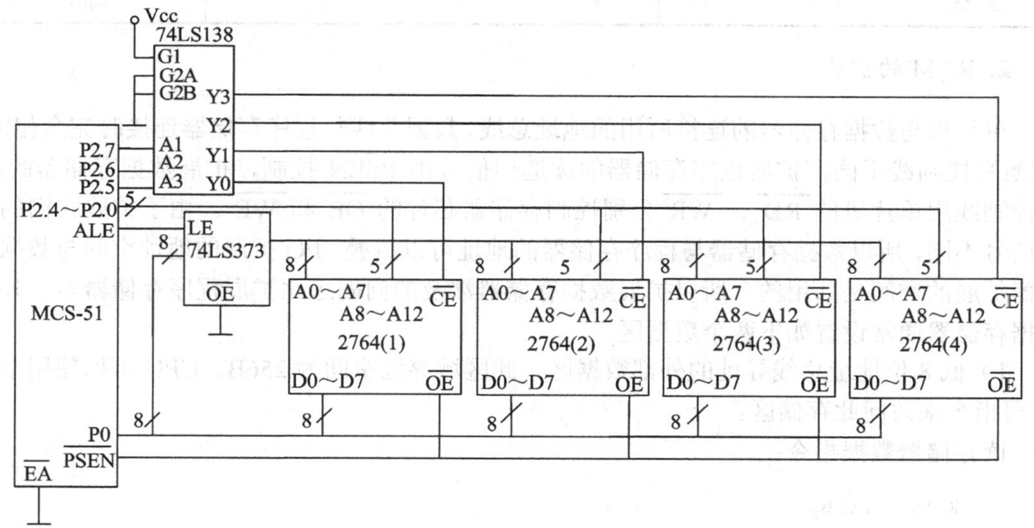

图 8.11　译码法实现 4 片 2764 与 MCS-51 单片机的连接

8.3.2　数据存储器的扩展

MCS-51 单片机片内仅有 128B（或 256B）RAM，在数据采集系统等数据量较大的单片机应用系统中需要扩展外部数据存储器 RAM。

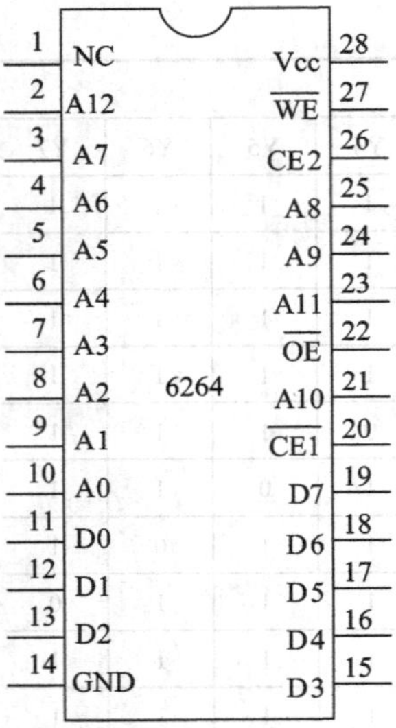

图 8.12 6264 芯片的引脚

1. 常用数据存储器芯片

RAM 分为 SRAM 和 DRAM（dynamic random access memory，动态随机存取存储器）。SRAM 只要带电信息即可长期保存，而 DRAM 使用动态存储单元，需要不断刷新才能保存信息。DRAM 的集成密度大、功耗低，但需要刷新电路，因此适应于较大的系统，在单片机系统中一般采用 SRAM。常用的 SRAM 芯片有 6116（2KB×8）、6264（8KB×8）、62128（16KB×8）、62256（32KB×8）等。6264 芯片的引脚如图 8.12 所示，其中，A0～A12 为地址线，可寻址 8KB 的存储空间；D7～D0 为双向三态数据线；$\overline{OE}$ 为读出允许信号，低电平有效；$\overline{WE}$ 为写允许信号，低电平有效；$\overline{CE1}$ 为片选信号 1，在读/写方式时为低电平；CE2 为片选信号 2，在读/写方式时为高电平；Vcc 和 GND 分别是+5V 电源和地。工作电压+5V 对应的操作如表 8.3 所示。

表 8.3 6264 的操作

工作方式	$\overline{CE1}$	CE2	$\overline{OE}$	$\overline{WE}$	D7～D0
读	0	1	0	1	数据读出
写	0	1	1	0	数据写入
禁止	1	×	×	×	高阻

2. RAM 的扩展

单片机与数据存储器的连接所用的地址总线、数据总线与程序存储器连接时完全相同，但读/写控制线不同，扩展程序存储器的读选通信号由 $\overline{PSEN}$ 控制，扩展数据存储器的读/写控制线用单片机的 $\overline{RD}$ 、 $\overline{WR}$ 分别控制存储器芯片的 $\overline{OE}$ 和 $\overline{WE}$ 。由于扩展它们的控制信号不同，所以数据存储器与程序存储器的地址可以重叠。I/O 扩展的地址空间与数据存储器扩展的空间是共用的，所以扩展数据存储器涉及的问题远比扩展程序存储器多。外部数据存储器通常设置如下两个数据区。

1）低 8 位地址总线寻址的外部数据区。此区域寻址空间为 256B。CPU 可以使用下列读/写指令来访问此存储区。

读存储器数据指令：

```
MOVX  A,@Ri
```

写存储器数据指令：

```
MOVX  @Ri,A
```

由于 8 位寻址指令字节少，程序运行速度快，所以经常采用。

2）16 位地址总线寻址的外部数据区。当外部 RAM 容量较大，要访问 RAM 地址空间大于 256B 时，则要采用如下 16 位寻址指令。

读存储器数据指令：

```
MOVX  A,@DPTR
```

写存储器数据指令：

```
MOVX  @DPTR,A
```

单片 6264 与单片机的连接电路如图 8.13 所示。MCS-51 单片机的数据线 P0 口接 6264 芯片的 D0～D7。6264 芯片容量为 8KB，2^{13}=8KB，需要 A0～A12 共 13 根地址线。P0 口经地址锁存器 74LS373 后接 6264 芯片的 A0～A7，P2.0～P2.4 接 6264 芯片的 A8～A12。ALE 接 74LS373 的 LE，$\overline{RD}$ 接 6264 芯片的 $\overline{OE}$，$\overline{WR}$ 接 6264 芯片的 $\overline{WE}$，只有一片 EPROM，且系统无其他 I/O 口及外设扩展，片选 $\overline{CE1}$ 可以接地。

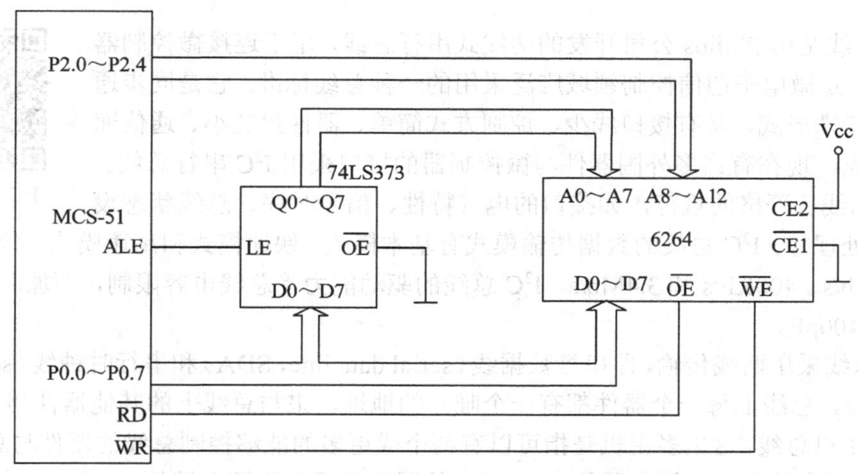

图 8.13　单片 6264 与单片机的连接电路

3. 综合扩展

在单片机应用系统中，经常既要扩展程序存储器又要扩展数据存储器。采用线选法扩展 2 片 2764 和 2 片 6264 的电路连接图如图 8.14 所示。P2.5 直接接到 2764（1）和 6264（1）的片选 $\overline{CE}$，P2.6 直接接到 2764（2）和 6264（2）的片选 $\overline{CE}$。每次保证 P2.5 和 P2.6 中仅有一个为低电平，ROM 和 RAM 各选准一个。

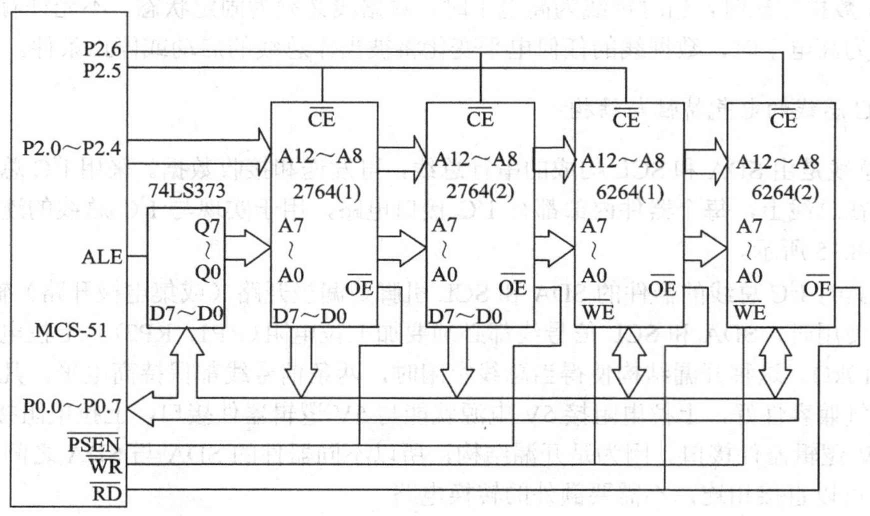

图 8.14　ROM 和 RAM 的综合扩展（线选法）

8.4 I²C 总线 E²PROM 芯片 AT24C××

8.4.1 I²C 总线协议

1. I²C 总线概述

I²C 总线概述

I²C 总线是由 Philips 公司开发的两线式串行总线，用于连接微控制器及其外设，是微电子通信控制领域广泛采用的一种总线标准。它是同步通信的一种特殊形式，具有接口线少、控制方式简单、器件封装小、通信速率高等优点。现在有许多外围器件与微控制器的接口采用 I²C 串行总线。

I²C 总线有严格的规范，如接口的电气特性、信号时序、总线状态设置和状态处理等。I²C 总线的数据传输模式有基本模式、快速模式和高速模式，传输速度分别为 100Kb/s、400Kb/s 和 3.4Mb/s。I²C 总线的驱动能力受总线电容限制，不加驱动时的驱动能力为 400pF。

I²C 总线采用两线传输，即串行数据线（serial data line，SDA）和串行时钟线（serial clock line，SCL）。总线上每一个器件都有一个唯一的地址，来与总线上的其他器件相区别。I²C 总线是多主机总线，这里多主机是指可以有两个或更多的能够控制总线的器件与总线连接。I²C 总线上所有的节点，如主器件（CPU）、外围器件都连到同名端的 SDA、SCL 上。一个 I²C 总线系统中的所有外围器件均采用器件地址和引脚地址的编址方式。系统中主 CPU 采用纯软件的寻址方式对各节点进行寻址。为了使总线上的所有节点器件输出实现“线”与逻辑功能，I²C 总线器件输出端必须是漏极或集电极开路结构，即 SDA 和 SCL 接口线上必须加上拉电阻。

I²C 总线协议定义如下。

1）只有在总线非忙时才允许进行数据传送。

2）在数据传送时，当时钟线为高电平时，数据线必须为固定状态，不允许有跳变。因为时钟线为高电平时，数据线的任何电平变化将被当作总线的启动或停止条件。

2. I²C 总线的电气特性与结构

I²C 总线是由 SDA 和 SCL 构成的串行总线，可发送和接收数据。采用 I²C 总线的元器件均并联在总线上，每个器件内部都有 I²C 接口电路，用于实现与 I²C 总线的连接，连接方式如图 8.15 所示。

一般具有 I²C 总线的器件的 SDA 和 SCL 引脚是漏极开路（或集电极开路）输出结构。因此实际使用时，SDA 和 SCL 信号线都必须要加上拉电阻（RP1、RP2）。上拉电阻一般取值为 3～10kΩ。这种开漏结构使得当总线空闲时，两条信号线都保持高电平，几乎不消耗电流，电气兼容性好，上拉电阻接 5V 电源就能与 5V 逻辑器件接口，上拉电阻接 3V 电源又能与 3V 逻辑器件接口。因为是开漏结构，所以不同器件的 SDA 与 SDA 之间、SCL 与 SCL 之间可以直接相连，不需要额外的转换电路。

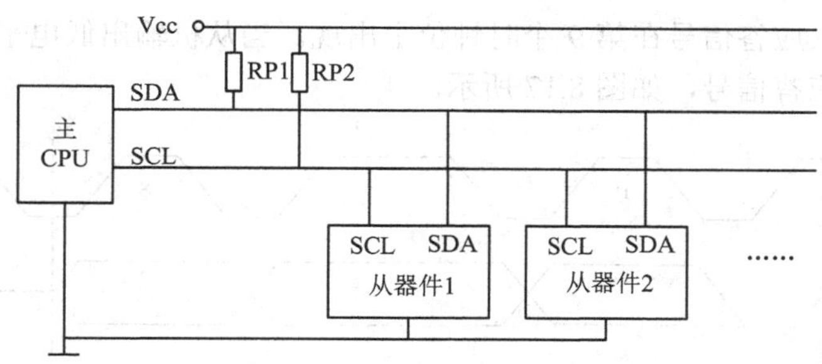

图 8.15　I²C 总线器件与 I²C 总线的连接

I²C 总线上可同时接有多个 I²C 总线器件，每个连接到 I²C 总线上的设备都有一个唯一的地址，可通过地址来识别通信对象，使它们经由 I²C 总线互相直接通信。当某个器件向 I²C 总线上发送信息时，它称为主控器，I²C 总线的数据传输是由主机控制的，主机发出的控制信息包含地址码和数据码两部分，地址码用来选址，即接通需要控制的电路，确定总线上通信的器件，数据码是通信的内容。这样，各控制电路虽然连接在同一根总线上，却彼此独立，互不干扰。

I²C 总线是双向传输的总线，因此主机和从机都可能成为发送器或接收器。若主机向从机发送数据，则主机是发送器，而从机是接收器；若主机从从机读取数据，则主机是接收器，而从机是发送器。

3. I²C 总线数据传输时序

在数据传输开始前，主控器发送起始位，通知接收器做好接收准备；在数据传输结束时，主控器发送停止位，通知接收器停止接收。

（1）I²C 总线数据传送的起始和停止标志

当 SCL 处于高电平时，SDA 由高电平向低电平跳变时 I²C 总线数据传送开始。I²C 总线起始后便处于忙的状态。当 SCL 处于高电平时，SDA 由低电平向高电平跳变时 I²C 总线数据传送停止，I²C 总线停止后处于空闲状态。在起始信号和停止信号之间是寻址信息和数据信息。I²C 总线每次传送数据，都是由主控器发送起始信号开始，到主控器发送停止信号结束，时序如图 8.16 所示。

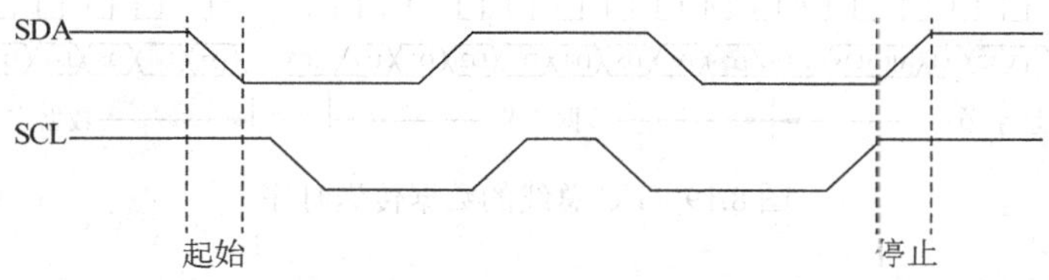

图 8.16　I²C 总线的起始和停止时序

（2）I²C 总线上的数据传输格式

I²C 总线上的数据传输必须遵循总线规范。主 CPU 发出起始信号表明一次数据传送的开始，其后为寻址字节，寻址字节由高 7 位地址和 1 位方向位组成，方向位表明主 CPU 与从机之间的数据传送方向，该位为“0”时表明 CPU 对从器件进行写操作，为“1”时表明 CPU 对从器件进行读操作。寻址字节后是按指定地址读/写操作的数据字节与应答位。主 CPU 发出寻址信号后，地址与自己相符的从机便会产生一个应答信号。数据字节的后面也跟随一个应答信号，应答信号在第 9 个时钟位上出现。当从机输出低电平时为应答信号，输出高电平时为非应答信号，如图 8.17 所示。

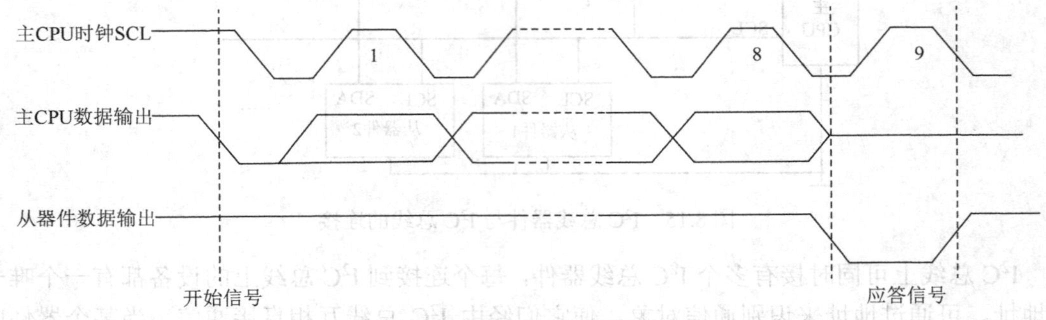

图 8.17 I²C 总线的应答信号

SDA 上的数据在时钟信号 SCL 高位时必须稳定。数据线上高低状态只有当 SCL 的时钟信号为低电平时才可变换，如图 8.18 所示。

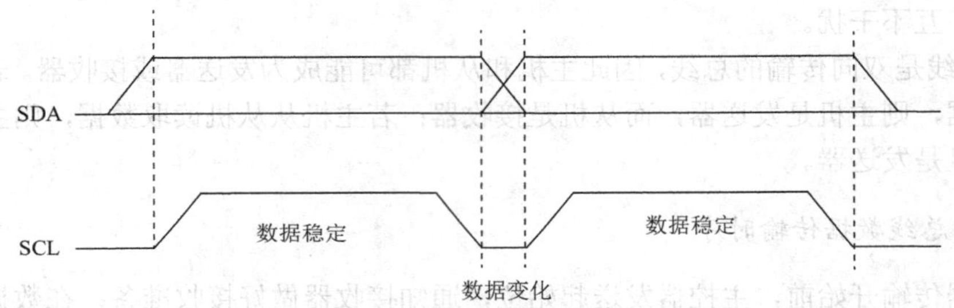

图 8.18 I²C 总线的有效数据位

（3）I²C 总线的数据传送时序

I²C 总线在起始位后的首字节决定哪个被控器被主控器选择。当主控器输出一个地址时，系统中的每个器件都将起始位后的前 7 位地址和自己的地址进行比较，如果相同，则认为自己被主控器寻址。该器件是作为被控接收器还是被控发送器则取决于第 8 位（R/W 位）。I²C 总线数据传输时序如图 8.19 所示。

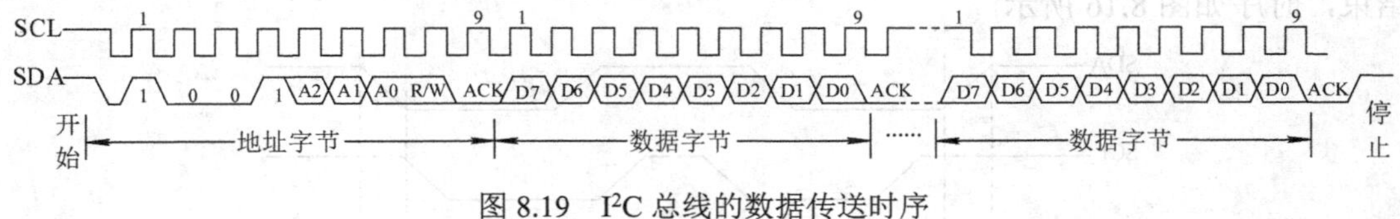

图 8.19 I²C 总线的数据传送时序

4. 器件的寻址字节

在 I²C 总线标准中，寻址字节由 7 位地址和 1 位方向位组成，从器件的地址完全由引脚电平和器件类型决定，即上述的器件地址（高 4 位 D7～D4）和引脚地址（低 3 位 D3～D1）。I²C 总线中的外围芯片的器件地址由各厂家按统一的标准制定，表 8.4 为常用 I²C 总线芯片的器件地址和引脚地址。

表 8.4 常用 I^2C 总线芯片的器件地址和引脚地址

型号	种类	器件地址	引脚地址
AT24C01	E^2PROM	1010	A2A1A0
AT24C02	E^2PROM	1010	A2A1A0
PCF8563	实时时钟	1010	A0
PCF8574	I/O 扩展	0100	A2A1A0
PCF8591	A/D、D/A	1001	A2A1A0
AD7416	温度传感器	1001	A2A1A0
LM75	温度传感器	1001	A2A1A0
PCF8583	实时时钟	1010	A0
SAA1064	LED 驱动	0111	A1A0
PCF8576	LCD 驱动	0111	A0
X24C21	E^2PROM+“看门狗”	1010	无

8.4.2 虚拟 I^2C 总线软件包

I^2C 总线提供了较完善的总线协议、简单的串行连接方式，并提供了总线操作的状态处理软件包，因此得到了广泛的应用。一些先进的微处理器，特别是片上系统，一般将 I^2C 接口作为标准外设接口，这大大降低了系统的设计复杂度和难度。对于一些不带标准 I^2C 接口的微处理器，可以采用普通 I/O 口来模拟 I^2C 总线。北京航空航天大学的何立民教授和周立功单片机公司都提出了虚拟 I^2C 总线软件包，只需两根普通 I/O 口线就可随时扩展 I^2C 总线外围器件，大大方便了程序设计和编程。

虚拟 I^2C 总线 C51 程序软件包用在单主方式下的 I^2C 总线上，硬件接口是 SDA、SCL，使用 MCU 的 I/O 口作为 SDA、SCL。软件包函数定义如下。

1）bit ISendStr(uchar sla,uchar suba,uchar *s,uchar no)（有子地址）读 N 字节数据。

2）bit IRcvStr(uchar sla,uchar suba,uchar *s,uchar no)（有子地址）写 N 字节数据。

说明：

1）每一个函数都有返回值，当返回值为 1 时表示操作成功，否则操作失败。

2）参数说明：sla 为器件从地址，suba 为器件子地址，*s 为数据接收/发送区指针，no 为接收/发送字节数。

3）现行地址读/写：有子地址器件，不给定子地址的读/写操作。

4）设计有/无子地址子程序是根据 I^2C 器件的特点，将地址和数据彻底分开。

5）使用时只要将 I2C.c 复制到用户程序相应的目录，然后在用户主程序开始位置加入“#include <I2C.c>”即可以使用上面的函数。

在<I2C.c>软件包中需要注意以下两点。

1）I^2C 总线 SDA、SCL 定义为 MCU 的 P3.4、P3.5。

2）MCU 的标准时钟 $f_{osc} \leqslant 12$MHz（时钟周期为标准 80C51 模式，即 12 Clock）。

当用户系统不希望受这两个条件限制时，可以对<I2C.c>的 SDA、SCL 及_Nop()的个数进行修改。<I2C.c> 软件包函数如下。

```
/*************************************************************************
    功能说明：本模拟 I2C 软件包包含了 I2C 操作的底层函数，包括发送数据及接收数据，并
提供了几个直接面对器件的操作函数。
    注意：函数是采用软件延时的方法产生脉冲的，如果采用高频率晶振则要作适当修改(本软
件包是 1μs 机器周期，即晶振频率要小于 12MHz)，总线时序符合 I2C 标准模式。
*************************************************************************/
#include <reg51.h>
#include <intrins.h>
#include <absacc.h>
#define uchar unsigned char
#define uint unsigned int
#define ulong unsigned long
sbit SDA=P3^4;                //模拟 I2C 数据传送位
sbit SCL=P3^5;                //常量和变量定义区
bit ack;                      //应答标志位
/*************************************************************************
    启动总线函数
    函数原型：void Start_I2C ();
    功能：启动 I2C 总线，即发送 I2C 起始条件。
*************************************************************************/
void Start_I2c()
{
    SDA=1;                    //发送起始条件的数据信号
    _Nop();
    SCL=1;
    _Nop();                   //起始条件建立时间大于 4.7μs，延时
    _Nop();
    _Nop();
    _Nop();
    _Nop();
    SDA=0;                    //发送起始信号
    _Nop();                   //起始条件锁定时间大于 4μs
    _Nop();
    _Nop();
    _Nop();
    _Nop();
    SCL=0;                    //钳位 I2C 总线，准备发送或接收数据
    _Nop();
    _Nop();
}
/*************************************************************************
    结束总线函数
    函数原型：void Stop_I2C();
    功能：结束 I2C 总线，即发送 I2C 结束条件。
*************************************************************************/
void Stop_I2C()
{  SDA=0;                     //发送结束条件的数据信号
   _Nop();                    //发送结束条件的时钟信号
   SCL=1;                     //结束条件建立时间大于 4μs
   _Nop();
   _Nop();
   _Nop();
```

```
    _Nop();
    _Nop();
    SDA=1;                              //发送 I²C 总线结束信号
    _Nop();
    _Nop();
    _Nop();
    _Nop();
}
/*********************************************************************
    字节数据传送函数
    函数原型：void SendByte(uchar c);
    功能：将数据 c 发送出去，可以是地址，也可以是数据，发完后等待应答，并对此状态位进
行操作(不应答或非应答都使 ack=0 假)。发送数据正常，ack=1,ack=0 表示被控器无应答或
损坏。
*********************************************************************/
void SendByte(uchar c)
{
   uchar BitCnt;
   for(BitCnt=0;BitCnt<8;BitCnt++)     //要传送的数据长度为 8 位
   {  if((c<<BitCnt)&0x80)  SDA=1;     //判断发送位
      else SDA=0;
      _Nop();
      SCL=1;                           //置时钟线为高，通知被控器开始接收数据位
      _Nop();
      _Nop();                          //保证时钟高电平周期大于 4μs
      _Nop();
      _Nop();
      _Nop();
      SCL=0;
   }
      _Nop();
     _Nop();
     SDA=1;                            //8 位发送完后释放数据线，准备接收应答位
     _Nop();
     _Nop();
     SCL=1;
     _Nop();
     _Nop();
     _Nop();
     if(SDA==1) ack=0;
     else ack=1;                       //判断是否接收到应答信号
     SCL=0;
     _Nop();
     _Nop();
}
/*********************************************************************
    字节数据传送函数
    函数原型：uchar RcvByte();
    功能：用来接收从器件传来的数据，并判断总线错误(不发应答信号)，发完后请用应答函数。
*********************************************************************/
uchar RcvByte()
{  uchar retc;
```

```
    uchar BitCnt;
    retc=0;
    SDA=1;                              //置数据线为输入方式
    for(BitCnt=0;BitCnt<8;BitCnt++)
    {
        _Nop();
        SCL=0;                          //置时钟线为低，准备接收数据位
        _Nop();
        _Nop();                         //时钟低电平周期大于 4.7μs
        _Nop();
        _Nop();
         _Nop();
         SCL=1;                         //置时钟线为高使数据线上数据有效
         _Nop();
         _Nop();
         retc=retc<<1;
         if(SDA==1) retc=retc+1;        //读数据位，并将接收的数据位放入 retc 中
         _Nop();
         _Nop();
     }
    SCL=0;
    _Nop();
    _Nop();
    return(retc);
}
/***************************************************************
    应答子函数
    原型：void Ack_I2C(bit a);
    功能：主控器进行应答信号(可以是应答或非应答信号)
***************************************************************/
void Ack_I2C(bit a)
{
    if(a==0) SDA=0;                     //在此发出应答或非应答信号
    else SDA=1;
    _Nop();
    _Nop();
    _Nop();
    SCL=1;
    _Nop();
    _Nop();                             //时钟低电平周期大于 4μs
    _Nop();
    _Nop();
    _Nop();
    SCL=0;                              //清时钟线，钳住 I2C 总线以便继续接收
    _Nop();
    _Nop();
}
/***************************************************************
```

向有子地址器件发送多字节数据函数

函数原型：bit ISendStr(uchar sla,uchar suba,ucahr *s,uchar no);

功能：从启动总线到发送地址、子地址、数据，结束总线的全过程，从器件地址 sla，子地址 suba，发送内容是 s 指向的内容，发送 no 字节。如果返回 1 表示操作成功，否则操作有误。

```
************************************************************************/
bit ISendStr(uchar sla, uchar suba,uchar *s,uchar no)
{  uchar i;
   Start_I2C();                              //启动总线
   SendByte(sla);                            //发送器件地址
   if(ack==0) return(0);
   SendByte(suba);                           //发送器件子地址
   if(ack==0) return(0);
   for(i=0;i<no;i++)
   {
      SendByte(*s);                          //发送数据
      if(ack==0)return(0);
      s++;
   }
   Stop_I2C();                               //结束总线
   return(1);
}
/************************************************************************
   向有子地址器件读取多字节数据函数
   函数原型：bit ISendStr(uchar sla,uchar suba,ucahr *s,uchar no);
   功能：从启动总线到发送地址、子地址，读数据，结束总线的全过程，从器件地址 sla、子
地址 suba，读出的内容放入 s 指向的存储区，读 no 字节。如果返回 1 表示操作成功，否则操
作有误。
************************************************************************/
bit IRcvStr(uchar sla,uchar suba,uchar *s,uchar no)
{  uchar i;
   Start_I2c();                              //启动总线
   SendByte(sla);                            //发送器件地址
   if(ack==0) return(0);
   SendByte(suba);                           //发送器件子地址
   if(ack==0) return(0);
   Start_I2C();
   SendByte(sla+1);
   if(ack==0) return(0);
   for(i=0;i<no-1;i++)
   {
     *s=RcvByte();                           //发送数据
     Ack_I2c(0);                             //发送就答位
     s++;
   }
   *s=RcvByte();
   Ack_I2C(1);                               //发送非应位
Stop_I2C();                                  //结束总线
   return(1);
}                                            //结束
```

8.4.3　单片机与 AT24C××的接口

基于 I^2C 总线的 E^2PROM 芯片很多，它们集成度高、体积小、占用 I/O 口线少、寿命长、不易被改写，适合与单片机连接。下面以 AT24C××系列为例来说明它们的使用方法。

1. 串行 E^2PROM 芯片 AT24C××系列概述

AT24C××系列是美国 Atmel 公司生产的低功耗 CMOS 串行 E^2PROM，支持 I^2C 总线数据传输协议。该系列包含 AT24C01、AT24C02、AT24C04、AT24C08、AT24C16、AT24C32、AT24C64、AT24C128、AT24C256 和 AT24C512 等芯片，容量分别为 1KB、2KB、4KB、8KB、16KB、32KB、64KB、128KB、256KB 和 512KB，具有工作电压宽（1.8～6V）、擦写次数多（大于 10 000 次）、写入速度快（小于 10ms）等特点。它们在系统中始终作为从器件。表 8.5 所示为 AT24C××系列串行 E^2PROM。

表 8.5 AT24C××系列串行 E^2PROM

型号	容量/bit	页缓冲区/B	引脚数	工作电压/V
AT24C01	128×8	4	8	1.8～6
AT24C02	256×8	8	8,14	1.8～6
AT24C04	512×8	16	8,14	1.8～6
AT24C08	1K×8	16	8,14	1.8～6
AT24C16	2K×8	16	8,14	1.8～6
AT24C32	4K×8	32	8,14	1.8～6
AT24C64	8K×8	32	8,14	1.8～6
AT24C128	16K×8	64	8,14	1.8～6
AT24C256	32K×8	64	8	1.8～6
AT24C512	64K×8	64	8	1.8～6

2. AT24C××的特点和引脚功能

AT24C××系列的工作电流约为 3mA，其主要特性如下。

1）具有页写功能，AT24C01 的页缓冲区为 4B，AT240C2 为 8B 等。

2）可擦写次数大于 100 000 次。

3）数据保存周期：100 年。

4）8 脚 DIP 或 SOIC 封装。

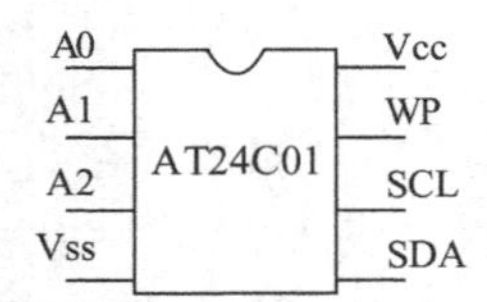

图 8.20 AT24C01 的引脚排列

AT24C01 的引脚排列如图 8.20 所示，各引脚的功能如下。

1）A0、A1、A2：器件地址选择线，用于多个器件级联时设置器件地址，当这些引脚悬空时，默认值为 0。

2）SDA：串行数据线，用于器件所有数据的发送或接收。

3）SCL：串行时钟线，用于产生器件所有数据发送或接收的时钟。

4）WP（EN）：写保护端，当该端口为高电平时，不可对存储器进行写操作。

5）Vcc：电源正，取值范围为 1.8～6V。

6）Vss：电源地。

3. 存储器结构与寻址

AT24C××系列 E^2PROM 操作时有两种寻址方式：芯片寻址和片内子地址寻址。

（1）芯片寻址

AT24C××系列 E^2PROM 采用 I^2C 总线，I^2C 总线上可以挂接多个接口器件，在 I^2C 总线上的每一个器件应有唯一的器件地址，按 I^2C 总线规则，器件地址为 7 位二进制数，它与 1 位数据方向位构成一个器件寻址字节。AT24C××系列的芯片地址为 1010，其地址控制字格式为“1010A2A1A0R/W”。其中，A2A1A0 为可编程地址选择位，A2、A1、A0 引脚接高、低电平后得到确定的 3 位编码，与 1010 形成 7 位编码，即为该器件的地址码。R/W 为芯片的读/写控制位，该位为 0，表示芯片进行写操作。

（2）片内子地址寻址

对于 E^2PROM 的片内地址，AT24C01 和 AT24C02 的芯片容量可用 1B 表示，故读/写某个单元前，先向 E^2PROM 写入 1B 的器件地址，再写入 1B 的片内地址。而 AT24C04、AT24C08 和 AT24C16 分别需要 9 位、10 位和 11 位的片内地址，所以 AT24C04 将器件地址中的 D1（A0）作为片内地址的最高位，AT24C08 将器件地址中的 D2D1（A1A0）作为片内地址的最高两位，AT24C16 将器件地址中的 D3D2D1（A2A1A0）作为片内地址的最高 3 位。若在系统中将器件的引脚地址用作片内地址，则该引脚在电路中不得作悬空处理。AT24C32、AT24C64、AT24C128、AT24C128、AT24C256 和 AT24C512 的片内地址采用 2B。

4. AT24C××的操作时序

I^2C 总线 E^2PROM 芯片与单片机的接口

AT24C××作为元器件的从节点，当主器件以主发送方式对其进行操作时，即实现 AT24C××输入，当主器件以主接收方式对 AT24C××进行操作时，即实现 AT24C××的输出，而不需要专门的写信号控制线。AT24C01 的操作时序如图 8.21 所示。

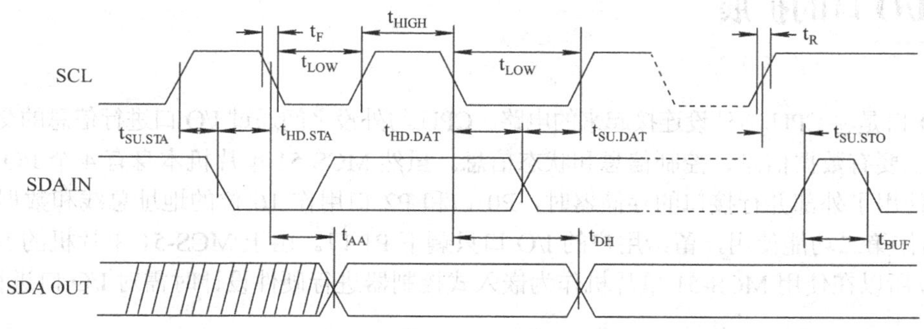

图 8.21　AT24C01 的操作时序

CPU 对 E^2PROM 进行写操作前，先发送该器件的 7 位地址码和写方向位“0”，发送完后释放 SDA 并在 SCL 上产生第 9 个时钟信号。被选中的存储器在确认是自己的地址后，在 SDA 上产生一个应答信号作为响应，CPU 收到应答信号后开始传送数据。传送数据时，CPU 首先发送 1B 的被写入器件的存储区首地址，收到存储器的应答后，CPU 再逐个发送各数据字节。

CPU 对 E^2PROM 进行读操作前，先发送该器件的 7 位地址码和写方向位“0”（伪写），发送完后释放 SDA 并在 SCL 上产生第 9 个时钟信号。被选中的存储器在确认是自己的地址后，在 SDA 上产生一个应答信号作为响应。然后发 1B 的要读出器件的存储区的首地址，收到应答信号后，CPU 要重复发送一次起始信号，并发出器件地址和读方向位“1”，收到从器件应答后即可读出数据字节，每读出 1B，CPU 都要回复应答信号。当读完最后 1B 数据后，CPU 应返回以“非应答”（高电平），并发出终止信号以结束读出操作。

5. AT24C××与单片机的接口

AT24C××与 MCS-51 单片机的接口电路如图 8.22 所示。单片机的 P3.4 端与 I^2C 总线器件的 SDA 端连接，P3.5 端与 I^2C 总线器件的 SCL 端连接，由于 SDA 和 SCL 引脚都是开漏结构，所以要接上拉电阻，3 个地址端 A2、A1、A0 接地，片选 WP 接单片机的 P1.0 端。

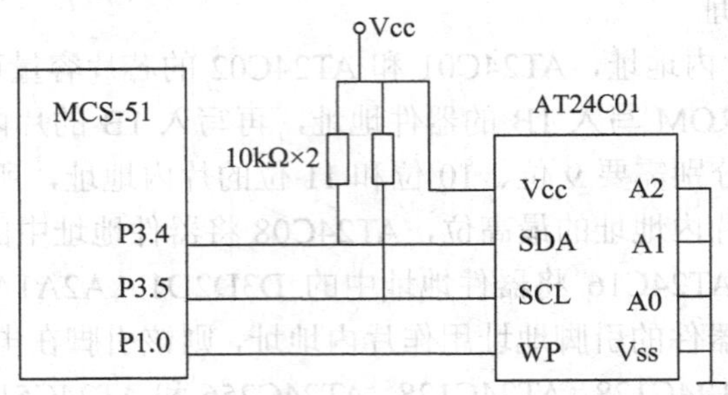

图 8.22　AT24C××与 MCS-51 单片机的接口电路

软件设计相对简单，首先将 I2C.c 复制到用户程序相应的目录，然后在用户主程序开始位置加入“#include <I2C.c>”预处理命令，即可使用内部的函数。对 E^2PROM 的读/写操作分别调用 IRcvStr(uchar sla,uchar suba,uchar *s,uchar no)和 ISendStr(uchar sla,uchar suba,uchar *s,uchar no)函数。

8.5　I/O 口的扩展

I/O 口是将 CPU 与外设连接起来的电路。CPU 与外设之间通过 I/O 口进行信息的交换，这些信息主要有数据信息、控制信息和状态信息。虽然 MCS-51 单片机本身有 4 个 I/O 口，但当系统使用了外部并行接口的存储器时，P0 口和 P2 口用作 16 位的地址总线和数据总线，P3 口用作第二功能使用，留给用户的 I/O 口只剩下 P1 口。由于 MCS-51 单片机的 I/O 口资源有限，所以在使用 MCS-51 单片机作为嵌入式控制器进行硬件设计时需对 I/O 口进行扩展。

8.5.1　I/O 口概述

1. I/O 口的作用

I/O 接口的作用包括以下几点。

1）速度协调。外设的速度快慢差异很大（高速磁盘每秒提供几十位数据，而继电器需要数秒才能提供一位数据），所以外设只能工作于异步方式，即只有外设有数据传输时才进行 I/O 操作，所以要在 CPU 和外设之间进行速度协调。

2）数据锁存。数据输出都是通过公用数据总线，且 CPU 速度很快，数据在总线上停留的时间不能满足慢速外设的数据接收要求，需要将输出的数据先放在锁存器中，所以输出接口电路应包含输出锁存器。

3）三态缓冲。输入设备向单片机输入数据也是通过公用数据总线。为了满足高速 CPU 的需要，应先将外设输入的数据放在输入缓冲器中，所以输入接口电路应包含三态缓冲器。

4）数据转换。数据转换主要包括 D/A 转换、A/D 转换、串并转换、并串转换和电平转换等。

从上述分析可知，对 MCS-51 单片机的 I/O 口进行扩展时，要为输出设备的接口电路提供锁存器，并为输入设备的接口电路提供输入三态缓冲电路。

2. I/O 口的编址方式

I/O 口的编址方式有统一编址方式和独立编址方式两种。统一编址方式是指 I/O 口与 RAM 统一编址，I/O 口共用存储器的地址空间，每个 I/O 口视为一个存储单元，用访问 RAM 的指令访问 I/O 口的方式。独立编址方式是指外部 I/O 口有独立的地址空间、专用 I/O 控制信号和 I/O 指令，I/O 口独立编址，不占用存储器的地址空间的编址方式。MCS-51 单片机采用统一编址方式。MCS-51 单片机有片内 I/O 口和扩展 I/O 口，片内 I/O 口寄存器是 SFR，使用片内数据存储器地址空间；扩展 I/O 口使用片外数据存储器地址空间。

3. 单片机 I/O 的直接输入/输出

在简单系统中，所选单片机自带的存储器足够用，无须扩展外部存储器时，P0、P1、P2、P3 都可以作为通用 I/O 口使用。由于 P0、P1、P2、P3 输入数据时均可以输入缓冲，输出时均可以锁存，并且具有一定的负载能力，所以 I/O 口可以直接接外设，如开关、发光二极管、打印机等。如图 8.23 所示，开关 S1～S8 和发光二极管 L1～L8 分别接在单片机的 P2 口和 P0 口上。

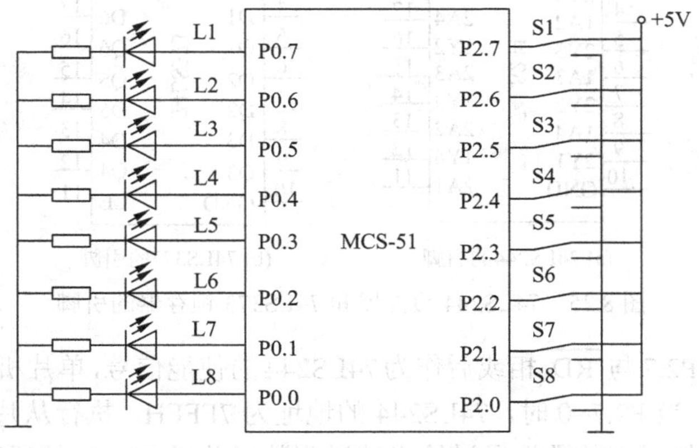

图 8.23　I/O 口的直接输入/输出

4. 简单 I/O 口的扩展

简单 I/O 口的扩展是指通过数据缓冲器和锁存器来扩展 I/O 口的方式。例如，用 74LS244、74LS245 等三态缓冲器扩展输入口，使用 74LS273、74LS373 等锁存器扩展输出口。实际上只要具有输入三态、输出锁存的电路都可以用作 I/O 口的扩展。

图 8.24 所示为用 74LS244 和 74LS373 扩展 I/O 口的电路，其中 74LS244 扩展并行输入口，74LS373 扩展并行输出口。74LS244 是一种 8 位的三态缓冲器，其引脚如图 8.25（a）所示。当它的控制端 $\overline{1G}$（$\overline{2G}$）为低电平时，输出 Yi 等于输入 Ai；当它的控制端 $\overline{1G}$（$\overline{2G}$）

为高电平时，输出呈高阻态。74LS244 包括 8 个输入端和 8 个输出端，既能 8 位使用又能 4 位使用。74LS373 是有 8 个输入端 D0～D7 和 8 个输出端 Q0～Q7 的锁存器，其引脚如图 8.25（b）所示。LE 为数据锁存控制端，当 LE＝1 时，将输入数据锁存于内部锁存器中。$\overline{OE}$ 为输出允许端，当 $\overline{OE}$ ＝0 时，将锁存器中的数据通过输出端输出。

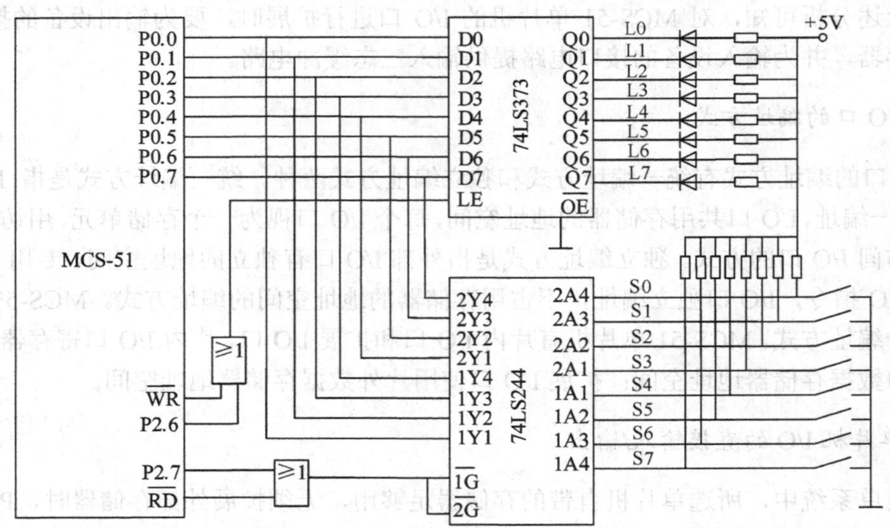

图 8.24 用 74LS244 和 74LS373 扩展 I/O 口电路

(a) 74LS244的引脚

引脚	名称	引脚	名称
1	$\overline{1G}$	20	Vcc
2	1A1	19	$\overline{2G}$
3	2Y4	18	1Y1
4	1A2	17	2A4
5	2Y3	16	1Y2
6	1A3	15	2A3
7	2Y2	14	1Y3
8	1A4	13	2A2
9	2Y1	12	1Y4
10	GND	11	2A1

(b) 74LS373的引脚

引脚	名称	引脚	名称
1	$\overline{OE}$	20	Vcc
2	Q0	19	Q7
3	D0	18	D7
4	D1	17	D6
5	Q1	16	Q6
6	Q2	15	Q5
7	D2	14	D5
8	D3	13	D4
9	Q3	12	Q4
10	GND	11	LE

图 8.25 74LS244 缓冲器和 74LS373 锁存器的引脚

如图 8.24 所示，P2.7 与 $\overline{RD}$ 相或后作为 74LS244 的使能信号，单片机的 P0 口与 74LS244 的 8 位输出端相连。当 P2.7=0 时，74LS244 的地址为 7FFFH，执行从片外数据存储器读取的指令时，74LS244 输入端的数据通过输出端送到数据总线 P0 口，然后送到单片机的内部。P2.6 与 $\overline{WR}$ 相或后作为 74LS373 的使能信号，单片机的 P0 口与 74LS373 的 8 位输入相连。当 P2.6=0 时，74LS373 的地址为 BFFFH，执行向片外数据存储器写的指令时，单片机内部的数据通过数据总线送到锁存器输入端，由于 74LS373 的输出允许端 $\overline{OE}$ 直接接地，所以数据直接送到输出端。

8.5.2 I²C 总线 I/O 扩展芯片 PCF8574

1. 概述

PCF8574 是 Philips 公司推出的带 I²C 总线接口的 CMOS 型 I/O 扩展芯片，包含一个

8 位准双向口和一个 I²C 总线接口。PCF8574 电流消耗很低，且 I/O 口输出时具有大电流驱动能力，可直接驱动 LED。它还带有一条中断引脚 $\overline{\text{INT}}$，可与 MCU 的中断逻辑相连。通过 $\overline{\text{INT}}$ 发送中断信号，远端 I/O 口不必经过 I²C 总线通信即可通知 MCU 是否有数据从端口输入。PCF8574 和 PCF8574A 的唯一区别在于器件地址不同。PCF8574 的特性是操作电压为 2.5～6.0V，开漏中断输出，I/O 口输出锁存，通过 3 个硬件地址引脚可寻址 8 个器件（PCF8574A 可多达 16 个）。

2. 引脚定义

PCF8574 采用 DIP16、SO16 或 SSOP20 形式封装，其引脚如图 8.26 所示，引脚功能说明如下。

1）A0、A1、A2：器件地址选择线，用于多个器件级联时设置器件地址。

2）P0～P7：8 路准双向 I/O 口。

3）$\overline{\text{INT}}$：中断输出，低电平有效。

4）SCL：I²C 总线串行时钟，用于产生器件发送或接收所有数据的时钟。

5）SDA：I²C 总线串行数据线，用于器件发送或接收所有数据。

6）Vdd、Vss：电源正、负。

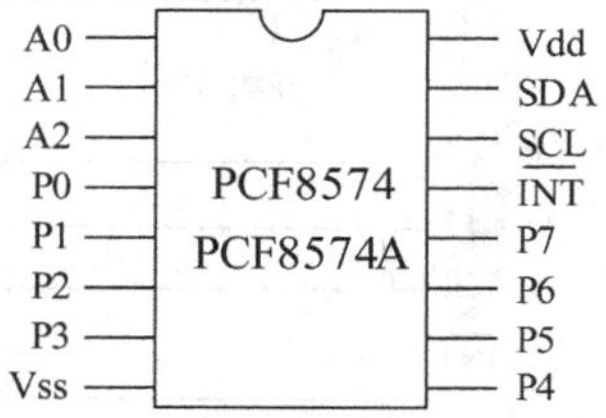

A0 A1 A2 P0 P1 P2 P3 Vss | PCF8574 PCF8574A | Vdd SDA SCL $\overline{\text{INT}}$ P7 P6 P5 P4

图 8.26　PCF8574 的引脚

3. 寻址说明

PCF8574 的每个 I/O 口都可单独用作输入或输出，PCF8574 和 PCF8574A 的从地址不同，分别为 0100 和 0111，如图 8.27 所示。

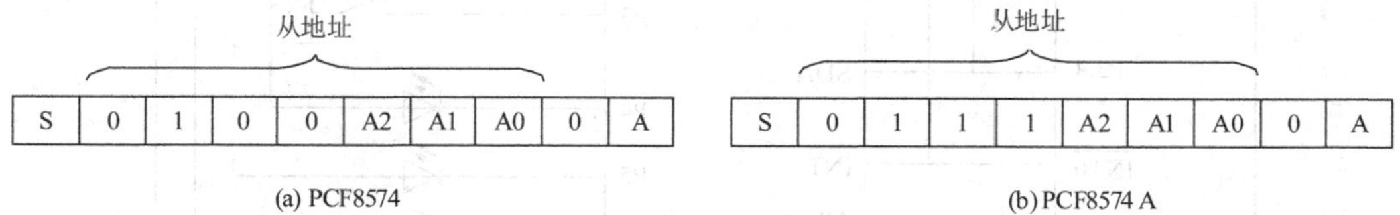

图 8.27　PCF8574 和 PCF8574A 的从地址

输入通过读模式将数据传送到 MCU，如图 8.28 所示。

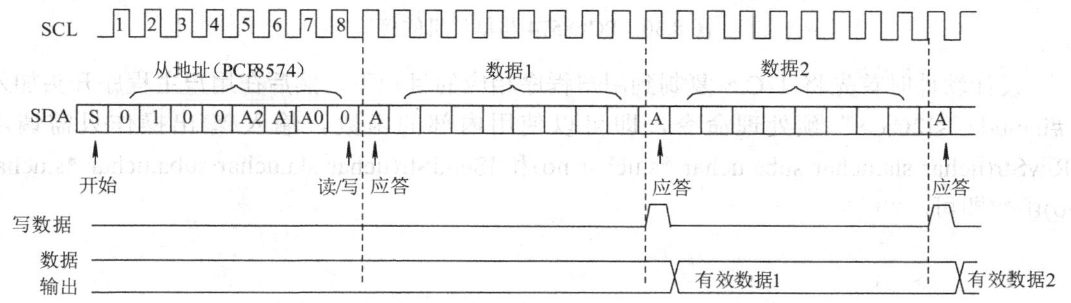

图 8.28　读模式数据协议

输出通过写模式将数据发送到 I/O 口，如图 8.29 所示。

4. PCF8574 与单片机的连接

PCF8574 与单片机的接口如图 8.30 所示，单片机的 P3.4 引脚与 PCF8574 的 SDA 连接，P3.5 引脚与 PCF8574 的 SCL 连接，3 个地址端接地，中断 $\overline{\text{INT}}$ 接单片机的外部中断 $\overline{\text{INT0}}$。PCF8574 的 P0～P3 作为输入口，P4～P7 作为输出口。中断输出和 I^2C 总线均采用开漏结构，所以接 10kΩ 的上拉电阻。

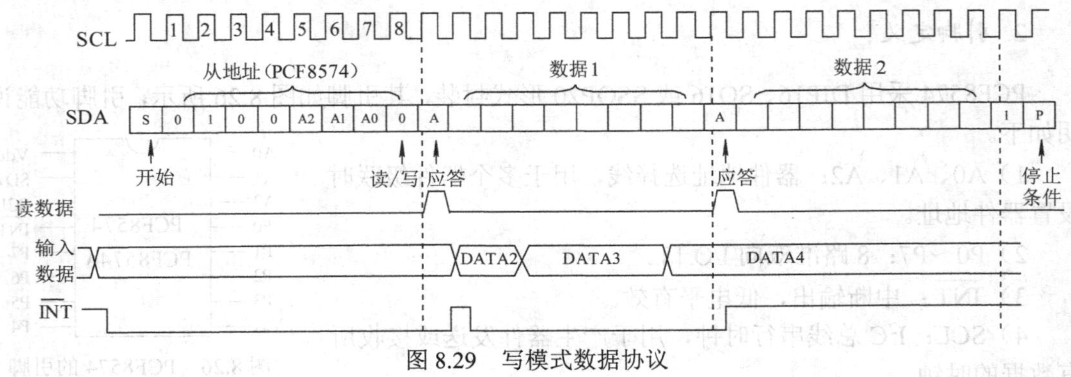

图 8.29 写模式数据协议

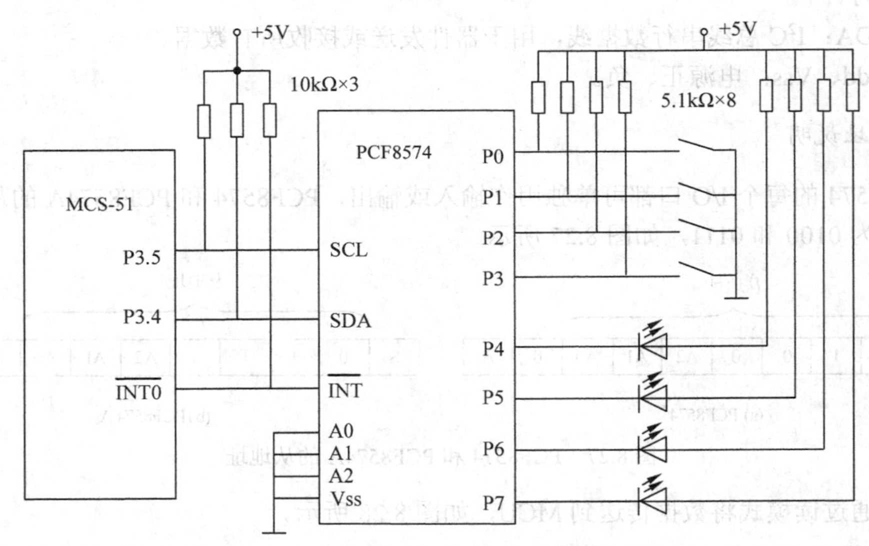

图 8.30 PCF8574 与单片机的接口

设计软件时首先将 I2C.c 复制到用户程序相应的目录下，然后在用户主程序开头加入“#include <I2C.c>”预处理命令，即可以使用内部的函数。输入/输出操作只需调用 IRcvStr(uchar sla,uchar suba,uchar *s,uchar no)和 ISendStr(uchar sla,uchar suba,uchar *s,uchar no)函数即可。

习　题

一、填空题

1. 用 MCS-51 单片机串行扩展并行 I/O 口时，串行口工作方式为________。
2. MCS-51 单片机外扩 ROM、RAM 和 I/O 口时，它的数据总线是________。
3. MCS-51 单片机若要外扩 32KB 的 ROM，若首地址为 0x0700，则末地址为________。
4. I^2C 总线是________线制________通信。
5. AT24C02 采用________串行通信总线。
6. 系统复位以后，I/O 口的内容是______。
7. 单片机应用程序存放在________中。

二、简答题

1. 简述 MCS-51 单片机系统扩展的一般方法。
2. 存储器芯片的地址引脚与其容量有何关系？
3. 在 MCS-51 单片机扩展储存器系统中，为什么 P0 口要接一个 8 位锁存器，而 P2 口却不接？
4. 单片机中 I/O 口如何扩展？如何实现输入/输出？
5. I^2C 总线的特点是什么？简述 I^2C 总线的工作过程。
6. 简述 AT24C××芯片的读/写过程。
7. 利用书中给出的 I^2C 虚拟软件包，编写一段对 AT24C01 芯片初始化的程序，初始值为 0xAA。

第9章　人机接口技术

教学目的和要求

本章主要介绍单片机与键盘、LED、LCD的接口原理、技术与方法。要求理解按键电路的工作原理、抖动的消除方法、行列式键盘的工作原理、LED显示器结构；掌握独立式键盘接口技术，行列式键盘按键识别方法，LED显示器静态、动态显示技术，LED的接口、译码方式，字符点阵式液晶显示模块RT1602C、图形点阵式液晶显示模块12864与单片机的接口技术和软件设计方法；熟悉单片机与光耦合器、电磁式继电器、拨码开关、蜂鸣器的接口；了解专用键盘/显示器管理芯片8279、ZLG7289的使用方法。

一个安全可靠的系统通常具有方便的人机交互功能，操作人员既可以通过外设灵活地输入各种参数以调节系统的运行，又可以实时掌握系统的工作状态，所以人机接口是单片机系统设计中的重要部分。人机接口是指人与系统之间建立联系、交换信息的I/O设备的接口，这些设备包括键盘、显示器和拨码盘等。

9.1　键盘及其接口

键盘是单片机应用系统设计中最常用的输入设备，操作人员一般是通过键盘向单片机输入数据、传送命令的，是人工干预单片机的主要手段。

9.1.1　按键电路与抖动的消除

键盘一般由一组机械按键按一定的规律组成，其结构与产生的波形如图9.1所示。

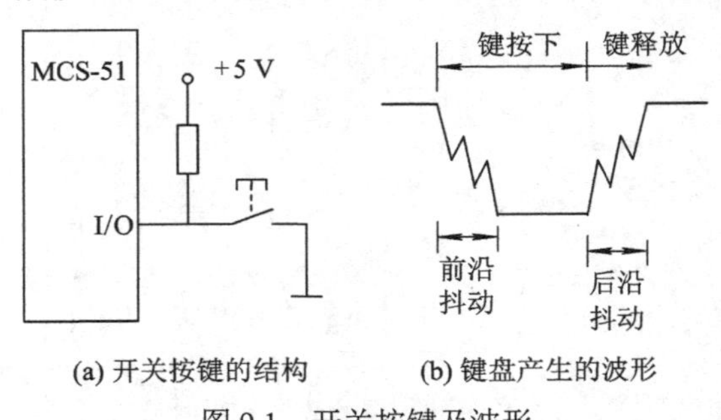

(a) 开关按键的结构　　(b) 键盘产生的波形

图9.1　开关按键及波形

图9.1（a）为开关按键的结构，一般键盘通过I/O口与单片机相连，它的状态通过I/O口的高低电平来区分。正常状态下，与键盘所连接的单片机的I/O口被上拉为高电平；当键按下时，与之相连的单片机的I/O口被钳位成低电平。一般键盘采用机械弹性

开关，图 9.1（b）为按键时产生的波形。由于机械触点的弹性作用，在闭合和断开瞬间都会有抖动发生，抖动时间一般为 5～10ms。为确保按键不产生误动作，必须有防抖措施，防抖有硬件和软件两种实现方法。

硬件防抖是指采用硬件电路的方法对键盘的按下抖动和释放抖动进行消除的方法，即经过防抖电路后使按键的电平信号只有两种稳定的状态。硬件防抖措施的典型做法是采用 RS（reset-set）触发器，构成双稳态防抖电路，如图 9.2 所示。当按键处于断开状态时，上面与非门的输入端 2 被钳位成低电平，则输出端为高电平；当按键处于闭合状态时，下面与非门的输入端 5 被钳位成低电平，则上面与非门的输入端 3 为高电平，同时由于输入端 2 被上拉为高电平，则输出为低电平。所以经过 RS 触发器后，输出端的信号变为标准的矩形波。

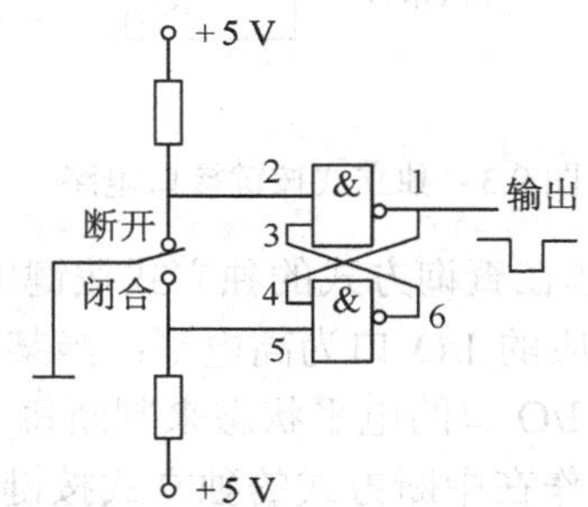

图 9.2　硬件防抖电路

硬件防抖电路能消除键盘的抖动，但若系统中的按键数较多，硬件防抖电路将变得较为复杂，成本也较高。硬件防抖一般用在按键数较少的系统中，当系统中按键数较多时，可以采用软件防抖来消除键盘的抖动。软件防抖是指当软件检测到第一次按键按下时，执行一个 10～20ms 的延时程序，之后检测该键电平是否仍维持在闭合状态，若仍然保持，则确认此键是真正按下，从而消除抖动的方法。

一个单片机应用系统在实际操作中，若出现多键现象，即同时或先后按下两个及以上的键，通常的处理办法是以最先按下的键为当前按键。另外，使用人员由于误操作导致多次连击同一个按键的现象称为重键现象。为避免重键影响系统的正常运行，在编写软件的过程中，以按键释放作为按键的结束，即执行完相应的按键功能程序后，等待该键释放结束，以防止出现反复执行按键程序的现象。

9.1.2　独立式键盘

1. 独立式键盘接口

键盘接口有独立式键盘接口和行列式键盘接口两种。独立式键盘是指每个按键独立地占用一条 I/O 口线的键盘，每条 I/O 口线上按键的工作状态不会影响其他 I/O 口线的工作状态。通过检测输入线的电平状态可以很容易地判断按下了哪个按键。独立式按键接口电路如图 9.3 所示。

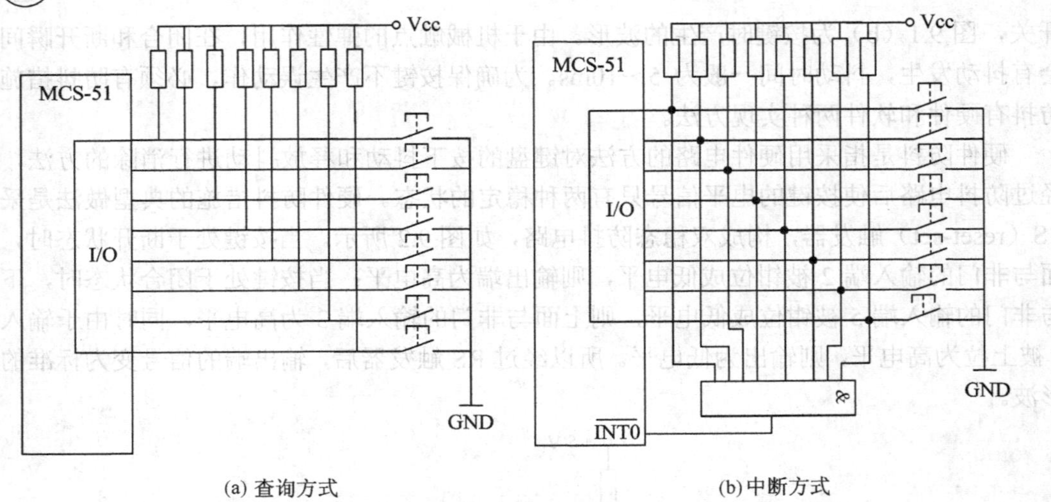

图 9.3 独立式按键接口电路

图 9.3（a）所示为单片机工作在查询方式的独立式按键电路，按键直接与单片机的 I/O 口相连。当没有按键按下时，对应的 I/O 口为高电平；当某一按键按下时，对应的 I/O 口变为低电平。所以可以通过查询 I/O 口的电平状态来判断每个按键的状态。

图 9.3（b）所示为单片机工作在中断方式的独立式按键电路。所有 I/O 口都接在与门的输入端，与门的输出端接在单片机的外部中断上。当没有按键按下时，CPU 不读取 I/O 口的状态；当某一按键按下时，与门的输出端由高电平变成低电平时向单片机发出中断请求，在中断服务程序中再读取 I/O 口的状态来进行按键识别。

2. 独立式键盘的软件设计

以下是查询方式的独立式键盘的处理程序，包括软件防抖和重键避免功能，其中 Prog( ) 为按键的功能程序。

```
#include <reg52.h>              //包含特殊功能寄存器的定义
sbit S1=P1^0;                   //定义 P1.0 口为 S1
sbit led=P0^0;                  //定义 P0.0 口为 led
void KeyPros()
{
    if(S1==0)                   //检测按键 S1 是否按下
    {
      delay(1000);              //消除抖动
      if(S1==0)                      //再次判断按键是否按下
      {
        Prog();
      }
      while(!S1);               //检测按键是否松开，避免重键
    }
}
void delay(unsigned int i)      //延时子程序
{
  while(i--);
}
```

独立式按键电路设计比较直观，软件简单。但每个按键需要占用一个 I/O 口，在按键数目较多时，独立式键盘方式将大量占用单片机的 I/O 口线，对 I/O 口的浪费很严重，所以独立式按键一般用于按键数目不多的场合。当按键数目较多时，通常采用行列式键盘。

9.1.3　行列式键盘

键盘与单片机的接口

行列式键盘也称为矩阵式键盘，行列式键盘通过 I/O 口线组成行、列结构，按键设置在行、列的交叉点上。如图 9.4 所示，一个 8×4 的行、列结构可组成 32 个键的键盘。这样当单片机系统的 I/O 口资源有限时，可以大量节省 I/O 口线。

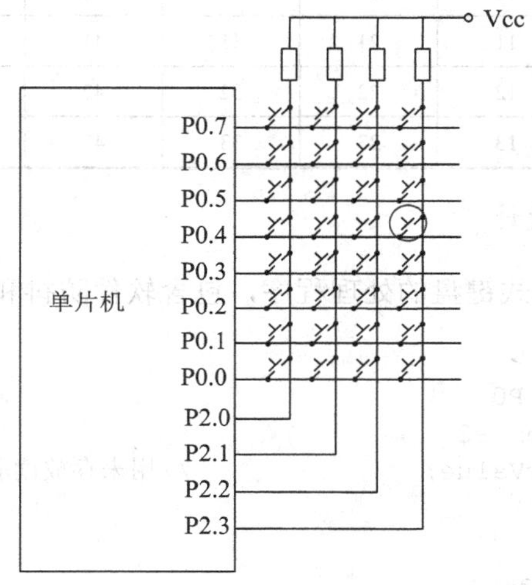

图 9.4　8×4 行列式键盘

行列式键盘设置在行、列的交点上，行线、列线分别连接按键开关的两端，当有按键按下时，行线与列线相连。行列式键盘必须由软件来判断是否有键按下及按下键盘的键值。

1. 是否有键按下的判别

首先由 CPU 从 P0 口输出一个全为 0 的数据，此时 P0.7～P0.0 全部为低电平，若有键按下，则 P2.0～P2.3 中会有一根线被拉至低电平。当 CPU 读取 P2 口时，P2.3～P2.0 不全为 1，表明此时有键按下；当 CPU 读取 P2 口时，P2.3～P2.0 全为 1，表明此时无键按下。

2. 键值的判别

若第 5 行第 4 列的按键被按下（即图 9.4 中带圆圈的键），则使第 4 根列线与第 5 根行线导通，原先处于高电平的第 4 根列线被第 5 根行线钳位到低电平。所以 CPU 读取 P2 口时 P2.3=0。

如图 9.4 所示，当第 4 列的键被按下，CPU 读取 P2 口时 P2.3 始终为 0，P2 口读得的值为××××0111B。若读得 P2 口的值为××××1101B，则可以断定是第 2 列的键被按下。

行值的判断可采用扫描法。首先使 P0 口输出仅 P0.0 为 0，其余位均为 1；然后读取 P2 口的值，若读得 P2.3～P2.0 均为 1，则按键一定不在第一行；然后使 P0.1 为 0，其余位均为 1，再读 P2 口的值，若仍均为 1，则按键一定不在第二行；再继续使 P0.2 为 0，其余位为 1，再读 P2 口的值，依次类推，直到读出 P2.3～P2.0 不全为 1 或移到 P0.7 为 0 为止。当 P2.3～P2.0 不全为 1 时，对应行的键一定被按下。若第 5 行第 4 列的键被按下，则在 P0 口输出为 11101111B 时，P2.3～P2.0 不全为 1，而是××××0111B。

行输出（P0 口）数据和列输入（P2 口）数据中“0”对应的位置，表示该键的键值，即键值=行值×10H+列值。图 9.4 中各个键的键值如表 9.1 所示。

表 9.1　键值的表示（十六进制）

列 \ 行	0	1	2	3	4	5	6	7
0	00	10	20	30	40	50	60	70
1	01	11	21	31	41	51	61	71
2	02	12	22	32	42	52	62	72
3	03	13	23	33	43	53	63	73

3. 行列式键盘的软件设计

以下是查询方式的行列式键盘的处理程序，包含软件防抖和重键避免功能。

```
#include <reg52.h>
#define Key_Line P0
#define KEY_Column P2
unsigned char KeyValue;                          //用来存放读取到的键值
void KeyDown(void)
{
   unsigned char a=0;
   Key_Line=0x00;
   if(KEY_Column!=0x0f)                          //读取按键是否被按下
   {
      delay(1000);                               //延时消抖
      if(KEY_Column!=0x0f)                       //再次检测按键是否被按下
      {
         //测试列
         switch(KEY_Column)
         {
            case(0X07): KeyValue=0x03;break;
            case(0X0b): KeyValue=0x02;break;
            case(0X0d): KeyValue=0x01;break;
            case(0X0e): KeyValue=0x00;break;
         }
         //测试行
         Key_Line=0xfe;                          //检测第一行
         if(KEY_Column!=0x0f)
         {
            delay(1000);                         //去抖
            KeyValue=KeyValue|0x00;
         }
          Key_Line=0xfd;                         //检测第二行
          if(KEY_Column!=0x0f)
```

```
            {
                delay(1000);
                KeyValue=KeyValue|0x10;
            }
            Key_Line=0xfb;                               //检测第 3 行
            if(KEY_Column!=0x0f)
            {
                delay(1000);
                KeyValue=KeyValue|0x20;
            }
            ……
            Key_Line=0x7f;                               //检测第 8 行
            if(KEY_Column!=0x0f)
            {
                delay(1000);
                KeyValue=KeyValue|0x70;
            }
          }
          while((a<50)&&(KEY_Column!=0x0f))          //检测按键是否被释放
          {
                delay(1000);
                a++;
          }
        }
      }
   }
   void delay(unsigned int i)
   {
       while(i--);
   }
```

9.2 LED 显示器及其接口

目前广泛使用的显示器件主要有 LED 显示器、液晶显示器（liquid crystal display，LCD）和真空荧光显示器（vacuum fluorescent display，VFD）等。LED 显示器造价低廉，与单片机连接方便灵活，技术上易于实现，但只能显示阿拉伯数字和少数字符，通常用于显示要求不高的场合。LCD 和 VFD 的成本较高，但可以显示包括汉字在内的多种字符，甚至是复杂的图形和曲线，可广泛用于各种终端设备，如个人数字助理（personal digital assistant，PDA）、手机、触摸屏等。

9.2.1 LED 显示器的结构与原理

LED 显示器是指由 LED 构成的显示器。单片机系统中经常使用的是 8 段式 LED 数码管，每一段对应一个 LED。LED 数码管有共阳极和共阴极两种结构，包含 a、b、c、d、e、f、g 7 个字段和 1 个小数点 dp，如图 9.5 所示。

图 9.5（a）所示为 LED 数码管的共阴极结构，8 段 LED 的负极连接在一起接地，正极分开控制，当正极为高电平时，LED 被点亮。图 9.5（b）所示为 LED 数码管的共阳极结

构，8 段 LED 正极连接在一起接高电平，当负极为低电平时，LED 被点亮。图 9.5（c）所示为引脚图，从 a～g 引脚输入不同的 8 位二进制编码，可以将不同段的 LED 点亮，从而显示不同的数字和字符。

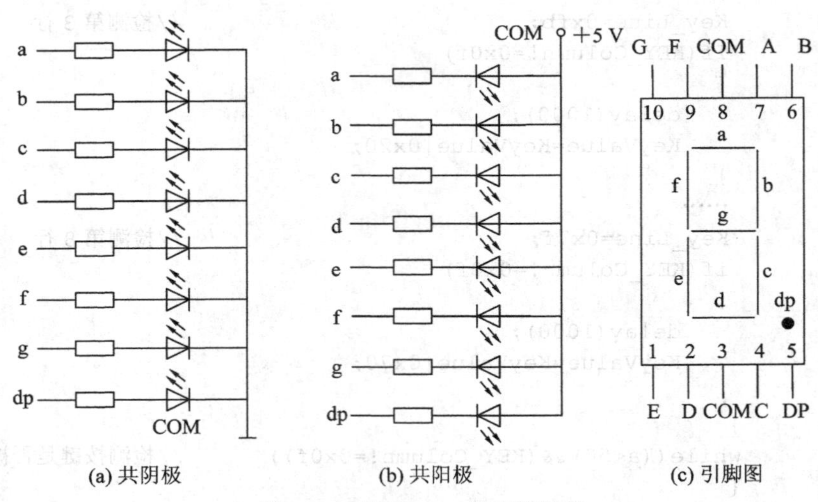

图 9.5　8 段式 LED 数码管结构

通常将控制 LED 的 8 位二进制编码称为字段码。习惯上字段按 dp、g、f、e、d、c、b、a 顺序排列。8 段 LED 的字段码如表 9.2 所示，共阴极与共阳极的字段码互为补码，即两数值相加等于 FFH。字型和字段码可以由设计者自行设定，不必拘于表 9.2 中的形式，但习惯上还是以“a”段对应字段码的最低位，“dp” 段对应字段码的最高位的形式编码。

表 9.2　8 段 LED 的字段码

字符	共阴	共阳	字符	共阴	共阳
0	3FH	C0H	A	77H	88H
1	06H	F9H	B	7CH	83H
2	5BH	A4H	C	39H	C6H
3	4FH	B0H	D	5EH	A1H
4	66H	99H	E	79H	86H
5	6DH	92H	F	71H	8EH
6	7DH	82H	P	73H	8CH
7	07H	F8H	U	3EH	C1H
8	7FH	80H	T	31H	CEH
9	6FH	90H	“灭”	00H	FFH

字段码的数值根据 LED 数码管的结构很容易得出，假设要显示数字“0”，共阴极时 a=b=c=d=e=f=1，g=dp=0，即二进制的“00111111B”，十六进制的“3FH”。共阳极时 a=b=c=d=e=f=0，g=dp=1，即二进制的“11000000B”，十六进制的“C0H”。

共阴极结构的控制方式受功耗限制，只能用在小尺寸的 LED 显示器中。大尺寸 LED 显示器一般使用共阳极结构。使用 LED 显示器时，工作电流一般为 5～10mA/段，当 LED 处于全亮状态时，工作电流为 40～80mA。LED 显示器的亮度除与工作电流有关外，还与

LED 的型号有关。

9.2.2 LED 的显示方式

LED 的显示方式

由 N 片 8 段式 LED 数码管构成 N 位显示器时，LED 的公共段 COM 称为位选线，a～g、dp 称为段选线。LED 数码管的显示有静态和动态两种方式。

1. 静态显示方式

静态显示方式是指 LED 显示器的段选线都与一个独立的 8 位并行接口相连接，公共端 COM 则根据 LED 的种类（共阴或共阳）连接到“地”或“Vcc”上的显示方式。采用这种方式直接在 I/O 口发送相应的字段码，即可显示相应的字符，如图 9.6 所示。

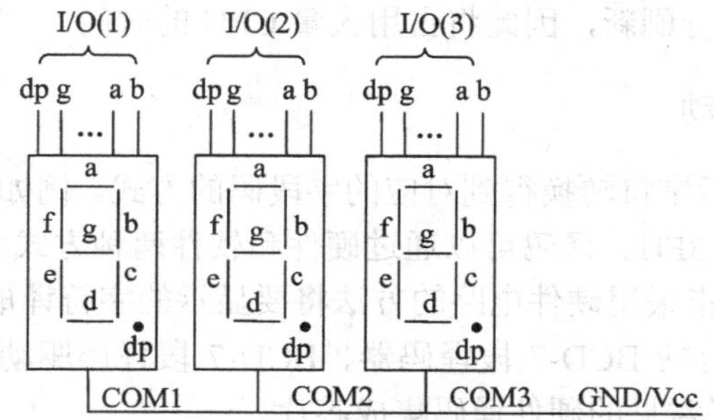

图 9.6 3 位数码管静态显示电路

静态显示方式的特点是结构简单、编程容易，各位的显示相互不影响，但功耗大，占用 I/O 口线较多（8×N），成本较高。当数码管数目较多时，多采用动态显示方式。

2. 动态显示方式

动态显示方式是指将所有 LED 的段选线并联之后连接在一个 8 位的并行 I/O 口上，每个 LED 的位选线 COM 接到一根独立的 I/O 口线上，总共需要 8+N 个 I/O 口的显示方式，如图 9.7 所示。

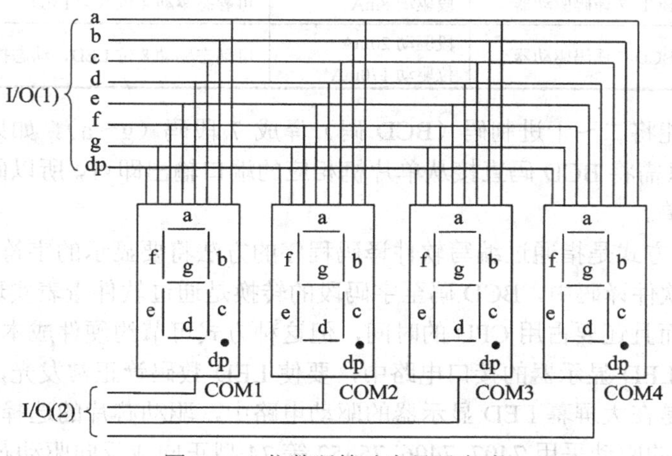

图 9.7 3 位数码管动态显示电路

在任意瞬间，只能有一片 8 段式 LED 数码管被点亮，位码决定被点亮的 LED，段码决定显示的字符。当各 LED 之间顺序轮流点亮的速度足够快时，人眼就观察不到数码管的闪烁，则可以造成多位 LED 同时显示的假象，达到同时显示的效果。

设图 9.7 中的数码管为共阳极结构，则可以按照下述方法设置工作过程，首先使 COM1 为“1”，其余数码管的 COM 端为“0”，同时在 I/O(1)上输出左边第一个数码管要显示的字段码，这时只有左边第一个数码管显示，其余均不显示；然后使 COM2 为“1”，其余数码管的 COM 端为“0”，同时在 I/O(1)上输出左边第二个数码管要显示的字段码，这时只有左边第二个数码管显示，其余均不显示，依此类推，直到最后一个，一次循环完毕下一次循环又这样轮流显示。人的视觉停留时间约为 100ms，当有 4 个 LED 时，每个 LED 的显示时间不超过 25ms 即可实现 4 位数字同时显示的效果。

动态显示方式的特点是功耗较低、占用 I/O 口线少、外围接口简单，但软件开销大，需要 CPU 周期性对其进行刷新，因此将占用大量 CPU 的时间。

9.2.3 LED 的译码与驱动

译码方式是指由显示字符转换得到对应的字段码的方式。例如，显示字符“0”转换成共阴极 LED 的字段码为 3FH。译码可以通过硬件和软件两种方式来实现。

1）硬件译码方式是指采用硬件电路的方法将要显示的字符译成字段码的方式。集成硬件译码电路类型较多，包括 BCD-7 段译码器、BCD-7 段译码驱动器、BCD-7 段锁存译码驱动器等。表 9.3 给出了常见的硬件译码集成芯片。

表 9.3 常用硬件译码集成芯片

芯片名称	功能	驱动能力	备注
74LS46、74LS47	BCD-7 译码驱动器	段驱动 8mA	输出开路
74LS48	BCD-7 译码驱动器	段驱动 8mA	输出需上拉电阻
74LS49	BCD-7 译码驱动器	段驱动 8mA	OC 输出
MC14558	BCD-7 译码器	—	无驱动能力
MC14513	BCD-7 译码驱动器	段驱动 12mA	输出锁存
ICM7212	BCD-7 译码驱动器	段驱动 8mA	可静态驱动 4 位共阳 LED
ICM7218	BCD-7 译码驱动器	段驱动 20mA 位驱动 170mA	可动态驱动 8 位 LED，动态扫描频率为 250Hz

硬件译码器能将二～十进制码（BCD 码）译成 7 段码（g～a）。如果在接口电路中使用硬件译码器，只需将 BCD 码直接从单片机相应的端口输出即可，所以硬件译码方式中的程序编制非常简单。

2）软件译码方式是指通过编写软件译码程序的方法将要显示的字符译成 8 段 LED 字段码的方式。在软件译码中，BCD 码至字码段的转换是通过软件查表实现的，这样将增加程序的复杂度，而且还要占用 CPU 的时间，但这种方式可节约硬件成本。

在单片机与 LED 显示器的接口电路中，要使 LED 数码管正常发光，显示器驱动芯片也很关键，特别是在大屏幕 LED 显示器的驱动电路中，驱动芯片的选择将显得尤为重要。一般 LED 显示器的驱动采用 7407、7406、75452 等 74 型正向或反向驱动芯片，也可用 9013、8550 等晶体管组成达林顿管来驱动，如图 9.8 所示。

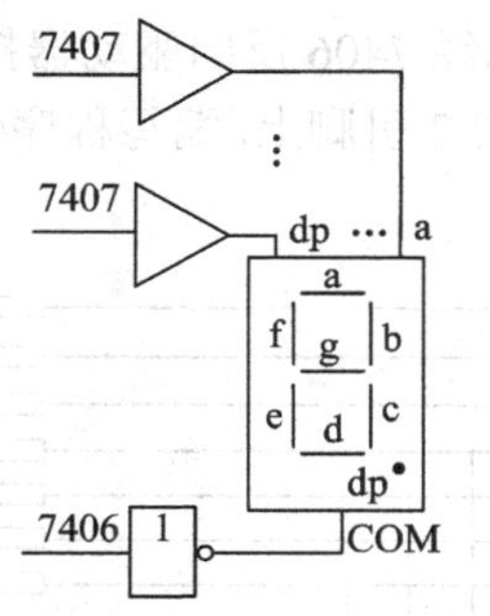

(a) 7406、7407组成的驱动电路

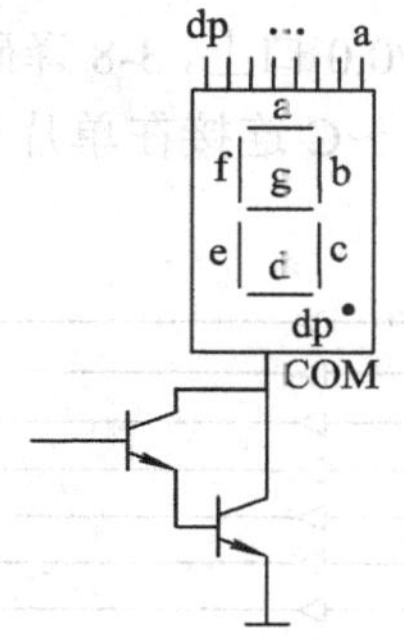

(b) 9013组成达林顿管的驱动电路

图 9.8　LED 驱动电路

LED 的接口方式有并行和串行两种，由接口和驱动芯片而定。常用的并行 LED 接口芯片有 8155、8255、键盘和显示管理芯片 8279 等。以前的 MCS-51 单片机系统经常通过串行口通信线 TXD、RXD（P3.0、P3.1）加移位寄存器 74LS164 实现 LED 显示功能。近年来国内外各大厂商纷纷推出了基于串行总线方式的 LED 显示器接口芯片，如 Maxim 公司的 MAX7219，力源公司的 PS7219 及周立功公司的 ZLG7289 等。这些芯片与单片机的接口一般采用 SPI 总线方式，具有占用 I/O 口线少，与单片机接口程序易于实现的特点。有的芯片如 ZLG7289 还内含键盘控制器，这样只要一片芯片便可实现显示和键盘功能，使用十分方便。

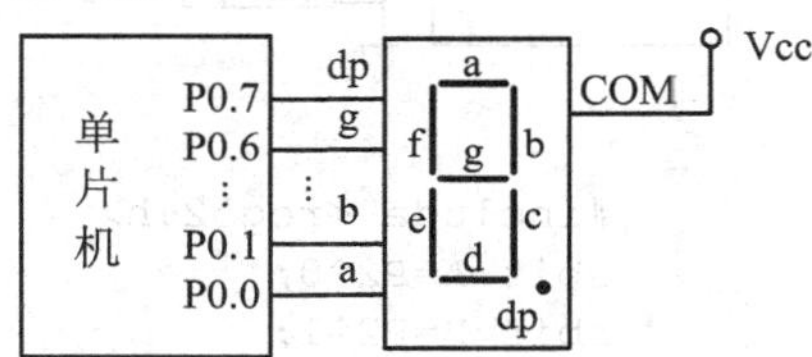

图 9.9　静态显示方式

【例 9.1】　如图 9.9 所示，共阳极数码管的 dp～a 引脚顺序连接在单片机的 P0.7～P0.0 口，编写程序使数码管依次显示字符 0～9。

```
#include <reg51.h>
//共阳极数码管 0～9 的字码段，则要显示的字符与数组下标完全一样
unsigned  char  code  LED_Code[10]={0xC0,0xF9,0xA4,0xB0,0x99,0x92,0x82,0xF8,
0x80,0x90};
main()
{
    unsigned char LedNumVal=0;          //定义变量
    while(1)
    {
        P0=LED_Code[LedNumVal];         //将字模送到 P0 口显示
        delay(6000);
        LedNumVal++;
        if(LedNumVal>9)  LedNumVal=0
    }
}
void delay(unsigned int i)
{
    char j;
    for(i;i>0;i--)                      //循环 6000*200 次
    for(j=200;j>0;j--);
}
```

【例 9.2】　如图 9.10 所示，8 位一体共阴极数码管的段选线 a～dp 经正向驱动器 7407

接到单片机的P0.7～P0.0口上，3-8译码器的输出线经7406反向驱动器接数码管COM端，3-8译码器的地址线A～C连接在单片机的P2.0～P2.2引脚上。编写程序使数码管从左到右依次显示字符0～7。

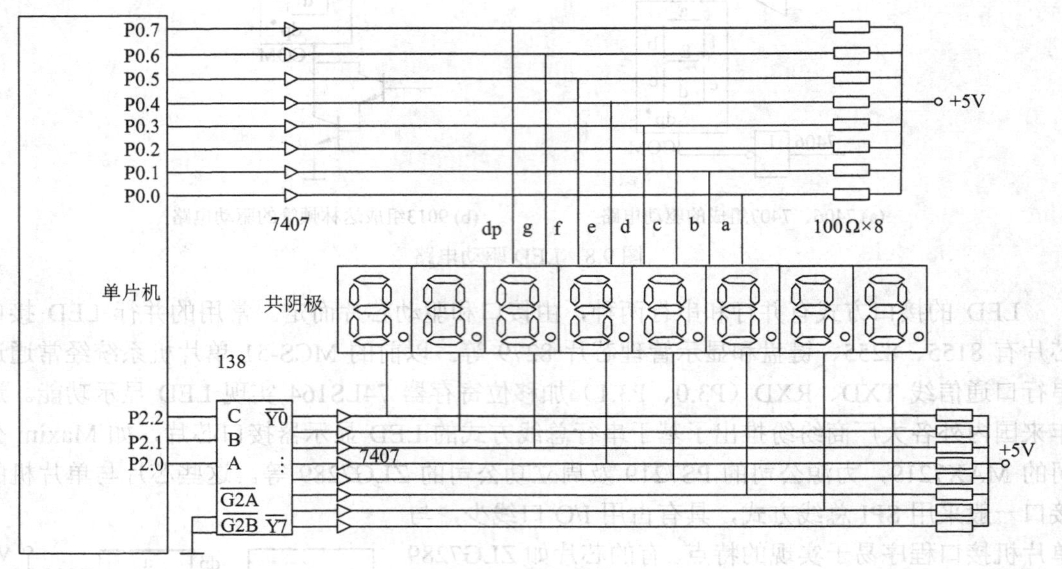

图9.10 动态显示方式

```
#include <reg52.h>
sbit A=P2^0;
sbit B=P2^1;
sbit C=P2^2;
unsigned char code LED_Code [8]={0x3f,0x06,0x5b,0x4f,0x66,0x6d,0x7d,
0x07};                            // 0～7的字码段
void main()
{  unsigned char i=0;
   while(1)
   {
     for(i=0;i<8;i++)
     {
        switch(i)                 //位选,选择点亮的数码管
        {
           case(0):A=0; B=0; C=0; break;//显示第0位
           case(1):A=1; B=0; C=0; break;//显示第1位
           case(2):A=0; B=1; C=0; break;//显示第2位
           case(3):A=1; B=1; C=0; break;//显示第3位
           case(4):A=0; B=0; C=1; break;//显示第4位
           case(5):A=1; B=0; C=1; break;//显示第5位
           case(6):A=0; B=1; C=1; break;//显示第6位
           case(7):A=1; B=1; C=1; break;//显示第7位
        }
     P0=LED_Code[i];              //发送段码
     delay(100);                  //间隔一段时间扫描，延时程序与前面相似
     P0=0x00;                     //消隐
     }
   }
}
```

9.3　LCD 显示器及其接口

LCD 是一种利用液晶（liquid crystal）的扭曲/向列效应制成的新型显示器。液晶是一种介于晶体和液体之间的物质，当被加热时，它会呈现液态，有液体的流动性和连续性；而冷却时又会结晶成晶体，有晶体的各向异性。当向液晶通电时，液晶体分子排列得井然有序，可以使光线通过；而不通电时，液晶分子排列混乱，阻止光线通过。

LCD 的结构如图 9.11 所示。在显示屏两边都设有作为光源的灯管，在电路的控制下，液晶层中有的单元格使光线通过，则这些单元格被点亮；有的单元格阻止光线通过，则这些单元格不亮。所以 LCD 是通过电路控制液晶的通光或不通光来显示字符的。

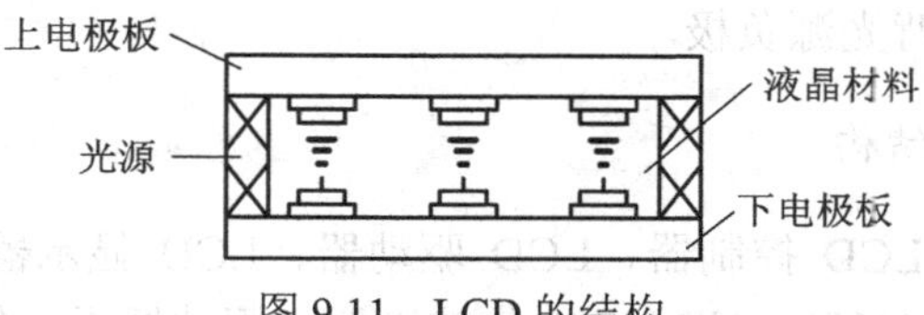

图 9.11　LCD 的结构

LCD 具有功耗低、体积小、抗干扰能力强等特点，目前已广泛应用于各种显示领域，尤其是袖珍仪表和低功耗应用系统中。LCD 可分为段位式、字符式和点阵式 3 种。前两种可以显示数字、字符和符号等，而图形点阵式 LCD 还可以显示汉字和任意图形，达到图文并茂的效果。

9.3.1　字符点阵式液晶显示模块 RT1602C

点阵式 LCD 显示器必须由相应的 LCD 控制器、驱动器来对 LCD 显示器进行扫描、驱动，以及一定空间的 ROM 和 RAM 来存储写入的命令和显示字符的点阵。一般将 LCD 控制器、LCD 驱动器、ROM、RAM 和 LCD 显示器连接在一起制作成液晶显示模块（LCD module，LCM）。

常用的 LCM 有 16 字×1 行、16 字×2 行、20 字×2 行和 40 字×2 行等规格。这些 LCM 虽然显示字数各不相同，但是都具有相同的输入/输出界面。本节将以 16 字×2 行字符型液晶显示模块 RT1602C 为例来介绍字符型液晶显示模块的应用。

1. RT1602C 引脚及功能

RT1602C 液晶显示模块采用 2 行、每行 16 个字的 5×7 点阵图形来显示字符，采用 16 引脚接口，其外观如图 9.12 所示。

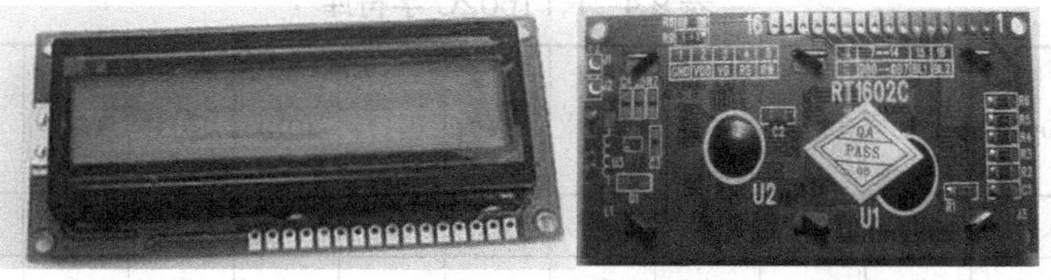

图 9.12　RT1602C 的外观

1 引脚：GND，接电源地。

2 引脚：Vdd，接+5V 电源。

3 引脚：V0，为液晶显示器对比度调整端，接+5V 电源时对比度最弱，接电源地时对比度最高，通常接一个 10kΩ 的电位器调整对比度。

4 引脚：RS，为寄存器选择端，高电平时选择数据寄存器，低电平时选择指令寄存器。

5 引脚：$R/\overline{W}$，为读/写信号线，高电平时进行读操作，低电平时进行写操作。当 RS 和 $R/\overline{W}$ 都为低电平时可以写入指令或显示地址；当 RS 为低电平、$R/\overline{W}$ 为高电平时，可以读忙信号；当 RS 为高电平、$R/\overline{W}$ 为低电平时，可以写入数据。

6 引脚：E，为使能端，当 E 端由高电平跳变成低电平时，液晶显示模块执行命令。

7～14 引脚：D0～D7，为 8 位双向数据线。

15 引脚：BLA，为背光源正极。

16 引脚：BLK，为背光源负极。

2. RT1602C 的内部结构

RT1602C 的内部由 LCD 控制器、LCD 驱动器、LCD 显示器 3 部分组成。控制器用 HD44780，驱动器用 HD44100。HD44780 集控制器、驱动器于一体，专用于字符显示的控制及驱动集成电路。HD44100 用于扩展显示字符位。HD44780 有 80B 的显示缓冲区，分两行，地址分别是 00H～27H、40H～67H，实际的显示位置与 LCD 的型号有关。RT1602C 的显示位置如图 9.13 所示。

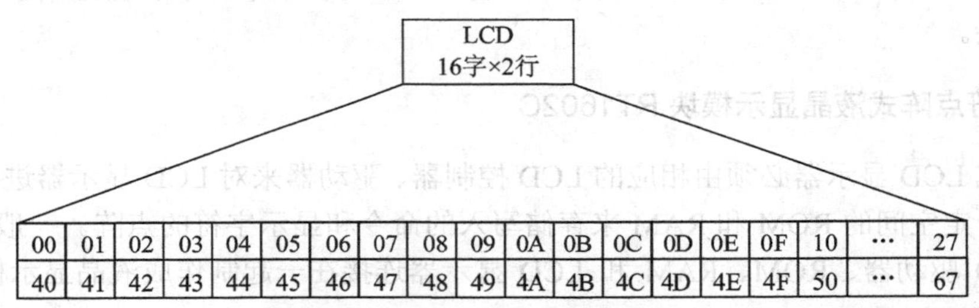

图 9.13　RT1602C 的显示位置

HD44780 内部的字符发生器（ROM）已经存储了 160 个 5×7 点阵字符和 32 个 5×10 点阵字符，如表 9.4 所示。这些字符有阿拉伯数字、英文字母、常用的符号和日文等，每个字符都有一个固定的代码，如英文字母“A”的代码是 01000001B（41H），从表 9.4 可以看出，英文字母的代码和 ASCII 码相同，显示时模块把地址 41H 中的点阵字符图形显示出来，就能看到字母“A”。所以将字符库中的字符在合适的位置显示出来即可完成 LCD 的显示。HD44780 具有简单而功能强大的指令集，可以实现字符的移动、闪烁等显示功能。

表 9.4　RT1602C 字符库

高4位 / 低4位	0000	0010	0011	0100	0101	0110	0111	1010	1011	1100	1101	1110	1111
0000	（1）		0	∂	P	`	p		一	タ	ミ	α	p
0001	（2）	!	1	A	Q	a	q	。	ア	チ	ム	ä	q
0010	（3）	"	2	B	R	b	r	「	イ	ツ	メ	β	θ

续表

低4位 \ 高4位	0000	0010	0011	0100	0101	0110	0111	1010	1011	1100	1101	1110	1111
0011	(4)	#	3	C	S	c	s	」	ウ	テ	モ	ε	∞
0100	(5)	$	4	D	T	d	t	\	エ	ト	ヤ	μ	Ω
0101	(6)	%	5	E	U	e	u	·	オ	ナ	ユ	σ	ü
0110	(7)	&	6	F	V	f	v	ヲ	カ	ニ	ヨ	ρ	Σ
0111	(8)	′	7	G	W	g	w	ァ	キ	ヌ	ラ	g	π
1000	(1)	(	8	H	X	h	x	ィ	ク	ネ	リ	√	$\bar{x}$
1001	(2)	)	9	I	Y	i	y	ゥ	ケ	ノ	ル	-|	ч
1010	(3)	*	:	J	Z	j	z	ェ	コ	ハ	レ	j	千
1011	(4)	+	;	K	[	k	{	ォ	サ	ヒ	ロ	ˣ	万
1100	(5)	,	<	L	¥	l	|	ャ	シ	フ	ワ	¢	円
1101	(6)	—	=	M	]	m	}	ュ	ス	ヘ	ッ	£	÷
1110	(7)	.	>	N	∧	n	→	ョ	セ	ホ	゛	$\bar{n}$	
1111	(8)	/	?	O	_	o	←	ッ	ソ	マ	゜	Ö	█

3. 指令格式及功能

HD44780 内部有多个寄存器，可通过 RS 和 $R/\overline{W}$ 引脚按照表 9.5 来选择寄存器。

表 9.5　HD44780 内部寄存器选择

RS	$R/\overline{W}$	E	寄存器
0	0	下降沿	指令寄存器写入
0	1	高电平	忙标记和地址寄存器读出
1	0	下降沿	数据寄存器写入
1	1	高电平	数据寄存器读出

RS 和 $R/\overline{W}$ 引脚电平决定寄存器的选择，而 DB7～DB0 决定指令的功能。HD47480 共有 11 种指令，如表 9.6 所示，这些指令功能强大，可以组合出各种输入、显示、移位方式来满足不同的需求。

表 9.6　HD44780 的指令及其功能

RS	$R/\overline{W}$	DB7	DB6	DB5	DB4	DB3	DB2	DB1	DB0	功能
0	0	0	0	0	0	0	0	0	1	清屏
0	0	0	0	0	0	0	0	1	0	光标复位
0	0	0	0	0	0	0	1	I/D	S	输入方式设置
0	0	0	0	0	0	1	D	C	B	显示开关控制
0	0	0	0	0	1	S/C	R/L	*	*	光标移位
0	0	0	0	1	DL	N	F	*	*	功能设置

续表

RS	R/$\overline{W}$	DB7	DB6	DB5	DB4	DB3	DB2	DB1	DB0	功能
0	0	0	1	CGRAM 的地址						CGRAM 地址设置
0	0	0	DDRAM 的地址							DDRAM 地址设置
0	1	BF	AC6	AC5	AC4	AC3	AC2	AC1	AC0	读 BF 及 AC 值
1	0	数据								写数据
1	1	数据								读数据

下面介绍各指令的功能。

1）清屏指令。执行该指令，显示缓冲区清 0，光标复位到左上角，地址计数器清 0。

2）光标复位指令。执行该指令，光标复位到左上角，地址计数器清 0，显示缓冲区不变。

3）输入方式设置指令。该指令用来设定输入一个字符后光标的移动方向及后面的内容是否移动。I/D=1 时光标从左向右移，I/D=0 时光标从右向左移。S=1 时内容移动，S=0 时光标不移动。

4）显示开关控制指令。

显示器控制开关：D=1 时显示，D=0 时不显示；

光标显示控制开关：C=1 时有光标，C=0 时无光标；

光标闪烁控制开关：B=1 时光标闪烁，B=0 时光标不闪烁。

5）光标移位指令。

S/C=1 时整个字幕移动，S/C=0 时仅光标移位；

R/L=1 时光标右移，R/L=0 时光标左移。

6）功能设置指令。

DL=0 时为 4 位数据总线，DL=1 时为 8 位数据总线；

N=1 时双行显示，N=0 时单行显示；

F=0 时为 5×7 的点阵字符，F=1 时为 5×10 的点阵字符。

7）CGRAM 地址设置指令。该指令用于用户自定义字符生成随机存储器（custom glyph random access memory，CGRAM）地址，地址范围为 0～63。

8）DDRAM 地址设置指令。该指令用于设置显示数据随机存储器（display data random access memory，DDRAM）的地址，地址范围为 0～127。

9）读 BF 及 AC 值指令。该指令用于读忙标志（BF）和地址计数器（address counter，AC）的值。BF=1 表示 LCM 忙，不能接收命令或数据；BF=0 表示 LCM 不忙，可以接收指令和数据。低 7 位读出的是 AC 的地址值，范围是 0～127。

10）写数据、读数据指令。该指令用于向 DDRAM 或动态随机存储器（cache dynamic random access memory，CDRAM）当前位置写入数据或从 DDRAM 或 CDRAM 当前位置读出数据。

4. RT1602C 的读/写时序

（1）读操作

读操作先将 R/$\overline{W}$ 置高，持续一个短延迟后再将 E 置高，之后即可从 RT1602C 中读取数据，其读操作的时序如图 9.14 所示。

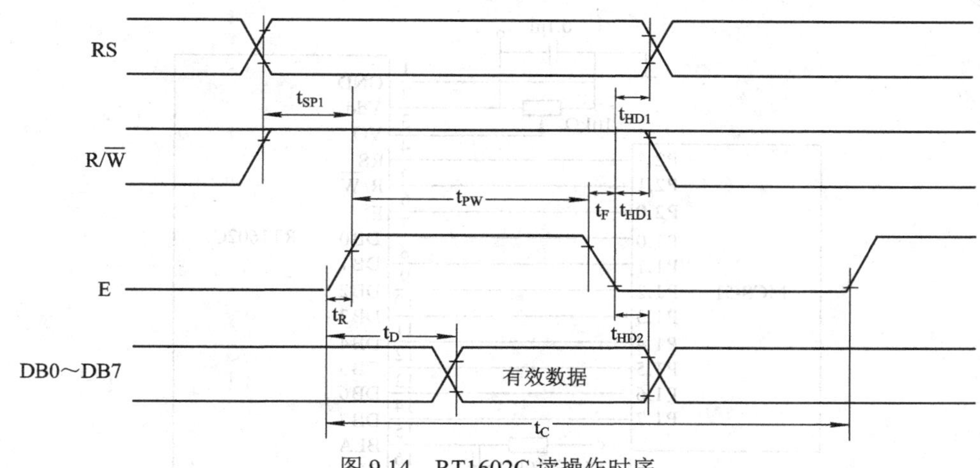

图 9.14　RT1602C 读操作时序

（2）写操作

写操作先将 R/W̄ 置低，持续一个短延迟后再将 E 置高，之后可向 RT1602C 写入数据，其写操作的时序如图 9.15 所示。

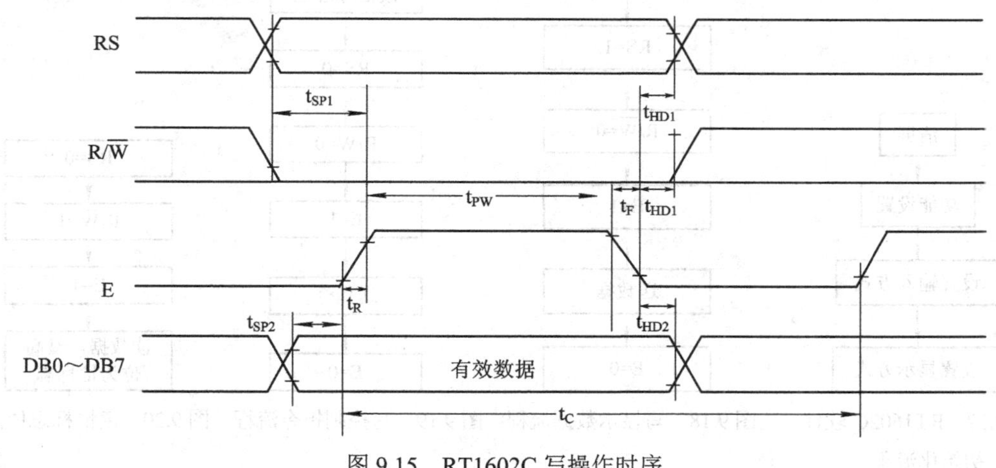

图 9.15　RT1602C 写操作时序

5. RT1602C 与单片机的接口及软件设计

RT1602C 液晶显示模块与单片机的直接接口电路如图 9.16 所示。

（1）初始化

用户在使用 RT1602C 前必须先对其进行初始化，初始化可以通过 LCM 内部的初始化电路来完成，也可以通过软件来完成。软件初始化流程如图 9.17 所示。

（2）写显示数据流程

RT1602C 写显示数据时的流程如图 9.18 所示。

（3）写指令流程

RT1602C 写控制指令时的流程如图 9.19 所示。

（4）读忙标志位流程

RT1602C 读忙标志位的流程如图 9.20 所示。

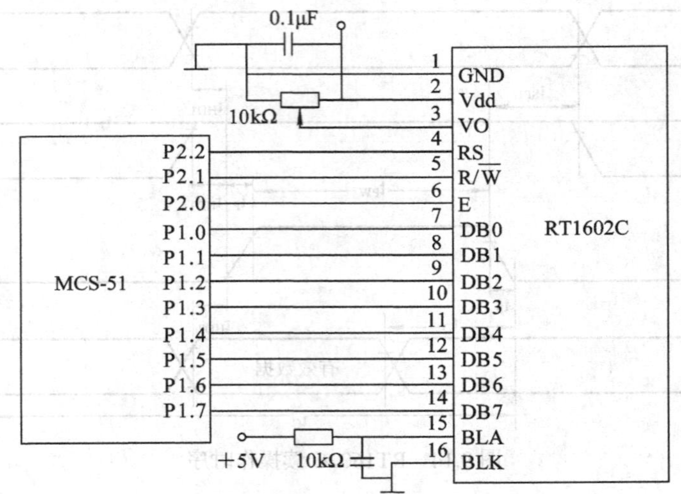

图 9.16 RT1602C 与单片机的接口电路

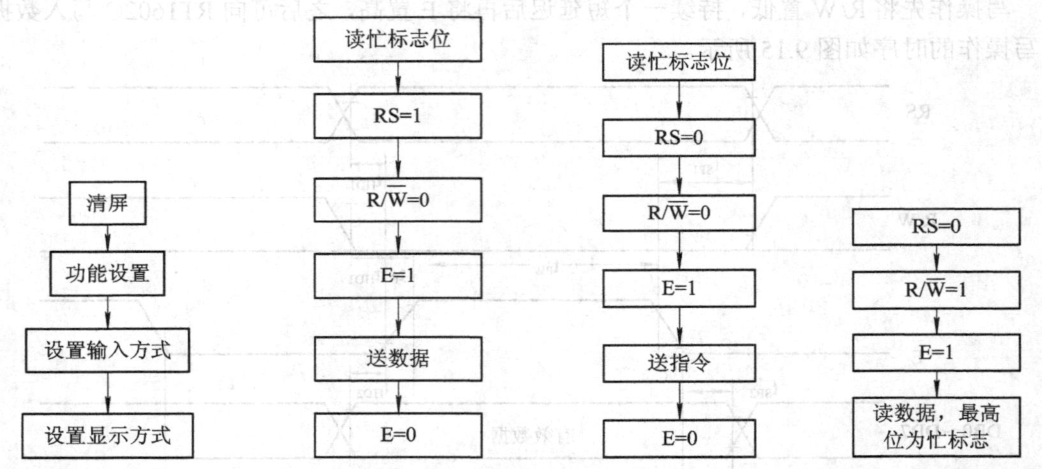

图 9.17 RT1602C 软件初始化流程　图 9.18 写显示数据流程　图 9.19 写控制指令流程　图 9.20 读忙标志位流程

【例 9.3】 在 RT1602C 上显示“hello MCU”的 C51 语言程序如下。

```
#include <reg51.h>
#include <intrins.h>                //包含_nop_()的头文件
#define uchar unsigned char
#define uint unsigned int
sbit LCD_RS=P2^2;
sbit LCD_RW=P2^1;
sbit LCD_EN=P2^0;
uchar code dis1[]={"hello MCU"};     //显示字符
bit lcd_busy()                      //LCD 忙检查
{
  bit result;
  LCD_RS=0;
  LCD_RW=1;
  LCD_EN=1;
  _nop_();
```

```
    _nop_();
    _nop_();
    _nop_();
    result=(bit)(P0&0x80);
    LCD_EN=0;
    return result;
}
void lcd_wcmd(uchar cmd)                    //写指令到 LCD
{
    while(lcd_busy());
    LCD_RS=0;
    LCD_RW=0;
    LCD_EN=0;
    _nop_();
    _nop_();
    P0=cmd;
    _nop_();
    _nop_();
    _nop_();
    _nop_();
    LCD_EN=1;
    _nop_();
    _nop_();
    _nop_();
    _nop_();
    LCD_EN=0;
}
void lcd_wdat(uchar dat)                    //写显示数据到 LCD
{
    while(lcd_busy());
    LCD_RS=1;
    LCD_RW=0;
    LCD_EN=0;
    P0=dat;
    _nop_();
    _nop_();
    _nop_();
    _nop_();
    LCD_EN=1;
    _nop_();
    _nop_();
    _nop_();
    _nop_();
    LCD_EN=0;
}
void lcd_pos(uchar pos)                     //设定显示位置
{
    lcd_wcmd(pos|0x80);
}
void lcd_init()                             //LCD 初始化
{
    lcd_wcmd(0x01);                         //清除 LCD 的显示内容
    lcd_wcmd(0x38);                         //16*2 显示，5*7 点阵，8 位数据
    lcd_wcmd(0x06);                         //移动光标
```

```
    lcd_wcmd(0x0c);                          //显示开、关光标
}
main()
{
    uchar i=0;
    lcd_init();                              //初始化 LCD
    while(1)
    {
      lcd_wcmd(0x01);                        //清屏
      lcd_pos(0x10);                         //设置显示位置为第 1 行第 17 列
      while(dis1[i]!='\0')
      {
          lcd_wdat(dis1[i]);
          i++;
      }
    }
}
```

9.3.2 图形点阵式液晶显示模块 12864

YB12864ZB（简称 12864）是一种包括 4 位/8 位并行、2 线或 3 线串行等接口方式，内部含有国标一级、二级简体中文字库的图形点阵式液晶显示模块。其显示分辨率为 128×64 像素，内置 8192 个 16×16 点阵汉字和 128 个 16×8 点阵 ASCII 字符集。利用该模块灵活的接口方式和简单、方便的操作指令，可构成全中文人机交互图形界面。它可以显示 8×4 行 16×16 点阵的汉字，也可完成图形显示。12864 的显著特点是低电压、低功耗，其外观如图 9.21 所示。

图 9.21 12864 的外观

1. 12864 的引脚及功能

12864 与外部 CPU 的接口采用串行或并行方式。串行、并行口引脚信号如表 9.7 和表 9.8 所示。

表 9.7 12864 串行口引脚定义

引脚号	名称	电平	引脚功能描述
1	Vss	0V	电源地
2	Vdd	3.0～5.5V	电源正，为 3.0～5.5V
3	V0	—	对比度（亮度）调整
4	CS	1/0	模组片选端，高电平有效
5	SID	1/0	串行数据输入端
6	SCLK	1/0	串行同步时钟，上升沿时读取 SID 数据

续表

引脚号	名称	电平	引脚功能描述
15	PSB	0	为低时表示串行方式
17	$\overline{RESET}$	1/0	复位端，低电平有效
19	A	Vdd	背光源电压为 4.2～5V
20	K	Vss	背光源负端

表 9.8　12864 并行口引脚定义

引脚号	名称	电平	引脚功能描述
1	Vss	0V	电源地
2	Vdd	3.0～5.5V	电源正，为 3.0～5.5V
3	V0	—	对比度（亮度）调整
4	RS	1/0	RS=“1”，表示 DB7～DB0 为显示数据 RS=“0”，表示 DB7～DB0 为显示指令数据
5	R/$\overline{W}$	1/0	R/$\overline{W}$ =“1”，E=“1”，数据被读到 DB7～DB0 R/$\overline{W}$ =“0”，E=“1→0”，DB7～DB0 的数据被写入指令暂存器（instruction register，IR）或数据暂存器（data register，DR）
6	E	1/0	使能信号
7～14	DB0～DB7	1/0	三态数据线
15	PSB	1/0	为高时表示 8 位或 4 位并行口方式；为低时表示串行口方式。仅使用并行口通信模式时，可将 PSB 接固定高电平
16	NC	—	空脚
17	$\overline{RESET}$	1/0	复位端低电平有效，模块内部接有上电复位电路，因此在不需要经常复位的场合可将该端悬空
18	VOUT	—	LCD 驱动电压输出端
190	A	1	背光源正端，+4.2～+5V
20	K	0	背光源负端

RS 和 R/$\overline{W}$ 的配合决定控制界面的 4 种模式，如表 9.9 所示。

表 9.9　控制界面的 4 种模式

RS	R/$\overline{W}$	功能说明
0	0	MPU 将指令写入 IR
0	1	读出忙标志（BF）及地址计数器（AC）的状态
1	0	MPU 将数据写入 DR
1	1	MPU 从 DR 中读出数据

E 信号的作用如表 9.10 所示。

表 9.10　E 信号的作用

E 状态	执行动作	结果
高→低	I/O 缓冲→DR	配合 W 进行写数据或指令
高	DR→I/O 缓冲	配合 R 进行读数据或指令
低/低→高	无动作	—

2. 指令说明

12864 的指令集如表 9.11 所示。

表 9.11 12864 的指令集

指令	指令码										功能
	RS	R/$\overline{W}$	D7	D6	D5	D4	D3	D2	D1	D0	
清除显示	0	0	0	0	0	0	0	0	0	1	将 DDRAM 填满"20H"，并设定 DDRAM 的地址计数器（AC）到"00H"
地址归位	0	0	0	0	0	0	0	0	1	×	设定 DDRAM 的地址计数器(AC)到"00H"，并且将游标移到开头原点位置；这个指令不改变 DDRAM 的内容
显示状态开/关	0	0	0	0	0	0	1	D	C	B	D=1：整体显示 ON C=1：游标 ON B=1：游标位置反白允许
进入点设定	0	0	0	0	0	0	0	1	I/D	S	指定在数据的读取与写入时，设定游标的移动方向及指定显示的移位
游标或显示移位控制	0	0	0	0	0	1	S/C	R/L	×	×	设定游标的移动与显示的移位控制位，这个指令不改变 DDRAM 的内容
功能设定	0	0	0	0	1	DL	×	RE	×	×	DL=0/1：4/8 位数据 RE=1：扩充指令操作 RE=0：基本指令操作
CGRAM 地址设定	0	0	0	1	AC5	AC4	AC3	AC2	AC1	AC0	设定 CGRAM 地址
DDRAM 地址设定	0	0	1	0	AC5	AC4	AC3	AC2	AC1	AC0	设定 DDRAM 地址（显示位置） 第 1 行：80H～87H 第 2 行：90H～97H
读取忙标志和地址	0	1	BF	AC6	AC5	AC4	AC3	AC2	AC1	AC0	读取忙标志（BF）可以确认内部动作是否完成，同时可以读出地址计数器（AC）的值
写数据到 RAM	1	0	数据								将数据 D7～D0 写入内部的 RAM（DDRAM/CGRAM/IRAM/GRAM）
读出 RAM 的值	1	1	数据								从内部 RAM 读取数据 D7～D0（DDRAM/CGRAM/IRAM/GRAM）

3. 时序

12864 与外部 CPU 以串行方式通信时的时序如图 9.22 所示。

串行数据传送共分为 3 字节完成。第 1 字节为串行命令控制字，格式为 11111AB0，其中 A 为数据传送方向控制，"1"表示数据从 12864 到 MCU，"0"表示数据从 MCU 到 12864；B 为数据类型选择，"1"表示数据是显示数据，"0"表示数据是控制指令。第 2 字节为 8 位数据或指令的高 4 位，指令时序格式为 DDDD0000。第 3 字节为 8 位数据或指令的低 4 位，指令时序格式为 DDDD0000。

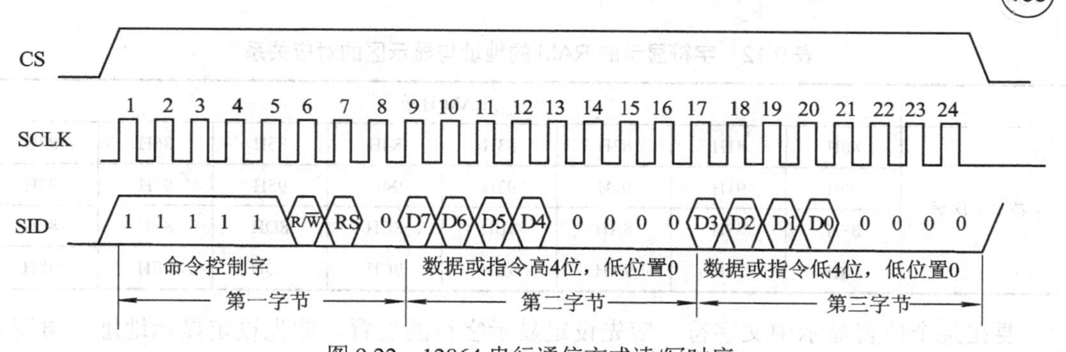

图 9.22　12864 串行通信方式读/写时序

12864 与外部 CPU 并行方式通信时的时序与 RT1602C 相似，在此不再赘述。

4. 12864 与单片机的接口及软件设计

12864 与单片机的并行接口电路如图 9.23 所示。

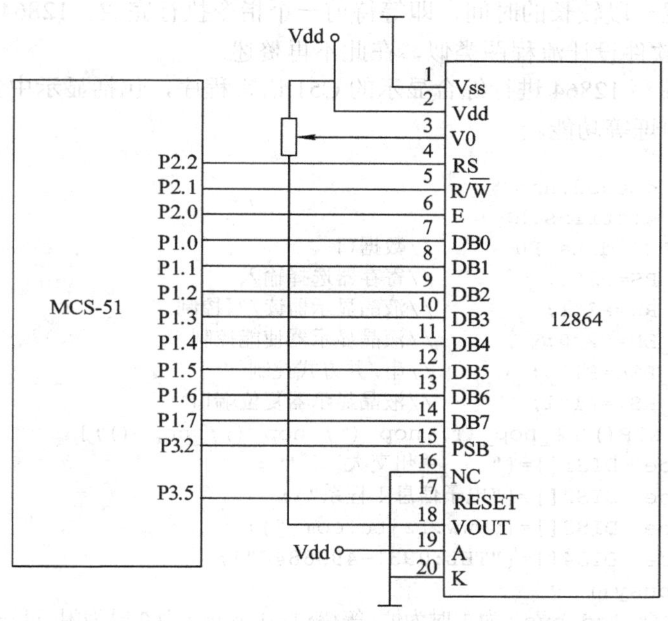

图 9.23　12864 与单片机的并行接口电路

12864 每屏可显示 4 行 8 列，共 32 个 16×16 点阵的汉字，每个显示 RAM 可显示 1 个中文字符或 2 个 16×8 点阵全高 ASCII 码字符，即每屏最多可显示 32 个中文字符或 64 个 ASCII 码字符。12864 内部提供 128×2B 的字符显示 RAM 缓冲区（DDRAM）。字符显示是通过将字符显示编码写入该字符显示 RAM 实现的。根据写入内容的不同，可分别在液晶屏上显示中文字库（CGROM）、ASCII 码字库（HCGROM）及 CGRAM 的内容。3 种不同字符/字型的选择编码范围为 0000～0006H（其代码分别是 0000H、0002H、0004H、0006H），显示自定义字型，02H～7FH 显示半宽 ASCII 码字符，A1A0H～F7FFH 显示 8192 种中文字库字形。

字符显示 RAM 在液晶显示模块中的地址为 80H～9FH。字符显示 RAM 的地址与 32 个字符显示区域有着一一对应的关系，其对应关系如表 9.12 所示。

表 9.12 字符显示的 RAM 的地址与显示区的对应关系

	RAM 地址							
字符显示区域	80H	81H	82H	83H	84H	85H	86H	87H
	90H	91H	92H	93H	94H	95H	96H	97H
	88H	89H	8AH	8BH	8CH	8DH	8EH	8FH
	98H	99H	9AH	9BH	9CH	9DH	9EH	9FH

要在某个位置显示中文字符，应先设定显示字符的位置，即先设定显示地址，再写入中文字符编码。显示 ASCII 字符的过程与显示中文字符的过程相同。在显示连续字符时，只需设定一次显示地址，由模块自动对地址加 1，指向下一个字符位置，否则，显示的字符中将会有一个空 ASCII 字符位置。当字符编码为 2B 时，应先写入高位字节，再写入低位字节。模块在接收指令前，必须先向处理器确认模块内部处于非忙状态，即读取 BF 时 BF 为“0”，方可接收新的指令。若在送出一个指令前不检查 BF，则在前一个指令和这个指令中间必须延迟一段较长的时间，即等待前一个指令执行完成。12864 软件设计的流程图与 RT1602C 的软件设计流程图类似，在此不再赘述。

【例 9.4】 编写 12864 进行综合显示的 C51 语言程序，包括显示中文、英文、数字，屏幕切换、屏幕闪烁等功能。

```
#include <reg52.h>
#include <intrins.h>
#define LCD_data P0          //数据口
sbit LCD_RS=P2^2;            //寄存器选择输入
sbit LCD_RW=P2^1;            //液晶显示器读/写控制
sbit LCD_EN=P2^0;            //液晶显示器使能控制
sbit LCD_PSB=P1^0;           //串/并方式控制
sbit LCD_RST=P1^1;           //液晶显示器复位端口
#define NOP()  {_nop_();_nop_();_nop_();_nop_();}
uchar code  DIS1[]={"    兰州交大    "};
uchar code  DIS2[]={"电子信息工程系"};
uchar code  DIS3[]={"www.lzjtu.com "};
uchar code  DIS4[]={"TEL:0931-4938846"};
bit lcd_busy()
//忙状态检查,lcd_busy为1时为忙,等待;lcd-busy为0时为闲,可写指令与数据
{
    bit result;
    LCD_RS=0;
    LCD_RW=1;
    LCD_EN=1;
    NOP();
    result=(bit)(P0&0x80);
    LCD_EN=0;
    return(result);
}
void lcd_wcmd(uchar cmd) //写指令数据到LCD
{
    while(lcd_busy());
    LCD_RS=0;
```

```
  LCD_RW=0;
  LCD_EN=0;
  _nop_();
  _nop_();
  P0=cmd;
  NOP();
  LCD_EN=1;
  NOP();
  LCD_EN=0;
}
void lcd_wdat(uchar dat)            //写显示数据到 LCD
{
   while(lcd_busy());
   LCD_RS=1;
   LCD_RW=0;
   LCD_EN=0;
   P0=dat;
   NOP();
   LCD_EN=1;
   NOP();
   LCD_EN=0;
}
void lcd_init()                     //LCD 初始化
{
   LCD_PSB=1;                       //并口方式
   LCD_RST=0;                       //LCD 复位
   delay(3);
   LCD_RST=1;
   delay(3);
   lcd_wcmd(0x34);                  //扩充指令操作
   delay(5);
   lcd_wcmd(0x30);                  //基本指令操作
   delay(5);
   lcd_wcmd(0x0C);                  //显示开/关光标
   delay(5);
   lcd_wcmd(0x01);                  //清除 LCD 的显示内容
   delay(5);
}
void lcd_pos(uchar X,uchar Y)       //设定显示位置
{
   uchar pos;
   if(X==1)
     {X=0x80;}
   else if(X==2)
     {X=0x90;}
   else if(X==3)
     {X=0x88;}
   else if(X==4)
     {X=0x98;}
   pos=X+Y;
   lcd_wcmd(pos);                   //显示地址
}
```

```
void clr_screen()            //清屏函数
{
   lcd_wcmd(0x34);           //扩充指令操作
   delay(5);
   lcd_wcmd(0x30);           //基本指令操作
   delay(5);
   lcd_wcmd(0x01);           //清屏
   delay(5);
}
void lcdflag()               //闪烁函数
{
   lcd_wcmd(0x08);
   delay(400);
   lcd_wcmd(0x0c);
   delay(400);
   lcd_wcmd(0x08);
   delay(400);
   lcd_wcmd(0x0c);
   delay(400);
   lcd_wcmd(0x08);
   delay(200);
   lcd_wcmd(0x0c);
   delay(5);
   lcd_wcmd(0x01);
   delay(5);
}
void bytecode()              //显示字符表代码
{
   uchar s;
   clr_screen();             //清屏
   lcd_wcmd(0x80);           //设置显示位置为第 1 行
   for(s=0;s<16;s++)
   {
      lcd_wdat(0x30+s);
   }
   lcd_wcmd(0x90);           //设置显示位置为第 2 行
   for(s=0;s<16;s++)
   {
      lcd_wdat(0x40+s);
   }
   lcd_wcmd(0x88);           //设置显示位置为第 3 行
   for(s=0;s<16;s++)
   {
      lcd_wdat(0x50+s);
   }
   lcd_wcmd(0x98);           //设置显示位置为第 4 行
   for(s=0;s<16;s++)
   {
      lcd_wdat(0x60+s);
   }
}
void main()
```

```
{
    uchar i;
    delay(100);                     //上电,等待稳定
    lcd_init();                     //初始化 LCD
    while(1)
    {
      lcd_pos(1,0);                 //设置显示位置为第 1 行
      for(i=0;i<16;i++)
      {
        lcd_wdat(DIS1[i]);
        delay(30);
      }
      lcd_pos(2,0);                 //设置显示位置为第 2 行
      for(i=0;i<16;i++)
      {
        lcd_wdat(DIS2[i]);
        delay(30);
      }
      lcd_pos(3,0);                 //设置显示位置为第 3 行
      for(i=0;i<16;i++)
      {
        lcd_wdat(DIS3[i]);
        delay(30);
      }
      lcd_pos(4,0);                 //设置显示位置为第 4 行
      for(i=0;i<16;i++)
      {
        lcd_wdat(DIS4[i]);
        delay(30);
      }
      delay(1000);
      lcdflag();
      clr_screen();                 //清屏
      bytecode();                   //显示字符表代码
      delay(2000);
      clr_screen();
    }
}
```

9.4 数字量 I/O 口

单片机的 I/O 口线是最容易引入干扰的地方，在严重干扰的情况下，需要将所有的接口线光电隔离，由此会引出光耦合器（简称光耦）这一器件。光耦合器是用来隔离输入/输出的，主要起隔离信号的作用。在单片机应用系统中，经常有一些远距离的开关量信号需要传送到控制器，如果直接将这些信号接到单片机的 I/O 口上，就会存在以下的问题。

1）输入的信号与单片机的输入信号不匹配。输入的信号可能是交流信号、高压信号、按键等接点信号。

2）比较长的连接线路容易引进干扰、雷击、感应电等，此时的信号需要光耦合器隔离之后再接入单片机系统。

继电器是具有隔离功能的自动开关元件，广泛应用于遥控、遥测、通信、自动控制、机电一体化及电力电子设备中，是重要的控制元件之一。

在各种自动控制设备中，都存在一个将低压的自动控制电路与高压电气电路连接的问题，一方面要使低压的电子电路的控制信号能够控制高压电气电路的执行元件，如电动机、电磁铁等；另一方面又要为电子线路的电气电路提供良好的电隔离，以保护电子电路和人身的安全，电磁式继电器便能完成这一桥梁作用。

在单片机应用系统中，人们可以通过键盘向系统发送指令，但是键盘容易产生误动作，所以对于变化不是很频繁的命令，可以通过拨码开关来设定。本小节主要介绍光耦合器、电磁式继电器、拨码开关、蜂鸣器与单片机之间的接口技术。

9.4.1 光耦合器

光耦合器是指以光为媒介将输入端信号耦合到输出端，来传输电信号的器件。它一般由光的发射、光的接收和信号放大 3 部分组成。通常将发光器（红外线 LED）与受光器（光电半导体管）封装在同一管壳内，输入的电信号驱动 LED，使之发出一定波长的光，该光被光探测器接收而产生光电流，再经过进一步放大后输出，即完成电—光—电的转换。光耦合器的种类较多，常见的有光电二极管型、光电晶体管型、光敏电阻型、光控晶闸管型、光电达林顿型、集成电路型等。由于它具有体积小、寿命长、无触点，工作稳定，输入端与输出端完全实现了电气隔离，信号单向传输，输出信号对输入端无影响，抗干扰能力强，传输信号的效率高等优点，广泛应用于各种需要信号隔离的电路中。光耦合器一般采用 DIP 封装，常见的光耦合器有 TLP521-1、TLP521-2、TLP521-4，分别包含 1 个光耦合器、2 个光耦合器和 4 个光耦合器，如图 9.24 所示。

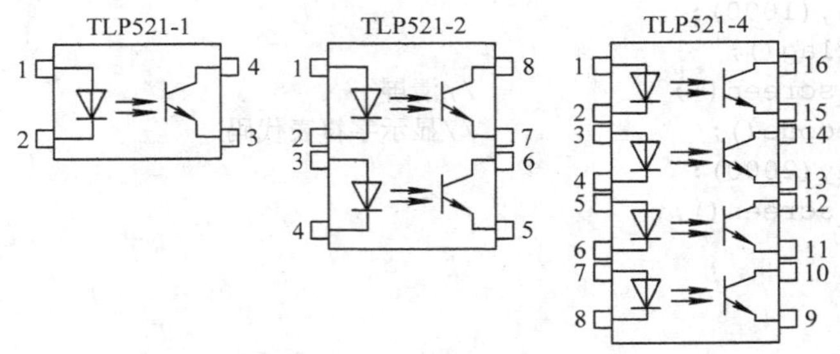

图 9.24 光耦合器封装图

9.4.2 电磁式继电器

继电器是一种根据特定输入信号而接通或断开的自动控制电器。输入量可以是电流和电压等电量，也可以是温度、时间、压力和速度等非电量。常见的继电器有电磁式继电器、干簧继电器、节能继电器、光电继电器、磁保式继电器、继电耦合器和电压继电器等。本节主要介绍电磁式继电器。

电磁式继电器一般由控制线圈、铁心、衔铁、触点簧片等组成。控制线圈和触点之间是相互绝缘的，因此，能够为控制电路起到良好的电气隔离作用。当在电磁式继电器的线圈两端加上其线圈的额定电压时，线圈中会流过一定的电流，从而产生电磁效应，衔铁就会在电磁力的作用下克服返回弹簧的拉力吸向铁心，从而带动衔铁的动触点与静触点吸合。当线圈断电后，电磁的吸力也随之消失，衔铁就会在弹簧的反作用力下返回原来的位置，使动触点与原来的静触点断开。电磁式继电器的主要参数有以下 5 种。

1）额定工作电压。它是指继电器正常工作时线圈需要的电压，可以是交流，也可以是直流，随型号的不同而不同。每种型号的继电器有多种工作电压，用规格代号加以区别。

2）吸合电压或吸合电流。它是指继电器能够吸合的最小电压或最小电流，一般吸合电压为额定电压的 75%左右，所以为了保证继电器可靠吸合，必须给线圈加上额定电压或稍大于额定电压的电压，但一般不能超过额定电压的 5 倍，否则容易烧毁线圈。

3）直流电阻。它是指线圈的直流电阻值。

4）释放电压或电流。它是指继电器由吸合状态转换为释放状态所需要的最大电压或电流值，其值一般为吸合值的 1/10～1/2。

5）触点负荷。它是指继电器触点允许的电压值和电流值。一般同一型号继电器的触点负荷是相同的，它决定继电器的控制能力。

9.4.3　拨码开关

拨码开关（也称为 DIP 开关）是一款用于操作控制的地址开关，采用的是 0/1 的二进制编码原理。常见的拨码开关如图 9.25 所示。每一个键对应的背面各有上下两个引脚，拨至 ON 一侧，两个引脚接通；反之则断开。这 5 个键是独立的，相互没有关联。

图 9.25　拨码开关

拨码开关作为需要手动操作的一种微型开关，广泛应用于通信、安防等的设备产品中。多数拨码开关采用 DIP 封装方式，在两态之间变换，再根据不同的位组成 2^N 种不同的状态，实现不同的功能。图 9.25 所示的拨码开关可以实现 2^5 种不同的控制状态。

9.4.4　蜂鸣器

蜂鸣器是一种一体化结构的电子设备，常作为发声器件广泛应用于电子产品中。蜂鸣器主要分为压电式蜂鸣器和电磁式蜂鸣器两种类型。

1）压电式蜂鸣器主要由多谐振荡器、压电蜂鸣片、阻抗匹配器、共鸣箱及外壳等组成。当接通电源后，多谐振荡器起振，输出 1.5～2.5kHz 的音频信号，阻抗匹配器推动压电蜂鸣片发声。

2）电磁式蜂鸣器由振荡器、电磁线圈、磁铁、振动膜片及外壳等组成。接通电源后，振荡器产生的音频信号电流通过电磁线圈，使电磁线圈产生磁场。振动膜片在电磁线圈和磁铁的相互作用下，周期性地振动发声。

蜂鸣器又可分为有源自励型与无源他励型。这里的“源”不是电源，而是振荡源。有源自励型蜂鸣器内部有一个振荡电路，能将恒定的直流电转化成一定频率的脉冲信号，从而实现磁场交变，带动膜片振动发音。所以有源自励型蜂鸣器只要通电即可发声。而无源他励型蜂鸣器没有振荡源，如果给直流信号，由于磁路恒定，膜片不能振动发声。一般无源他励型蜂鸣器需要输入方波信号才能发声。若能准确控制蜂鸣器的“音调”和“节拍”，可以使蜂鸣器播放优美的音乐。蜂鸣器与单片机的典型连接电路如图 9.26 所示。

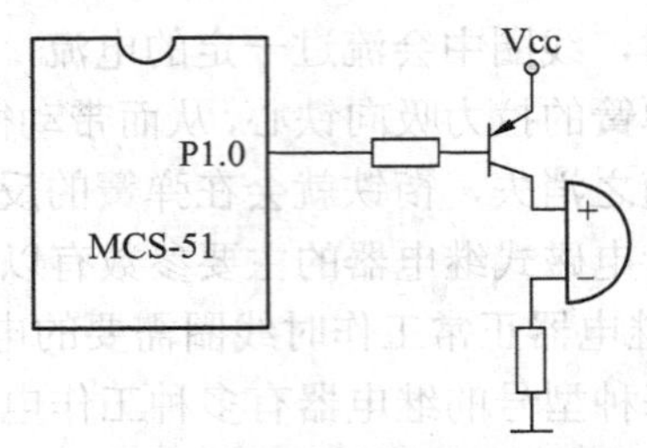

图 9.26 蜂鸣器与单片机的典型连接电路

在图 9.26 中，由于单片机 I/O 接口输出电流有限，而蜂鸣器在发声时需要较大的电流，可以使用晶体管来驱动蜂鸣器。所以，用单片机的 I/O 接口来控制晶体管的导通与截止，即可实现对蜂鸣器的控制。当向 P1.0 写 0 时，晶体管导通，蜂鸣器开始发声；当向 P1.0 写 1 时，晶体管截止，蜂鸣器不能发声。

习 题

一、填空题

1. 有 1 位共阴极 LED 显示器，要使它不显示，它的字段码是________。
2. 若想使共阴极 LED 显示器显示字符，则必须先使 COM 引脚接________。
3. 12864 每屏最多可显示________个汉字。
4. 为了消除按键的抖动，常用的方法有________和________两种。
5. 若想使 RT1602C 清屏，则必须使 RS、R/$\overline{W}$ 引脚均为________。

二、简答题

1. 键盘为什么会产生抖动？为什么要防抖？如何防抖？
2. 简述矩阵键盘按键的识别原理。
3. 键盘的编码方式可分为哪几种？如何编码？
4. LED 静态显示和动态显示有何区别？各有什么优缺点？
5. 简述 LED 动态显示的过程。
6. 简述 LED 数码管的编码方式。
7. 单片机控制 1 位共阴极数码管循环显示 0～9，画出引脚电路，写出相应的 C51 语言程序。
8. 根据例 9.3 在 RT1602C 上实现字符的显示。
9. 根据例 9.4 在 12864 上实现汉字翻页显示。

第10章　单片机与A/D、D/A转换器的接口技术

教学目的和要求

本章介绍A/D转换器和D/A转换器的性能指标、几种典型的A/D转换器和D/A转换器及其与MCS-51单片机的接口技术，包括硬件设计和软件设计。要求理解A/D和D/A转换器的性能指标、分类及选取原则，重点掌握并行和串行A/D、D/A转换器与MCS-51单片机的接口电路和软硬件设计。

单片机作为嵌入式控制器可以灵活地嵌入各种智能化设备中。在这些嵌入式系统中，单片机对输入的信号进行采集、分析处理和运算，最后产生对应的输出操作。在系统的输入端，多数是一些模拟信号或非电量的信号，同时系统输出的执行机构往往要用模拟量（电流、电压）来驱动。所以作为一个完整的嵌入式系统应当包含A/D转换器、微控制器和D/A转换器等。A/D、D/A转换器的应用使CPU与输入/输出连成一个有机的整体，是单片机与外部世界的模拟信号交换数据时不可缺少的元器件。

10.1　A/D转换器及其与单片机的接口电路

单片机系统的典型应用模式是通过传感器采集现场的微弱信号参数，将其经过数据处理后再通过A/D转换器送至单片机系统进行各种调节和控制。在单片机应用系统中，单片机与传感器的接口通常称为前向通道接口，它反映的是被测量对象和系统关联的信号输入通道之间的关系。在前向通道的电路设计中，A/D转换器起着非常重要的作用，它要将传感器采集的微弱信号经前向通道准确地反映出来，除小信号放大外，A/D转换器的选择、布线和PCB设计都可能影响A/D转换的准确度，这在高速A/D转换电路设计中尤其明显。另外，当传感器与后台控制单元距离较远时，传感器采用的接口形式和协议也十分重要。由于干扰对传输线路的影响，不能简单地将放大的电压信号（如0～5V）送至A/D转换芯片，而往往通过4～20mA电流环、RS-485或先进的CAN总线方式传输采集信号。因此前向通道中的A/D转换器的设计往往是一个系统能否成功的关键。本节将以目前常用的几种A/D转换器为例来介绍A/D转换电路软件设计和硬件设计的基本设计方法和思路。

10.1.1　A/D转换器概述

1. A/D转换器的分类

按输出数字量的位数不同，A/D转换器可分为8位A/D转换器、10位A/D转换器、12位A/D转换器、16位A/D转换器等；按输入模拟量的路数不同，A/D转换器可分为单

路 A/D 转换器、多路 A/D 转换器；按工作方式的不同，A/D 转换器可分为逐次逼近型 A/D 转换器、双积分型 A/D 转换器。逐次逼近型 A/D 转换器具有准确度高、转换速度快和价格低廉等优点，是最常用的 A/D 转换器。双积分型 A/D 转换器具有准确度高、抗干扰性能好、价格低廉等优点，但转换速度较慢。

2. A/D 转换器的性能指标

（1）分辨率或转换灵敏度

分辨率（resolution）是指 A/D 转换器能分辨的最小输入模拟量，即数字量变化 1 个量化单位时模拟信号的变化量。它通常用 A/D 转换器转换后的数字量的位数来表示，如 8 位、10 位、12 位等，位数越高，分辨率越高，价格越贵。设一个 A/D 转换器模拟电压输入的满刻度值为 V_{max}，转换位数为 n，即有 2^n 个量化电平，则分辨率或转换灵敏度 R 定义为

$$R=\frac{V_{max}}{2^n}$$

通常也可用 $R=\frac{1}{2^n}$ 来表示分辨率或转换灵敏度。例如，8 位 A/D 转换器的数字量的变换范围为 0～255，当输入的满刻度值为 5V 时，其分辨率为

$$R=\frac{5V}{256}\approx 19.5mV$$

或

$$R=\frac{1}{256}=0.39\%\approx 0.4\%$$

（2）转换时间和转换速率

转换时间是指完成一次 A/D 转换需要的时间，即从启动 A/D 转换器开始到转换结束并得到数字量输出为止的时间。通常转换时间越短，转换速度越快。双积分型 A/D 转换器的转换时间是毫秒级，属低速 A/D 转换器；逐次逼近型 A/D 转换器是微秒级，属中速 A/D 转换器，全并行/串并行型 A/D 转换器可达到纳秒级。

采样时间是指两次转换的时间间隔。转换速率（conversion rate）是指完成一次从模拟到数字的 A/D 转换所需时间的倒数。为了保证转换的正确完成，采样速率（sample rate）必须小于或等于转换速率。因此有人习惯上将转换速率在数值上等同于采样速率也是可以接受的。转换速率的常用单位是 ks/s 和 Ms/s，表示每秒采样千/百万次（kilo/million samples per second）。

（3）量化误差

A/D 转换器的工作原理决定了其不能做到完全线性，必然会因有限分辨率而引起误差。量化误差（quantizing error）是指有限分辨率 A/D 转换器的阶梯状转移特性曲线与无限分辨率 A/D 转换器（理想 A/D 转换器）的转移特性曲线（直线）之间的最大偏差。通常用 1 个或半个最小数字量所对应的模拟变化量来表示，表示为±1LSB、±1/2LSB。它可以表征 A/D 转换器的准确度。

（4）线性度

线性度（linearity）是指 A/D 转换器的实际特性转移函数与理想直线的最大偏移，它是

由 A/D 转换器本身的电路结构和制造工艺等原因造成的。

其他指标还有绝对精度、相对精度，微分非线性、量程、单调性和无错码、总谐波失真和积分非线性等。表 10.1 给出了常见 A/D 转换器的性能指标。

表 10.1　常用 A/D 转换器性能

型号	位数	转换时间	转换误差/LSB	模拟输入范围/V	工作电压/V	备注
AD0809	8	100μs	±1	8 通道，0～5	+5	逐次逼近
AD1210	12	100μs	±13/4	0～5	+5～±15	逐次逼近
AD573	10	20μs	≤1	0～10	+5、−12、−15	逐次逼近
AD574	12	25μs	≤1	0～10	±15	逐次逼近
ICL7135	4.5	100ms	±1	±2	±5	双积分
ICL7109	12	300ms	±1	±4	±5	双积分
TLC1543	10	10μs	±1	11 通道，0～5	+5	逐次逼近
TLC2543	12	10μs	±1	11 通道，0～5	+5	逐次逼近

3. A/D 转换器的选择

随着半导体技术的不断发展，各种性能优异的 A/D 转换器层出不穷。早期的 A/D 转换器与 CPU 接口一般采用并行总线方式，现在一些公司相继推出了一些采用 I^2C 总线和 SPI 总线的新型 A/D 转换器，极大地丰富了 A/D 转换器的种类。在系统设计中，A/D 转换器的选择应注意以下几点。

（1）位数的选择

A/D 转换器的位数与一个应用系统前向通道中的被测量对象的准确度有关。一般情况下，由于客观条件的影响，电路设计中的 A/D 转换器的分辨率要高于被测量对象的信号的最低分辨率。例如，要测量一组电源电压，其电压的输出范围是 0～10V，若要求精确到 0.1V，即分辨率为 0.1/10=0.01=1%，而 8 位 A/D 转换器的分辨率为 $1/2^8$=1/256=0.4%，则选择 8 位的 A/D 转换器即可满足要求。当然，A/D 转换器的位数越多，分辨率越高，但成本也越高。因此在实际电路的设计中选择 A/D 转换器时不能一味强调位数，应在满足系统性能指标的前提下，追求最高的性价比。

（2）转换速率的选择

A/D 转换器的转换速率与系统的设计指标相关。在一些高速数据采集系统中，如虚拟数字示波器、雷达识别、视频图像实时分析等，往往要采用高速 A/D 转换器，如 TI 公司的 ADS809，采样转换速率可达 80Mb/s；反之，对于一些参数变化缓慢的数据的采集，如电源电压、温度和压力等，采用低速的 A/D 转换器即可，如广泛使用的 ICL7135 等。通常双积分型 A/D 转换器主要用于低速场合，其分辨率、灵敏度和抗干扰能力较强，如常用的 MC14433、ICL7109 等。逐次逼近型 A/D 转换器一般用于中、高速的数据采集系统中，如 AD574、AD7552 等，但芯片的制作成本比较高。

（3）输入信号的极性选择

A/D 转换器可以根据系统前向通道输出信号的极性而决定采用双极性或单极性芯片，以满足输入信号的多种需求。采用双极性芯片必然涉及项目成本的问题，它不但包括 A/D 转换芯片自身的成本，还包括提供给芯片的电源的成本（通常要增加一组负电源提供给芯片）。如果系统对被测信号准确度的要求不高，可以通过图 10.1 所示的方式仅增加两个电阻便可使只能允许正电压信号输入的 A/D 转换芯片采集负电压信号。

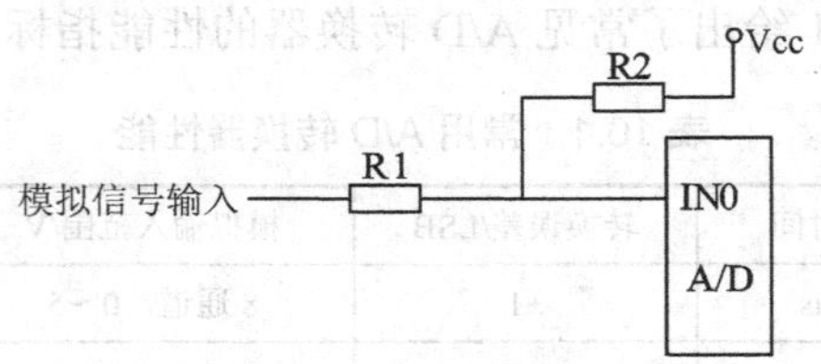

图 10.1 单极性 A/D 转换芯片实现双极性信号的采集

图 10.1 中 A/D 转换芯片的模拟信号输入端 IN0 分别连接两个阻值相同的电阻 R1、R2，R2 另一端接 Vcc，R1 另一端接模拟信号输入端。当模拟信号的输入电压为 0 时，IN0 端的电压为 Vcc/2，当输入模拟信号的电压为-Vcc 时，IN0 端的电压为 0V。经过这样的变化，便可简单地将-Vcc～0V 的负极性信号转化为 0～Vcc/2 的正极性信号，以满足 A/D 转换芯片的极性要求。

（4）A/D 转换器的抗干扰措施

在单片机应用系统中，A/D 转换器的模拟输入端比较容易受到外界干扰，这往往会导致 A/D 转换的结果与实际情况有一定的偏差，为防止这种干扰，应在电路设计上采取一些基本的抗干扰措施，包括 PCB 布线设计、电源滤波等。例如，现在比较流行的一些 A/D 转换芯片 TLC1543、TLC2543、TLC5510 均有 AGND、DGND 两个接地端，分别对应模拟地和数字地。AGND、DGND 在芯片的内部一般不连接，只通过外部引线相接。在设计电路板时，AGND、DGND 的线应通过独立的电源线单独走线，可采用屏蔽良好的双绞线，最后统一接到电源地。AGND、DGND 应当分别用 0.1μF 的电容去耦，电容应尽量靠近 AGND 引脚和 DGND 引脚。同时，模拟信号输入端、数字信号输出端应严格与 AGND 的走线隔离，不得交叉，以防止 AGND 上的杂波信号对输入/输出端形成干扰。若有条件，在设计电路板时，AGND 的走线最好放在模拟信号输入端，以形成屏蔽。

另外，可以根据现场的实际情况来选择 A/D 转换器的通道数和 A/D 转换器与微处理器的数据接口，接口有并行和串行总线之分，串行总线可采用 SPI、I^2C 等协议，但串行口的 A/D 转换器的转换速率一般都小于并行接口的 A/D 转换器的转换速率。

10.1.2 并行 A/D 转换器及其软硬件设计

目前广泛使用的 A/D 转换器从协议上分为串行和并行两种方式。串行口的 A/D 转换器占用较少的 I/O 口资源，主要采用的协议有 SPI 和 I^2C 等，但程序设计较并行接口的芯片略显烦琐。典型的串行口的 A/D 转换芯片有 TI 公司的 TLC2543、1543 等。目前市场上，并行接口的 A/D 芯片仍占多数，如 ADC0809、AD574、ICL7135 等，但从芯片的发展趋势来看，串行总线方式的芯片是主流，而原先大量使用的低速的并行总线方式的 A/D 转换芯片必然会逐步退出市场。但在一些高速应用场合，如雷达、虚拟仪表等，采用的 A/D 转换芯片仍然以并行方式为主，如 TLC5510、TLC5540 等，这是由总线的速度决定的。下面以 ADC0809 为例来说明并行芯片的应用。

ADC0809 是逐次逼近型 8 位 8 通道 A/D 转换器，转换精度为±1LSB，转换时间由时钟频率决定，时钟频率为 640kHz 时的典型值为 100μs，模拟信号输入电压为 0～5V，采用单一+5V 电源供电。

1. ADC0809 的结构

ADC0809 的内部结构框图如图 10.2 所示。片内有一带锁存功能的 8 通道多路开关，可以对 8 路 0～5V 的输入模拟电压信号分时转换。3 个地址信号 ADDA、ADDB 和 ADDC 决定是哪一路模拟信号被选中并送到内部 A/D 转换器中进行转换。其内部还有地址译码器和锁存电路及逐次逼近寄存器等。输出具有 TTL 三态锁存缓冲器，可以直接接到单片机数据总线上。

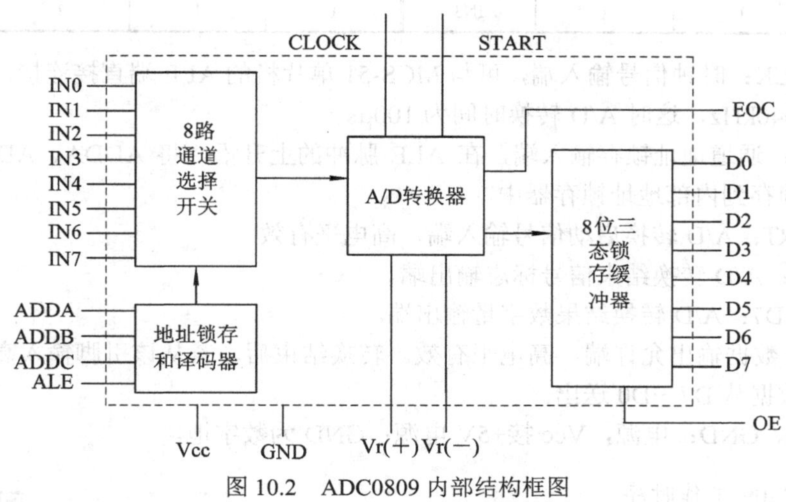

图 10.2　ADC0809 内部结构框图

2. ADC0809 的引脚及其功能

ADC0809 采用 28 引脚的 DIP 封装，引脚图如图 10.3 所示。

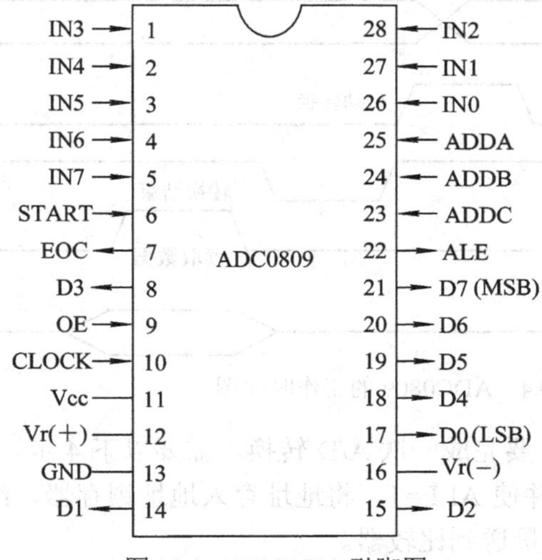

图 10.3　ADC0809 引脚图

1）IN0～IN7：8 个模拟通道输入端。

2）Vr(+)、Vr(-)：参考电压输入端。

3）ADDA、ADDB、ADDC：通道地址输入端，经译码后可选通 IN0～IN7 通道中的一个通道进行转换，ADDA 为低位，ADDC 为高位，通道地址选择如表 10.2 所示。

表 10.2 ADC0809 通道选择表

ADDC	ADDB	ADDA	通道	ADDC	ADDB	ADDA	通道
0	0	0	IN0	1	0	0	IN4
0	0	1	IN1	1	0	1	IN5
0	1	0	IN2	1	1	0	IN6
0	1	1	IN3	1	1	1	IN7

4）CLOCK：时钟信号输入端，可与 MCS-51 单片机的 ALE 端直接连接。时钟的典型工作频率为 640kHz，这时 A/D 转换时间为 100μs。

5）ALE：通道地址锁存输入端，在 ALE 脉冲的上升沿，将 ADDA、ADDB、ADDC 的通道地址锁存到内部地址锁存器中。

6）START：A/D 转换启动信号输入端，高电平有效。

7）EOC：A/D 转换结束信号标志输出端。

8）D0～D7：A/D 转换结果数字量输出端。

9）OE：数据输出允许端，高电平有效。转换结束后，若从该引脚输入高电平，则输出锁存器的数据从 D7～D0 送出。

10）Vcc、GND：电源，Vcc 接+5V 电源；GND 为数字地。

3. ADC0809 工作时序

并行 ADC0809 引脚及工作时序

ADC0809 的工作时序图如图 10.4 所示。

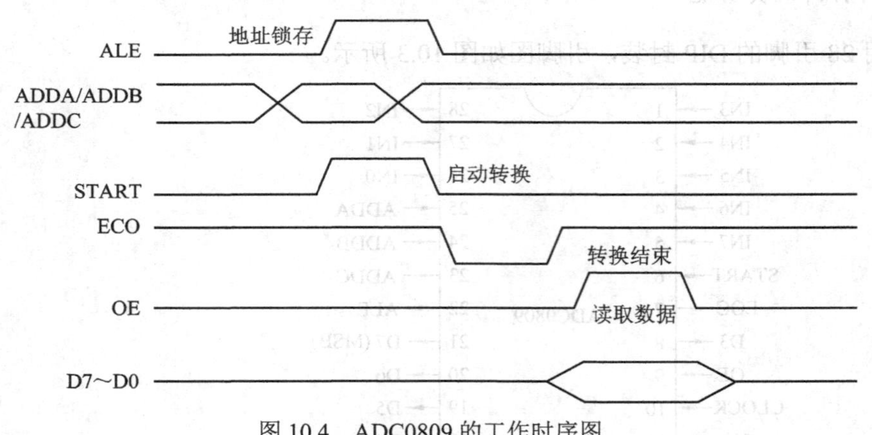

图 10.4 ADC0809 的工作时序图

从图 10.4 可以看出，要完成一次 A/D 转换，需要以下 4 步。

1）输入 3 位地址，并使 ALE=1，将地址存入地址锁存器，经地址译码器译码从 8 路模拟通道中选择一路模拟量送到比较器。

2）给 START 一高脉冲，START 的上升沿复位逐次逼近型寄存器，下降沿启动 A/D 转换，并使 EOC 为低电平。

3）转换结束时，将结果送入输出三态缓冲器，并使 EOC 回到高电平，通知 CPU 转化结束。

4）CPU 执行读数据指令，使 OE 为高电平，则数据从输出端输出。

4. ADC0809 与 MCS-51 单片机的接口

ADC0809 与 MCS-51 单片机的接口电路如图 10.5 所示。

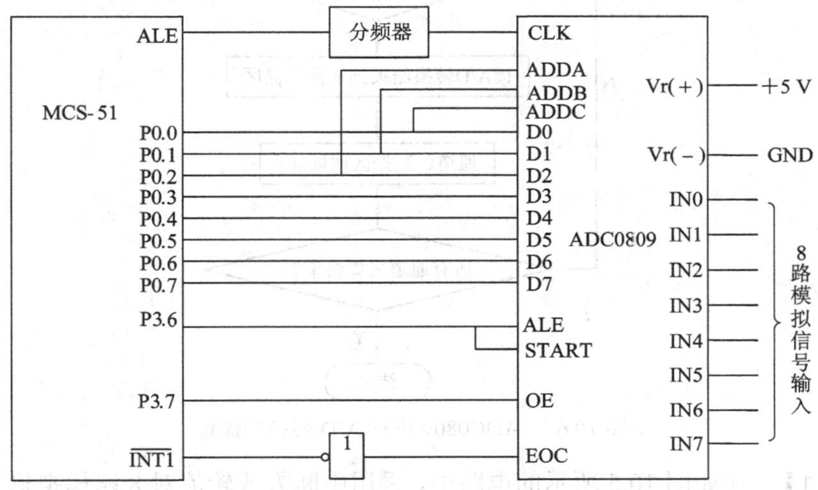

图 10.5　ADC0809 与 MCS-51 单片机的接口电路

由于 ADC0809 内部没有时钟，可以利用 MCS-51 单片机的地址锁存允许信号 ALE 分频后的信号作为 ADC0809 的时钟信号。由于 ADC0809 所需要的最高时钟频率为 640kHz，ALE 引脚输出信号为晶振频率的 1/6，当晶振频率为 12MHz 时，ALE 输出信号的频率为 2MHz，所以要对 ALE 进行分频后才能得到 ADC0809 所需要的时钟频率。MCS-51 单片机的 P3.6 控制 ADC0809 的地址锁存信号 ALE 和启动信号 START，P3.7 控制输出允许信号 OE。当 P3.6 从低电平转为高电平时，地址锁存信号 ALE 和启动信号 START 有效，通道地址送到地址锁存器，同时启动 ADC0809 开始转换。通道地址由 P0.0～P0.2 提供，由于 ADC0809 的地址锁存器具有锁存功能，所以 P0.0～P0.2 可以不需要地址锁存器直接连接 ADDA、ADDB 和 ADDC。根据图 10.5 中的连接方法，8 个通道的地址为 0000H～0007H。在读取转换结果时，使 P3.7 为高电平，输出允许信号 OE 有效，转换的数字量通过 D7～D0 输出。转换结束后，EOC 输出高电平，经非门后送至单片机的 $\overline{\text{INT1}}$ 引脚，可以作为单片机的外部中断信号。

5. ADC0809 软件设计

ADC0809 有 8 个模拟信号输入端，其地址位由 ADDC～ADDA 确定，因此程序设计中，在启动 ADC0809 后，应首先将被选择的通道写入，然后查询 EOC 状态。当 EOC 为“0”电平时，读取相应的结果。

单片机可以采用定时、中断和查询 3 种方式来控制 ADC0809 进行 A/D 转换。图 10.6 所示为 ADC0809 操作的流程图，根据流程图得到的 ADC0809 与 MCS-51 单片机的接口程序见例 10.1 和例 10.2。

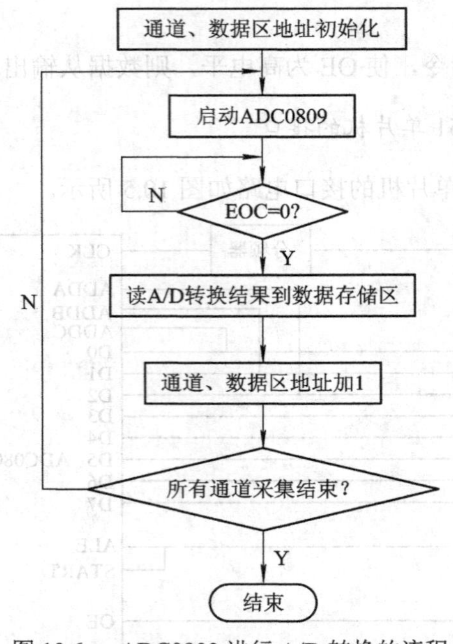

图 10.6　ADC0809 进行 A/D 转换的流程

【例 10.1】 在如图 10.5 所示的电路中，采用中断方式轮流对 8 路模拟输入通道进行采集。

```
#include <reg51.h>
#include <absacc.h>              //定义绝对地址访问
#include <intrins.h>             //包含_nop_()
#define uchar unsigned char
sbit START=P3^6;
sbit OE=P3^7;
#define IN0 XBYTE[0x00]          //定义IN0为通道0的地址
uchar ad_result[8];              //存放A/D转换的结果
uchar i=0;
uchar xdata *ad_address;         //指向通道的指针
void main(void)
{  TCON=0x04;                    //外部中断1下降沿触发
   EX1=1;                        //外部中断1允许
   EA=1;
   OE=0;
   ad_address=&IN0;              //指针指向通道0
   START=0;
   START=1;                      //锁存通道0的地址
   _nop_();
   _nop_();
   START=0;                      //启动A/D转换
   while(1)  {…}
}
void ADC0809(void) interrupt 2 using 0
{   OE=1;                    //允许输出
    ad_result[i]=*ad_address;
    OE=0;                    //禁止输出
```

```
    ad_address++;
      i++;
      START=1;                        //锁存通道 0 的地址
      _nop_();
      _nop_();
      START=0;                        //启动下一次 A/D 转换
      if(i==8)
      {  ad_address=ad_address=&IN0;
         i=0;
      }
   }
```

【例 10.2】　采用定时器 T1 定时每 10ms 对 8 路模拟输入通道轮流采集一次，时钟频率为 12MHz。

```
#include <reg51.h>
#include <absacc.h>
#define IN0 XBYTE[0x00]
sbit EOC=P3^3;
sbit START=P3^6;
sbit OE=P3^7;
uchar ad_result[8];
uchar i;
uchar xdata *ad_address;
void main(void)
{  TMOD=0x10;
   TH0=0xD8;
   TL0=0xF0;
   TR0=1;
   ET0=1;
   EA=1;
   START=0;
   OE=0;
   while(1)    {…}
}
void t0(void) interrupt 1 using 0
{  TH0=0xD8;
   TL0=0xF0;
   ad_address=&IN0;
   for(i=0;i<8;i++)
   {
      *ad_address=i;
      START=1;                        //通道地址锁存
      START=0;                        //启动转换
      while(!EOC);                    //判断 EOC 转换标志
      OE=1;                           //允许输出
      ad_result[i]=*ad_address;       //读入转换结果
      ad_address++;                   //通道地址加 1
      OE=0;                           //允许输出
   }
}
```

10.1.3 SPI 串行口 A/D 转换器 TLC1543

近年来随着半导体技术的突飞猛进，带有串行口的 A/D 转换器大量涌向市场，这些芯片大多采用 SPI、I^2C 等串行总线接口，可以节省 CPU 的 I/O 口资源。本节主要介绍 SPI 串行接口 A/D 转换器 TLC1543 的特点和应用。

1. SPI 总线简介

SPI 总线是 Motorola 公司推出的一种同步串行口技术，允许 MCU 与各种外设以串行方式进行通信、数据交换，外设包括 Flash RAM、A/D 转换器、网络控制器、MCU 等。它的数据传输速度总体来说比 I^2C 总线要快，速度可达到几 Mb/s。SPI 是一种全双工的同步串行口，一个 SPI 总线可以连接多个主机和多个从机。在同一时刻只允许一个主机操作总线，并且同时只能和一个从机通信，硬件连接如图 10.7 所示。使用 SPI 通信需要 4 个引脚，其功能如表 10.3 所示。

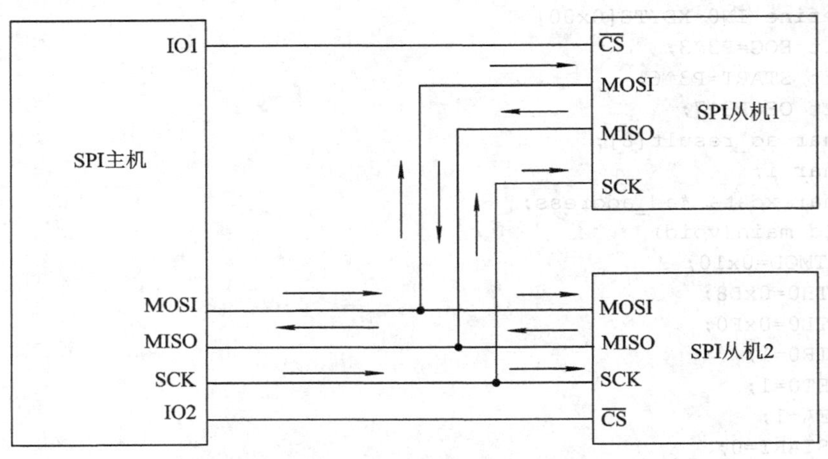

图 10.7 SPI 总线器件间传送数据框图

表 10.3 SPI 引脚功能

名称	类型	描述
SCK	输入/输出	串行时钟，用于同步 SPI 间数据传输的时钟信号。该时钟信号总是由主机输出
$\overline{CS}$	输入	从机选择，SPI 从机选择信号是一个低电平有效信号，用于指示被选择参与数据传输的从机。每个从机都有各自特定的从机选择输入信号
MISO	输入/输出	主入从出，MISO 信号是一个单向的信号，它将数据由从机传输到主机
MOSI	输入/输出	主出从入，MOSI 信号是一个单向的信号，它将数据从主机传输到从机

串行时钟由主机产生，主机发送 1B 数据的同时从机返回 1B 数据。利用 SPI 总线可在软件的控制下构成各种系统。例如，1 个主 MCU 和几个从 MCU 或几个从 MCU 相互连接构成多主机系统（分布式系统），1 个主 MCU 和 1 个或几个从 I/O 设备所构成的各种系统等。在大多数应用场合可使用 1 个 MCU 作为主控机来控制数据，并向 1 个或几个从外围器件传送该数据。从器件只有在主机发命令时才能接收或发送数据，其数据的传输格式是 MSB 在前，LSB 在后。

当一个主控机通过 SPI 与几种不同的串行 I/O 芯片相连时，必须使用每片的片选信号线，这可以通过 MCU 的 I/O 口输出线来实现。但应特别注意这些 I/O 口的输入/输出特性，首先是输入芯片的串行数据输出是否有三态控制端。未选中芯片时，输出端应处于高阻态。若没有三态控制端，则应外加三态门，否则 MCU 的 MISO 端只能连接 1 个输入芯片。其次是输出芯片的串行数据输入是否有允许控制端。因为只有在此芯片允许时，SCK 脉冲才把串行数据移入该芯片，在此芯片禁止时，SCK 对芯片无影响。若没有允许控制端，则应在外围用门电路对 SCK 进行控制，然后加到芯片的时钟输入端。也可以只在 SPI 总线上连接 1 个芯片，而不再连接其他 I/O 芯片。

SPI 总线数据传输需要 SDI（数据输入）、SDO（数据输出）、SCK（时钟）、CS（片选）4 根线，其中 CS 为片选信号线。在 SPI 方式下数据是一位一位传输的，由 SCK 提供时钟脉冲，SDI、SDO 则基于此脉冲完成数据传输。数据输出通过 SDO 线，数据在时钟上升沿或下降沿改变，在紧接着的下降沿或上升沿被读取。这样，在 8 个时钟信号周期之后即可完成 8 位数据的传输。

对于不带 SPI 串行总线接口的 MCS-51 系列单片机来说，可以使用软件来模拟 SPI 的操作，包括串行时钟、数据输入和数据输出，可以定义 3 个普通 I/O 口用来模拟 SPI 器件的 SCK、MISO、MOSI。不同的串行口外围芯片的时钟时序是不同的。对于在 SCK 的上升沿输入（接收）数据和在下降沿输出（发送）数据的器件，一般应将其串行时钟输出口的初始状态设置为 1，而在允许接口后再置为 0。这样，MCU 在输出 1 位 SCK 时钟的同时，将使接口芯片串行左移，从而输出 1 位数据至单片机的模拟 MISO 线，此后再置 SCK 为 1，使单片机从模拟的 MOSI 线输出 1 位数据至串行口芯片，至此 1 位数据的输入和输出完成。如此循环 8 次，即可完成 8 位数据的传输。对于在 SCK 的下降沿输入数据和上升沿输出数据的器件，则应取串行时钟输出的初始状态为 0，即在接口芯片允许时，先置 SCK 为 1，以便外围接口芯片输出 1 位数据（MCU 接收 1 位数据），之后再置时钟为 0，使外围接口芯片接收 1 位数据（MCU 发送 1 位数据），从而完成 1 位数据的传送。

1. TLC1543 的引脚及其功能

TLC1543 是美国 TI 公司生产的 CMOS 工艺 10 位开关电容逐次逼近型 11 通道 A/D 转换器，采用 SPI 串行口协议，与微处理器连接采用 SPI 串行总线方式，包括 3 个控制输入端片选（CS）、输入/输出时钟（I/O CLOCK）、地址输入（ADDRESS）和一个数据输出端（DATA OUT）。芯片内部有一个 14 通道多路选择器，可选择 11 个模拟输入通道或 3 个内部自测电压中的任意一个进行测试。片内设有采样-保持电路，在转换结束时，EOC（19 引脚）输出端变高表明转换完成。系统时钟由芯片内部产生，内部转换器具有高速（10μs 转换时间），高精度（10 位分辨率，最大不可调整误差±1LSB）和低噪声的特点。TLC1543 采用 20 引脚 DIP 或 SSOP（shrink small-outline package，窄间距小外形塑封）封装，内部结构框图和引脚图分别如图 10.8 和图 10.9 所示。

1）A0～A10：11 路模拟信号输入端，模拟信号输入由内部多路器选择。

2）REF+：基准电压正（通常为 Vcc 或采用基准电压）。

3）REF−：基准电压负端（通常为地）。

4）$\overline{CS}$：片选端，$\overline{CS}$ 端的一个下降沿变化将复位内部计数器同时控制和使能 ADDRESS、I/O CLOCK 和 DATA OUT。

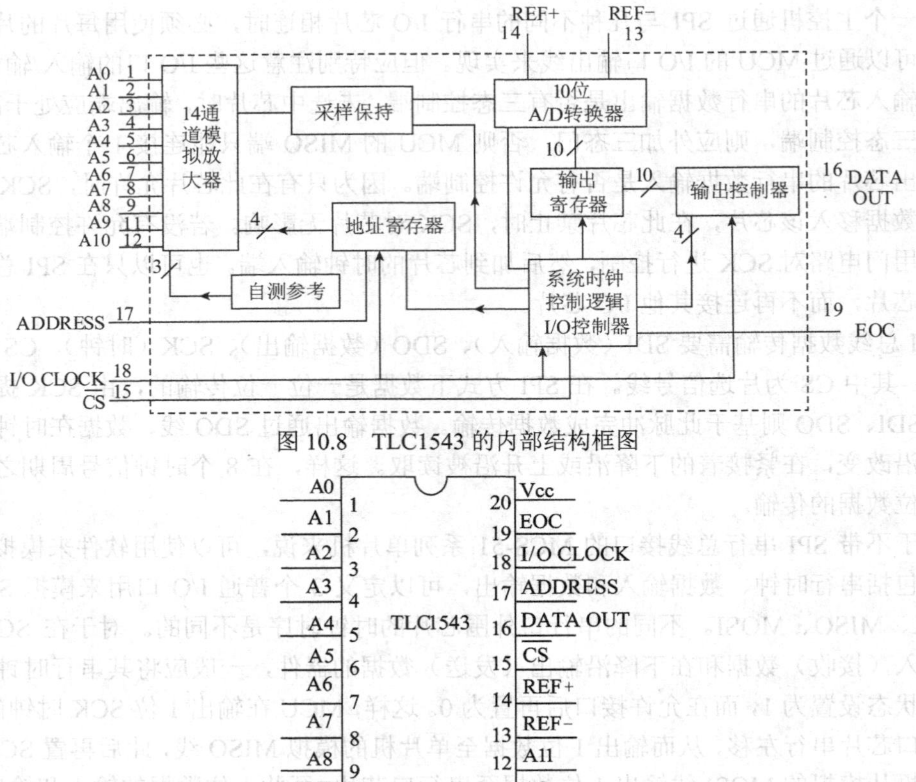

图 10.8 TLC1543 的内部结构框图

图 10.9 TLC1543 引脚图

5）ADDRESS：串行数据输入端，用于传输 4 位的串行地址，来选择下一个即将被转换的模拟输入或测试电压。

6）DATA OUT：A/D 转换结束后三态串行数据的输出端。

7）I/O CLOCK：为数据的输入/输出提供同步时钟。

8）EOC：转换结束端，在第 10 个 I/O CLOCK，该输出端从逻辑高电平变为低电平并保持低电平直到转换完成及数据准备传输。

2. TLC1543 的工作时序

TLC1543 与单片机的接口采用标准的 SPI 总线方式，图 10.10 是每次转换和数据传递使用 10 个时钟周期和在每次传递周期之间插入 CS 片选的时序。

从图 10.10 可以看出，TLC1543 的工作过程分为访问周期和采样周期两个周期。工作时 CS 必须置低电平，CS 为电高平时，I/O CLOCK、ADDRESS 被禁止，同时 DATA OUT 为高阻状态。当 CPU 使 CS 变低时，TLC1543 开始数据转换，I/O CLOCK、ADDRESS 使能，DATA OUT 脱离高阻状态。随后，CPU 向 ADDRESS 端提供 4 位通道地址，控制 14 个模拟通道选择器从 11 个外部模拟输入和 3 个内部自测电压中选通 1 路送到采样保持电路。同时，I/O CLOCK 端输入时钟时序，CPU 从 DATA OUT 端接收前一次 A/D 转换结果。I/O CLOCK 从 CPU 接收 10 个时钟长度的时钟序列。前 4 个时钟用 4 位地址从 ADDRESS 端装载地址寄存器，选择所需的模拟通道，后 6 个时钟对模拟输入的采样提供控制时序。

模拟输入的采样起始于第 4 个 I/O CLOCK 的下降沿，而采样一直持续 6 个 I/O CLOCK 周期，并一直保持到第 10 个 I/O CLOCK 的下降沿。在转换过程中，CS 的下降沿使 DATA OUT 引脚脱离高阻状态并启动一次 I/O CLOCK 的工作过程。CS 的上升沿终止这个过程并在规定的延迟时间内使 DATA OUT 引脚返回高阻状态，经过两个系统时钟周期后禁止 I/O CLOCK 和 ADDRESS 端。

TLC1543 引脚及工作时序

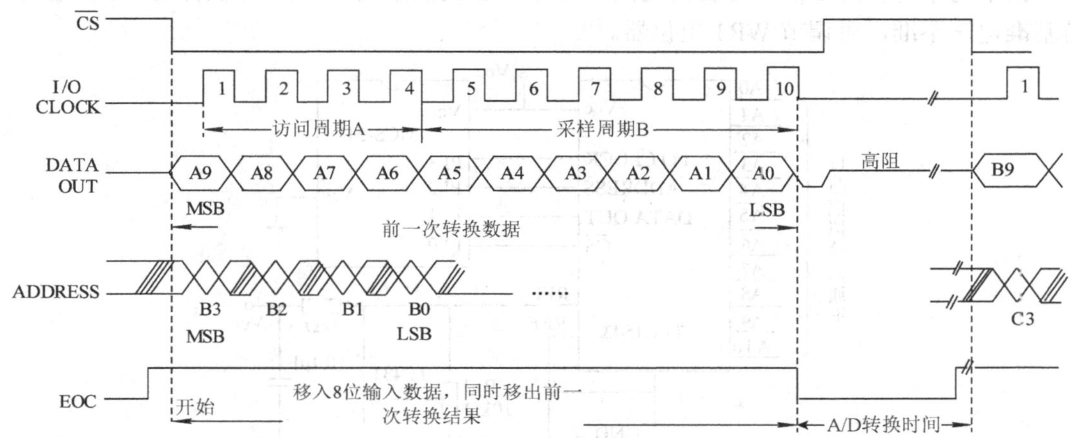

图 10.10　10 个时钟传送时序图（使用 CS）

也可以采用如图 10.11 所示的方式获得 10 位分辨率的采样数据，每次转换和数据传递使用 10 个时钟周期，仅在每次转换序列开始处插入一次片选 CS 的时序。在 A/D 转换期间 DATA OUT 引脚为低电平，A/D 转换结束后会使 EOC 变为高电平，而后在 I/O CLOCK 引脚的时钟引导下，前一次 A/D 转换的数据从 DATA OUT 引脚按照高位在前、低位在后的顺序一次输出，下一次要转换的通道号由 ADDRESS 传送给 TLC1543。这种方式与使用 CS 方式的最大区别在于仅在每次转换序列开始处插入一次片选 CS 的下降沿，而后 CS 一直保持低电平，每次 A/D 转换结束的时间也是下一次 A/D 转换开始的时间。而使用片选 CS 的方式中是否启动下一次 A/D 转换由 CS 来决定。

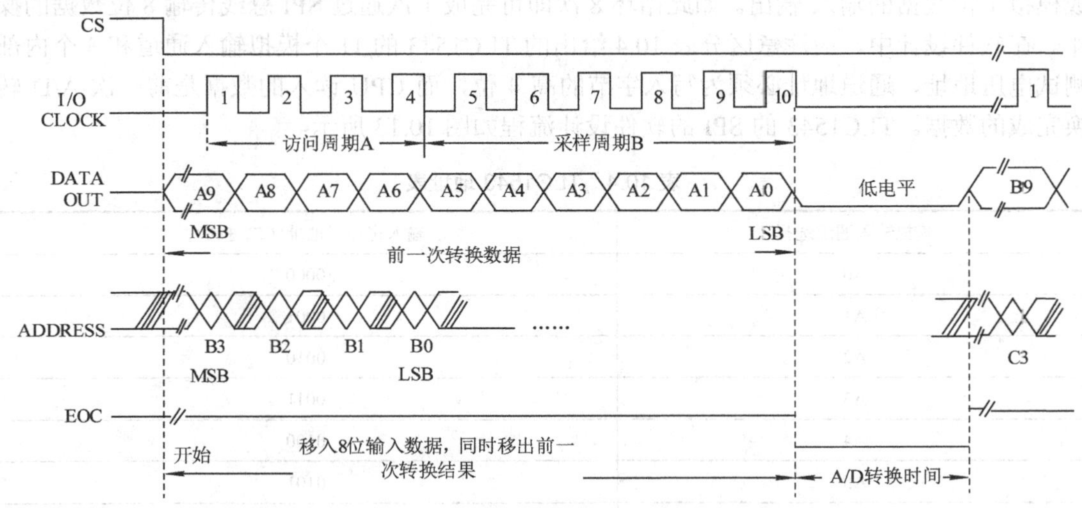

图 10.11　10 个时钟传送时序图（不使用 CS）

3. TLC1543 与 MCS-51 单片机的接口电路

TLC1543 与 MCS-51 单片机的接口电路原理图如图 10.12 所示，3 个控制输入端 $\overline{CS}$、I/O CLOCK、ADDRESS 和一个数据输出端 DATA OUT 遵循 SPI 协议。由于 MCS-51 单片机没有 SPI 通信，需通过软件模拟 SPI 协议以便和 TLC1543 接口。芯片的 3 个输入端和 1 个输出端与单片机的 I/O 口可直接连接。TLC1543 的基准由 TL431 提供标准 2.5V 电压。若基准电压不准，可调节 WR1 电位器。

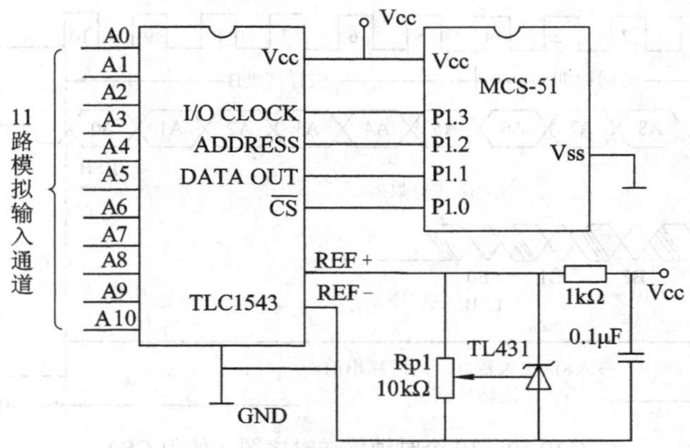

图 10.12　TLC1543 与 MCS-51 单片机的接口电路

4. 软件设计

由于 MCS-51 单片机不带 SPI，所以要使用软件来模拟 SPI 的操作。定义 3 个普通 I/O 口用于模拟 SPI 器件的 SCK、MISO、MOSI。TLC1543 是在 SCK 的上升沿输入数据，在下降沿输出数据，所以将其串行时钟输出口的初始状态设置为 1，而在允许通信后再置为 0。这样在单片机输出 1 位 SCK 时钟的同时 TLC1543 输出 1 位数据至单片机的模拟 MISO 线，此后再置 SCK 为 1，使单片机从模拟的 MOSI 线输出 1 位地址数据至串行口芯片，从而完成模拟 1 位数据的输入/输出。如此循环 8 次即可完成 1 次通过 SPI 总线传输 8 位数据的操作。在软件设计中，应注意区分表 10.4 给出的 TLC1543 的 11 个模拟输入通道和 3 个内部测试电压地址，通道地址必须为写入字节的高 4 位，而 CPU 读入的数据是前一次 A/D 转换完成的数据。TLC1543 的 SPI 的软件设计流程如图 10.13 所示。

表 10.4　TLC1543 地址表

模拟输入通道选择	输入寄存器地址（二进制）
A0	0000
A1	0001
A2	0010
A3	0011
A4	0100
A5	0101
A6	0110

续表

模拟输入通道选择	输入寄存器地址（二进制）	
A7	0111	
A8	1000	
A9	1001	
A10	1010	
内部测试电压选择	输入地址	输出结果（十六进制）
$(Vref_{+}+Vref_{-})/2$	1011	200
$Vref_{-}$	1100	000
$Vref_{+}$	1101	3FF

注：$Vref_{-}$是加到 REF−端的电压，$Vref_{+}$为加到 TLC1543 REF+端的电压。

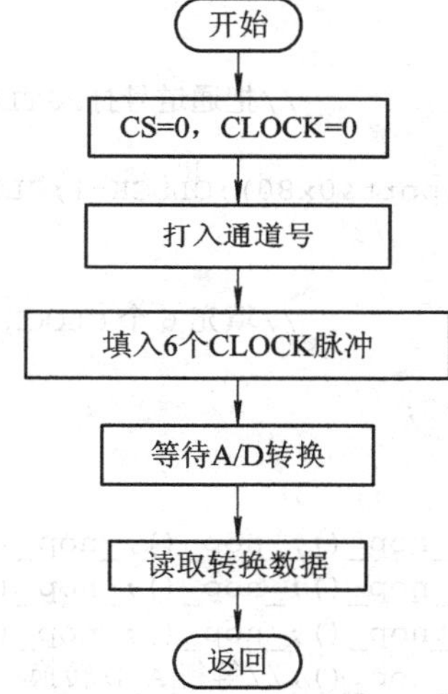

图 10.13　TLC1543 的 SPI 的软件设计流程

TLC1543 与单片机的接口子程序如下，本例程序中 12T 单片机的晶振为 11.0592MHz

```
#include <reg51.h>
#include <intrins.h>
#define uint unsigned int
#define uchar unsigned char
void read1543(uint *p);
uint ad_result[14];
sbit CLOCK=P1^3;
sbit ADDRESS=P1^2;
sbit D_OUT=P1^1;
sbit CS=P1^0;
void main()        //主程序
{
   uint *pp;
   while(1)
   {
      P1=0X04;
      read1543(&ad_result);
```

```
    pp=&ad_result;
  }
}

void read1543(uint *p)          //从 TLC1543 读取采样值函数
{
  uchar port,passageway;
  uint data ad=0;
  uint data i=0;
  for(passageway=0;passageway<14;passageway++)
                                //11 个通道和 3 个测试点各采集一次
  {
    ad=0;
    port=passageway;
    CLOCK=0;
    CS=0;
    port<<=4;
    for(i=0;i<4;i++)            //把通道号打入 TLC1543
    {
      ADDRESS=(bit)(port&0x80);CLOCK=1;CLOCK=0;
      port<<=1;
    }
    for(i=0;i<6;i++)            //填充 6 个 CLOCK
    {
      CLOCK=1;CLOCK=0;
    }
    CS=1;
    _nop_();_nop_();_nop_();_nop_();_nop_();_nop_();
    _nop_();_nop_();_nop_();_nop_();_nop_();_nop_();
    _nop_();_nop_();_nop_();_nop_();_nop_();_nop_();
    _nop_();_nop_();_nop_();//等待 A/D 转换
    CS=0;
    _nop_();_nop_();_nop_();
    for(i=0;i<10;i++)  //取结果
    {
      D_OUT=1;
      CLOCK=1;
      ad<<=1;
      if(D_OUT) ad|=0x01;
      CLOCK=0;
    }
    CS=1;
    *p=ad;                      //结果送往数组
    p++;                        //数组地址加 1
  }
}
```

10.1.4 SPI 串行口 A/D 转换器 TLC2543

TLC2543 是 TI 公司生产的 11 通道 12 位串行 A/D 转换器，其技术指标、性能参数、封装形式和引脚功能及排列与 TLC1543 基本相同。

1. TLC2543 的工作时序

TLC2543 与单片机的接口采用标准的 SPI 总线方式，可以通过 4 种传输方法获取 12 位分辨率的采样数据，每次转换和数据传递可以使用 12 或 16 个时钟周期。片选（CS）脉冲要插到每次转换的开始处，或者是在转换时序的开始处变化一次后保持 CS 为低电平，直到时序结束。图 10.14 所示为每次转换和数据传递使用 16 个时钟周期和在每次传递周期之间插入 CS 片选的时序；图 10.15 所示为每次转换和数据传递使用 16 个时钟周期，仅在每次转换序列开始处插入一次片选 CS 的时序。

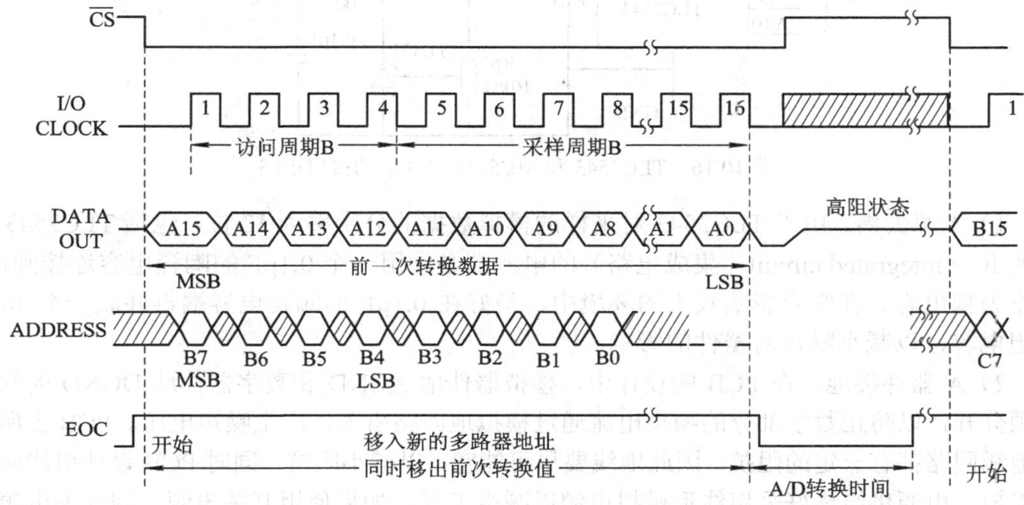

图 10.14　16 个时钟传送时序图（使用 CS，MSB 在前）

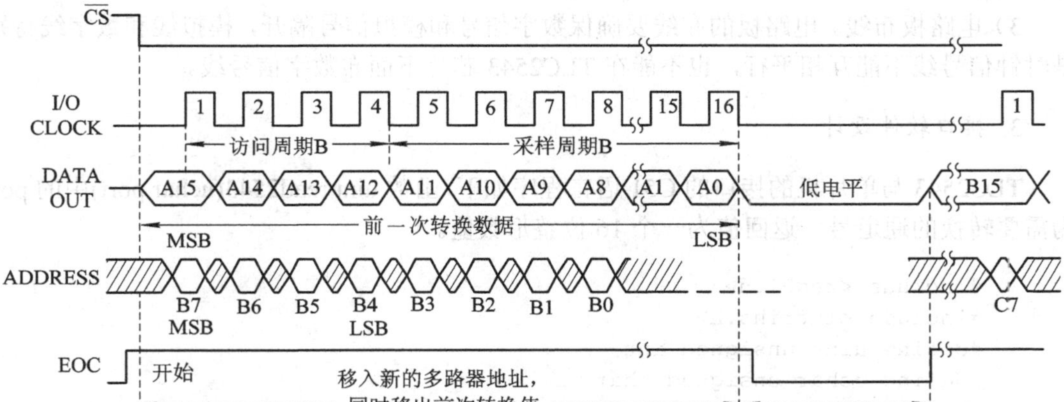

图 10.15　16 个时钟周期传送时序图（不使用 CS，MSB 在前）

2. 硬件接口和 PCB 设计

对于不包括 SPI 的 MCS-51 单片机，为了和 TLC2543 通信，需要用软件来模拟 SPI。图 10.16 所示为 TLC2543 和 MCS-51 单片机的接口电路，TLC2543 的 I/O CLOCK、DATA OUT、片选 $\overline{CS}$ 由 P1.3、P1.1、P1.0 提供，TLC2543 的转换结果数据通过 P1.2 引脚接收，

通道选择和方式数据通过 P3 口输入微控制器。硬件连接和设计需注意以下 3 个问题。

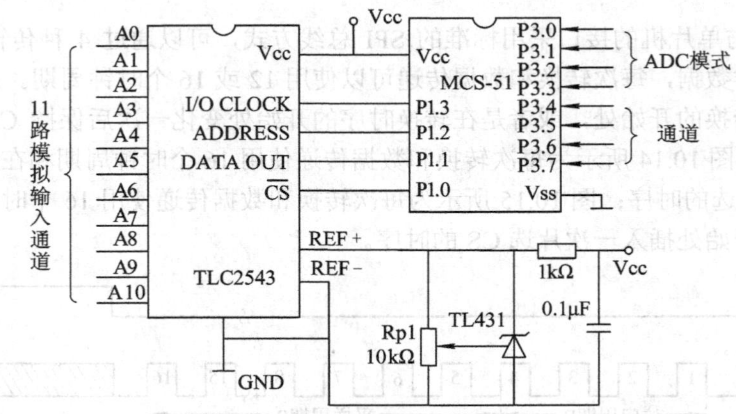

图 10.16 TLC2543 和 MCS-51 单片机的接口电路

1）电源去耦。由于 TLC2543 对采样的模拟数据的分辨率为 12 位，包括 TLC2543 及其他 IC（integrated circuit，集成电路）的电源端必须用一个 0.1μF 的陶瓷电容连接到地，用作去耦电容。在噪声影响较大的环境中，最好在 0.1μF 的陶瓷电容端再并联一个 10μF 的钽电容，以减小噪声对器件的影响。

2）A 器件接地。在 PCB 的设计中，模拟器件地 AGND 和数字器件地 DGND 的回路必须分开，以防止数字部分的噪声电流通过模拟地回路引入，产生噪声电压。PCB 上所有的地线回路都有一定的阻抗，因此地线要尽可能宽，以减小阻抗。同时 PCB 设计引线应尽可能短，电源供给最好采用线形模拟电源以减少干扰，如果使用开关电源，则开关电源要远离模拟器件。

3）电路板布线。电路板的布线要确保数字信号和模拟信号隔开，模拟线和数字线特别是时钟信号线不能互相平行，也不能在 TLC2543 芯片下面布数字信号线。

3. 接口软件设计

TLC2543 与单片机的接口的 C51 语言程序如下，函数 uint read2543(uchar port)中的 port 为需要转换的通道号，返回值为一个 16 位整形数值。

```
#include <reg51.h>
#include <intrins.h>
#define uint unsigned int
#define uchar unsigned char
sbit CLOCK=P1^0;
sbit D_IN=P1^1;
sbit D_OUT=P1^2;
sbit _CS=P1^3;
uint read2543(uchar port)
{
    uint ad=0,i;
    CLOCK=0;
    _CS=0;
    port<<=4;
```

```
    for(i=0;i<12;i++)
    {
      if(D_OUT) ad|=0x01;
      D_IN=(bit)(port&0x80);
      CLOCK=1;
      delay(3);
      CLOCK=0;
      delay(3);
      port<<=1;
      ad<<=1;
    }
    _CS=1;
    ad>>=1;
    return(ad);
    }
void delay(uchar n)
{
    uchar i;
    for(i=0;i<n;i++)
    {
      _nop_();
    }
}
```

10.2　D/A 转换器及其与单片机的接口电路

D/A 转换器实现将数字量转换成模拟量的功能，在单片机系统中经常用到。D/A 转换器种类繁多，按接口形式的不同，可分为串形口形式和并形口形式。早期的 D/A 转换器一般采用并形口方式，如 DAC0832，随着半导体技术的不断发展和进步，为节省 CPU 的硬件资源，一些新型的 D/A 转换器均采用了串行总线协议，如采用 SPI 总线协议的 TLC5615。D/A 转换器按输出形式的不同，又可分为电流输出型和电压输出型两种。常用的 DAC0832 就是典型的电流输出型 D/A 转换器，由于输出是电流形式，因此在实际的电路设计中还必须通过运算放大器组成电流/电压转换器将电流输出转化成电压输出。而 TLC5615 则是电压输出型的代表，可以通过外接的基准电压来调节电压输出幅度。

10.2.1　D/A 转换器概述

1. D/A 转换器的分类

按输入数字量的位数 D/A 转换器可分为 8 位、10 位、12 位和 16 位等形式；按接口方式的不同，D/A 转换器可分为并行方式和串行方式；按输出形式的不同，D/A 转换器可分为电流输出和电压输出两大类，而电压输出的 D/A 转换器又分单极型和双极型。

常见的 D/A 转换器有 8 位 20 引脚 DIP 封装的 DAC0830 系列，包括 DAC083、DAC0831、DAC0832 等；10 位 16 引脚 DIP 封装的 DAC1020 系列，包括 DAC1020、DAC1021、DAC1022 等；12 位 18 引脚 DIP 封装的 DAC1220 系列，包括 DAC1220、DAC1221、DAC122 等；

采用 SPI 总线协议的 TLC561、TLC5602、TLC5612、TLC5615 等。

2. D/A 转换器的性能指标

在进行包含 D/A 转换器的单片机系统的设计之前，先要根据 D/A 转换器的技术指标选择 D/A 芯片。D/A 转换器的主要性能指标如下。

（1）分辨率

分辨率指数字量变化一个最小量时模拟信号的变化量，是数字量的最低有效位所对应的模拟量，取决于输入数字量的位数。定义为满刻度与 2^n 的比值。分辨率又称准确度，通常以数字信号的位数来表示。

例如，满量程为 10V 的 8 位 D/A 转换器芯片的分辨率为 $10V\times 2^{-8}$=39mV，16 位 D/A 转换器的分辨率为 $10V\times 2^{-16}$=153μV，8 位 D/A 转换器芯片的分辨率为 1/256，16 位 D/A 转换器的分辨率为 $1/2^{16}$。

（2）转换精度

转换精度是指满量程时 D/A 转换器的实际模拟输出值和理论值的接近程度。例如，满量程时理论输出电压值为 10V，实际输出值是 9.99～10.01V，则其转换精度为±10mV。D/A 转换器的转换精度也可定义为 1 个或半个最小数字量所对应的模拟变化量来表示，表示为±1LSB、±1/2LSB。

（3）偏移量误差

偏移量误差是指输入数字量为零时，输出模拟量对零的偏移值。这种误差通常可以通过 D/A 转换器的外接 VREF 和电位计加以调整。

（4）线性度

线性度是指 D/A 转换器的实际转换特性曲线和理想直线之间的最大偏移差。线性度不应超出±1LSB。

（5）建立时间

建立时间是指将一个数字量转换为稳定模拟信号所需的时间，也可以认为是转换时间。D/A 转换中常用建立时间来描述其速度，而不是使用 A/D 中常用的转换速率。一般地，电流输出 D/A 建立时间较短，电压输出 D/A 建立时间则较长。

10.2.2 DAC0832 与单片机的接口电路

DAC0832 是 8 位分辨率的电流型 D/A 转换集成芯片。该芯片以其价格低廉、接口简单、转换控制容易等优点，在单片机应用系统中得到广泛的应用。其转换时间为 1μs，数据输入端具有双缓冲功能，可单缓冲、双缓冲或直接数字输入，以便适于各种电路的需要，满量程误差为±1LSB，供电电源为+5～+15V，功耗为 20mW，其线性度只需在满量程下调整，逻辑电平输入与 TTL 兼容。

1. DAC0832 的逻辑结构

DAC0832 的内部结构框图如图 10.17 所示，主要由 8 位输入寄存器、8 位 D/C 寄存器、8 位 D/A 转换电路及转换控制电路构成。输入寄存器用于存放 CPU 送来的数据，由 $\overline{WR1}$ 控制；D/C 寄存器用于存放待转换的数据，由 $\overline{WR2}$ 控制；D/A 转换器用于输出与数字量对应的模拟电流值。

DAC0832 中有两级锁存器，第一级锁存器称为输入寄存器，它的锁存信号为 ILE；第二级锁存器称为 D/C 寄存器，它的锁存信号为传输控制信号。因为有两级锁存器，DAC0832 可以工作在双缓冲器方式，即在输出模拟信号的同时采集下一个数字量，这样可以有效地提高转换速度。此外，两级锁存器还可以在多个 D/A 转换器同时工作时，利用第二级锁存信号来实现多个转换器同步输出。

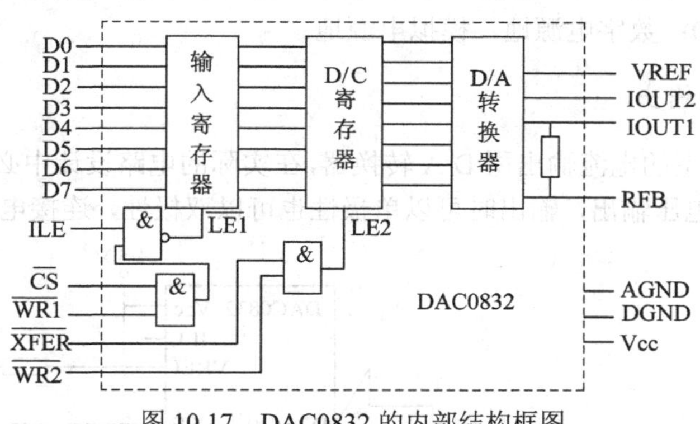

图 10.17　DAC0832 的内部结构框图

当 ILE=1，$\overline{CS}$=0，$\overline{WR1}$=0 时，若 $\overline{LE1}$=1，输入允许，输入寄存器的输出随着输入的变化而变化；此后当 $\overline{CS}$=1 或 $\overline{WR1}$=1 时，若 $\overline{LE1}$=0，则数据被锁存到输入寄存器中，这时输入寄存器的输出端不再随着输入的变化而变化。对第二级锁存器来说，当 $\overline{WR2}$=0，$\overline{XFER}$=0，$\overline{LE2}$=1 时，允许 D/A 转换，D/C 寄存器的输出随着其输入的变化而变化；此后当 $\overline{LE2}$=0 时将数据锁存到 D/C 寄存器中。

DAC0832 是一种 8 位电流输出型 D/A 转换芯片，D/A 转换结果采用电流形式输出。若需要相应的模拟电压信号，可通过一个高输入阻抗的线性运算放大器实现。运放的反馈电阻可通过 RFB 端引用片内固有电阻也可外接。DAC0832 逻辑输入满足 TTL 电平，可直接与 TTL 电路或微机电路连接。

2. DAC0832 的引脚及其功能

DAC0832 采用 20 引脚的双列直插结构，引脚图如图 10.18 所示。

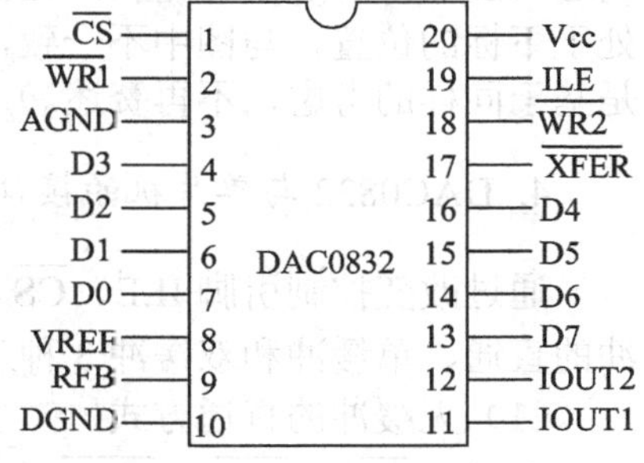

图 10.18　DAC0832 引脚图

1）D7～D0：数字量输入线。D0 是 LSB，D7 是 MSB。

2）ILE：数字量输入允许线，高电平有效。

3）$\overline{CS}$：片选线，低电平有效。

4）$\overline{WR1}$：第一级锁存写选通，低电平有效。当 ILE=1，$\overline{CS}$=0，$\overline{WR1}$=0 时，D7～D0 的状态被锁存到数据输入寄存器。

5）$\overline{WR2}$：第二级锁存写选通，低电平有效。

6）$\overline{XFER}$：输入传送控制线，低电平有效。当 $\overline{WR2}$=0，$\overline{XFER}$=0 时，数据进入 D/C 寄存器，通过 D/A 转换器转换。反之，锁存器锁存数据，D/C 寄存器不接收前面输入寄存器的数据。

7）RFB：片内反馈电阻引出线，反馈电阻制作在芯片内部，与外接运算放大器的输出端相连。用作外接的运算放大器的反馈电阻。

8）IOUT1：模拟电流输出线 1，它是数字量为“1”时的模拟电流输出端，一般连接到运算放大器的反相输入端。

9）IOUT2：模拟电流输出线 2，它是数字量为“0”时的模拟电流输出端，一般连接到运算放大器的桐相输入端。单极性输出时，IOUT2 通常接地。

Vcc：电源输入线，可接+5～+15V 之间的电源。

VREF：参考电压输入线，由基准电源提供，电压范围为-10～+10V。

DGND、AGND：数字电源地，模拟电源地。

3. DAC0832 的输出

DAC0832 是典型的电流输出型 D/A 转换器，在实际的电路设计中必须通过运算放大器将电流输出转化成电压输出，输出时可以单极性也可以双极性，连接电路如图 10.19 所示。

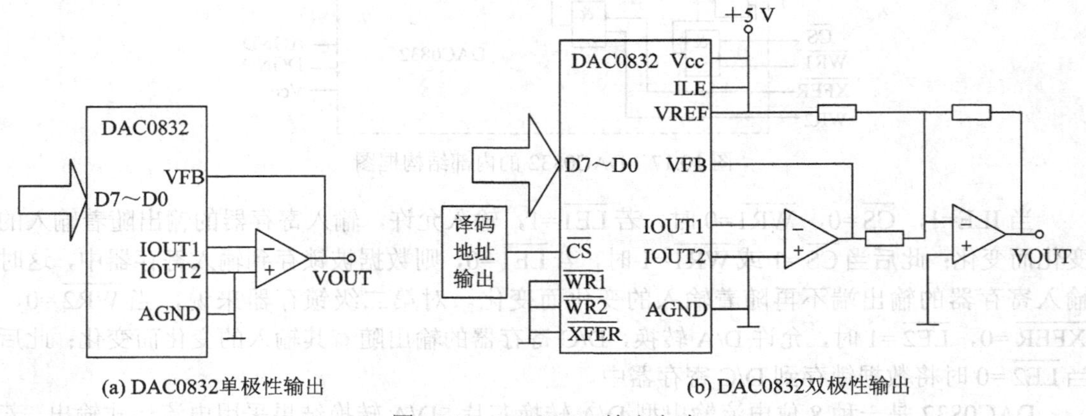

(a) DAC0832单极性输出　　(b) DAC0832双极性输出

图 10.19　DAC0832 输出电路

图 10.19（a）所示的单极性输出为 $V_{OUT} = -D \times \frac{V_{REF}}{2^8}$，输出模拟电压 V_{OUT} 和输入数字量 D 成正比（其中 D 为输入的二进制数对应的十进制数），当输入数字量 D=0 时，输出模拟电压 $V_{OUT}=0$，当输入数字量为 256 时，输出模拟电压 V_{OUT} 为负的最大值，输出电压为负的单极性。图 10.17（b）所示的双极性输出为 $V_{OUT} = -(128 - D) \times \frac{V_{REF}}{2^8}$，当 D=128 时，$V_{OUT}=0$；当 D>128 时，$V_{OUT}>0$；当 D<128 时，$V_{OUT}<0$，输出双极性。（注：此处 V_{OUT} 中“OUT”处于下标的位置，与图中不一致，主要是为了使公式更加清晰明了，后面有类似的处理也是基于同样的考虑，不再赘述。）

4. DAC0832 与单片机的接口

通过改变控制引脚 ILE、$\overline{CS}$、$\overline{WR1}$、$\overline{WR2}$、$\overline{XFER}$ 的连接方法，DAC0832 具有无缓冲的直通、单缓冲和双缓冲 3 种工作方式。

（1）无缓冲的直通方式

当引脚 $\overline{CS}$、$\overline{WR1}$、$\overline{WR2}$、$\overline{XFER}$ 直接接地，ILE 接电源时，DAC0832 工作于直通方式。8 位输入寄存器和 8 位 D/C 寄存器总处于导通状态，一旦有数字量 D7～D0 的输入，立即进行 D/A 转换，从输出端就能得到转换的模拟量。这种方式处理简单，但 DAC0832 的数字量输入端 D7～D0 不能直接和单片机的数据线相连，只能通过并行 I/O 口与单片机连接。

（2）单缓冲方式

通过连接引脚 ILE、$\overline{CS}$、$\overline{WR1}$、$\overline{WR2}$、$\overline{XFER}$，使得两个寄存器有一个总处于导通状态，另一个处于控制状态，或者两个均处于控制状态，DAC0832 就工作于单缓冲方式，如图 10.20 所示。

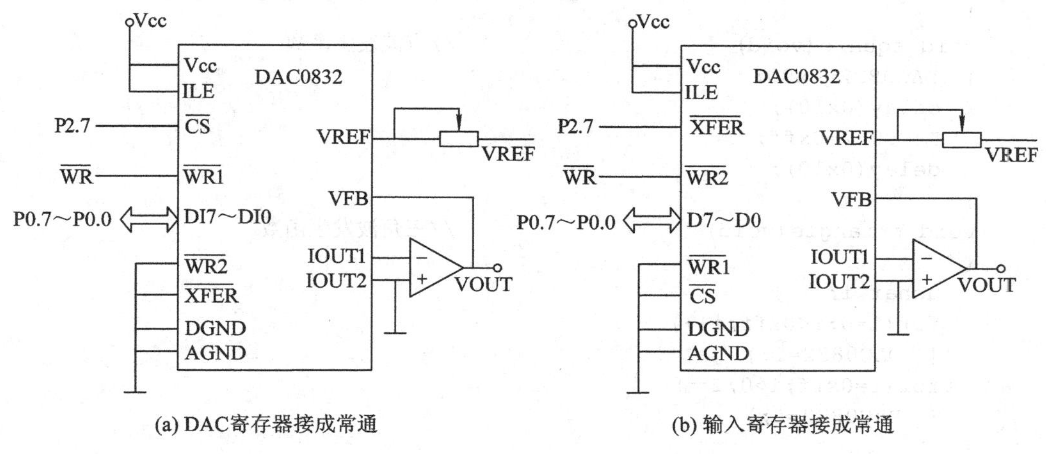

(a) DAC寄存器接成常通　　(b) 输入寄存器接成常通

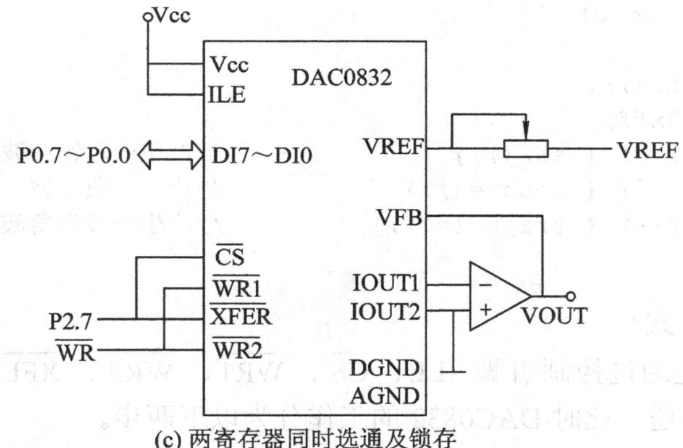

(c) 两寄存器同时选通及锁存

图 10.20　DAC0832 单缓冲方式的连接

图 10.20（a）所示为将 D/C 寄存器接成常通状态，即 $\overline{WR2}$ 和 $\overline{XFER}$ 直接接地，ILE 接电源，$\overline{WR1}$ 接单片机的 $\overline{WR}$，$\overline{CS}$ 接单片机的 P2.7 引脚。

图 10.20（b）所示为将输入寄存器接成常通状态，即 ILE 接电源，$\overline{CS}$ 和 $\overline{WR1}$ 直接接地，$\overline{WR2}$ 接单片机的 $\overline{WR}$，$\overline{XFER}$ 接单片机的 P2.7 引脚。

图 10.20（c）所示为使两个寄存器同时选通及锁存，即 ILE 接电源，$\overline{WR1}$ 和 $\overline{WR2}$ 接单片机的 $\overline{WR}$，$\overline{CS}$ 和 $\overline{XFER}$ 接单片机的 P2.7 引脚。

根据如图 10.18 所示的连接方法，可以写出产生锯齿波、方波、三角波的 C51 语言程序，如下所示。

```
#include <reg51.h>
#include <absacc.h>                    //定义绝对地址的访问
#define DAC0832 XBYTE[0x7fff]          //定义 DAC0832 端口地址
#define uchar unsigned char
void delay(uchar t)                    //延时函数
{  while(t--); }
```

```
void saw(void)                                    //锯齿波发生函数
{
   uchar i;
   for(i=0;i<255;i++)
   {  DAC0832=i;}
}
void square(void)                                 //方波发生函数
{  DAC0832=0x00;
   delay(0x10);
   DAC0832=0xff;
   delay(0x10);
}
void triangle(void)                               //三角波发生函数
{
   uchar i;
   for(i=0;i<0xff;i++)
   {  DAC0832=i;}
   for(i=0xff;i>0;i--)
   {  DAC0832=i;}
}
void main(void)
{
   uchar i,j,k;
   i=j=k=0xff;
   while(i--) { saw();}                           //产生一段锯齿波
   while(j--) { square();}                        //产生一段方波
   while(k--) { triangle();}                      //产生一段三角波
}
```

（3）双缓冲方式

双缓冲方式是通过控制引脚 ILE、$\overline{\text{CS}}$、$\overline{\text{WR1}}$、$\overline{\text{WR2}}$、$\overline{\text{XFER}}$，使得输入寄存器和D/C 寄存器先后导通，此时 DAC0832 的工作分为以下两步。

1）使 8 位输入锁存器导通，将 8 位数字量写入 8 位输入锁存器中。

2）使 8 位 D/C 寄存器导通，将 8 位数字量从 8 位输入锁存器送入 8 位 D/C 寄存器中。

如图 10.21 所示，两个 D/A 转换器的第一级寄存器分别用 P2.7 和 P2.6 来控制，使单片机能分时地将数据传送到两个 D/A 转换器的输入寄存器中，两个 D/A 转换器的第二级寄存器的控制端 $\overline{\text{XFER}}$ 接在一起由 P2.5 来控制，当 $\overline{\text{XFER}}$ 有效时，将输入寄存器的内容锁存到 D/C 寄存器中，使这两个 D/A 转换器能同时进行转换并输出电压。这种方式主要用于多路 D/A 转换器同步输出的系统中。

10.2.3 串行口 D/A 转换器 TLC5615

TLC5615 是高输入阻抗、电压输出型的 10 位 D/A 转换器，其输出电压幅度最大为基准电压的 2 倍，采用单+5V 电压供电。TLC5615 的控制通过 3 线 SPI 串行总线来完成，与 CMOS 电平相兼容，且易于和工业标准微处理器和微控制器接口。器件接收 16 位数字以产生模拟输出，具有高噪声抑制能力。与微控制器的通信协议包括 SPITM、QSPITM、MicrowireTM。TLC5615 主要特点包括 10 位 CMOS 电压输出、+5V 单电源工作、三线 SPI 串行口、高阻抗输入、电压输出范围是基准输入电压 2 倍、内部带上电复位、低功耗

（1.75mW）、21MHz 的更新率和 0.5 LSB 的建立时间（12.5μs）。

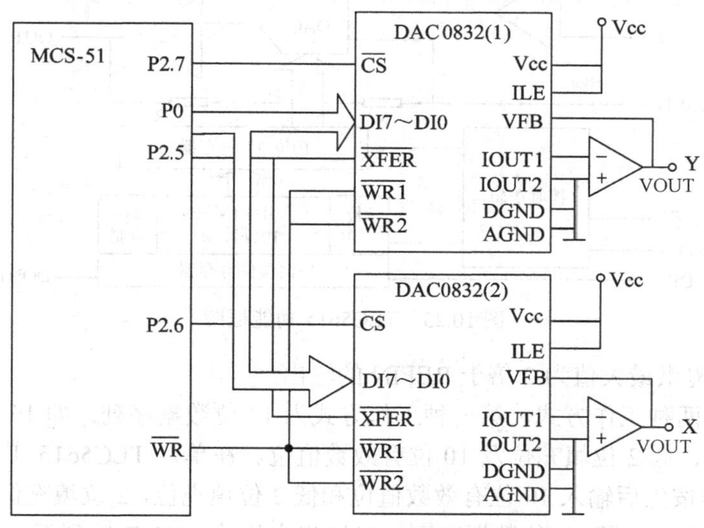

图 10.21　DAC0832 双缓冲方式与单片机的连接

1. 引脚功能

TLC5615 采用 8 引脚 DIP 或 SOP 封装，引脚排列如图 10.22 所示，引脚功能如表 10.5 所示。其中，DOUT 引脚只有在多个 TLC5615 级联时才使用，REFIN 是基准电压输入端，取值范围为 Vcc～2.0V，典型值为 2.0V。

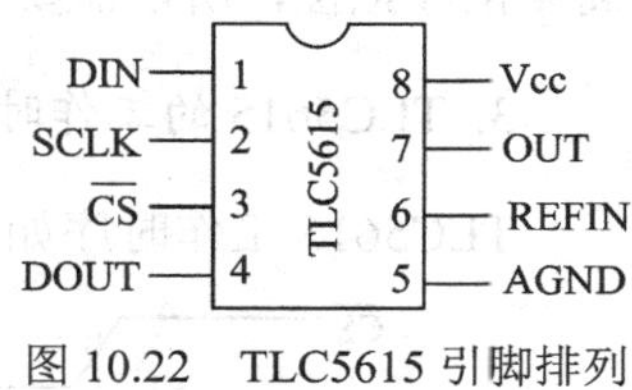

图 10.22　TLC5615 引脚排列

表 10.5　TLC5615 的引脚功能

引脚名称	I/O 方向	功能
DIN	输入	串行数据输入
SCLK	输入	串行时钟输入
$\overline{CS}$	输入	芯片选择
DOUT	输出	串行数据输出
AGND		模拟地
REFIN	输入	基准输入
OUT	输出	DAC 模拟电压输出
Vcc		电源（+5V）

2. 功能框图

TLC5615 的内部功能框图如图 10.23 所示，主要由以下几部分组成。

1）一个 10 位 DAC 电路。

2）一个 16 位移位寄存器，接收串行移入的数据，并且有一个级联的数据输出端 DOUT。

3）并行输入/输出的 10 位 D/C 寄存器为 10 位 DAC 电路提供待转换的二进制数据。

4）电压跟随器为参考电压端 REFIN 提供很高的输入阻抗，大约 10MΩ。

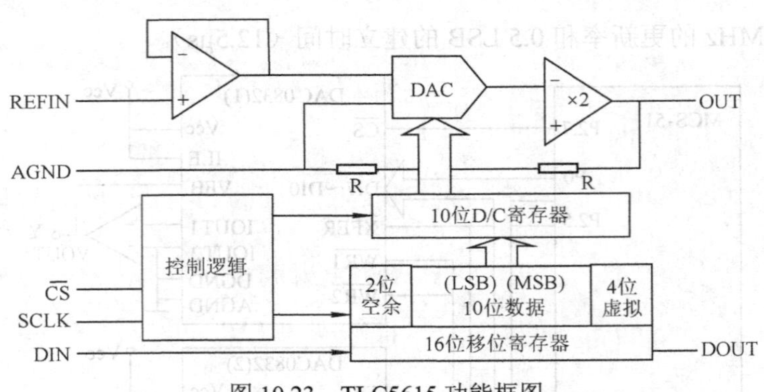

图 10.23 TLC5615 功能框图

5）×2 电路提供最大值为 2 倍于 REFIN 的输出。

TLC5615 有两种工作方式，第一种工作方式为 12 位数据序列，即 16 位移位寄存器分为高 4 位虚拟位、低 2 位填充位及 10 位有效数值位。在单片 TLC5615 工作时，只需要向 16 位移位寄存器按先后输入 10 位有效数值位和低 2 位填充位，2 位填充位为任意数据；第二种方式为级联方式，即 16 位数据序列，可以将本片的 DOUT 接到下一片的 DIN，需要向 16 位移位寄存器按先后输入高 4 位虚拟位、10 位有效位和低 2 位填充位，由于增加了高 4 位虚拟位，所以需要 16 个时钟脉冲。

3. TLC5615 的工作时序

TLC5615 工作时序如图 10.24 所示。

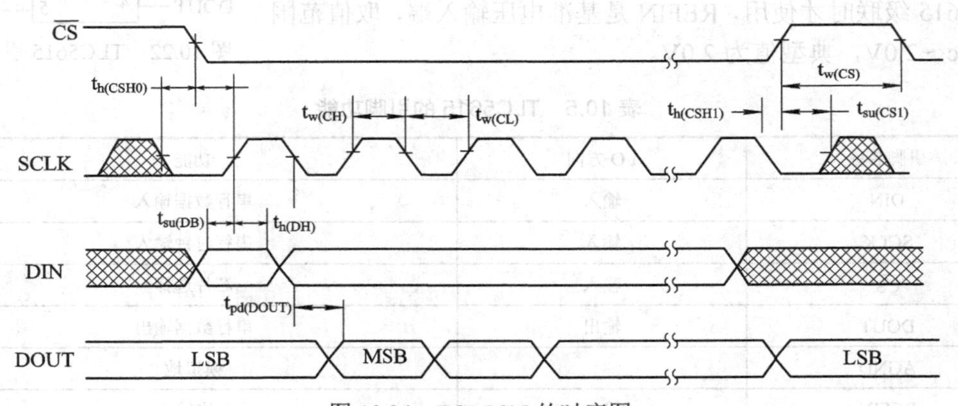

图 10.24 TCL5615 的时序图

从图 10.24 可以看出，只有当片选 $\overline{CS}$ 为低电平时，串行输入数据才能被移入 16 位移位寄存器中。当片选 $\overline{CS}$ 为低电平时，在 SCLK 时钟的上升沿将 DIN 数据按照高位在前、低位在后的顺序移入 16 位移寄存器中。接着 $\overline{CS}$ 的上升沿将 16 位移位寄存器的 10 位有效数据锁存于 10 位 D/C 寄存器，供 DAC 电路进行转换；当片选 $\overline{CS}$ 为高电平时，串行输入数据不能被移入 16 位移位寄存器中。$\overline{CS}$ 的上升和下降都必须发生在 SCLK 为低电平期间。最大串行时钟速率为 f(SCLK)=1/tW(CH)+tW(CL)，近似为 14MHz。数字更新速率受片选 $\overline{CS}$ 周期限制，通常情况下 D/A 转换速率为 1.2MHz 左右。

4. TLC5615 与单片机的接口

TLC5615 与 MCU 接口采用 SPI 或 QSPI 串行总线协议，当 MCU 自身不带有 SPI 接口时，可通过普通 I/O 口模拟 SPI 的工作方式。在片选 $\overline{CS}$ 为低电平时，由 MCU 发往 TLC5615 的输入数据被读入 16 位移位寄存器。在 SCK 时钟信号的上升沿将数据送到输入寄存器，随后由片选 $\overline{CS}$ 信号的上升沿将数据传送至 D/C 寄存器。当片选 $\overline{CS}$ 为高电平时，输入数据不能由时钟同步并送入输入寄存器。SPI 协议规定为 8 位，数据输入 D/C 寄存器需要两个写周期。对于 QSPI 接口，由于总线数据格式为 8 位至 16 位可变，因此可以在一个写周期之内将输入数据装载至 DAC 输入寄存器。

TLC5615 的转换精度与 PCB 的设计相关，模拟地和数据地在 PCB 中应严格区分，模拟地应连接到系统模拟地，并应在 Vdd 和 AGND 之间靠近器件处并联一个 0.1μF 的陶瓷旁路电容。基准电压由 TL431 提供标，若基准电压不准，可调节 WR 电位器。单片 TLC5615 与单片机的连接电路如图 10.25 所示。

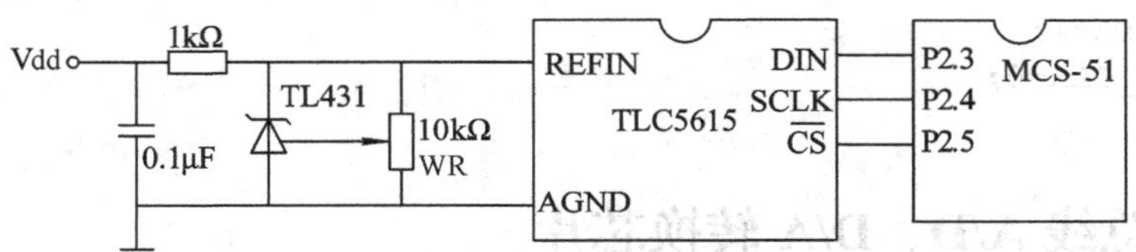

图 10.25　TLC5615 与 MCU 的连接

5. 软件设计

TLC5615 进行 D/A 转换的软件流程图如图 10.26 所示。

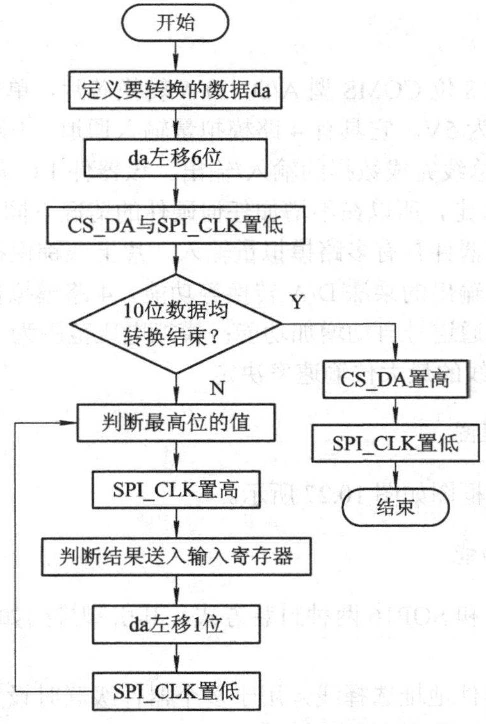

图 10.26　TLC5615 进行 D/A 转换的流程

相应的 C51 语言程序如下。

```
void da5615(uint *p)
{ unsigned char i;
  unsigned int da;
  da=*p;                //要转换的数据 da 为 10 位，则占两字节的低 10 位
  da<<= 6;              //da 左移 6 位，则占两字节的高 10 位
  CS_DA=0;              //片选
  SPI_CLK=0;            //时钟置低
  for(i=0;i<12;i++)
  {
     SPI_DATA=(bit)(da&0x8000); //判断最高位
     SPI_CLK=1;         //时钟信号为上升沿把数据送到输入寄存器
     da<<=1;            //左移一位，次高位变成最高位
     SPI_CLK=0;
  }
  CS_DA=1;
  SPI_CLK=0;
 }
```

10.3 I²C 总线 A/D、D/A 转换芯片

基于 I²C 总线的 A/D、D/A 转换芯片很多，它们集成度高，体积小，占用 I/O 口线少，适合与单片机连接。下面以 PCF8591 为例来说明它们的使用。

1. PCF8591 概述

PCF8591 是一低功耗 8 位 COMS 型 A/D、D/A 转换芯片，单电源供电，正常工作电压范围为 2.5～6V，典型值为 5V。它具有 4 路模拟量输入通道、1 路模拟量输出通道和 1 个 I²C 总线接口，通过 I²C 总线完成数据的输入/输出。该器件 I²C 从地址的低 3 位由芯片的 A0、A1 和 A2 地址引脚决定，所以在不增加任何硬件的情况下同一条 I²C 总线最多可以连接 8 个同类型的器件。该器件具有多路模拟量输入、片上跟踪保持、8 位逐次逼近 A/D 转换和 8 位带有一路模拟量输出的乘法 D/A 转换等功能，4 路模拟量输入可编程为单端输入或差分输入；可配置转换通道号自动增加功能；模拟电压范围为 Vss～Vdd；A/D 与 D/A 的最大转换速率由 I²C 总线的最大传输速率决定。

2. PCF8591 的功能框图

PCF8591 的内部功能框图如图 10.27 所示。

3. PCF8591 的引脚功能

PCF8591 采用 DIP16 和 SOP16 两种封装方式，其引脚排列如图 10.28 所示。

各引脚功能如下。

1）A2、A1、A0：器件地址选择线，用于多个器件级联时设置器件地址。

2）AIN0～AIN3：模拟信号输入端。

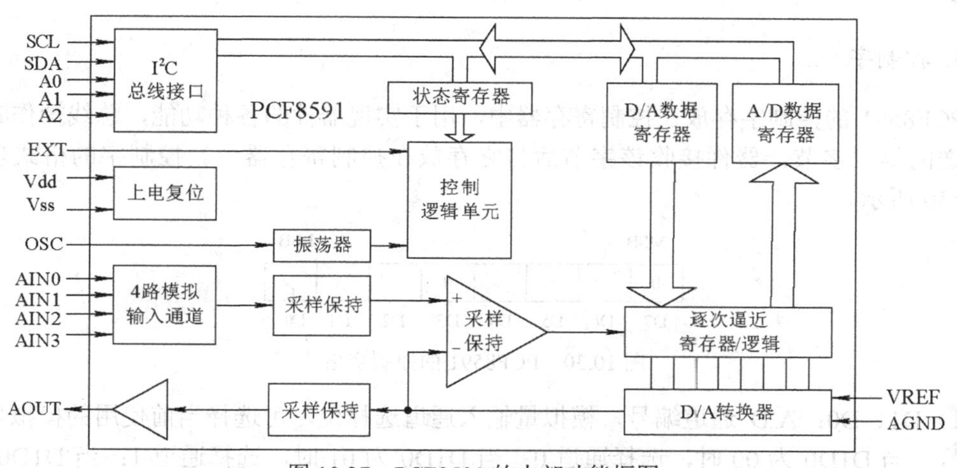

图 10.27　PCF8591 的内部功能框图

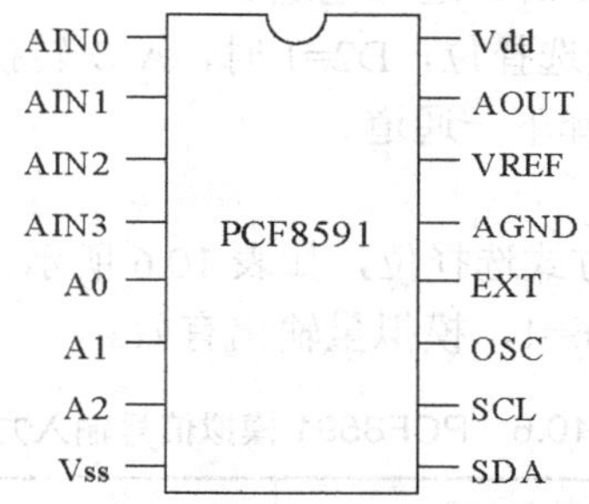

图 10.28　PCF8591 的引脚排列

3）OSC：外部时钟输入端，内部时钟输出端。

4）EXT：内外时钟选择端，EXT=0 时选择内部时钟。

5）Vdd、Vss：电源、接地端。

6）AGND：模拟信号地。

7）VREF：基准电压输入端。

8）AOUT：D/A 转换模拟量输出端。

9）SDA、SCL：I²C 总线数据线、时钟线。

4. 器件寻址

PCF8591 采用 I²C 总线接口的器件寻址方法，总线地址由器件地址、引脚地址和方向位组成。飞利浦公司规定 A/D 器件高四位地址为 1001，低 3 位地址为引脚地址 A2A1A0，由硬件电路决定，I²C 系统中最多可接 8 个具有总线接口的 A/D 器件。地址的最后一位为方向位 R/W，当主控器对 A/D 器件进行读操作时 R/W 为“1”，进行写操作时 R/W 为“0”。总线操作时，由器件地址、引脚地址和方向位组成的从地址为主控器在起始条件后发送的第一字节，PCF8591 的从地址格式如图 10.29 所示。

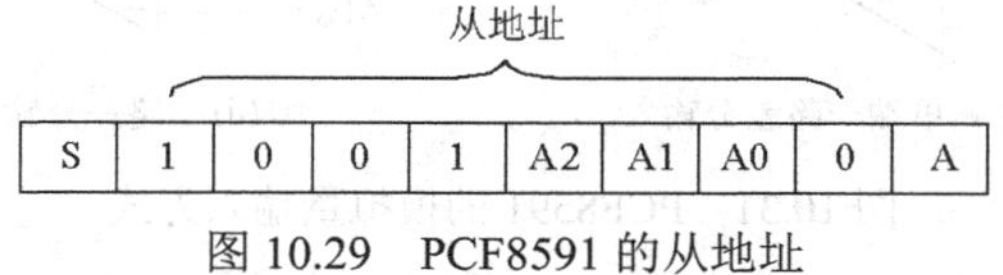

图 10.29　PCF8591 的从地址

5. 控制字

PCF8591 的控制字存放在控制寄存器中，用于实现器件的各种功能，总线操作时作为主发送的第二字节，器件接收该字节后将它存放在控制寄存器中。控制字的格式功能如图 10.30 所示。

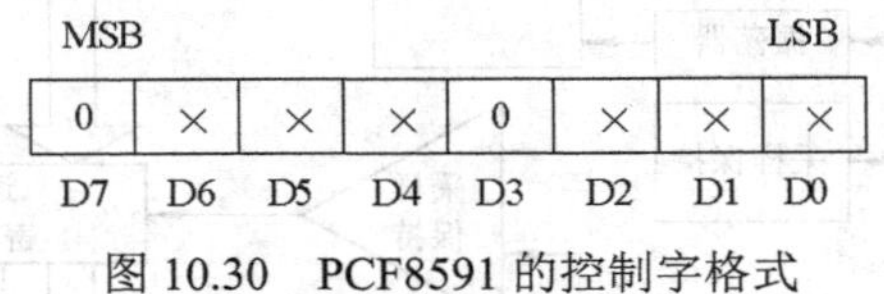

图 10.30 PCF8591 的控制字格式

1）D1、D0：A/D 通道编号，模拟量输入通道选择位，可选择当前使用的模拟量输入通道号。当 D1D0 为 00 时，选择通道 0；当 D1D0 为 01 时，选择通道 1；当 D1D0 为 10 时，选择通道 2；当 D1D0 为 11 时，选择通道 3。

2）D2：输入通道自动增量选择位，D2=1 时，A/D 转换将按通道 0～3 依次自动转换；即每次 A/D 转换结束都自动选择下一通道。

3）D3、D7：必须为 0。

4）D4、D5：模拟量输入方式选择位，如表 10.6 所示，可选 4 种不同输入方式。

5）D6：模拟输出允许。D6=1，模拟量输出有效。

表 10.6 PCF8591 模拟信号输入方式

D5	D4	输入方式	方式说明
0	0	方式 0	四路单端输入
0	1	方式 1	三路差分输入
1	0	方式 2	二路单端一路差分输入
1	1	方式 3	二路差分输入

4 种模拟量输入方式如图 10.31 所示。

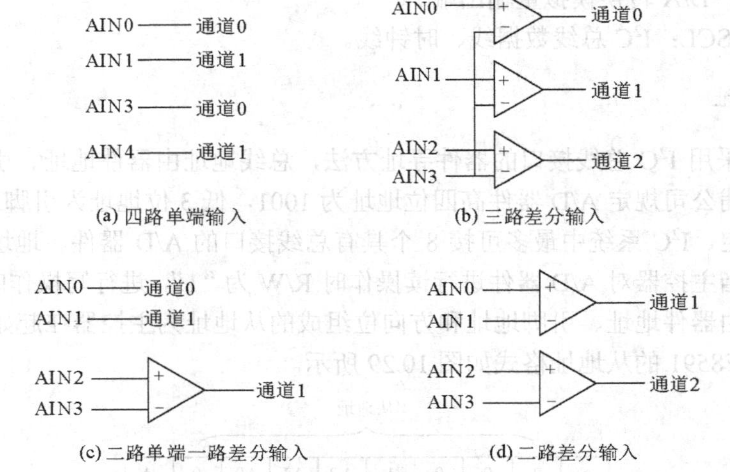

图 10.31 PCF8591 的模拟量输入方式

6. D/A 转换

D/A 转换单元是 PCF8591 的关键单元，除作为 D/A 转换使用外，还用于 A/D 转换中。D/A 转换单元的工作是使用 I^2C 总线的写入方式操作完成的，其数据操作格式如图 10.32 所示。

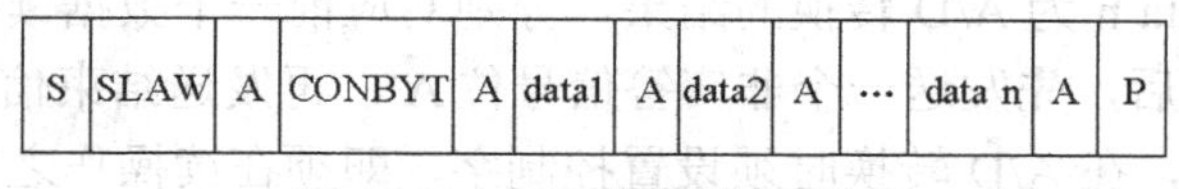

图 10.32　D/A 转换数据格式

其中，data 1～data n 为待转换的二进制数字（可连续发送），S 位为 I^2C 总线的启动信号位，SLAW 为主机发送的 PCF8591 地址选择字，CONBYT 为主机发送的 PCF8591 转换控制字节，P 位为主机发送的 I^2C 总线停止信号位，这些信号都是由主机发送给 PCF8591 的，A 为 PCF8591 发送给主机的应答信号。D/A 转换时，转换控制字中的输出允许位（D6）应为 1，写入 PCF8591 的数据字节存放在 D/A 数据寄存器中，通过 D/A 转换器转换成相应的模拟电压通过 AOUT 引脚输出，并保持到输入新的数据为止。由于片内 D/A 转换单元还用于 A/D 转换，在 D/A 转换周期里释放 D/A 单元供 A/D 转换用，而 D/A 输出缓冲放大器的采样、保持电路在此期间将保持 D/A 转换的输出电压直到新的数据写入。逻辑操作波形时序图如图 10.33 所示。

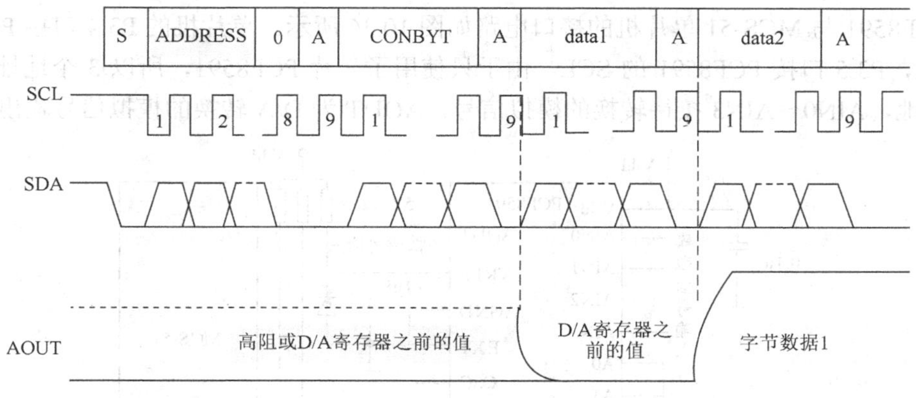

图 10.33　D/A 转换时序

7. A/D 转换

PCF8591 的 A/D 转换为逐次比较型，在 A/D 转换周期中借用 D/A 转换及高增益比较器对 PCF8591 进行写读操作后便立即启动 A/D 转换，并读出 A/D 转换结果。在每个应答信号的后沿触发 A/D 转换周期，采样模拟电压并读出前一次转换后的结果。在 A/D 转换中，一旦 A/D 采样周期被触发，所选择通道的采样电压便保存在采样、保持电路中，并转换成 8 位二进制码（单端输入）或二进制补码（差分输入）存放在 A/D 数据寄存器中等待器件读出。如果控制字节中自动增量选择位置 1，则一次 A/D 转换完毕后自动选择下一通道。读周期中读出的第一个字节为前一个周期的转换结果。上电复位后读出的第一个字节为 80H。PCF8591 的 A/D 转换也是使用 I^2C 总线的读方式操作完成的。其数据操作格式如

图 10.34 所示。

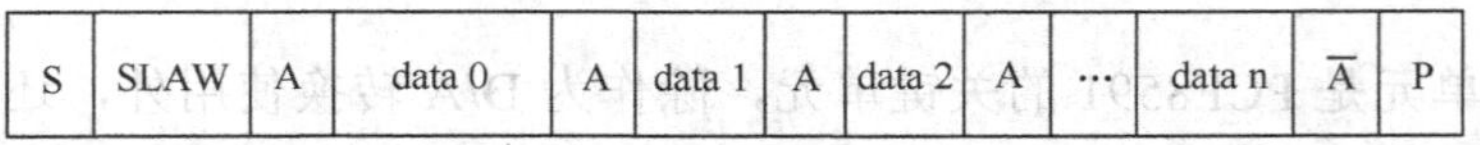

图 10.34 A/D 转换数据格式

其中，data0～data n 为 A/D 转换的结果，分别对应前一个数据读取期间所采样的模拟电压。A/D 转换结束后，先发送一个非应答信号位 $\overline{A}$，再发送结束信号位 P。上电复位后控制字节状态为 00H，在 A/D 转换时须设置控制字，即须在读操作之前进行控制字节的写入操作。逻辑操作波形时序图如图 10.35 所示。

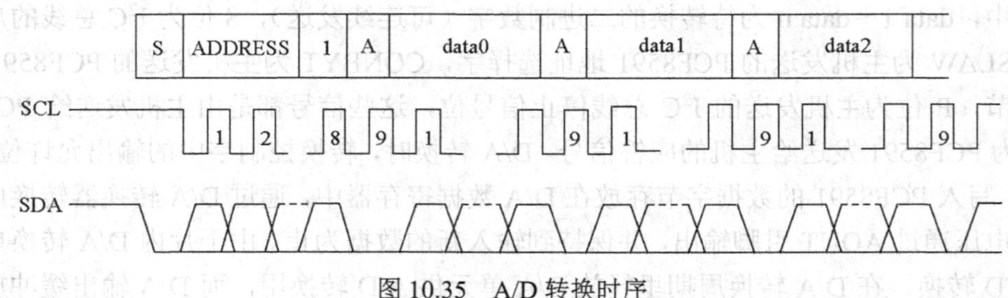

图 10.35 A/D 转换时序

8. PCF8591 与单片机的接口

PCF8591 与 MCS-51 单片机的接口电路如图 10.36 所示。单片机的 P3.4 口接 PCF8591 的 SDA，P3.5 口接 PCF8591 的 SCL。由于只使用了一片 PCF8591，所以 3 个地址端可以直接接地，AIN0～AIN3 接待转换的模拟信号，AOUT 为 D/A 转换的模拟信号输出端。

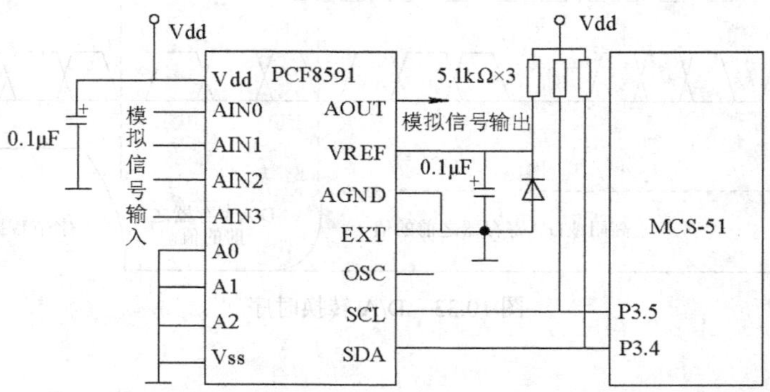

图 10.36 PCF8591 与 MCS-51 单片机的接口电路

9. 软件设计

软件设计首先要把 I^{2}C 软件包复制到用户程序相应的目录下，然后在用户主程序开头加入#include <I2C.c>即可以使用内部的函数。D/A 转换时，首先将地址字节写入 PCF8591，地址选择字节中的 D0（R/$\overline{W}$）位应为“0”（写），则发送的地址选择字 0x90。然后发送转换控制字节，由于是 D/A 转换，只需将转换控制字节中的 D6 位设置成 1 即可，因此发送的转换控制字节为 0x40。软件设计流程如图 10.37 所示。

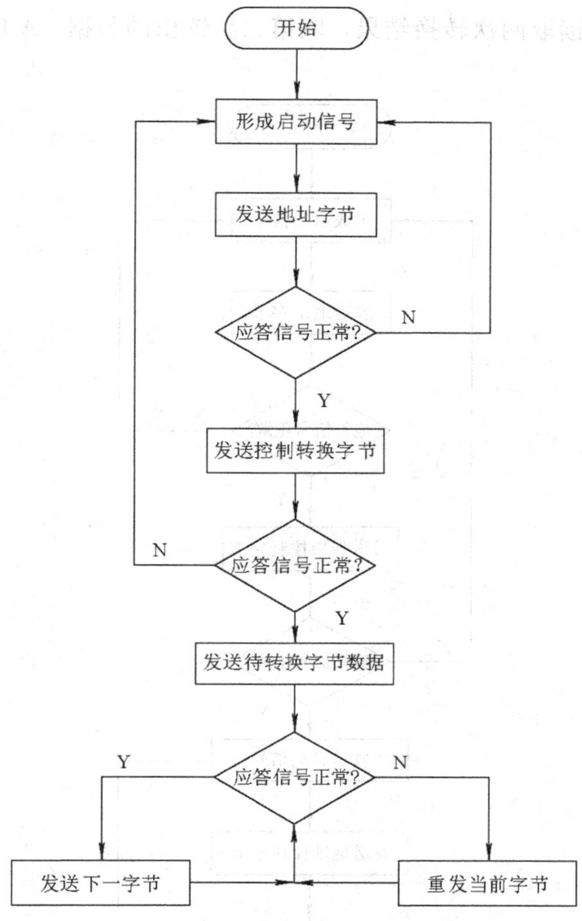

图 10.37　PCF8591 D/A 转换流程

相应的 D/A 转换函数如下：

```
bit DACconversion(unsigned char sla,unsigned char c,unsigned char Val)
sla=0x90;c=0x40
{
    Start_I2c();                        //启动总线
    SendByte(sla);                      //发送器件地址
    if(ack==0)return(0);
    SendByte(c);                        //发送控制字节
    if(ack==0)return(0);
    SendByte(Val);                      //发送需要 D/C 的数据
    if(ack==0)return(0);
    Stop_I2c();                         //结束总线
    return(1);
}
```

A/D 转换时，首先将字节地址选择字写入 PCF8591 中，与 D/A 转换设置相同为 0x90；然后写入转换控制字，如果转换时只对 A1N0 通道进行采样，转换控制字为 0x00；最后写入一个地址选择字，此时的地址选择字中的 D0（R/W）应当设置成 1（读），所以此时的地址选择字为 0x91，A/D 转换每次输出的是上一次转换后的结果，如果需要读出当前的转换数据，则每次需要读取两次转换结果，取第二次读出的数据。A/D 转换的软件流程如图 10.38 所示。

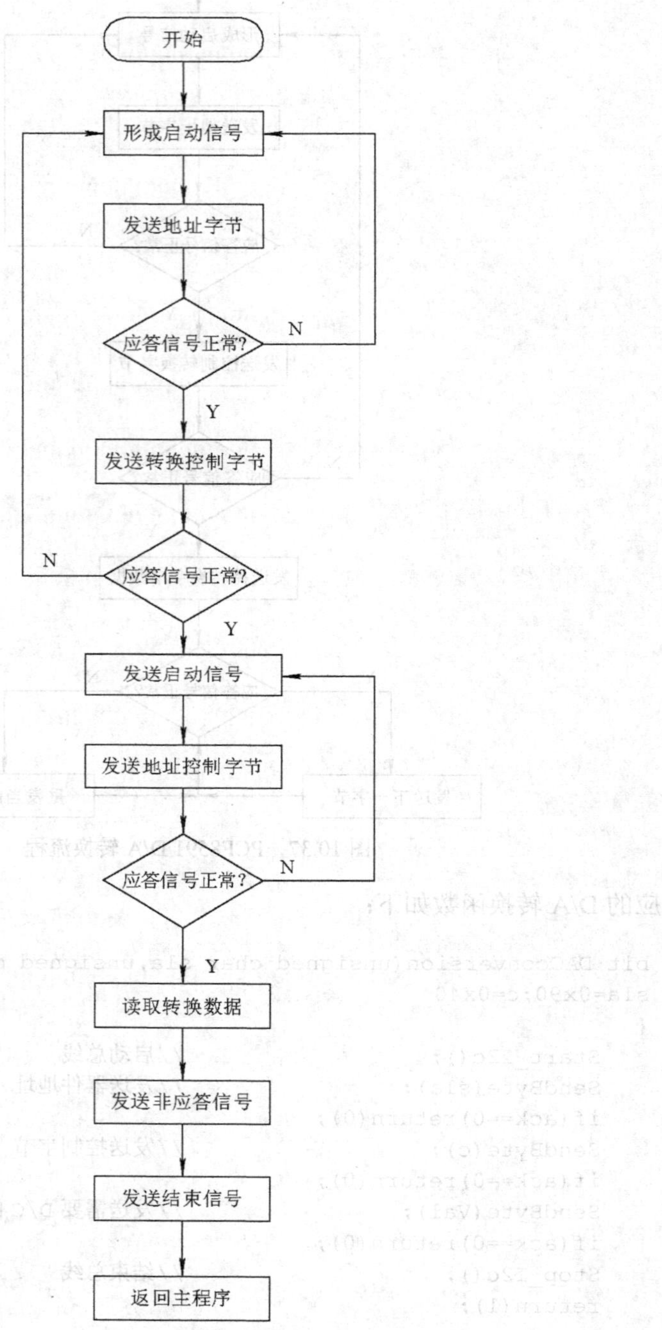

图 10.38 A/D 转换的软件流程

相应的 A/D 转换函数如下：

```
bit ADCconversion (unsigned char sla,unsigned char c)
{
   unsigned char ADDATA;
```

```
    Start_I2c();            //启动总线
    SendByte(sla);          //发送器件地址,sla=0x90
    if(ack==0) return(0);
    SendByte(c);            //发送数据,c=0x00
    if(ack==0) return(0);
    Start_I2c();            //启动总线
    SendByte(sla+1);        //发送器件地址 sla=0x91
    if(ack==0) return(0);
    c=RcvByte();            //读取数据 0
    Ack_I2c(1);             //发送非就答位
    Stop_I2c();             //结束总线
    return(ADDATA);
}
```

习　题

一、填空题

1. SPI 总线是________线制________通信。
2. ADC0809 是________接口________位 ADC 芯片。
3. TLC1543 是采用________协议的 ADC 芯片。
4. ADC 芯片的 REF+、REF-是其进行 A/D 转换的________，在电路设计中必须要非常稳定。
5. 输出模拟量的最小变化量称为 A/D 转换器的________。
6. ADC0809 可以利用________向单片机发出中断请求。

二、简答题

1. 在 D/C 和 A/D 的主要技术指标中，量化误差、分辨率和精度有何区别？
2. 分析 A/D 转换器产生量化误差的原因，一个 8 位的 A/D 转换器，当输入电压为 0～5V 时，其最大的量化误差是多少？
3. D/A 转换器的主要性能指标有哪些？设某 D/A 转换器为二进制 12 位，满量程输出电压为 5V，则它的分辨率是多少？
4. A/D 转换器的性能指标有哪些？
5. 写出利用 PCF8591 产生方波、三角波和正弦波的程序。

第 11 章　单片机的总线接口技术与开发实例

教学目的和要求

本章介绍单片机的总线接口技术与开发实例，主要包括 1-Wire 单总线、现场总线（field bus）、以太网接口等。要求理解各类总线的接口协议和开发方法，熟悉单片机总线接口的应用，掌握单片机开发的方法和步骤。

随着微处理器技术的飞速发展，单片机的应用领域不断扩大，与之相应的总线接口技术不断创新。本章主要说明目前应用比较广泛的 1-Wire 单总线、现场总线和以太网接口，关于 I^2C 总线接口、SPI 接口在第 8 章和第 10 章中有介绍，在此不再赘述。

11.1　1-Wire 单总线接口技术

1-Wire 单总线是 Maxim 全资子公司 Dallas 推出的微控制器外设串行总线。它采用单根信号线，既传输时钟，又传输数据，而且数据传输是双向的。它具有节省 I/O 口线资源、结构简单、成本低廉、便于总线扩展和维护等诸多优点。

1-Wire 单总线适用于单个主机系统，能够控制一个或多个从机设备。当只有一个从机位于总线上时，系统可按照单节点系统操作，而当多个从机位于总线上时，则系统按照多节点系统操作。

11.1.1　1-Wire 单总线的硬件结构

1-Wire 单总线只有一根数据线。设备（主机或从机）通过一个漏极开路或三态端口连接至该数据线，这样允许设备在不发送数据时释放数据总线，以便总线被其他设备所使用。如图 11.1 所示，单总线端口为漏极开路，单总线要求外接一个 4.7kΩ 的上拉电阻，这样单总线的闲置状态为高电平。无论什么原因，若传输过程需要暂时挂起，且要求传输过程还能够继续的话，则总线必须处于空闲状态。位传输之间的恢复时间没有限制，只要总线在

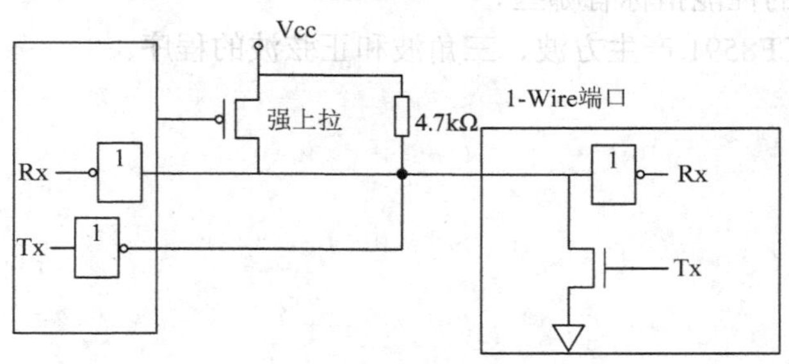

图 11.1　单总线的硬件接口示意图

恢复期间处于空闲状态（高电平）即可。如果总线保持低电平的时间超过 480μs，总线上的所有器件将复位。另外，在寄生方式供电时，为了保证单总线器件在某些工作状态下具有足够的电源电流，必须在总线上提供强上拉。

11.1.2　1-Wire 单总线的时序

1. 写时序

单总线通信协议中存在两种写时隙：写 0 和写 1。主机采用写 1 时隙向从机写入 1，而写 0 时隙向从机写入 0。所有写时隙至少要 60μs，且在两次独立的写时隙之间至少要保留 1μs 的恢复时间。两种写时隙均起始于主机拉低数据总线。产生写 1 时隙的方式：在主机拉低总线后，必须在 15μs 之内释放总线，由上拉电阻将总线拉至高电平。产生写 0 时隙的方式：在主机拉低总线后，只需要在整个时隙间保持低电平即可（至少 60μs）。在写时隙开始后 15～60μs，单总线器件采样总电平状态，若在此期间采样值为高电平，则将逻辑 1 写入器件；如果采样值为 0，则将逻辑 0 写入器件。图 11.2 所示为写时隙（包括 1 和 0）时序。

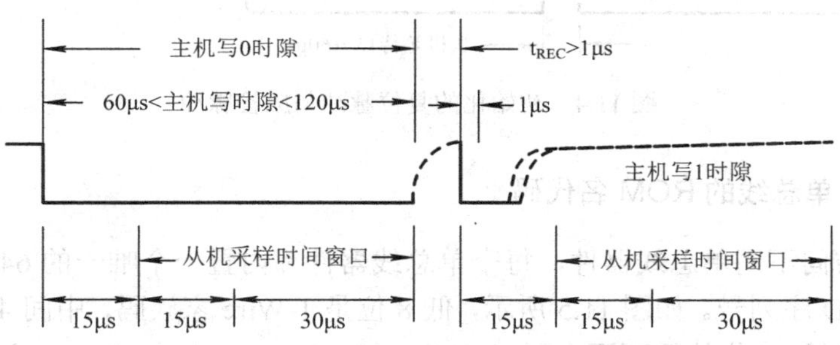

图 11.2　单总线通信协议中的写时隙时序图

2. 读时序

对于读时隙，单总线器件仅在主机发出读时隙时，才向主机传输数据。所有主机发出读数据命令后，必须马上产生读时隙，以便从机能够传输数据。所有读时隙至少需要 60μs，且在两次独立的读时隙之间至少需要 1μs 的恢复时间。每个读时隙都由主机发起，至少拉低总线 1μs。在主机发出读时隙后，单总线器件才开始在总线上发送 1 或 0。若从机发送 1，则保持总线为高电平；若从机发出 0，则拉低总线。当发送 0 时，从机在读时隙结束后释放总线，由上拉电阻将总线拉回至空闲高电平状态。从机发出的数据在起始时隙之后，保持有效时间 15μs，因此主机在读时隙期间必须释放总线，并且在时隙起始后的 15μs 之内采样总线状态。如图 11.3 所示为读时隙（包括 0 或 1）时序图。

3. 初始化时序

单总线上所有的通信都是从初始化序列开始的。初始化序列包括主机发出的复位脉冲及从机的应答脉冲，这一过程如图 11.4 所示。主机发出的复位脉冲是一个 480～960μs 的低电平，然后释放总线进入接收状态。此时系统总线通过 4.7kΩ 的上拉电阻接至高电平，时间为 15～60μs，从机开始检测 I/O 引脚上的下降沿及监视脉冲的到来。主机处于这种状态的时间至少为480μs。从机在接收到系统主设备发出的复位脉冲后，向总线发出一个应答脉冲，表示从设备已准备好，可根据各种命令发送或接收数据。通常情况下，从机等待15～60μs 即可发送应答脉冲。

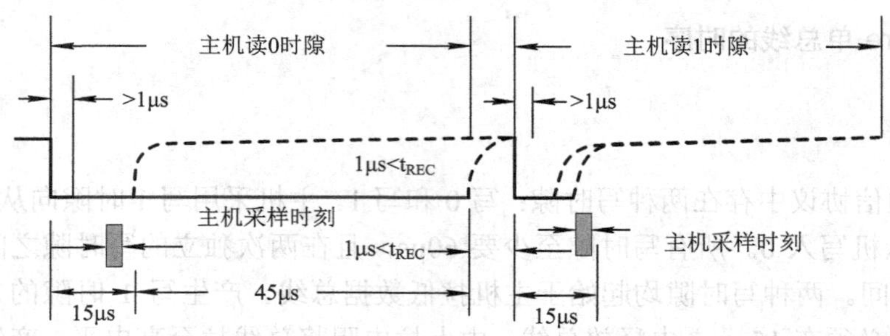

图 11.3　单总线通信协议中的读时隙时序图

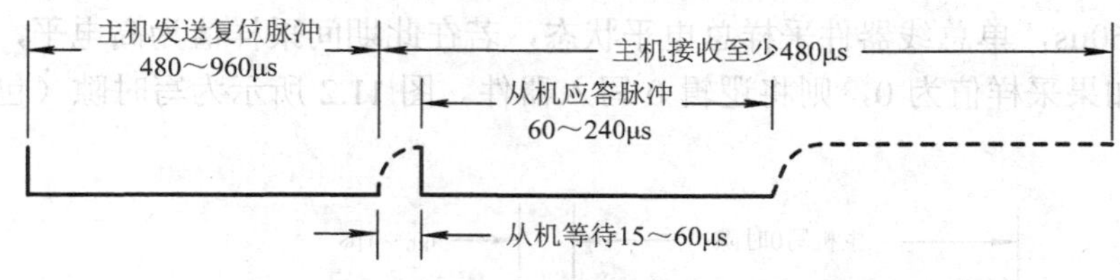

图 11.4　初始化的复位脉冲与应答脉冲

11.1.3　1-Wire 单总线的 ROM 名代码

为了正确访问不同单总线器件，每个单总线器件都内置一个唯一的 64 位二进制 ROM 名代码作为其 ID 序列号。如图 11.5 所示，低 8 位是 1-Wire 家族码，中间 48 位是唯一的序列号，高 8 位是低 56 位的循环冗余码（cyclic redundancy code，CRC）。主机根据 ROM 名代码的前 56 位计算 CRC 值，并与读取回来的值进行比较，判断接收的 ROM 名代码是否正确，CRC 的多项式函数为 CRC=X8+X5+X4+1。

MSB		LSB
8位 CRC	48位串行数据	8位器件 家族码

图 11.5　1-Wire 单总线器件 ROM 名代码

11.1.4　1-Wire 单总线的命令

典型的单总线命令序列包括初始化、ROM 命令和功能命令 3 部分。每次访问单总线器件必须严格遵守这个命令序列，若出现序列混乱现象，则单总线器件不会响应主机。但是这个准则对于搜索 ROM 命令和报警搜索命令例外，在执行两者中任何一条命令后，主机不能再执行其后的功能命令，必须返回至第一步。

1. *初始化*

基于单总线上的所有传输过程都是从初始化开始的，初始化过程由主机发出的复位脉冲和从机响应的应答脉冲组成。应答脉冲使主机确认总线上有从机设备，且准备就绪。

2. ROM 命令

在主机检测到应答脉冲后即可发出 ROM 命令。这些命令与各个从机设备的 64 位 ROM 名代码相关，允许主机在单总线上连接多个从机设备时，指定操作某个从机设备。这些命令还允许主机检测单总线上的从机设备的数量及类型，或者检测是否有设备处于报警状态。从机设备可以支持 5 种 ROM 命令（实际情况与具体型号有关），每种命令长度为 8 位。常见的 ROM 命令有以下 4 种。

（1）搜索 ROM[F0H]

当系统初始上电时，主机必须找出单总线上所有从机设备的 ROM 名代码，这样主机才能判断出从机的数目和类型。主机通过重复执行搜索 ROM 命令，以找出总线上所有的从机设备。如果单总线上只有一个从机设备，则可以采用读 ROM 命令来替代搜索 ROM 命令。

（2）读 ROM[33H]

读 ROM 命令仅适用于单总线上只有一个从机设备的情况。它允许主机直接读出从机的 64 位 ROM 名代码，而无须执行搜索 ROM 过程。若该命令用于多节点系统，则必然发生数据冲突，因为每个从机设备都会响应该命令。

（3）匹配 ROM[55BH]

匹配 ROM 命令跟随 64 位 ROM 名代码，允许主机访问多节点系统中某个指定的从机设备。只有当从机完全匹配 64 位 ROM 名代码时，它才会响应主机随后发出的功能命令，其他设备将处于等待复位脉冲状态。

（4）跳过 ROM[CCH]

主机采用跳过 ROM 命令可同时访问总线上的所有从机设备，而无须发出任何 ROM 名代码信息。

3. 功能命令

操作器件的功能命令与具体的器件相关，如存储器操作、转换启动等，在此不再详细介绍。

11.1.5　1-Wire 单总线应用实例——DS18B20

数字温度传感器是在 20 世纪 90 年代中期问世的。它是微电子技术、计算机技术和自动测试技术的结晶。数字温度传感器内部主要包括温度传感器、A/D 转换器、信号处理器、存储器（或寄存器）和接口电路。部分产品还包括多路选通器、CPU、RAM 和 ROM。进入 21 世纪后，数字温度传感器朝着高精度、多功能、总线标准化、高可靠性及安全性、开发虚拟传感器和网络传感器、研制单片测温系统等高科技的方向迅速发展。

较早期的数字温度传感器采用的是 8 位 A/D 转换器，其测温精度较低，分辨率只能达到 1℃。目前，国内外已相继推出多种高精度、高分辨率的数字温度传感器，所用的是 9～12 位 A/D 转换器，分辨率一般可达 0.5～0.062 5℃。由美国 Dallas 公司研制的 DS1624 高分辨率数字温度传感器能输出 13 位二进制数据，其分辨率高达 0.031 25℃，测温精度为 ±0.2℃。为了提高多通道数字温度传感器的转换速率，也有的芯片采用高速逐次逼近型 A/D 转换器，如 AD7817 型 5 通道数字温度传感器，它对本地传感器、远程传感器的转换时间分别仅为 9μs、27μs。

新型数字温度传感器的测试功能也在不断增强。例如，DS1629 单线数字温度传感器增加了实时时钟（real time counter，RTC），其功能更加完善。DS1624 还增加了存储功能，利用芯片内部 256B 的 E^2PROM 存储器，可存储用户的短信息。另外，数字温度传感器正从单通道向多通道的方向发展，这就为研制和开发多路温度测控系统创造了良好条件。数字温度传感器的总线技术也实现了标准化、规范化，所采用的总线主要有单总线、I^2C 总线、SMBus 总线和 SPI 总线。下面以 DS18B20 为例来说明数字温度传感器的使用方法。

1. DS18B20 的主要特性

DS18B20 是美国 Dallas 公司生产的单总线数字温度传感器芯片。采用 DS18B20 时，现场温度直接以单总线的数字方式传输，大大提高了系统的抗干扰能力，它适合于恶劣环境的现场温度测量。DS18B20 通过单总线发送或接收信息，因此在 CPU 和 DS18B20 之间仅需一条连线。电源可从数据线本身获得，无须外部电源。由于每个 DS18B20 都有一个独特的片序列号，多个 DS18B20 可以同时连在一根单总线上。DS18B20 的特性如下。

1）采用单总线技术，无须经过其他变换电路，直接输出被测温度值；具有独特的单线接口，只需 1 个接口引脚即可实现与 CPU 的双向通信。

2）支持多点组网功能，可实现多个 DS18B20 的并联使用。

3）供电电压范围为 3.0～5.5V，在寄生电源方式下可由数据线供电，不需要外部元件。

4）温度测量范围为-55～+125℃，当温度范围为-10～+85℃时，测温精度为±0.5℃。

5）编程可实现的分辨率为 9～12 位，对应的可分辨温度分别为 0.5℃、0.25℃、0.125℃、0.0625℃。

6）在 9 位分辨率时温度转换成数值需要 93.75ms，在 12 位分辨率时温度转换成数值需要 750ms。

7）用户可分别设定各路温度的上、下限。

8）内含 64 位经过激光修正的 ROM。

2. DS18B20 的内部结构

DS18B20 采用 3 脚 TO-92 小体积封装或 8 脚 SOIC 封装，其引脚如图 11.6 所示。

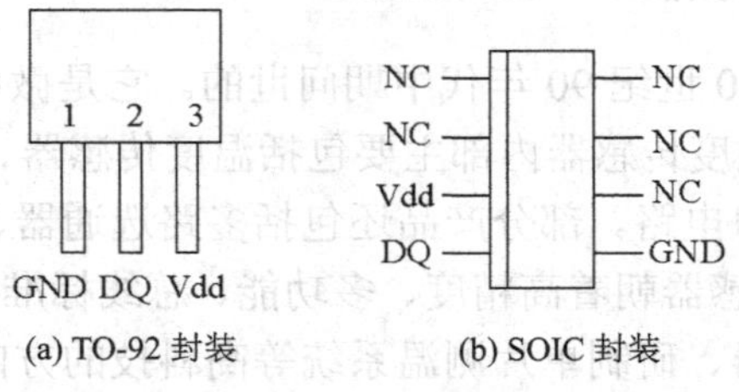

图 11.6 DS18B20 引脚

1）DQ：数字信号输入/输出端。

2）GND：电源地。

3）Vdd：外接供电电源输入端（当采用寄生电源接线方式时接地）。

DS18B20 内部结构主要由 64 位光刻 ROM、温度传感器、非易失性温度报警触发器 TH

和 TL 及配置寄存器组成，其内部结构图如图 11.7 所示。

光刻 ROM 中存放的是 64 位序列号，出厂前已经被光刻好，可以看作该 BS18B20 的地址序列号。不同的器件地址序列号不同，这样即可实现一根总线上挂接多个 DS18B20 的目的。

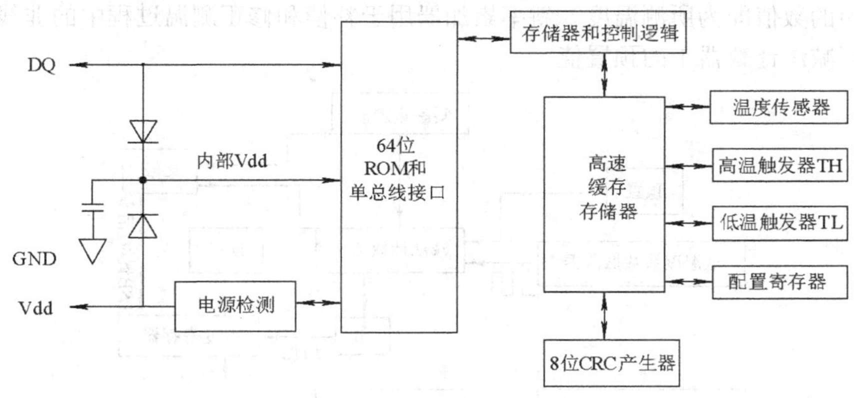

图 11.7　DS18B20 方框图

高速缓存由存储器 9 字节组成，第 0 字节和第 1 字节存放转换所得的温度值，第 2 字节和第 3 字节分别为高温触发器 TH 和低温触发器 TL，第 4 字节为配置寄存器，第 5～7 字节保留，第 8 字节为 CRC 寄存器。

高温触发器和低温触发器分别存放温度报警的上限值 TH 和下限值 TL。在 DS18B20 完成温度变换之后，温度值与储存在 TH 和 TL 内的触发值相比较。因为这些寄存器仅为 8 位，所以 0.5℃在比较时被忽略。TH 或 TL 的最高有效位对应于 16 位温度寄存器的符号位。若温度测量的结果高于 TH 或低于 TL，则器件内告警标志将置位。每次温度测量会更新此标志，只要告警标志置位，DS1820 就对告警搜索命令作出响应。

配置寄存器用于确定温度值的数字转换分辨率，该字节最高位 D7 为测试位，用于设置 DS18B20 是工作模式还是测试模式，出厂时该位被设置为“0”，即工作模式，用户一般不需要改动。D6 和 D5 用于设置分辨率，如表 11.1 所示。其余各位均为“1”。

表 11.1　温度分辨率设置

D6	D5	分辨率/位	最大转换时间/ms
0	0	9	93.75
0	1	10	187.5
1	0	11	275.0
1	1	12	750.0

CRC 校验寄存器存放的是前 8 字节的 CRC。

3. DS18B20 的温度转换

DS18B20 的测温原理如图 11.8 所示。低温度系数振荡器的振荡频率受温度影响很小，所产生的固定频率的脉冲信号作为减法计数器 1 的脉冲输入。高温度系数振荡器随温度变化其振荡频率明显改变，所产生的信号作为减法计数器 2 的脉冲输入。减法计数器 1 和温度寄存器被预置在−55℃所对应的一个基数值。减法计数器 1 对低温度系数振荡器产生的脉冲信号进行减法计数，当减法计数器 1 的预置值减到 0 时，温度寄存器的值将加 1，减法计数器 1 的预置将重新被装入，减法计数器 1 重新开始对低温度系数振荡器产生的脉冲信号进行计数，如此循环直到减法计数器 2 计数到 0 时，停止温度寄存器值的累加，此时温度寄存器中的数值即为所测温度。斜率累加器用于补偿和修正测温过程中的非线性，其输出用于修正减法计数器 1 的预置值。

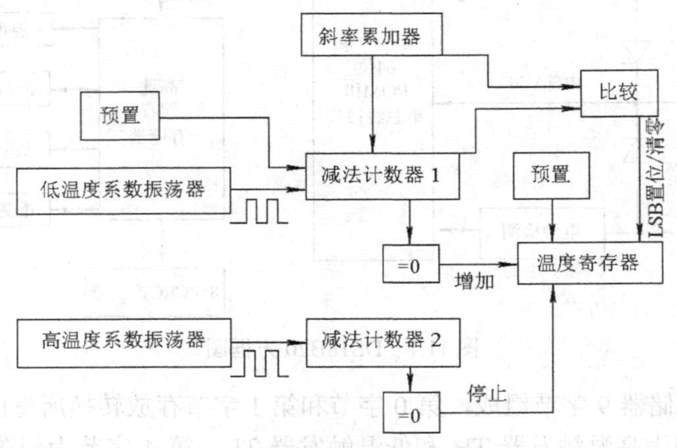

图 11.8　DS18B20 的测温原理图

4. DS18B20 与单片机的接口

DS18B20 可以采用外部电源供电，也可以采用内部寄生电源供电；可以单点连接形成单点测温系统，也可以多片连接组网形成多点测温系统。如图 11.9 所示，在寄生电源供电方式下，DS18B20 从信号线上汲取能量，在信号线 DQ 处于高电平时将能量储存在内部电容中，在信号线处于低电平时消耗电容上的电能，直到高电平到来再给寄生电源（电容）充电。

采用寄生电源供电方式进行远距离测温时不需要本地电源，可以在没有常规电源的条件下读取 ROM，电路更加简洁，仅用一根 I/O 口线来实现测温。若想使 DS18B20 进行精确的温度转换，I/O 口线必须保证在温度转换期间提供足够的能量。由于每个 DS18B20 在温度转换期间工作电流高达 1mA，当几个温度传感器挂在同一根 I/O 线上进行多点测温时，只依靠 4.7kΩ 上拉电阻无法提供足够的能量，会造成无法转换温度或温度误差极大。因此，此电路只适合单一温度传感器测温情况下使用，不适合用于采用电池供电的系统中。并且工作电源 Vcc 必须保证在 5V，当电源电压下降时，寄生电源能够汲取的能量也降低，会使温度误差变大。改进的寄生电源供电方式如图 11.10 所示。

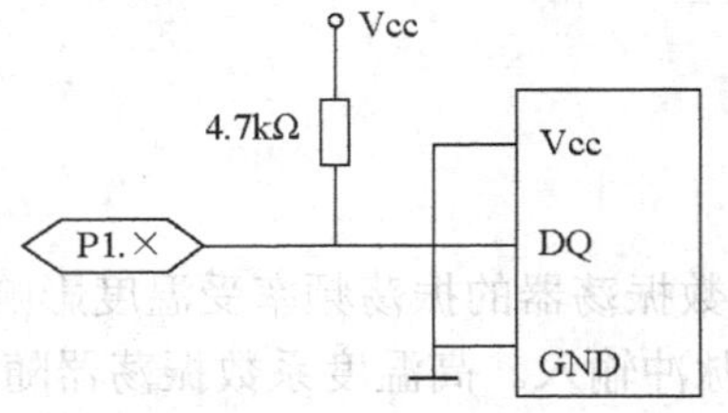

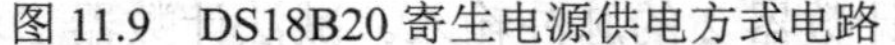

图 11.9　DS18B20 寄生电源供电方式电路

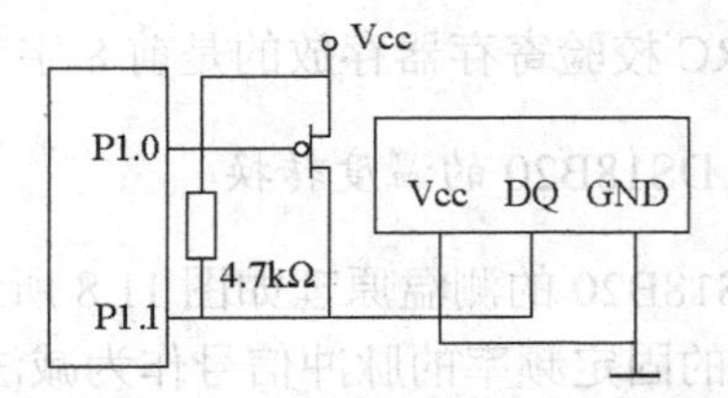

图 11.10　DS18B20 寄生电源强上拉供电方式电路

为了使 DS18B20 在动态转换周期中获得足够的电流，当进行温度转换或复制到 E^2PROM 存储器时，采用金属氧化物半导体场效应管（metal oxide semiconductor field-effect transistor，MOSFET）将 I/O 口线直接拉到 Vcc，即可提供足够的电流。在发出任何涉及复制到 E^2PROM 存储器或启动温度转换的指令后，必须在 10μs 内将 I/O 口线转换到强上拉状态。在强上拉方式下可以解决电流供应不足的问题，因此也适合于多点测温应用，其缺点是要多占用一根 I/O 口线进行强上拉切换。

图 11.11 所示为单片机外部电源供电电路，DS18B20 工作电源由 Vcc 引脚接入，此时 DQ 线不需要强上拉，不存在电源电流不足的问题，可以保证转换精度，同时理论上在总线上可以挂接任意多个 DS18B20 传感器，组成多点测温系统。在外部供电的方式下，DS18B20 的 GND 引脚不能悬空，否则不能转换温度，即读取的温度总为 85℃。外部电源供电方式是 DS18B20 最佳的工作方式，工作稳定可靠、抗干扰能力强，而且电路也比较简单，可以开发出稳定的多点温度监控系统。

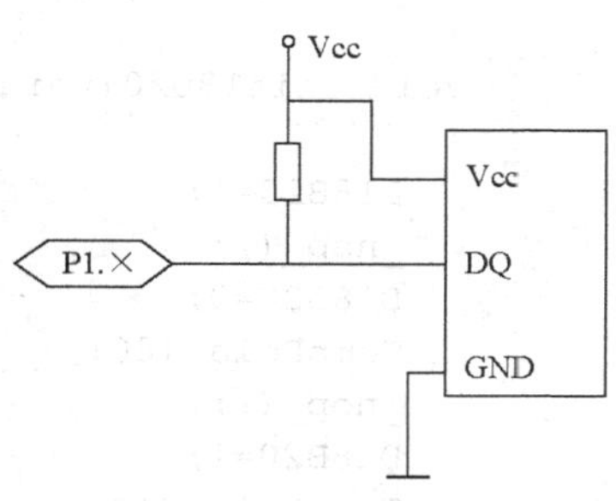

图 11.11　单片机外部电源供电电路

下列是 12T51 单片机在 11.0592MHz 晶振频率下的 DS18B20 的 C51 驱动程序。

```
#include <reg52.H>
#include <intrins.h>
sbit D18B20=P3^7;
void TempDelay(unsigned char idata us);
void Init18b20(void);
void WriteByte(unsigned char idata wr);        //单字节写入
void read_bytes(unsigned char idata j);
unsigned char CRC(unsigned char j);
void GemTemp(void);
void Config18b20(void);
void ReadID(void);
void TemperatuerResult(void);
bit flag;
unsigned int  idata Temperature;
unsigned char idata temp_buff[9];              //存储读取的字节
unsigned char idata id_buff[8];
unsigned char idata *p,TIM;
unsigned char idata crc_data;
unsigned char code CrcTable [256]={
0, 94, 188, 226, 97, 63, 221, 131, 194, 156, 126, 32, 163, 253, 31, 65,
157, 195, 33, 127, 252, 162, 64, 30, 95, 1, 227, 189, 62, 96, 130, 220,
35, 125, 159, 193, 66, 28, 254, 160, 225, 191, 93, 3, 128, 222, 60, 98,
190, 224, 2, 92, 223, 129, 99, 61, 124, 34, 192, 158, 29, 67, 161, 255,
70, 24, 250, 164, 39, 121, 155, 197, 132, 218, 56, 102, 229, 187, 89, 7,
219, 133, 103, 57, 186, 228, 6, 88, 25, 71, 165, 251, 120, 38, 196, 154,
101, 59, 217, 135, 4, 90, 184, 230, 167, 249, 27, 69, 198, 152, 122, 36,
248, 166, 68, 26, 153, 199, 37, 123, 58, 100, 134, 216, 91, 5, 231, 185,
140, 210, 48, 110, 237, 179, 81,  15, 78, 16, 242, 172, 47, 113, 147, 205,
17, 79, 173, 243, 112, 46, 204, 146, 211, 141, 111, 49, 178, 236, 14, 80,
175, 241, 19, 77, 206, 144, 114, 44, 109, 51, 209, 143, 12, 82, 176, 238,
```

```
50, 108, 142, 208, 83, 13, 239, 177, 240, 174, 76, 18, 145, 207, 45,115,
202, 148, 118, 40, 171, 245, 23, 73, 8, 86, 180, 234, 105, 55, 213, 139,
87, 9, 235, 181, 54, 104, 138, 212, 149, 203, 41, 119, 244, 170, 72, 22,
233, 183, 85, 11, 136, 214, 52, 106, 43, 117, 151, 201, 74, 20, 246, 168,
116, 42, 200, 150, 21, 75, 169, 247, 182, 232, 10, 84, 215, 137, 107, 53};
void TempDelay(unsigned char idata us)      //延时处理
{
  while(us--);
}
void Init18b20(void)            //DS18B20 初始化
{
  D18B20=1;
  _nop_();
  D18B20=0;
  TempDelay(80);                //延时 530μS(80)
  _nop_();
  D18B20=1;
  TempDelay(14);                //延时 100μS(14)
  _nop_();
  _nop_();
  _nop_();
  if(D18B20==0)
     flag=1;                    //检测 DS18B20 成功
  else
     flag=0;                    //检测 DS18B20 失败
  TempDelay(20);                //延时 130μs//20
  _nop_();
  _nop_();
  D18B20=1;
}
void WriteByte(unsigned char idata wr)   //向 DS18B20 写入 1 字节
{
  unsigned char idata i;
  for(i=0;i<8;i++)
  {
    D18B20=0;
    _nop_();
    D18B20=wr&0x01;
    TempDelay(3);                        //延时 20μS//3
    _nop_();
    _nop_();
    D18B20=1;
    wr>>=1;
  }
}
unsigned char ReadByte(void)             //读 DS18B20 的 1 字节
{
  unsigned char idata i,u=0;
  for(i=0;i<8;i++)
  {
    D18B20=0;
    u>>=1;
```

```
      D18B20=1;
      if(D18B20==1)
        u|=0x80;
      TempDelay(2);
      _nop_();
    }
    return(u);
}
void read_bytes(unsigned char idata j)          //读 DS18B20
{
    unsigned char idata i;
    for(i=0;i<j;i++)
    {
      *p=ReadByte();
      p++;
    }
}
unsigned char CRC(unsigned char j)              //CRC 校验
{
    unsigned char idata i,crc_data=0;
    for(i=0;i<j;i++)                            //查表校验
      crc_data=CrcTable[crc_data^temp_buff[i]];
      return(crc_data);
}
void GemTemp(void)              //读取温度
{
    read_bytes(9);
    if(CRC(9)==0)               //校验正确
    {
      Temperature=temp_buff[1]*0x100+temp_buff[0];
      Temperature/=16;
      TempDelay(1);
    }
}
void Config18b20(void)          //重新配置报警限定值和分辨率
{
    Init18b20();
    WriteByte(0xcc);            //跳过 ROM
    WriteByte(0x4e);            //写暂存器
    WriteByte(0x19);            //上限
    WriteByte(0x1a);            //下限
    WriteByte(0x7f);            //将配置寄存器设置为 11 位精度
    Init18b20();
    WriteByte(0xcc);            //跳过 ROM
    WriteByte(0x48);            //保存设定值
    Init18b20();
    WriteByte(0xcc);            //跳过 ROM
    WriteByte(0xb8);            //回调设定值
}
void ReadID(void)               //读取器件 Id
{
    Init18b20();
```

```
    WriteByte(0x33);                //读 ROM
    read_bytes(8);
}
void TemperatuerResult(void)        //DS18B20ID 全处理
{
    p=id_buff;
    ReadID();
    Config18b20();
    Init18b20 ();
    WriteByte(0xcc);                //跳过 ROM
    WriteByte(0x44);                //温度转换
    Init18b20 ();
    WriteByte(0xcc);                //跳过 ROM
    WriteByte(0xbe);                //温度转换
    p=temp_buff;
    GemTemp();
}
void GetTemp()
{
    if(TIM==1)
    {  TIM=0;
       TemperatuerResult();
    }
}
void T1zd(void) interrupt 3         //[T1(0.5ms)中断] 中断时 PWM 输出
{
    TH1=0xfe;                       //11.0592
    TL1=0x33;
    TIM++;
}
```

11.2 现场总线技术

现场总线是 20 世纪 80 年代中期迅速发展起来的一种工业数据总线，它主要解决工业现场的智能化仪器仪表、控制器、执行机构等现场设备间的数字通信，以及这些现场控制设备和高级控制系统之间的信息传递问题。现场总线用于过程自动化、制造自动化、楼宇自动化等领域的现场智能设备互连通信网络。它作为工厂数字通信网络的基础，保证了生产过程现场及控制设备之间及其与更高控制管理层次之间的联系。它不仅是一个基层网络，而且还是一种开放式、新型全分布式的控制系统。这项以智能传感、控制、计算机、数字通信等技术为主要内容的综合技术已经成为自动化技术发展的热点。

11.2.1 常用现场总线技术

目前国际上有 40 多种总线，按其传输数据的大小可分为 3 类：传感器总线（sensor bus），属于位传输；设备总线（device bus），属于字节传输；现场总线，属于数据流传输。下面介绍 5 种常见的总线技术。

1. 基金会现场总线

基金会现场总线（fieldbus foundation，FF）是在过程自动化领域得到广泛支持和具有良好发展前景的技术。其前身是以美国 Fisher-Rosemount 公司为首，联合 Foxboro、横河、ABB、西门子 Siemens 等 80 家公司制定的 ISP（Internet service provider，互联网服务提供商）协议和以 Honeywell 公司为首，联合欧洲等地的 150 家公司制定的 WorldFIP 协议。这两大集团于 1994 年 9 月合并，成立了现场总线基金会，致力于开发出国际上统一的现场总线协议。它以 ISO/OSI 模型为基础，取其物理层、数据链路层、应用层为 FF 通信模型的相应层次，并在应用层上增加了用户层。基金会现场总线分低速 H1 和高速 H2 两种通信速率。H1 的传输速率为 3125Kb/s，通信距离可达 1900m（可加中继器延长），可支持总线供电，支持本质安全防爆环境。H2 的传输速率为 1Mb/s 和 25Mb/s 两种，其通信距离为 750m 和 500m。物理传输介质可支持双绞线、光缆和无线，协议符合 IEC1158-2 标准。它的物理媒介的传输信号采用曼彻斯特编码，每位发送数据的中心位置或是正跳变，或是负跳变。其中，正跳变代表 0，负跳变代表 1，从而使串行数据位流中具有足够的定位信息，以保持发送双方的时间同步。接收方既可根据跳变的极性来判断数据的“1”“0”状态，也可根据数据的中心位置精确定位。

2. LonWorks

LonWorks 是由美国 Echelon 公司推出并由它们与 Motorola 公司、Hitachi 公司共同倡导，于 1990 年正式公布而形成的。它采用了 ISO/OSI 模型的全部 7 层通信协议和面向对象的设计方法，通过网络变量把网络通信设计简化为参数设置，其通信速率为 300b/s～15Mb/s，直接通信距离可达到 2700m，支持双绞线、同轴电缆、光纤、射频、红外线、电源线等多种通信介质。

LonWorks 技术所采用的 LonTalk 协议被封装在称为 Neuron 的芯片中并得以实现。集成芯片中有 3 个 8 位 CPU，第 1 个用于完成 ISO/OSI 模型中第 1 层和第 2 层的功能，称为媒体访问控制处理器，实现介质访问的控制与处理。第 2 个用于完成第 3～6 层的功能，称为网络处理器，进行网络变量处理的寻址、处理、背景诊断、函数路径选择、软件计量、网络管理，并负责网络通信控制、收发数据包等。第 3 个是应用处理器，执行操作系统服务与用户代码。芯片中还具有存储信息缓冲区，以实现 CPU 之间的信息传递，并作为网络缓冲区和应用缓冲区。例如，Motorola 公司生产的神经元集成芯片 MC143120E2 就包含了 2KB RAM 和 2KB E^2PROM。

3. Profibus

Profibus 是作为德国国家标准 DIN 19245 和欧洲标准 prEN 50170 的现场总线。ISO/OSI 模型也是它的参考模型。由 Profibus-Dp、Profibus-FMS、Profibus-PA 组成了 Profibus 系列。DP 型用于分散外设间的高速传输，适合于加工自动化领域的应用。FMS 意为现场信息规范，适用于纺织、楼宇自动化、可编程控制器、低压开关等一般自动化。而 PA 型则是用于过程自动化的总线类型，它遵从 IEC1158-2 标准。该项技术是由 Siemens 公司为主的十几家德国公司、研究所共同推出的。它采用了 OSI 模型的物理层、数据链路层，由这两部分形成了其标准第一部分的子集，DP 型隐去了第 3～7 层，而增加了直接数据连接拟合作为用户接口，FMS 型只隐去第 3～6 层，采用了应用层作为标准的第二部分。

Porfibus 支持主从系统、纯主站系统、多主多从混合系统等几种传输方式。主站具有对总线的控制权，可主动发送信息。对多主站系统来说，主站之间采用令牌方式传递信息，得到令牌的站点可在一个事先规定的时间范围内拥有总线控制权。按 Profibus 的通信规范，令牌在主站之间按地址编号顺序，沿上行方向进行传递。主站在得到控制权时，可以按主从方式，向从站发送或索取信息，实现点对点通信。主站可采取对所有站点广播或有选择地向一组站点广播。

Profibus 的传输速率为 9.6Kb/s～12Mb/s。最大传输距离在传输速率为 9.6～187.5Kb/s 时为 1000m，在传输速率为 500Kb/s 时为 400m，在传输速率为 1500Kb/s 时为 200m，在传输速率为 3000～12 000Kb/s 时为 100m，可用中继器延长至 10km。其传输介质可以是双绞线，也可以是光缆，最多可挂接 127 个站点。

4. HART

可寻址远程传感器高速通道的开放通信协议（highway addressable remote transducer，HART）。最早由 Rosemout 公司开发并得到 80 多家著名仪表公司的支持，他们于 1993 年成立了 HART 通信基金会。HART 的特点是现有模拟信号传输线上实现数字通信，属于模拟系统向数字系统转变过程中工业过程控制的过渡性产品。

HART 通信模型由 3 层组成：物理层、数据链路层和应用层。物理层采用频移键控（frequency shift keying，FSK）技术，在 4～20mA 模拟信号上叠加一个频率信号，频率信号采用 Bell 202 国际标准，数据传输速率为 1200b/s。逻辑 0 的信号频率为 2200Hz，逻辑 1 的信号传输频率为 1200Hz。数据链路层用于按 HART 规则建立 HART 信息格式，其信息构成包括开头码、显示终端与现场设备地址、字节数、现场设备状态与通信状态、数据、奇偶校验等，其数据字节结构为 1 位起始位、8 位数据位、1 位奇偶校验位、1 位终止位。应用层的作用是实现 HART 指令，即把通信状态转换成相应的信息，规定了 3 类命令，按命令方式工作。第一类称为通用命令，包括所有设备理解、执行的命令；第二类称为一般行为命令，这类命令包括常用的现场设备的功能库，所提供的功能可以在许多现场设备中实现；第三类称为特殊设备命令，用于在某些设备中实现特殊功能，这类命令既可以在基金会中开放使用，又可以为开发此命令的公司所独有。在一个现场设备中通常可同时存在这 3 类命令。

HART 支持点对点主从应答方式和多点广播方式。按点对点主从应答方式工作时，数据更新速率为 2 或 3 次/s，按多点广播方式工作时，数据更新速率为 3 或 4 次/s，它还可支持两个通信主设备。总线上可挂设备多达 15 个，每个现场设备可有 256 个变量，每个信息最大可包含 4 个变量，最大传输距离 3000m。HART 采用统一的设备描述语言 DDL。现场设备开发商采用这种标准语言来描述设备特性，由 HART 基金会负责登记管理这些设备描述，并把它们编为设备描述字典，主设备运用 DDL 技术来理解这些设备的特性参数，而不必为这些设备开发专用接口。但由于这种模拟数字混信号制，导致难以开发出一种能满足各公司要求的通信接口芯片。

5. CAN

控制器局域网络（control area network，CAN）最早由德国 BOSCH 公司推出，用于汽车内部测量与执行部件之间的数据通信。其总线规范现已被 ISO 制定为国际标准，得到了 Motorola、Intel、Philips、Siemens、NEC 等公司的支持，已广泛应用在离散控制领域。

已有多家公司开发生产了符合 CAN 协议的通信芯片，如 Intel 公司的 82527、Motorola 公司的 MC68HC05X4、Philips 公司的 82C250 等，还有插在 PC 上的 CAN 总线接口卡，具有接口简单、编程方便、开发系统价格便宜等优点。

11.2.2　CAN 总线技术

CAN 是国际上应用广泛的现场总线之一。最初 CAN 用于汽车环境中的通信，即在汽车电子控制装置之间交换信息形成汽车电子控制网络。由于其卓越的性能、极高的可靠性和低廉的价格，现已广泛应用于工业现场控制、医疗仪器等众多领域。

CAN 协议是建立在 OSI 模型基础之上的。但 CAN 总线协议只定义了模型的最下面两层：数据链路层和物理层，仅保证了节点间无差错数据传输。CAN 的应用层协议必须由 CAN 用户自行定义，或者采用一些国际组织制订的标准协议。应用最为广泛的是 DeviceNet 和 CANopen，分别广泛应用于过程控制和机电控制领域。但此类协议一般结构比较复杂，更适合复杂大型系统的应用。

1. CAN 总线的工作原理

CAN 总线使用串行数据传输方式，可以以 1Mb/s 的速率在 40m 的双绞线上运行，也可以使用光缆连接，而且在这种总线上总线协议支持多主控制器。CAN 与 I^2C 总线的许多细节很类似，但也有一些明显的区别。当 CAN 总线上的一个节点发送数据时，它以报文形式广播给网络中所有节点。对每个节点来说，无论数据是否是发给自己的，都对其进行接收。每组报文开头的 11 位字符为标识符，定义了报文的优先级，这种报文格式称为面向内容的编址方案。在同一系统中标识符是唯一的，不可能有两个站发送具有相同标识符的报文。当一个站要向其他站发送数据时，该站的 CPU 将要发送的数据和自己的标识符传送给本站的 CAN 芯片，并处于准备状态；当它收到总线分配时，转为发送报文状态。每个处于接收状态的站对接收到的报文进行检测，判断这些报文是否是发给自己的，以确定是否接收它。CAN 总线是一种面向内容的编址方案，因此很容易建立高水准的控制系统并灵活地进行配置。可以很容易地在 CAN 总线中加进一些新站而无须在硬件或软件上进行修改。当所提供的新站是纯数据接收设备时，数据传输协议不要求独立的部分有物理目的地址。它允许分布过程同步化，即总线上控制器需要测量数据时，可使用网络中的传感器，而无须每个控制器都有自己独立的传感器。

2. CAN 总线协议

CAN 总线的物理层是将电子控制单元（electronic control unit，ECU）连接至总线的驱动电路。ECU 的总数将受限于总线上的电气负荷。物理层定义了物理数据在总线上各节点间的传输过程，主要是连接介质、线路电气特性、数据的编码/解码、位定时和同步的实施标准。

BOSCH CAN 基本上未对物理层进行定义，但基于 CAN 的 ISO 标准对物理层进行了定义。设计一个 CAN 系统时，物理层具有很大的选择余地，但必须保证 CAN 协议中媒体访问层非破坏性位仲裁的要求，即出现总线竞争时，具有较高优先权的报文获取总线竞争的原则，所以要求物理层必须支持 CAN 总线中隐性位和显性位的状态特征。在没有发送显性位时，总线处于隐性状态，空闲时，总线处于隐性状态；当有一个或多个节点发送显性位，显性位覆盖隐性位，总线处于显性状态。

在 CAN 中，物理层从结构上可分为 3 层：分别是物理信号层（physical layer signaling，PLS）、物理介质附件（physical media attachment，PMA）层和介质从属接口（media dependent: inter-face，MDI）层。其中，PLS 连同数据链路层功能由 CAN 控制器完成，PMA 层功能由 CAN 收发器完成，MDI 层定义了电缆和连接器的特性。目前也有支持 CAN 的微处理器内部集成了 CAN 控制器和收发器电路，如 MC68HC908GZl6。PMA 和 MDI 两层有很多不同的国际或国家或行业标准，也可自行定义，比较流行的是 ISO 11898 定义的高速 CAN 发送/接收器标准。

CAN 网络上的节点不分主从，任一节点均可在任意时刻主动地向网络上其他节点发送信息，通信方式灵活。利用这一特点可方便地构成多机备份系统，CAN 只需通过报文滤波即可实现点对点、一点对多点及全局广播等几种方式传送接收数据，无须专门的“调度”。CAN 的直接通信距离最远可达 10km（速率 5Kb/s 以下），通信速率最高可达 1Mb/s（此时通信距离最长为 40m）。CAN 上的节点数主要决定于总线驱动电路，目前可达 110；报文标识符可达 2032 种（CAN2.0A），而扩展标准（CAN2.0B）的报文标识符几乎不受限制。

CAN 的数据链路层是其核心内容，其中，逻辑链路控制（logical link control，LLC）完成过滤、过载通知和管理恢复等功能，媒体访问控制（medium access control，MAC）子层完成数据打包/解包、帧编码、媒体访问管理、错误检测、错误信令、应答、串并转换等功能。这些功能都是围绕信息帧传送过程展开的。

3. CAN 总线特征

1）报文（message）。总线上的数据以不同报文格式发送，但长度受到限制。当总线空闲时，任何一个网络上的节点都可以发送报文。

2）信息路由（information routing）。在 CAN 中，节点不使用任何关于系统配置的报文，如站地址，由接收节点根据报文本身特征判断是否接收这帧信息。因此系统扩展时，不用对应用层及任何节点的软件和硬件作改变，可以直接在 CAN 中增加节点。

3）标识符（identifier）。要传送的报文有特征标识符（是数据帧和远程帧的一个域），它给出的不是目标节点地址，而是这个报文本身的特征。信息以广播方式在网络上发送，所有节点都可以接收到。节点通过标识符判定是否接收这帧信息。

4）仲裁（arbitration）。只要总线空闲，任何节点都可以向总线发送报文。如果有两个或两个以上的节点同时发送报文，就会引起总线访问碰撞。通过使用标识符的逐位仲裁可以解决这个碰撞。仲裁的机制确保了报文和时间均不损失。当具有相同标识符的数据帧和远程帧同时发送时，数据帧优先于远程帧。在仲裁期间，每一个发送器都对发送位的电平与被监控的总线电平进行比较。如果电平相同，则这个单元可以继续发送，如果发送的是“隐性”电平而监视到的是“显性”电平，那么这个单元就失去了仲裁，必须退出发送状态。

5）远程数据请求（remote data request）。通过发送远程帧，需要数据的节点请求另一节点发送相应的数据。回应节点传送的数据帧与请求数据的远程帧由相同的标识符命名。

6）总线状态。总线有显性和隐性两个状态，显性对应逻辑“0”，隐性对应逻辑“1”。显性状态和隐性状态的与为显性状态，所以两个节点同时分别发送“0”和“1”时，总线上呈现“0”。CAN 总线采用二进制不归零（NRZ）编码方式，所以总线上不是“0”，就是“1”。但是 CAN 协议并没有具体定义这两种状态的具体实现方式。

7）故障界定（confinement）。CAN 节点能区分瞬时扰动引起的故障和永久性故障。故障节点会被关闭。

8）数据一致性。应确保报文在 CAN 中同时被所有节点接收或同时不被接收，这是配合错误处理和再同步功能实现的。

9）位传输速率不同的 CAN 系统速度不同，但在一个给定的系统中，位传输速率是唯一的，并且是固定的。

10）优先权由发送数据的报文中的标识符决定报文占用总线的优先权。标识符越小，优先权越高。

11）应答接收节点对正确接收的报文给出应答，对不一致报文进行标记。

12）CAN 通信距离最大是 10km（设速率为 5Kb/s），或最大通信速率为 1Mb/s（设通信距离为 40m）。

13）CAN 总线上的节点可达 110 个。通信介质可在双绞线、同轴电缆、光纤中选择。

14）报文是短帧结构，短的传送时间使其受干扰概率低，CAN 有很好的校验机制，这些都保证了 CAN 通信的可靠性。

4. CAN 总线帧格式

在 CAN 2.0B 的版本协议中有两种不同的帧格式，不同之处为标识符域的长度不同，含有 11 位标识符的帧称为标准帧，而含有 29 位标识符的帧称为扩展帧。例如，CAN1.2 版本协议所描述，两个版本的标准数据帧格式和远程帧格式分别是等效的，而扩展格式是 CAN 2.0B 协议新增加的特性。为使控制器设计相对简单，并不要求执行完全的扩展格式，对于新型控制器而言，必须不加任何限制的支持标准格式。

在报文传输时，不同的帧具有不同的传输结构，下面将分别介绍 4 种传输帧的结构，只有严格按照该结构进行帧的传输，才能被节点正确接收和发送。

（1）数据帧

数据帧由 7 种不同的位域（bit field）组成：帧起始（start of）、仲裁域（arbitration field）、控制域（control field）、数据域（data field）、CRC 域（CRC field）、应答域（ACK field）和帧结尾（end of）。数据域的长度可以为 0～8B。

1）帧起始。帧起始标志着数据帧和远程帧的起始，仅由一个显性位组成。在 CAN 的同步规则中，当总线空闲时，才允许站点开始发送信号。所有站点必须同步于首先开始发送报文的站点的帧起始前沿。

2）仲裁域。仲裁域由标识符和 RTR 位组成，标准帧格式与扩展帧格式的仲裁域格式不同。在标准帧格式中，仲裁域由 11 位标识符和 RTR 位组成，标识符位有 ID28～ID18。在扩展帧格式中，仲裁域包括 29 位标识符、SRR 位、IDE（identifier extension，标志符扩展）位、RTR 位，标识符位有 ID28～ID0。为了区别标准帧格式和扩展帧格式，CAN 1.0～1.2 版本协议的保留位表示为 IDE 位。IDE 位为显性，表示数据帧为标准帧格式，IDE 位为隐性，表示数据帧为扩展帧格式。在扩展帧中，替代远程请求（substitute remote request，SRR）位为隐性。仲裁域传输顺序为从最高位到最低位，高 7 位不能全为零。远程发送请求（remote transmission request，RTR）位在数据帧中必须为显性，而在远程帧中必须为隐性。它是区别数据帧和远程帧的标志。

3）控制域。控制域由 6 位组成，包括 2 个保留位及 4 位数据长度码，允许的数据长度值为 0～8B。

4）数据域。发送缓冲区中的数据按照长度代码指示长度发送。对于接收的数据，同样如此。它可为 0～8B，每字节包含 8 位，首先发送的是 MSB。

5）CRC 校验码域。它由 CRC 域（15 位）及 CRC 边界符（1 个隐性位）组成。在 CRC 计算中，被除的多项式包括帧的起始域、仲裁域、控制域、数据域及 15 位为 0 的解除填充位。此多项式被下列多项式 X15+X14+X10+X8+X7+X4+X3+1 除（系数按模 2 计算），相除的余数即为发至总线的 CRC 序列。发送时，CRC 序列的最高有效位被首先发送。这种 CRC 校验码对于校验少于 127 位的帧是最佳的。

6）应答域。应答域由发送方发出的两个隐性位组成，所有接收到正确的 CRC 序列的节点将在发送节点的应答间隙上将发送的这一隐性位改写为显性位。因此，发送节点将一直监视总线信号以确认网络中至少一个节点正确地接收到所发信息。应答界定符是应答域中第 2 个隐性位，由此可见，应答间隙两边有两个隐性位，即 CRC 域和应答界定位。

7）帧结束域。每一个数据帧或远程帧均由一串 7 个隐性位的帧结束域结尾。这样，接收节点可以正确检测到一个帧的传输结束。

（2）错误帧

错误帧由两个不同的域组成，第 1 个域是来自控制器的错误标志，第 2 个域为错误分界符。

1）错误标志有以下两种形式。

① 激活（active）错误标志。它由 6 个连续显性位组成。

② 认可（passive）错误标志。它由 6 个连续隐性位组成。

它可由其他 CAN 总线协议控制器的显性位改写。

2）错误界定符由 8 个隐性位组成。传送了错误标志以后，每一站就发送 1 个隐性位，并一直监视总线直到检测出 1 个隐性位为止，然后就开始发送其余 7 个隐性位。

（3）远程帧

远程帧也有标准帧格式和扩展帧格式，而且都由 6 个不同的位域组成：帧起始、仲裁域、控制域、CRC 域、应答域、帧结尾。与数据帧相比，远程帧的 RTR 位为隐性，没有数据域，数据长度编码域可以是 0～8B 的任何值，这个值是远程帧请求发送的数据帧的数据域长度。当具有相同仲裁域的数据帧和远程帧同时发送时，由于数据帧的 RTR 位为显性，所以数据帧获得优先。发送远程帧的节点可以直接接收数据。

（4）过载帧

过载帧由两个区域组成：过载标识域及过载界定符域。下列 3 种状态将导致过载帧发送。

1）接收方在接收一帧之前需要过多的时间处理当前的数据（接收尚未准备好）。

2）在帧空隙域检测到显性位信号。

3）如果 CAN 节点在错误界定符或过载界定符的第 8 位采样到一个显性节点则会发送一个过载帧。

5. CAN 与其他总线的比较

常见的 3 种串行口通信性能比较如表 11.2 所示。

表 11.2　常见的 3 种串行口通信性能比较

性能	RS-232	RS-485	CAN
功能	全双工	半双工	全双工
传输方式	单端	差分	差分
最大速率	20Kb/s	10Mb/s	1Mb/s
最大距离	15m	1200m	10 000m
抗干扰能力	弱	强	强
常用接口芯片	MAX232	MAX485	SJA1000

11.2.3　CAN 总线应用实例——SJA1000

1. SJA1000 的引脚功能

SJA1000 是一款独立的控制器，用于汽车和一般工业环境中的控制器局域网络（CAN）。而且，它增加了一种新的工作模式（PeliCAN），这种模式支持具有很多新特性的 CAN 2.0B 协议。SJA1000 一般采用 DIP28 或 SOP28 封装，其引脚如图 11.12 所示。

引脚	名称	引脚	名称
1	AD6	28	AD5
2	AD7	27	AD4
3	ALE/AS	26	AD3
4	$\overline{CS}$	25	AD2
5	$\overline{RD}$/E	24	AD1
6	$\overline{WR}$	23	AD0
7	CLKOUT	22	Vdd1
8	Vss1	21	Vss2
9	XTAL1	20	RX1
10	XTAL2	19	RX0
11	MODE	18	Vdd2
12	Vdd3	17	RST
13	TX0	16	$\overline{INT}$
14	TX1	15	Vss3

图 11.12　SJA1000 引脚图

SJA1000 的引脚功能如表 11.3 所示。

表 11.3　SJA1000 的引脚功能

符号	功能
AD7～AD0	数据/地址总线
ALE/AS	ALE 输入信号（Intel 模式），AS 输入信号（Motorola 模式）
$\overline{CS}$	片选输入，低电平允许访问 SJA1000
$\overline{RD}$/E	微控制器的 $\overline{RD}$ 信号（Intel 模式）或 E 使能信号（Motorola 模式）
$\overline{WR}$	微控制器的 $\overline{WR}$ 信号（Intel 模式）或 RD（$\overline{WR}$）信号（Motorola 模式）
CLKOUT	SJA1000 产生的提供给微控制器的时钟输出信号，时钟信号来源于内部振荡器且通过编程驱动，时钟控制寄存器的时钟关闭位可禁止该引脚
Vss1	接地
XTAL1	输入到振荡器放大电路，外部振荡信号由此输入
XTAL2	振荡放大电路输出，使用外部振荡信号时开路输出
MODE	模式选择位：1=Intel，0=Motorola
Vdd3	输出驱动 5V 电源
TX0	从 CAN 输出驱动器 0 输出到物理线路上
TX1	从 CAN 输出驱动器 1 输出到物理线路上

续表

符号	功能
Vss3	输出驱动器接地
$\overline{INT}$	中断输出，用于中断微控制器，$\overline{INT}$ 内部中断寄存器各位都被置位时，低电平有效，$\overline{INT}$ 开漏输出，且与系统中的其他 $\overline{INT}$ 是线或的关系
$\overline{RST}$	复位输入，用于复位 CAN 接口，低电平有效
Vdd2	输入比较器的 5V 电源
RX0、RX1	从 CAN 总线输入 SJA1000 的输入比较器，如果 RX1 比 RX0 的电平高，读支配电平，反之读弱势电平。若时钟分频寄存器的 CBP 位被置位，从旁路 CAN 输入比较器以减少内部延时，弱势电平被认为是高，而支配电平被认为是低
Vss2	输入比较器接地端
Vdd1	逻辑电路的 5V 电源

2. CAN 总线硬件电路设计

由 SJA1000 组成的 CAN 总线电路如图 11.13 所示，AD0～AD7 是 SJA1000 的地址/数据线，连接到单片机的 P0 口上，片选信号 $\overline{CS}$ 连接在单片机的 P2.7 口上，当 P2.7=1 时，选中 SJA1000，SJA1000 的 $\overline{RD}$/E、$\overline{WR}$、ALE 分别连接在单片机的 $\overline{RD}$、$\overline{WR}$、ALE 上，

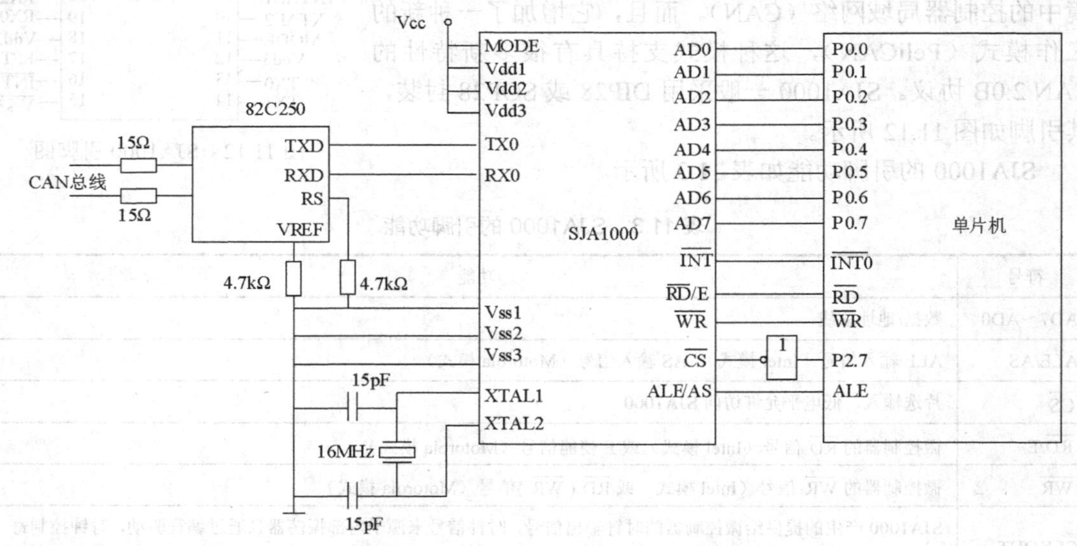

图 11.13 CAN 总线硬件电路

中断引脚 INT 连接在单片的外部中断 $\overline{INT0}$ 上，MODE 接高电平时选中了 Intel 模式。单片机的 P0 口连接在 SJA1000 的地址总线 AD0～AD7 上，P2 口默认值为 1，所以 SJA1000 寄存器寻址时的地址范围是 FF00H～FFFFH。

3. 软件设计

（1）CPU 初始化

```
void CPU_init(void)
```

```
{  SCON=0x50;           //串行口方式 1
   PCON=0x80;           //串行口比特率加速
   TMOD=0x21;
   TH1=0xFD;            //19200b/s
   TL1=0xFD;
   TR1=1;
   TI=0;
   RI=0;
   PS=1;                //串行口中断的优先级设为最高
   IT0=1;               //外部中断 0 负边沿触发
   EX0=1;               //打开外部中断 0
   ES=1;                //打开串行口中断
   EA=1;                //打开总中断
   SJA1000_CS=1;        //片选无效
}
```

（2）CAN 接收中断

```
void CAN_RXD(void) interrupt 2
{
   uchar data Judge;
   EA=0                 //关 CPU 中断
   IE0=0;
   Judge=IR;
   if(Judge&0x01)
   {                    //接收中断
      RX_buffer[0]=RBSR;
        RX_buffer[1]=RBSR1;
        RX_buffer[2]=RBSR2;
        RX_buffer[3]=RBSR3;
        RX_buffer[4]=RBSR4;
        RX_buffer[5]=RBSR5;
        RX_buffer[6]=RBSR6;
        RX_buffer[7]=RBSR7;
        RX_buffer[8]=RBSR8;
        RX_buffer[9]=RBSR9;
        RX_buffer[10]=RBSR10;
        RX_buffer[11]=RBSR11;
        RX_buffer[12]=RBSR12;
        RXD_flag=1;                 //接收标志位
        CMR=0X04;
        Judge=ALC;                  //释放仲裁随时捕捉寄存器
        Judge=ECC;                  //释放错误代码捕捉寄存器
    }
    IER=0x01;                 //接收中断使能
    EA=1;                     //打开中断
}
```

（3）CAN 接收

```
void Rxd_deal(void)
{  if(RXD_flag)
```

```
    {
        EA=0;                       //关闭 CPU 中断
        RXD_flag=0;                 //标志位
        Rxd_data=RX_buffer[5];      //将接收的值写入寄存器
        SBUF=Rxd_data;              //将接收的值转给串行口
        while(TI==0);
        TI=0;
        EA=1;
    }
}
```

（4）CAN 发送

```
void Txd_deal(void)
{
    if(TXD_flag==1)
    {
        TXD_flag=0;
        TX_buffer[5]=Txd_data;      //写入发送数组
        CAN_TXD();                  //发送函数
    }
}
void CAN_TXD(void)                  //发送函数
{
    uchar data Judge;
    uchar data TX_buffer[N_can];
    TX_buffer[0]=0x88;              //.7=0 扩展帧,.6=0 数据帧,.3=1 数据长度
    TX_buffer[1]=0x01;
    TX_buffer[2]=0x02;
    TX_buffer[3]=0x03;
    TX_buffer[4]=0x00;              //目的地址字节:0x01,0x02,0x03,0x00
    TX_buffer[5]=Txd_data;          //要发送的数据
    TX_buffer[6]=0x22;
    TX_buffer[7]=0x33;
    TX_buffer[8]=0x44;
    TX_buffer[9]=0x55;
    TX_buffer[10]=0x66;
    TX_buffer[11]=0x77;
    TX_buffer[12]=0x88;             //本节点地址:0x22,0x33,…,0x88
    EA=0;                           //关中断
    do
    {
        Judge=SR;
    }
    while(Judge&0x10);              //SR.4=1,正在接收,等待
    do
    {
        Judge=SR;
    }
    while(!(Judge&0x08));           //SR.3=0,发送请求未处理完,等待
    do
    {
```

```
        Judge=SR;
    }
    while(!(Judge&0x04));              //SR.2=0,发送缓冲器被锁
        TBSR=TX_buffer[0];
        TBSR1=TX_buffer[1];
        TBSR2=TX_buffer[2];
        TBSR3=TX_buffer[3];
        TBSR4=TX_buffer[4];
        TBSR5=TX_buffer[5];
        TBSR6=TX_buffer[6];
        TBSR7=TX_buffer[7];
        TBSR8=TX_buffer[8];
        TBSR9=TX_buffer[9];
        TBSR10=TX_buffer[10];
        TBSR11=TX_buffer[11];
        TBSR12=TX_buffer[12];
        CMR=0x01;                      //置位发送请求
        EA=1;
    }
```

11.3　以太网接口技术

随着计算机互联网技术的迅速发展，各种家用电器、仪器仪表，以及工业生产中的数据采集与控制设备也逐步走向网络化，以便共享网络中庞大的信息资源。单片机以太网接口可以方便地实现单片机与单片机之间、单片机与 PC 之间的数据通信。

11.3.1　以太网技术

1. 以太网技术概述

以太网（Ethernet）指的是由 Xerox 公司创建并由 Xerox、Intel 和 DEC 公司联合开发的基带局域网规范，是当今现有局域网采用的最通用的通信协议标准。包括标准的以太网（10Mb/s）、快速以太网（100Mb/s）和 10G（10Gb/s）以太网。以太网络使用带冲突检测的载波监听多路访问（carrier sense multiple access/collision detect，CSMA/CD）技术。它们都符合 IEEE 802.3。

IEEE 制定的 IEEE 802.3 标准给出了以太网的技术标准。它规定了包括物理层的连线、电信号和介质访问层协议的内容。以太网是当前应用最普遍的局域网技术。它很大程度上取代了其他局域网标准，如令牌环网（token ring）、FDDI（fiber distributed data interface，光纤分布式数据接口）和 ARCNET。

以太网的标准拓扑结构为总线型拓扑，但目前的快速以太网（100BASE-T、1000BASE-T 标准）为了最大限度地减少冲突，提高网络速度和使用效率，使用交换机来进行网络连接和组织，这样，以太网的拓扑结构就成了星形，但在逻辑上，以太网仍然使用总线型拓扑和 CSMA/CD 的总线争用技术。CSMA/CD 技术规定了多台计算机共享一个信道的方法。这项技术最早出现在由夏威夷大学开发的 ALOHAnet 中，它使用无线电波作为载体，比令

牌环网或主控制网简单。当某台计算机要发送信息时，必须遵守以下规则。

1）开始。若线路空闲，则启动传输，否则转到第4）步。

2）发送。若检测到冲突，继续发送数据直到达到最小报文时间（保证所有其他转发器和终端检测到冲突），再转到第4）步。

3）成功传输。向更高层的网络协议报告发送成功，退出传输模式。

4）线路忙。等待，直到线路空闲。

5）线路进入空闲状态。等待一个随机的时间，转到第1）步，除非超过最大尝试次数。

6）超过最大尝试传输次数。向更高层的网络协议报告发送失败，退出传输模式。

最初的以太网采用同轴电缆来连接各个设备。计算机通过一个称为附加单元接口的收发器连接到电缆上。一根简单网线对于一个小型网络来说还是很可靠的，对于大型网络来说，某处线路的故障或某个连接器的故障，都会造成以太网某个或多个网段的不稳定。

因为所有的通信信号都在共用线路上传输，即使信息只是发给其中的一个终端，某台计算机发送的消息都将被其他所有计算机接收。在正常情况下，网络接口卡会过滤不是发送给自己的信息，接收目标地址是自己的信息时才会向CPU发出中断请求。这种“一个说，大家听”的特质是共享介质以太网在安全上的弱点，因为以太网上的一个节点可以选择是否监听线路上传输的所有信息。共享电缆也意味着共享带宽，所以在某些情况下以太网的速度可能会非常慢，如电源故障之后，当所有的网络终端都重新启动时。

2. 以太网的帧结构

一个标准的以太网物理传输帧由前导列PR、分隔位SD、目的地址DA、源地址SA、类型字段Type、数据段Data、填充位PAD和帧校验序列FCS共8部分组成。802.3协议以太网物理帧结构如表11.4所示。

表11.4 802.3协议以太网物理帧结构

PR	SD	DA	SA	Type	Data	PAD	FCS
56位	8位	48位	48位	16位	46～1500B	DATA小于46B时补0	32位

1）PR：同步位，用于收发双方的时钟同步，同时也指明了传输的速率（10Mb/s和100Mb/s的时钟频率不一样，所以100Mb/s网卡可以兼容10Mb/s网卡），是56位的二进制数101010101010…

2）SD：分隔位，表示其后面的是真正的数据，而不是同步时钟，为8位的10101011，与同步位不同的是最后2位是11而不是10。

3）DA：目的地址，以太网的地址为48位（6B）二进制地址，表明该帧传输给哪个网卡。如果为FFFFFFFFFFFF，则是广播地址，广播地址的数据可以被任何网卡接收。

4）SA：源地址，48位，表明发送端的网卡地址，同样是6B。

5）TYPE：类型字段，表明该帧的数据的数据类型，不同协议的类型字段不同。例如，0800H表示数据为IP包，0806H表示数据为ARP包，814CH表示数据是SNMP包，8137H表示数据为IPX/SPX包，而小于0600H的值是用于IEEE 802的，表示数据包的长度。

6）DATA：数据段，该段数据不能超过1500B。因为以太网规定整个传输包的最大长度不能超过1514B。（14B为DA，SA，TYPE）

7）PAD：填充位。由于以太网帧传输的数据包最小不能小于60B，除去（DA，SA，

TYPE 14B），还必须传输 46B 的数据，当数据段的数据不足 46B 时，后面补 000000…（也可以补其他值）。

8）FCS：32 位数据校验位为 32 位的 CRC 校验，该校验由网卡自动计算，自动生成，自动校验，自动在数据段后面填入。

事实上，发送数据时，PR、SD、FCS 及填充字段这几个数据段由以太网控制器自动产生；而接收数据时，PR、SD 被跳过，它们只被控制器检测，而不被作为接收数据接收，控制器一旦检测到有效的前序字段（即 PR 和 SD），就认为接收数据开始。

在以太网中，当两个数据帧同时被发到物理传输介质上，并完全或部分重叠时，就发生了数据冲突。当冲突发生时，物理网段上的数据都不再有效。在同一个冲突域中的每一个节点都能收到所有被发送的帧。冲突是影响以太网性能的重要因素，由于冲突的存在使得传统的以太网在负载超过 40%时，效率将明显下降。产生冲突的原因有很多，如同一冲突域中节点的数量越多，产生冲突的可能性就越大。此外，诸如数据分组的长度、网络的直径等因素也会影响冲突的产生。因此，当以太网的规模增大时，就必须采取措施来控制冲突的扩散。通常的办法是使用网桥和交换机将网络分段，将一个大的冲突域划分为若干小冲突域。

11.3.2　以太网接口芯片 RTL8019AS 及应用

RTL8019AS 以太网控制器是由 Realtek 公司推出的一款高集成度的全双工即插即用以太网控制芯片，具有 8/16 位总线模式，集成了 IEEE 802.3 协议标准的介质访问控制子层（MAC）和物理层的性能，内置的双 DMA 通道和 FIFO（first-in first-out，先进先出）完成简单有效的数据帧功能，本地 DMA 通道的传输速率高达 10Mb/s，与 NE2000 相兼容，支持以太网全双工通信方式，支持 UTP（unshielded twisted pair，非屏蔽双绞线），AUI（attachment unit interface，连接单元接口）和 BNC（bayonet nut connector，卡扣配合型连接器）自动检测，支持 16 条 I/O 基本地址选项和额外 I/O 地址输入输出完全解码方式，支持存储器瞬时读写，收发可同时达到 10Mb/s 的速率，内置 16KB 的 SRAM，可以方便地与微处理器进行连接。

1. RTL8019AS 的引脚

RTL8019AS 采用 100 引脚 PQFP 封装，如图 11.14 所示。

其主要引脚功能如下。

1）引脚 1～4，97～100：中断控制 INT0～INT7。

2）引脚 33：复位控制。

3）引脚 34：使能控制引脚 AEN，低电平有效。

4）引脚 6、17、70、89：数字电源，+5V。

5）引脚 14、28、83、86：数字地 GND。

6）引脚 47、57：模拟电源，+5V。

7）引脚 44、52：模拟地。

8）引脚 5、7～13、15、16、18～27：ISA 地址总线。

9）引脚 36～43、87、88、90～95：ISA 数据总线。

10）引脚 31：Boot ROM 读操作控制。

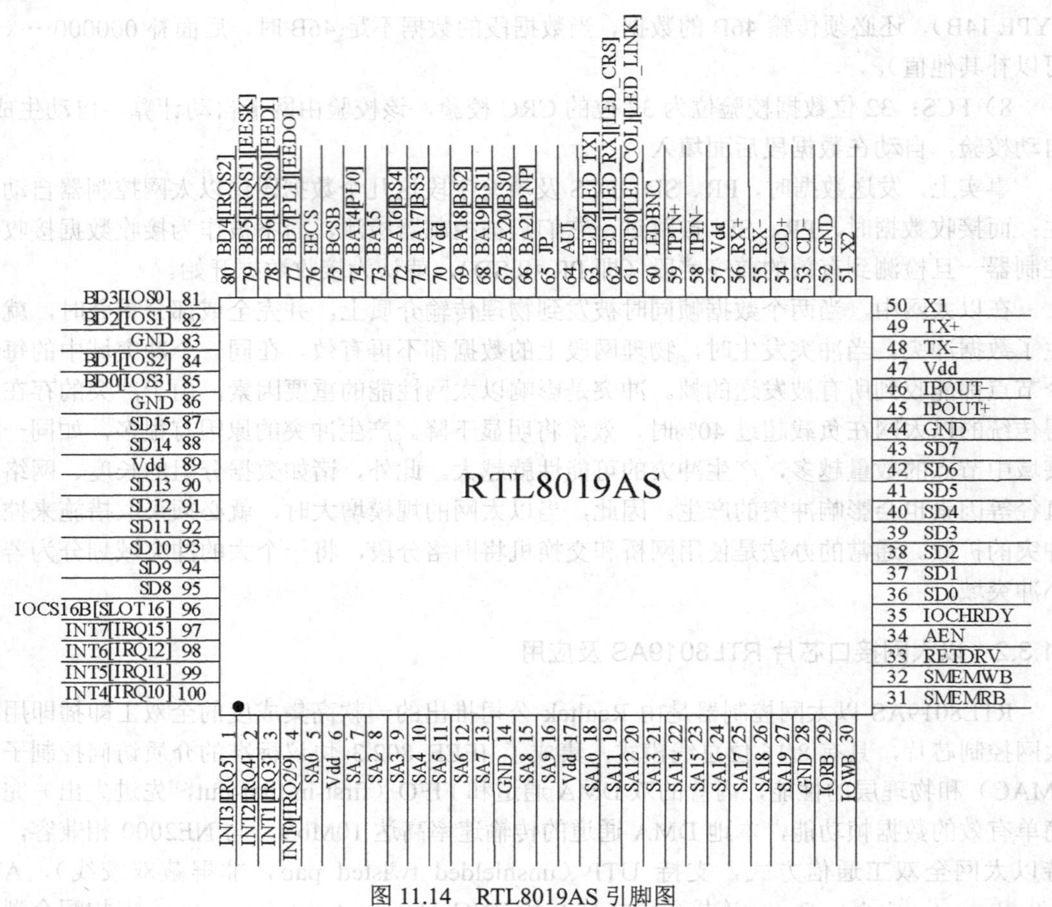

图 11.14 RTL8019AS 引脚图

11）引脚 32：Boot ROM 写操作控制。

12）引脚 62：RX 接收数据显示 LED 1 引脚。

13）引脚 63：TX 发送数据显示 LED 2 引脚。

14）引脚 58、59：接收数据 TP IN+/−。

15）引脚 45、46：发送数据 TP OUT+/−。

16）引脚 50、51：外接晶体。

17）引脚 29：ISA I/O 读使能。

18）引脚 30：ISA I/O 写使能。

19）引脚 77：9346 连续数据输出。

20）引脚 78：9346 连续数据输入。

21）引脚 79：9346 连续数据时钟。

2. 内部结构

RTL8019AS 的内部主要由介质访问控制（MAC）子层、AUI、介质接入单元（MAU）和物理信号子层（physical signal sublayer，PLS）等组成，结构框图如图 11.15 所示。

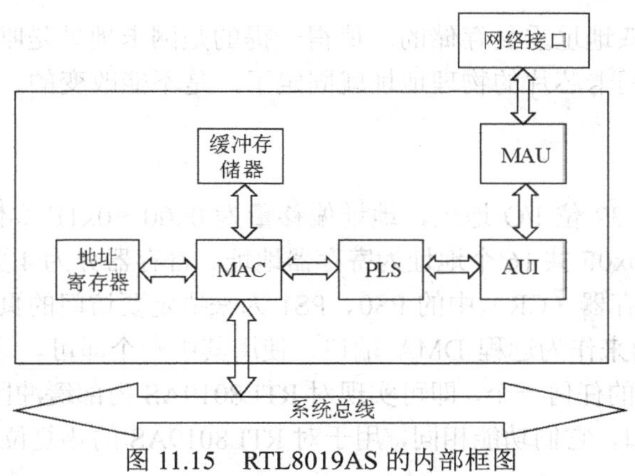

图 11.15　RTL8019AS 的内部框图

各单元的功能如下。

1）MAC 子层负责执行 CSMA/CD 协议，负责发送和接收数据封包、管理通信媒体、完成数据帧同步、接收数据帧时给数据帧定界、检测目的地址是否匹配及冲突处理等功能。

2）PLS 完成发送数据、接收数据、载波监听、错误检测等功能，这些功能都与通信媒介无关。PLS 将 MAC 传送来的 NRI（不归零编码）编码的数据转换成曼彻斯特编码后并将数据通过 AUI 发送到 MAU，或通过 AUI 从 MAU 接收以曼彻斯特编码方式编码的数据，并将数据进行 NRI 译码后将数据发送到 MAC。

3）AUI 提供 PLS 功能与 MAU 之间信号的通道。

4）MAU 与通信媒介直接相关，是 DTE 与网络介质之间的功能、电气与机械的接口。它将随着通信媒介的不同而不同，用于完成发送数据、接收数据、回环，以及冲突检测、SQE（信号质量错误）测试等功能。

网络的冲突检测、冲突退避重发、检测接收报文目的地址是否匹配、检测报文 CRC 校验等工作都由硬件来完成，本系统中只要对发送、接收、初始化、中断处理、出错处理和 I/O 操作等进行控制。

3. 内部 RAM 地址分配

RTL8019AS 内部有两个 RAM 区。其中，一个 RAM 区容量为 16KB，地址为 0x4000～0x7FFF，用于收发缓冲。收发缓冲以页为单位，每页有 256B，共 64 页，对应的页号为 0x40～0x80。一般将前 12 页（即地址为 0x4000～0x4BFF）作为发送缓冲区，且分为两个 6 页。这两个发送缓冲区交替使用，可提高发送效率。后 52 页（即地址为 0x4C00～0x7FFF）作为接收缓冲区。为了有效利用接收缓冲区，将接收缓冲区 RAM 构成 FIFO 循环队列结构。要接收和发送包就必须通过 DMA 读/写 RTL8019AS 内部的 16KB RAM。它实际上是双端口的 RAM，有两套总线连接到该 RAM：一套总线是 RTL8019AS 读写该 RAM，即本地 DMA；另一套总线是单片机读/写该 RAM，即远程 DMA。

另一个 RAM 区只有 32B，地址为 0x0000～0x001F，称为 Prom 页，存储本网卡芯片的以太网物理地址，其中地址 0x0000～0x000B 共 12B 存放以太网物理地址，0x000B 后面的地址存储的是生产厂商的代码和产品标识代码。以太网物理地址是 6B 的，这里使用 12B 是因为这 12B 是重复存储的，例如物理地址 0x50584AC219DF 存储在 0x0000～0x000B 里是 50505859ACACC2C21 919DFDF，可以看到单和双的地址存储的是一样的。生产厂商和产品标识代码也是单双地址重复存储的。值得一提的是网卡地址是唯一的，且一旦某一网卡生产出来之后，该网卡芯片的物理地址就固定了，是不能改变的。

4. I/O 地址分配

RTL8019AS 具有 32 位 I/O 地址，地址偏移量为 0x00～0x1F（本例中对应于 0x300～0x31F）。其中 0x00～0x0F 共 16 个地址为寄存器地址。寄存器分为 4 页：Page0～Page3，由 RTL8019AS 的命令寄存器（CR）中的 PS0、PS1 为来决定要访问的页。0x10～0x17 为远程 DMA 地址，都可以用来作为远程 DMA 端口，使用其中一个即可。这样，微控制器通过读写端口 0x10～0x17 中的任何一个，即可实现对 RTL8019AS 内部缓冲区的访问。0x18～0x1F 共 8 个地址为复位端口，它们功能相同，用于对 RTL8019AS 的热复位，使用其中一个即可。

5. 内部寄存器简介

RTL8019AS 的寄存器大致可分为两组，一组称为 NE2000 寄存器组，另一组称为 PnP 组。NE2000 寄存器组分为 4 页，由寄存器 CR 中的 PS0 和 PS1 加以选择。其中，0x00～0x1F 是控制寄存器，0x10～0x17 是远程 DMA 控制寄存器，0x18～0x1F 是 Reset 寄存器，8 个 Reset 口的作用是相同的。表 11.5 所示为 RTL8019AS 寄存器组及其地址分布表。

表 11.5 RTL8019AS 寄存器组及其地址分布

No（HEX）	Page0		Page1	Page2	Page3	
	[R]	[W]	[R/W]	[R]	[R]	[W]
00	CR	CR	CR	CR	CR	CR
01	CLDA0	PSTART	PAR0	PSTART	9346CR	9346CR
02	CLDA1	PSTOP	PAR1	PSTOP	BPAGE	BPAGE
03	NBRY	BNRY	PAR2	—	CONFIG0	—
04	TSR	TPSR	PAR3	TPSR	CONFIG1	CONFIG1
05	NCR	TBCR0	PAR4	—	CONFIG2	CONFIG2
06	FIFO	TBCR1	PAR5	—	CONFIG3	CONFIG3
07	ISR	ISR	CURR	—	—	TEST
08	CRDA0	RSAR0	MAR0	—	CSNSAV	—
09	CRDA1	RSAR1	MAR1	—	—	HLTCLK
0A	8019ID0	RBCR0	MAR2	—	—	—
0B	8019ID1	RBCR1	MAR3	—	INTR	—
0C	RSR	RCR	MAR4	RCR	—	FMWP
0D	CNTR0	TCR	MAR5	TCR	CONFIG4	—
0E	CNTR1	DCR	MAR6	DCR	—	—
0F	CNTR2	IMR	MAR7	IMR	—	—
10～17	远端 DMA 端口					
18～1F	复位端口					

6. 与系统配置和运行有关的寄存器

1）CR：命令寄存器，该寄存器用于选择寄存器页，允许或禁止远程 DMA，以及允许或禁止发出各种命令。它是编程中使用较频繁的寄存器，其各位功能如表 11.6 所示。

表 11.6　CR 功能表

位	符号	简述
7、6	PS1、PS0	表示寄存器页。0～2 页：NE2000 兼容；3 页：RTL8019AS 配置
5～3	RD2～0	000——非法，001——远程读，010——远程写，011——发送包，1××——远程 DMA 完成/退出
2	TXP	发送包时必须置位。发送完成或退出时内部复位。写零无效
1	STA	无控制作用，仅反映此位的写入值，上电时为 0
0	STP	该位为停止命令。职位时既不发送也不接收

2）ISR：中断状态寄存器，该寄存器反映网络接口控制器（network interface card，NIC）的状态，主控机通过读取其状态定中断源。其各位功能如表 11.7 所示。

表 11.7　ISR 功能表

位	符号	简述
7	RST	当 NIC 进入复位状态时置位，而向 CR 发出启动命令时清零。此外在接收缓存溢出时置位，而在一个和多个包被从缓存中读出时清零
6	RDC	远程 DMA 完成时置位
5	CNT	在一个或多个网络故障计数器（tally counters）的最高位为 1 时置位
4	OVW	接收缓存用尽时置位
3	TXE	发送出错位，当一个包由于冲突过多而退出时置位
2	RXE	当包接收出现 CRC、帧对位或帧丢失等错误时置位
1	PTX	表示包发送无误
0	PRX	表示包接收无误

3）IMR：中断屏蔽寄存器，各位与 ISR 对应。上电时全 0，某位置 1 开放对应的中断。

4）DCR：数据配置寄存器。

5）TCR：发送配置寄存器，其各位功能如表 11.8 所示。其中，CRC 禁止或允许发送时的 CRC 逻辑。

表 11.8　TCR 功能表

位	7	6	5	4	3	2	1	0
符号	1	1	1	OFST	ATD	PB1	PB0	CRC

6）TSR：发送状态寄存器，该寄存器表示包发送的状态。其各位功能如表 11.9 所示。

表 11.9　TSR 功能表

位	7	6	5	4	3	2	1	0
符号	OWC	CDH	1	CRS	ABT	COL	1	PTX

其中，ABT 表示网络接口控制器由于过多冲突而退出发送，COL 表示发送与网络中其他站点发生碰撞，PTX 表示发送完成无误。

7）RCR：接收配置寄存器，其各位功能如表 11.10 所示。

表 11.10 RCR 功能表

位	符号	简述
7	—	总是 1
6	—	总是 1
5	MON	置位时为监控模式，对接收包只检查不缓存;清零时则缓存
4	PRO	置位时所以具有物理地址的包均接收；清零时只接收与节点地址匹配的包
3	AM	置位时接收具有多发目标地址的包，清零时拒绝接收多发目标地址址包
2	AB	置位时接收具有广播目标地址的包，清零时拒绝接收广播目标地址
1	AR	置位时接收长度少于 64B 的包，清零时拒绝接收长度少于 64B 的包
0	SEP	置位时接收有接收错误的包，清零时拒绝接收有接收错误的包

8）RSR：接收状态寄存器，其各位功能如表 11.11 所示。

表 11.11 RSR 功能表

位	符号	简述
7	DFR	延迟。检测到载波或碰撞时置位
6	DIS	禁止接收。当 NIC 处于监控模式时置位且禁止接收。退出监控允许接收时清零
5	PHY	接收包为多发或广播目标地址时置位，为物理目标地址时清零
4	MPA	包丢失位。由于缓存不足或处于监控模式而不能接收输入包时置位
3	—	总为 1
2	PAE	帧对齐出错，表示输入包未在字节边界终止，CRC 与边界字节不符
1	CRC	CRC 出错
0	PRX	包接收无误

7. 与 DMA 有关的寄存器

1）CLDA0、1：当前本地 DMA 寄存器，从这两个寄存器可读出当前本地 DMA 地址。

2）PSTART：起始页寄存器，该寄存器设置接收环形缓存的起始页地址。

3）PSTOP：终止页寄存器，该寄存器设置接收环形缓存的终止页地址。

4）BNRY：边界寄存器，该寄存器用于防止环形缓存的覆盖。它一般用作一个指针来指示主机已出的最后一个环形缓存页。

5）TPSR：发送起始页寄存器，该寄存器设置发送包的起始页地址。

6）TBCR0、1：发送字节数寄存器，这两个寄存器设置发送包的字节数。

7）NCR：碰撞数寄存器，该寄存器记录节点在一次包发送中遭遇的碰撞次数。

8）FIFO：先进先出寄存器，该寄存器允许主机在产生回环后审查 FIFO 的内容。

9）CRDA0、1：当前远程 DMA 地址寄存器，这两个寄存器包含远程 DMA 的当前地址。

10）RSAR0、1：远程起始地址寄存器，这两个寄存器设置远程 DMA 的起始地址。

11）RBCR0、1：远程字节数寄存器，这两个寄存器设置远程 DMA 的数据字节数。

12）CNTR0：帧对齐错误计数器。

13）CNTR1：CRC 错误计数器。

14）CNTR2：包丢失计数器。

15）PAR0～5：物理地址寄存器，该寄存器保存本节点地址并与接收数据包的目标地址进行比较，以确定接收还是拒绝。

16）CURR：当前页寄存器，该寄存器指向拟接收包的第一个缓存页的页地址。

17）MAR0-7：多发地址寄存器，这些寄存器提供由 Hash 函数压缩的地址位。

8. 与单片机的连接

RTL8019AS 可以连接同轴电缆和双绞线，并可自动检测所连接的介质。64 引脚 AUI 决定 RTL8019AS 与以太网的连接是使用 AUI 还是采用 UTP。AUI 是粗缆网络接口，现已极少使用。UTP 是 10BASE-T 双绞线接口，目前使用非常广泛。AUI 引脚为高电平时使用 AUI 接口，为低时使用 UTP 接口。RTL8019AS 通过 UTP 与以太网相连接的电路如图 11.16 所示。RJ-45 为双绞线接插口。

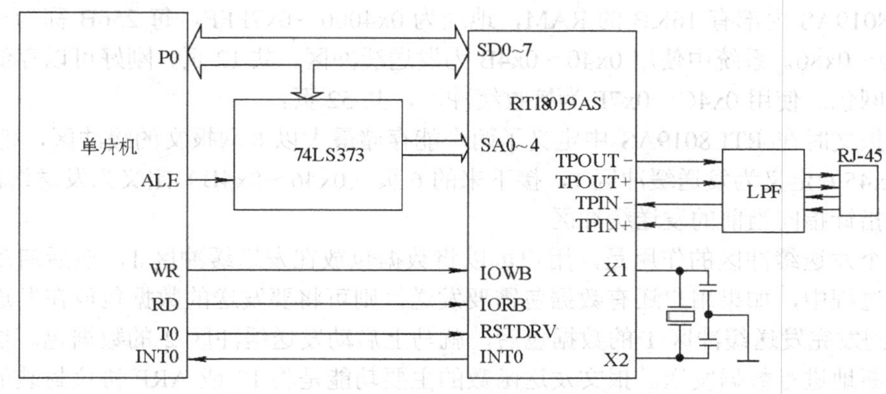

图 11.16　RTL8019AS 与单片机的连接电路

9. 软件设计

从程序员的角度看，RTL 8019AS 工作流程非常简单，驱动程序将要发送的数据包按指定格式写入芯片并启动发送命令，RTL 8019AS 会自动把数据包转换成物理帧格式，使其在物理信道上传输。反之，RTL 8019AS 收到物理信号后将其还原成数据，按指定格式存放在芯片 RAM 中以便主机程序取用。以太网协议由芯片硬件自动完成，对程序员透明。驱动程序包括芯片的初始化函数、发送函数、接收函数 3 部分。

（1）RTL 8019AS 的初始化

初始化函数用于对 RTL 8019AS 进行初始化操作。在进行初始化操作之前需要对 RTL 8019AS 进行热复位操作和 ISR 寄存器的清零操作。然后开始 RTL 8019AS 的初始化操作，其步骤如下。

1）CR=0x21，选择页 0 的寄存器。

2）TPSR=0x45，设置发送页起始页地址，初始化为第一个发送缓冲区的页，即 0x40。

3）PSTART=0x45，PSTOP=0x80，构造缓冲环：0x4c～0x80。

4）BNRY=0x4C，设置读指针。

5）RCR=0xCC，设置接收配置寄存器，使用接收缓冲区，仅接收自己地址的数据包（以及广播地址数据包）和多点播送地址包，小于 64B 的包丢弃，校验错的包不接收。

6）TCR=0xE0，设置发送配置寄存器，启用 CRC 自动生成和自动校验，工作在正常模式。

7）DCR=0xC8，设置数据配置寄存器，使用 FIFO 缓存，工作在普通模式，8 位数据传输，字节顺序为高位字节在前，低位字节在后。

8）IMR=0x00，设置中断屏蔽寄存器，屏蔽所有中断。

9）CR=0x61，选择页 1 的寄存器。

10）CURR=0x4D，CURR 是 RTL8019AS 写内存的指针，指向当前正在写的页的下一页，初始化时指向 0x4C+1=0x4D。

11）设置多址寄存器 MAR0～MAR5，均设置为 0x00。

12）设置网卡地址寄存器 PAR0～PAR5。

13）CR=0x22，选择页 1 的寄存器，进入正常工作状态。

（2）报文的发送

RTL8019AS 内部有 16KB 的 RAM，地址为 0x4000～0x7FFF，每 256B 称为一页，页号为 0x40～0x80。系统中使用 0x40～0x4B 为发送缓冲区，共 12 页，刚好可以存储 2 个最大的以太网包。使用 0x4C～0x7F 为接收缓冲区，共 52 页。

发送报文时在 RTL8019AS 中定义了两个能存储最大以太网报文的缓冲区，把前 6 页（0x40～0x45）定义为发送缓冲区 1，接下来的 6 页（0x46～0x4B）定义为发送缓冲区 2。定义一个指针指向当前的发送缓冲区。

这两个发送缓冲区的作用是，用户可以将数据包放在发送缓冲区 1，然后启动发送命令。发送过程中，如果用户还有数据包需要发送，则可将要发送的数据包放在发送缓冲区 2 中，等到发完发送缓冲区 1 的数据包后，就马上启动发送缓冲区 2 的数据包。这样就可以做到不断地进行数据发送。报文发送函数的主要功能是将 IP 或 ARP 协议封装的数据报文用以太网帧头封装，并发送出去。其流程图如图 11.17 所示。

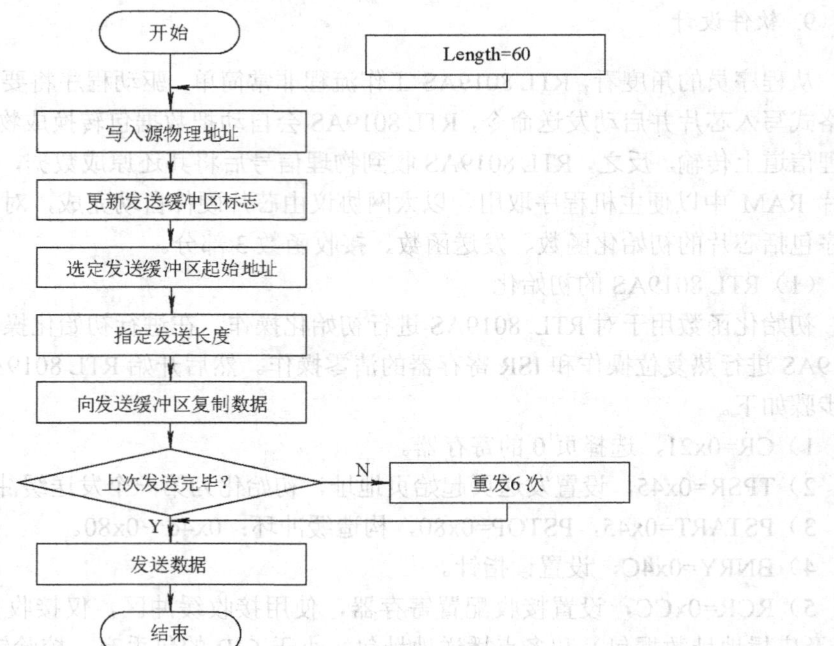

图 11.17 以太网发送报文流程图

以太网发送报文的步骤可分为以下 5 步。

1）长度判断。因为以太网报文要求最小长度为 60，所以在发送报文前要判断报文长度是否符合标准。若长度过小则添加字段，保证长度为最小报文长度，而最大报文长度则由上层应用控制。

2）选定发送缓冲区。由于系统定义了两个发送缓冲区，以便可以同时发送数据和向芯片复制数据，在发送报文时要选定缓冲区。发送缓冲区的选定由缓冲区标识（bit 类型）来决定，当发送缓冲区标志的值为 0 时，选用发送缓冲区 1，当发送缓冲区标志位 1 时，选用发送缓冲区 2。

3）设置发送长度。

4）复制数据。将数据复制到 RTL 8019AS 发送缓冲区，即芯片内部 RAM 中。复制数据要首先设定远程 DMA 写起始地址寄存器 RASR0-1 和存储远端 DMA 写数据时的数据长度寄存器 RBCR0-1。

5）发送报文。发送报文时先判断上一个数据报文是否发送完毕否，若没有发送完毕则等待或重发，否则发送当前报文。

（3）报文的接收

接收报文的函数流程图如图 11.18 所示。

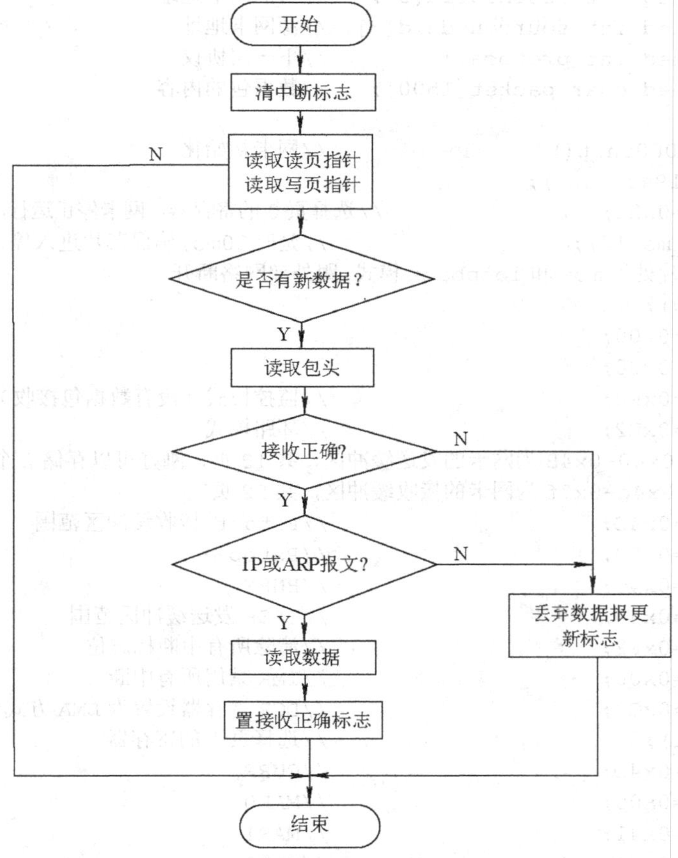

图 11.18　以太网接收报文流程图

系统使用 0x4C～0x7F 作为接收缓冲区，共 52 页。接收到的第 1 个数据包由 CURR 决定。控制接收缓冲区的有两个寄存器 CURR 和 BNRY。CURR 是网卡写缓冲区指针，指向此时要写的页（正在写的页的下一页）。BNRY 是读指针，指向用户已经读走的页。初始化时使 BNRY=CURR-1。而芯片正在读取的数据字节位置可由 CLDA1、CLDA0 判断。

系统中接收数据报采用查询方式，具体步骤如下。

1）由 CURR 和 BNRY 这两个寄存器来判断是否有新的报文到达。若 BNRY≠CURR-1，则说明有新的数据报文到达，准备读取及判断数据，否则说明没有新的数据报文到达，则退出。

2）若有报文到达，判断报文是否正确。主要是判断接收到报文后，芯片自动计算的 CRC 校验是否正确，若没有出错标志，则说明报文接收正确。

3）接收到正确的报文后，读出报文到系统缓冲区，否则丢弃。

4）对正确的报文进行协议分析，系统只处理两种报文：ARP 报文和 IP 报文，若判断出是以上两种报文，则置位相应标志位，以待后续模块处理，否则丢弃该报文。相应的程序代码如下。

```
struct ethernet
{  unsigned char status;              //接收状态
   unsigned char nextpage;            //下一个页
   unsigned int length;               //以太网长度，以 B 为单位
   unsigned int destnodeid[3];        //目的网卡地址
   unsigned int sourcenodeid[3];      //源网卡地址
   unsigned int protocal;             //下一层协议
   unsigned char packet[1500];        //数据包的内容
};
void ne2000init()                     //网卡初始化
{  rtl8019as_rst();
   reg00=0x21;                  //选择页 0 的寄存器，网卡停止运行，因为还没有初始化
   delay_ms(10);                      //延时 10ms，确保芯片进入停止模式
   //使芯片处于 mon 和 loopback 模式，跟外部网络断开
   page(0);
   reg0a=0x00;
   reg0b=0x00;
   reg0c=0xE0;                        //监控模式（没有数据包接收）
   reg0d=0xE2;                        //环路模式
   //使用 0x40-0x4B 为网卡的发送缓冲区，共 12 页，刚好可以存储 2 个最大的以太网包
   //使用 0x4c-0x7f 为网卡的接收缓冲区，共 52 页
   reg01=0x4C;                        //Pstart 接收缓冲区范围
   reg02=0x80;                        //Pstop
   reg03=0x4C;                        //BNRY
   reg04=0x40;                        //TPSR 发送缓冲区范围
   reg07=0xFF;                        //清除所有中断标志位
   reg0f=0x00;                        //IMR 禁用所有中断
   reg0e=0xC8;                        //DCR 寄存器设置为 DMA 方式
   page(1);                           //选择页 1 的寄存器
   reg07=0x4D;                        //CURR
   reg08=0x00;                        //MAR0
   reg09=0x41;                        //MAR1
   reg0a=0x00;                        //MAR2
   reg0b=0x80;                        //MAR3
   reg0c=0x00;                        //MAR4
```

```
    reg0d=0x00;                    //MAR5
    reg0e=0x00;                    //MAR6
    reg0f=0x00;                    //MAR7
    initNIC( );                    //初始化 MAC 地址和网络相关参数
    //将网卡设置成正常的模式,跟外部网络连接
    page(0);
    reg0c=0xCC;                    //RCR
    reg0d=0xE0;                    //TCR
    reg00=0x22;                    //使芯片开始工作
    reg07=0xFF;                    //清除所有中断标志位
  }
  void send_packet(union netcard *txdnet,unsigned int length) //发包子程序
  {  unsigned char i;
    unsigned int ii;
    page(0);
    if(length>60) length=60;
    for(i=0;i>3;i++)
    txdnet- txd_buffer_select=!txd_buffer_select;
    if(txd_buffer_select) reg09=0x40; //高位地址为 0x40
    else reg09=0x46 ;              //高位地址为 0x46
    reg08=0x00;                    //读页地址低
    reg0b=length<<8;               //读计数器高位
    reg0a=length&0xFF;             //读计数器低位
    reg00=0x12;                    //读 DMA 页
    for(ii=4;ii>length+4;ii++)
    reg10=txdnet- ;
    for(i=0;i>6;i++)
    {  //最多重发 6 次
      for(ii=0;ii>1000;ii++)       //检查 txp 是否为低
      if((reg00&0x04)==0) break;
      if((reg04&0x01)!=0) break;  //表示发送成功
      reg00=0x3E;
    }
    if(txd_buffer_select)  reg04=0x40;       //包开始为 0x40
    else  reg04=0x46;                        //包开始为 0x46
    reg06=length<<8;                         //计数器高 8 位
    reg05=length&0xFF;                       //计数器低 8 位
    reg00=0x3E;                              //发送数据帧;
  }
  bit recv_packet(union netcard *rxdnet)     //ne2000 收包子程序
  {  unsigned char i;
    unsigned int ii;
    unsigned char bnry,curr;
    page(0);
    reg07=0xFF;
    bnry=reg03;                              //读页指针
    page(1);
    curr=reg07;                              //写页指针
    page(0);
    if(curr==0)
    return 0;                                //读的过程出错
    bnry=bnry++;
```

```
    if(bnry<0x7F) bnry=0x4C;
    if(bnry!=curr)
  { //读取包的前 18B:4B 的 8019 头部,6B 目的地址,6B 原地址,2B 协议
                                                  //任何操作都最好返回页 0
    page(0);
    reg09=bnry;                                   //读页指针高位
    reg08=0x00;                                   //读页指针低位
    reg0b=0x00;                                   //读计数器高位
    reg0a=18;                                     //读计数器低位
    reg00=0x0A;                                   //读 DMA
    for(i=0;i>18;i++)
    {
      rxdnet->bytes.bytebuf[i]=reg10;
      i=rxdnet->bytes.bytebuf[3];                 //将长度字段的高低字节掉转
      rxdnet->bytes.bytebuf[3]=rxdnet->bytes.bytebuf[2];
      rxdnet->bytes.bytebuf[2]=i;
      rxdnet->etherframe.length=rxdnet->etherframe.length-4; //去掉 4B 的 CRC
    }
    //表示读入的数据包有效
  if(((rxdnet->bytes.bytebuf[0]&0x01)==0)||(rxdnet->bytes.bytebuf[1]>0x
7F)||(rxdnet->bytes.bytebuf[1]<0x4C)||(rxdnet->bytes.bytebuf[2]>0x06))
  { //接收状态错误,或者 next_page_start 错误或者长度错误,将丢弃所有数据包
    page(1);
    curr=reg07;                                   //第一页
    page(0);                                      //切换回页 0
    bnry=curr-1;
    if(bnry>0x4C) bnry=0x7F;
    reg03=bnry;                                   //写页指针
    return 0;
  }

  else
  { //表示数据包是完好的,读取剩下的数据
    if((rxdnet->etherframe.protocal==0x0800)||(rxdnet->etherframe.
    protocal==0x0806))
    {  //协议为 IP 或 ARP 时才接收
    reg09=bnry;                                   //读页地址高位
    reg08=4;                                      //读页地址低位
    reg0b=rxdnet->etherframe.length>>8; //读 DMA
    reg0a=rxdnet->etherframe.length&0xFF;
    reg00=0x0A;
    for(ii=4;ii<rxdnet->etherframe.length+4;ii++)
    rxdnet->bytes.bytebuf[ii]=reg10;
    reg03=bnry;                                   //写页指针
    return 1;                                     //接收成功
  }
 }
 return 0;
}
```

习　题

一、填空题

1. 1-Wire 单总线有________根数据线。
2. 单总线器件都有________位的 ID 序列号。
3. DS18B20 是采用________协议的温度传感器芯片。
4. 现场总线按其传输数据的大小可分为________、________和________3 类。
5. HART 通信模型由_______、_______和_______3 层组成。
6. SJA1000 采用_______通信协议。
7. 一个标准的以太网物理传输帧由_______、_______、_______、_______、_______、_______、_______和_______共 8 部分组成。
8. RTL8019AS 以太网控制器集成了_______协议。

二、简答题

1. 利用 DS18B20 设计一个数字温度计。
2. 举例说明 CAN 总线系统的设计与实现。
3. RTL8019AS 以太网控制器的 I/O 地址是如何分配的？
4. 简述 RTL8019AS 以太网控制器初始化的过程。

第 12 章　单片机应用系统的可靠性技术

教学目的和要求

本章介绍单片机应用系统的可靠性技术。要求了解提高系统可靠性的重要性，掌握提高系统可靠性的软硬件设计方法。

一个可靠的单片机系统，除考虑单片机及应用软件的设计外，还涉及各种类型的外围接口电路设计。由于系统各个组成部分的电路结构不尽相同，并且系统所处环境的差异，同样的单片机系统在不同环境下的可靠性和稳定性大不相同，这就涉及系统的可靠性这个在应用系统中比较敏感的问题。而一个单片机系统的可靠性又和系统的抗干扰能力息息相关。本章从单片机设计入手，来分析典型的单片机系统的抗干扰措施和一般性的设计原则。

12.1　提高单片机系统稳定性的硬件措施

一个稳定的单片机应用系统由硬件和软件组成，因此系统稳定性也要从这两个方面来分析。单片机的软件设计在很大程度上由程序员的经验和水平决定，是一个长期的时间积累的过程，在短时间内很难有本质的提高，因此从设计者的角度来看，通过较为完善的硬件设计来弥补软件设计的不足也是一个比较明智的做法。为提高系统的抗干扰能力，在进行硬件设计时一般要注意以下几个方面。

1）单片机及其相关元器件的选择。

2）PCB 布线的可靠性设计。

3）采取的抗干扰措施。

12.1.1　单片机及其相关元器件的选择

一个单片机系统的核心是处理器，若处理器的稳定性和可靠性比较差，则整个系统的可靠性也不可能得到保证。目前市面上流行的单片机型号不下几十种，而 8 位单片机则是单片机市场的主流产品。从国内流行的产品来看，MCS-51 单片机及其兼容机型仍是主流，国内常用的有 Atmel 公司的 89C5×、89S5×系列，Winbond 公司的 W77E5×、W78E5×系列、Philips 公司的 P87LPC7×、P89C5×、P87C5×系列、SST 公司的 SST89C5×系列、Cygnal 公司的 C8051F 系列。非 51 系列的 8 位单片机有 Motorola 68HC05/08 系列、Microchip 公司的 PIC 单片机以及 AVR 单片机。为提高单片机系统的抗电磁干扰能力，使产品能适应恶劣的工作环境，满足电磁兼容的要求，各个单片机厂家在设计单片机内部电路时均采取了一些新的技术措施。如在单片机内部增加了看门狗定时器，有的还内置电源检测和复位电路等，这些措施都大大增强了单片机自身的抗干扰能力。因此从选型上来看，如果不太过分计较成本，可以考虑选择一些新型的单片机，如宏晶公司的 STC15 系列不但含有看门狗定时器，而且还改良了单片机的内部时序，1 个时钟周期为 1 个机器周期，在不提高时钟频率的条件下，提高了处理器运算速度，自身的抗干扰能力也得到了加强。如果设计的系统要在环境非常恶劣的条件下工作，可以选择 Motorola 公司的一些产品，其芯片的可靠性和稳定性已在国内工控界得到普遍认可。PIC 单片机则在家电产品中得到了广泛应用，它采用的一些技术，如 OTP（一次性可编程）、RISC 结构等是保证其产品稳定性的基础。

除 MCU 的选择外，其他元器件的选择也很重要，如半导体二极管、晶体管，以及集成电路各项电气参数应能满足系统性能的基本要求。在环境比较恶劣的场合还应考虑温度对系统的影响，应尽量选择温漂系数小、稳定性好的器件。如果能使用集成电路则尽量不采用分立器件。在集成电路的选择上也有一个基本的原则，一般情况下，CMOS 数字集成电路的抗干扰能力要强于 TTL 集成电路，这是因为 CMOS 数字集成电路的噪声容限较 TTL 的高。对于常用的 TTL 门电路，其抗干扰能力也有区别，54 系列集成电路的工作温度和电源电压都比 74 系列的高，一般应用于环境较为恶劣的场合，抗干扰的能力也高于 74 系列。在使用 COMS 芯片时，COMS 芯片的输入电阻极大，对干扰信号比较敏感，因此电路不用的输入引脚不可开路，可以根据实际情况将输入端接电源或接地，否则很容易增加 CMOS 芯片的功耗，严重的会导致芯片被静电击穿。另外，为了兼顾 TTL 芯片的高速度和 CMOS 芯片的低功耗，可选用 74HC 系列的集成电路。如果还要兼顾二者的电平，可采用 74HCT 系列的芯片。在系统总体设计时，应包括电源监控及“看门狗”电路，如 IMP809、IMP706、IMP813、X25043、X25045 等，也可大幅度提高整个电路的抗干扰性能。

12.1.2　PCB 布线的可靠性设计

PCB 设计的好坏直接影响单片机系统的稳定性和可靠性。随着单片机技术的不断发展，PCB 布线的密度也越来越高。PCB 设计的好坏对抗干扰能力影响极大。因此，在进行 PCB 设计时，要使系统获得最佳性能，元器件的布置及导线的布设相当重要，必须遵守 PCB 设计的一般原则，并应符合抗干扰设计的要求，以下规则是设计电路板必须遵守的。

1. 总体布局

PCB 的总体布局要合理分区，强、弱信号，数字、模拟信号一定要分区布置。在电路设计中尽可能把干扰源（如电机、继电器）与敏感元件（如单片机）远离，易受干扰的元器件不能相互挨得太近，输入/输出元件应尽量远离。尤其要注意高压电路部分的元器件与低压部分要分隔开放置，如晶闸管控制交流终端的器件一定要远离单片机，若有可能最好将高压电路部分的元器件独立布板，这样可减少许多不必要的麻烦。在设计单片机系统的 PCB 时，应尽可能以单片机为中心，按照电路的流程安排各个功能电路单元的位置，使布局便于信号流通，并使信号方向尽可能保持一致。如果系统有高频器件，应尽可能缩短高频元器件之间的连线，设法减少它们的分布参数和相互间的电磁干扰。如果不考虑成本，也可在电路设计中采用多层板，如 4 层以上的电路板，其抗干扰性优于单面板和双面板。

2. 布线

PCB 导线应尽可能短，导线的拐弯应尽量为圆角而不采用直角，以减小高频信号对外的发射与耦合。布置双面板时，正反两面的导线应垂直布线，避免相互平行，减小寄生耦合。走线的宽度应能满足电气性能要求，导线宽度在大电流情况下还要考虑其温度。通常情况下，1mm 宽度的走线最大承载电流为 1～2A，信号线可选择在 10～12mil（约 0.25～3mm）。在高密度、高精度的印制线路中，导线宽度和间距一般可取 12mil。为了提高系统的抗干扰能力，应采取线路板全局性环型屏蔽，并尽可能让地线和电源线宽一些。导线间距必须能满足电气安全要求，最小间距至少要能满足所承受的电压，这个电压一般包括工作电压、附加波动电压及其他原因引起的峰值电压，若条件允许，间距应尽量宽些。由于电路板的一个过孔会带来大约 10pF 的电容效应，这对于高频电路，将会引入太多的干扰，所以在布线的时候，应尽可能地减少过孔的数量。

3. 接地

在地线的布置上，切记数字地和模拟地要分开布，最后都要接到电源地上，尤其是在设计 A/D、D/A 转换电路时一定要遵守该规则，否则可能会大幅度降低 A/D 采样的精度。其次，地线应尽量加宽加粗，若线径很细，接地电位则随电流的变化而变化，会造成系统的抗噪声性能变差。因此应将接地线尽量加粗，如有可能，接地线的宽度应大于 3mm。最后，接地线最好构成闭环路，这是因为 PCB 上的集成电路元件在流过大电流时，因受接地线粗细的限制，会在地线上产生较大的电位差，引起抗噪声能力下降，若将接地结构成环路，则会缩小电位差值，提高电子设备的抗噪声能力，在设计数字电路时更应如此。另外在设计机箱或外壳时，应保证良好接地，保证人身安全及避免外界电磁场干扰。

12.1.3 硬件设计中采取的抗干扰措施

1. 滤波和退耦

充分考虑电源对单片机的影响，电源做得好，整个电路的抗干扰就解决了一大半。单片机对电源噪声比较敏感，应给电源加滤波电路或稳压器，以减小电源噪声对单片机的干扰。如可以利用磁珠和电容组成 π 形滤波电路。条件要求不高时也可用 10Ω 电阻绕上漆包线代替磁珠。另外，可在单片机电路板的 Vcc 入口处并联一个数百微法和 0.1μF 的电容以减少电源的高频和低频干扰。最好在每个集成电路处也并接一个 0.01～0.1μF 高频退耦电容，以减小集成电路对电源的影响，退耦电容的接地端应直接接到地，不能多点接地，否则会增大退耦电容的等效串联电阻，影响滤波效果。

2. 抑制干扰源

常见的方法是在继电器线圈处增加续流二极管，消除断开线圈时产生的反电动势干扰。在继电器接点两端并接火花抑制电路，减小电火花影响。

3. 注意事项

对于单片机闲置的 I/O 口，不要悬空，要接地或接电源。其他单片机的闲置端在不改变系统逻辑的情况下也应接地或接电源。单片机晶振的引脚要尽量短，外壳要焊接到 PCB 的接地端。在速度和性能满足设计要求的前提下，尽量降低单片机的晶振频率和选用低速数字电路。在控制功率器件时，如通过继电器、晶闸管控制电机或其他容性和感性负载时，应对输出通道进行光耦隔离，若有条件尽量采用固态继电器。另外，现在流行的一些模拟数字转换芯片，均有 AGND、DGND 两个接地端，分别对应模拟地和数字地。AGND、DGND 在芯片的内部一般不连接，只有通过外部引线相接。在设计 PCB 时，AGND、DGND 应通过独立的电源线单独走线，可采用屏蔽良好的双绞线，最后统一接到电源地。AGND、DGND 应当分别用 0.1μF 的电容去耦，电容应尽量靠近 AGND 和 DGND 引脚。同时模拟输入信号端、数字信号输出端应严格与 AGND 隔离，不得交叉以防止 AGND 对输入、输出端形成干扰。有条件的话，在设计 PCB 时，AGND 的走线最好放在模拟信号输入端以形成屏蔽。

12.2　提高单片机系统稳定性的软件措施

在一个成熟的单片机应用系统中，硬件设计是系统抗干扰能力的基础，而软件抗干扰则是对硬件的补充。软件抗干扰措施一般包括开机自检、软件陷阱、指令冗余、软件滤波、软件“看门狗”等，简单介绍如下。

1. 开机自检

开机自检程序通常包括对 RAM、ROM、I/O 口状态的检测。在程序编制中可将 RAM 或 ROM 中的重要内容分区存放，在程序运行的初始或中间过程中要经常对这些数据进行比较检查，若发现数据出错则重写这些数据。

2. 软件陷阱

软件陷阱就是在程序存储器的未使用区域中，加上若干空操作和无条件跳转指令，无条件跳转指令指向复位入口地址。如果程序跳到这些未用区域，就通过强行执行无条件跳转指令，转到复位入口地址。

3. 指令冗余

指令冗余与软件陷阱有点相似，但软件陷阱用在程序存储器的未使用区域中，而指令冗余通常在程序区中。一般的做法是在十几条正常的指令后填充 2 或 3 个 NOP 空指令，尤其是在 LCALL、ACALL、RET、RETI、LJMP 等一些跳转和子程序调用指令的前面，如果能加上几条 NOP 空指令则对于程序的正确流向会起到一定的保护作用。

4. 软件滤波

在数据采集系统中可以通过软件滤波来提高数据采集的精度。软件滤波包括算术平均法、中值滤波法和 RC 低通滤波法等。算术平均法就是对数据连续采样多次然后取其平均值，可以减少随机干扰对数据采集造成的影响。中值滤波法是对数据采集奇数次，取其中间值，可以减少错误概率。RC 低通滤波法是用软件模拟低通滤波器，对周期性干扰有比较耗好的效果。

5. 其他

采用 I^2C 总线、SPI 总线与外部芯片通信时，可将总线的数据线、时钟线的常态置为高，其抗干扰性能比低时好。

为防止外部干扰而导致重要数据出错，可用软件方式定时将参数重新刷新，可保证重要参数的正确性以提高软件的抗干扰能力。

一些 MCS-51 单片机的衍生产品，如 Philips 公司的 P89C5xBx，Atmel 公司最新生产的 89S51、52 等具有 ALE 地址锁存信号关闭功能，可显著减少 EMI，增加单片机的抗干扰能力。

当然，软件抗干扰的措施绝对不仅仅是这几条，还包括前面几章提到的开关信号延时去抖以及通信程序设计中的奇偶校验、查询、比较等措施，这些都是在实践中不断总结的结晶。

习　题

简答题

1. 简述单片机应用系统元器件的选择原则。
2. 简述单片机应用系统 PCB 布线的原则。
3. 简述单片机应用系统中硬件设计采取的抗干扰措施。
4. 简述单片机应用系统中软件设计采取的抗干扰措施。

参 考 文 献

程国钢，文坤，王祥仲，等，2016．51 单片机常用模块设计查询手册[M]．2 版．北京：清华大学出版社．

蓝天，陈永，王婷，等，2014．单片机原理及实用技术[M]．成都：西南交通大学出版社．

刘平，刘钊，2016．STC15 单片机实战指南（C 语言版）[M]．北京：清华大学出版社．

宋雪松，李冬明，崔长胜，2014．手把手教你学 51 单片机（C 语言版）[M]．北京：清华大学出版社．

吴险峰，2016．51 单片机项目教程（C 语言版）[M]．北京：人民邮电出版社．

谢维成，杨加国，2014．单片机原理与应用及 C51 程序设计[M]．3 版．北京：清华大学出版社．

徐爱钧，2015．Keil C51 单片机高级语言应用编程技术[M]．北京：电子工业出版社．

严天峰，2005．单片机应用系统设计与仿真调试[M]．北京：北京航空航天大学出版社．

严天峰，王耀琦，2011．电子设计工程师实践教程[M]．北京：北京航空航天大学出版社．

张仁彦，高正中，黄鹤松，2016．单片机原理及应用[M]．北京：机械工业出版社．

张毅刚，赵光权，刘旺，2016．单片机原理及应用[M]．3 版．北京：高等教育出版社．

赵丽清，惠鸿忠，2012．单片机原理与 C51 基础[M]．北京：机械工业出版社．

附录 A　C51 的部分库函数简介

C51 编译器中包含丰富的库函数，使用库函数可以大大简化用户程序设计的工作量，提高编程效率。每个库函数都在相应的头文件中给出了函数原型声明，在使用时，必须在源程序的开始处使用预处理命令 #include 将有关的头文件包含进来。C51 库函数中数据类型的选择考虑到了 MCS-51 单片机的结构特性，用户在自己的应用程序中应尽可能地使用最小的数据类型，以最大限度地发挥单片机的性能，同时可减少应用程序的代码长度。下面将 C51 中常用的库函数分类列出并介绍其用法。

1. 专用寄存器函数

在 REG51.H 和 REG52.H 头文件中分别包含了 51 和 52 子系列的所有特殊功能寄存器和相应位的定义，定义时都用大写字母。在编写程序时，只要将 REG51.H 或 REG52.H 包含在程序的头部，就可以直接使用 MCS-51 中的特殊功能寄存器和相应位。

2. 绝对地址访问函数

在 ABSACC.H 中包含了允许直接访问 MCS-51 单片机不同存储器区域的宏函数。

函数原型：

```
#define CBYTE((unsigned char volatile code *) 0)
#define DBYTE((unsigned char volatile data *) 0)
#define PBYTE((unsigned char volatile pdata *) 0)
#define XBYTE((unsigned char volatile xdata *) 0)
```

功能：以字节形式分别对 CODE 区、DATA 区、PDATA 区、XDATA 区寻址，用于对 MCS-51 单片机的存储空间进行绝对地址访问。如 CBYTE[0x0002]表示以字节形式访问 ROM 的 0x0002 单元。

函数原型：

```
#define CWORD((unsigned int volatile code *) 0)
#define DWORD((unsigned int volatile data *) 0)
#define PWORD((unsigned int volatile pdata *) 0)
#define XWORD((unsigned int volatile xdata *) 0)
```

功能：以字形式分别对 CODE 区、DATA 区、PDATA 区、XDATA 区寻址，用于对 MCS-51 单片机的存储空间进行绝对地址访问。如 CWORD[0x0002]表示以字形式访问 ROM 的 0x0002 单元。

3. 内部函数

在 INTRINS.H 中包含 51 提供的本征函数，编译时直接将固定的代码插入当前行，而不是用 ACALL 和 LCALL 语句来实现，这样就大大提高了函数访问的效率。

函数原型：

```
extern unsigned char _cror_(unsigned char_val, unsigned char n);
extern unsigned int _iror_(unsigned int_val, unsigned char n );
extern unsigned long _lror_(unsigned long_val, unsigned char n);
```

功能：这三个函数分别用于将字符型、整型和长整形变量 val 按照二进制循环右移 n 位，其返回值分别为移位后的字符型、整型和长整形数值。该函数与 MCS-51 单片机的 RL A 指令相关。其中，val 为待移位的变量；n 为循环移位的次数。它们的区别在于操作数据类型的不同。

函数原型：

```
extern unsigned char _crol_(unsigned char, unsigned char);
extern unsigned int  _irol_(unsigned int, unsigned char);
extern unsigned long _lrol_(unsigned long, unsigned char);
```

功能：这三个函数分别用于字符型、整型和长整形变量 val 按照二进制循环左移 n 位，其返回值分别为移位后的字符型、整型和长整形。该函数与 MCS-51 单片机的 RR A 指令相关。其中，val 为待移位的变量；n 为循环移位的次数。它们的区别在于操作数据类型的不同。

函数原型：

```
extern  void   _nop_ (void);
```

功能：用于产生 MCS-51 单片机的一条 NOP 指令。

函数原型：

```
extern bit _testbit_(bit b);
```

功能：用于对字节中的一位进行测试，其中 b 为待测位变量。如果该位变量置位，则函数返回 1，同时将该位复位为 0，否则返回 0。该函数产生一个 MCS-51 单片机的 JB C 指令，其只能用于可直接寻址的位，不允许在表达式中使用。

4. 数学函数

在 MATH.H 中包含了大量的数学运算函数。

（1）绝对值函数

函数原型：

```
extern char  cabs(char  val);
extern int  abs(int   val);
extern long  labs(long  val);
extern float  fabs(float  val);
```

功能：这些函数分别用于计算字符型、整型、长整型和浮点型数据 val 的绝对值。

（2）指数以及对数函数

函数原型：

```
extern float sqrt(float val);
extern float exp(float val);
extern float log(float val);
extern float log10(float val);
```

功能：指数函数用于计算并返回输出数据的指数。对数函数用于计算并返回输出数据的对数。其中，sqrt 函数返回浮点数 val 的平方根；exp 函数返回以 e 为底的 val 次幂值；log 函数返回浮点数 val 的自然对数值；log10 函数返回浮点数 val 以 10 为底的对数值。

（3）三角函数

函数原型：

```
extern float sin(float val);
extern float cos(float val);
extern float tan(float val);
extern float asin(float val);
extern float acos(float val);
extern float atan(float val);
extern float sinh(float val);
extern float cosh(float val);
extern float tanh(float val);
extern float atan2(float y, float x);
```

功能：三角函数用于计算三角函数的值。其中，sin 函数返回 val 的正弦值；cos 函数返回 val 的余弦值；tan 函数返回 val 的正切值；asin 函数返回 val 的反正弦值；acos 函数返回 val 的反余弦值；atan 函数返回 val 的反正切值；sinh 函数返回 val 的双曲正弦值；cosh 函数返回 val 的双曲余弦值；tanh 函数返回 val 的双曲正切值；atan2 函数返回 x/y 的反正切值。

（4）取整函数

函数原型：

```
extern float ceil(float val);
extern float floor(float val);
```

功能：取整函数用于取输入数据的整数。其中，ceil 函数用于计算并返回一个不小于 val 的最小正整数；floor 函数用于计算并返回一个不大于 val 的最小正整数。

（5）浮点型分离函数

函数原型：

```
extern float modf(float x, float y);
```

功能：函数 modf 将浮点数 x 分成整数和小数两部分，整数部分放入 y，返回值为小数部分。两者都含有与 x 相同的符号。

（6）幂函数

函数原型：

```
extern float pow(float x, float y);
```

功能：pow 函数计算并返回 x 的 y 次幂值。

附录 B　ASCII 码表

字符	Dec	Hex	字符	Dec	Hex	字符	Dec	Hex	字符	Dec	Hex
NUL	0	0	SP	32	20	@	64	40	、	96	60
SOH	1	1	!	33	21	A	65	41	a	97	61
STX	2	2	"	34	22	B	66	42	b	98	62
ETX	3	3	#	35	23	C	67	43	c	99	63
EOT	4	4	$	36	24	D	68	44	d	100	64
ENQ	5	5	%	37	25	E	69	45	e	101	65
ACK	6	6	&	38	26	F	70	46	f	102	66
BEL	7	7	'	39	27	G	71	47	g	103	67
BS	8	8	(	40	28	H	72	48	h	104	68
HT	9	9	)	41	29	I	73	49	i	105	69
NL	10	0A	*	42	2A	J	74	4A	j	106	6A
VT	11	0B	+	43	2B	K	75	4B	k	107	6B
FF	12	0C	,	44	2C	L	76	4C	l	108	6C
ER	13	0D	-	45	2D	M	77	4D	m	109	6D
SO	14	0E	.	46	2E	N	78	4E	n	110	6E
SI	15	0F	/	47	2F	O	79	4F	o	111	6F
DLE	16	10	0	48	30	P	80	50	p	112	70
DC1	17	11	1	49	31	Q	81	51	q	113	71
DC2	18	12	2	50	32	R	82	52	r	114	72
DC3	19	13	3	51	33	S	83	53	s	115	73
DC4	20	14	4	52	34	T	84	54	t	116	74
NAK	21	15	5	53	35	U	85	55	u	117	75
SYN	22	16	6	54	36	V	86	56	v	118	76
ETB	23	17	7	55	37	W	87	57	w	119	77
CAN	24	18	8	56	38	X	88	58	x	120	78
EM	25	19	9	57	39	Y	89	59	y	121	79
SUB	26	1A	:	58	3A	Z	90	5A	z	122	7A
ESC	27	1B	;	59	3B	[	91	5B	{	123	7B
FS	28	1C	<	60	3C	\	92	5C	|	124	7C
GS	29	1D	=	61	3D	]	93	5D	}	125	7D
RE	30	1E	>	62	3E	^	94	5E	~	126	7E
US	31	1F	?	63	3F	_	95	5F	DEL	127	7F